Tilmann Moser

Geld, Gier & Betrug

Die permanente Weltfinanzkrise bestimmt unsere Gegenwart und Zukunft. Doch nicht nur abstrakt sind wir den unvorstellbaren Transaktionen und Spekulationen von Bankern oder den Schuldenbergen der Staaten ausgeliefert. Wir haben durch unsere privaten Schulden oder Rücklagen teil an diesem Geldsystem.

Moser zeigt uns die sozialpsychologischen Zusammenhänge aller Akteure auf und wie das Finanzsystem unser Verhältnis zum Geld bestimmt. Er analysiert die Veränderungen der letzten Jahre und bringt persönliche Erfahrungen ein im Verhältnis zu Bank und Börse.

Mit dem Konzept der Korrumpierbarkeit des Ichs und des Überichs unter dem Druck von Ehrgeiz und Rivalität, von Angst und Panik, Größenphantasien und destruktivem Wettbewerb liefert er Erkenntnisse über die kollektiven Prozesse dieser Krisenjahrzehnte.

Der Autor:

Tilmann Moser, Psychoanalytiker, Dr., Studium der Literaturwissenschaft in Tübingen, Berlin und Paris, journalistische Ausbildung, danach Studium der Soziologie. 1969-1978 Dozent am Fachbereich Jura der J. W. Goethe-Universität. Seit 1978 private Praxis in Freiburg. Buchpublikationen zu den Themen Psychoanalyse und Spätfolgen des Dritten Reiches, Psychoanalyse und Körperpsychotherapie, Psychoanalyse und religiöse Störungen.

Tilmann Moser

Geld, Gier & Betrug

Wie unser Vertrauen missbraucht wird – Betrachtungen eines Psychoanalytikers

Brandes & Apsel

Sie finden unser Gesamtverzeichnis mit aktuellen Informationen
im Internet unter: www.brandes-apsel-verlag.de
Wenn Sie unser Gesamtverzeichnis in gedruckter Form wünschen,
senden Sie uns eine E-Mail an: info@brandes-apsel.de
oder eine Postkarte an:
Brandes & Apsel Verlag, Scheidswaldstr. 22, 60385 Frankfurt a. M.,
Germany

1. Auflage 2012

DTP: Felicitas Müller, Brandes & Apsel Verlag, Frankfurt a. M.
Umschlag: Angelika Fritsch, Kommunikationsdesign, Frankfurt a. M.
Druck: STEGA TISAK d.o.o., Printed in Croatia
Gedruckt auf einem nach den Richtlinien des Forest Stewardship Council (FSC) zertifizierten, säurefreien, alterungsbeständigen und chlorfrei gebleichten Papier.

Bibliografische Information der Deutschen Nationalbibliothek:
Die Deutsche Nationalbibliothek verzeichnet diese Publikation in der Deutschen Nationalbibliografie; detaillierte bibliografische Daten sind im Internet über www.dnb.de abrufbar.

ISBN 978-3-86099-888-5

Inhalt

Die strafrechtliche Seite

StGB § 263 Betrug

(1) Wer in der Absicht, sich oder einem Dritten einen rechtswidrigen Vermögensvorteil zu verschaffen, das Vermögen eines anderen dadurch beschädigt, dass er durch Vorspiegelung falscher oder durch Entstellung oder Unterdrückung wahrer Tatsachen einen Irrtum erregt oder unterhält, wird mit Freiheitsstrafe bis zu fünf Jahren oder mit Geldstrafe bestraft.
(2) Der Versuch ist strafbar.
(3) In besonders schweren Fällen ist die Strafe Freiheitsstrafe von sechs Monaten bis zu zehn Jahren. Ein besonders schwerer Fall liegt in der Regel vor, wenn der Täter

gewerbsmäßig oder als Mitglied einer Bande handelt, die sich zur fortgesetzten Begehung von Urkundenfälschung oder Betrug verbunden hat,
einen Vermögensverlust großen Ausmaßes herbeiführt oder in der Absicht handelt, durch die fortgesetzte Begehung von Betrug eine große Zahl von Menschen in die Gefahr des Verlustes von Vermögenswerten zu bringen,
eine andere Person in wirtschaftliche Not bringt,
seine Befugnisse oder seine Stellung als Amtsträger missbraucht oder
einen Versicherungsfall vortäuscht, nachdem er oder ein anderer zu diesem Zweck eine Sache von bedeutendem Wert in Brand gesetzt oder durch eine Brandlegung ganz oder teilweise zerstört oder ein Schiff zum Sinken oder Stranden gebracht hat.

(5) Mit Freiheitsstrafe von einem bis zu zehn Jahren, in minder schweren Fällen mit Freiheitsstrafe von sechs Monaten bis zu fünf Jahren wird bestraft, wer den Betrug als Mitglied einer Bande, die sich zur fortgesetzten Begehung von Straftaten nach den §§ 263 bis 264 oder 267 bis 269 verbunden hat, gewerbsmäßig begeht.

StGB § 266 Untreue

(1) Wer die ihm durch Gesetz, behördlichen Auftrag oder Rechtsgeschäft eingeräumte Befugnis, über fremdes Vermögen zu verfügen oder einen anderen zu verpflichten, missbraucht oder die ihm kraft Gesetzes, behördlichen Auftrags, Rechtsgeschäfts oder eines Treueverhältnisses obliegende Pflicht, fremde Vermögensinteressen wahrzunehmen, verletzt und dadurch dem, dessen Vermögensinteressen er zu betreuen hat, Nachteil zufügt, wird mit Freiheitsstrafe bis zu fünf Jahren oder mit Geldstrafe bestraft.

Ein Blick in die Geschichte

Die täglichen Botschaften der Medien über Betrugsfälle in Wirtschaft, Politik und Gesellschaft verursachen ein permanentes Unbehagen. Die Reaktion vieler Menschen ist Schulterzucken, Wut, Ohnmacht, Zynismus, wachsendes spezielles oder generelles Misstrauen, Abwendung von öffentlichen Dingen, Informationsgier oder Informationsverweigerung, Resignation oder Apathie, Passivität oder hektische Versuche, Betrugsmanövern in allen Bereichen zu entgehen.

In mir entstand eine zunächst sehr allgemeine Frage: Gibt es in unterschiedlichen Zeiten, historischen Epochen, geschichtlichen Augenblicken vergleichbare Maßstäbe für das ethische Niveau einer Gesellschaft? Lassen sich Veränderungen messen, gibt es Indikatoren für die Zu- oder Abnahme gesellschaftlicher Moral? Sind ethische Niveaus messbar für verschiedene Gesellschaftsbereiche, für Schichten und Klassen, für Berufs- und Tätigkeitszweige?

Altbundeskanzler Helmut Schmidt scheint von einer epochengebundenen Quantifizierung oder Differenzierung der öffentlichen Moral wenig zu halten: In einer Diskussion mit dem Bahnchef Rüdiger Grube[1] über einen »Verlust an Moralität« sagt er: »Denn es hat ja auch im alten Griechenland, im alten Rom, in Mittelitalien, in Venedig, in Gent, in Siena nicht immer nur den ehrbaren Kaufmann gegeben, sondern auch ganz üble Geschäftemacher. Es hat auch immer Mörder, es hat auch immer Diebe, es hat auch immer Betrüger gegeben.«

Über die unterschiedlichen Zeitalter der öffentlichen und privaten Moral herrschen natürlich breit gestreuten Ansichten, oft je nach

[1] Mobil. Das Magazin der Deutschen Bahn. Nr. 9, 2010, S. 10

Temperament und Schichtzugehörigkeit des Betrachters. Betrug habe es immer gegeben, er sei eine menschliche Grundversuchung und könne nur mit den verschiedensten Methoden eingedämmt werden. Gegen den Münzbetrug von in Finanznot geratenen Fürsten, die sich das Münzprivileg erobert hatten, sollte der Biss auf ein Geldstück helfen. Der erfolgte in der Hoffnung, hinter dem Goldüberzug einer Münze den bleiernen Kern zu entdecken: Den Zähnen gelang eine leichte Einkerbung, und der selbst betrogene Betrüger war entlarvt. Wer heute an der Lauterkeit eines Geschäfts zweifelt, kann symbolisch noch immer in eine Münze beißen, um anzudeuten, dass ihm die angebliche Lauterkeit des Partners nicht ganz geheuer ist. Münzverschlechterung war eine gängige Praxis, um einen Notstand bei der Finanzierung eines neuen Schlosses oder eine Ebbe in der Kriegskasse zu beheben. Manche staatlichen oder halbstaatlichen Kontrollversuche wurden den Eichämtern anvertraut. Über den sicheren, ausreichenden oder längst korrumpierten Silber- oder Goldanteil wurde geschachert oder gar Krieg geführt. Die Fugger, die Könige und Kaiser in ihren riskanten Unternehmungen finanzierten, tauchten in den sprichwörtlich gewordenen Ausdrücken wie »fuggern« oder »abfuggern« auf, mit denen anrüchige Praktiken der Gewinnmaximierung bezeichnet wurden.

In der Landwirtschaft sowie in den Gebietskämpfen auch von Kleinstaaten und adligen Rittergütern spielte das Problem der Grenzsteinkriminalität eine Rolle, und in vielen Fällen, die in hochnotpeinlichen Verfahren beurteilt wurden, ging es nicht ohne Todesstrafen mit wechselnden Methoden ab.

Christian Jostmann zitiert in seiner Besprechung[2] des Buches von Bernd Fuhrmann *Mit barer Münze. Handel im Mittelalter* einen kuriosen Fall von verbrecherischer Substanzverschlechterung von Gewürzen:

---

[2] Süddeutsche Zeitung vom 28.06.2010

Produktfälschung und Etikettenschwindel sind kein neues Phänomen. Die Annalen der Reichsstadt Nürnberg berichten: *In diesem 1441ten Jahr ist die Safranschau zu Nürnberg erstmals eingerichtet worden, um St. Veitstag (...) darauf hat man am Freitag nach dem Weißen Sonntag einen Sack mit gefälschtem Safran, der enthielt 13 Pfund, und einen Bürger von Ulm, den Herrenberger genannt, dem er gehörte, bei dem Schönen Brunnen verbrannt.* Harsche Sitten? Der Reichtum Nürnbergs gründete sich auf den Handel, auch den mit Gewürzen, und betrügerische Praktiken wie die jenes Herrn aus Ulm schädigten nicht nur einzelne Käufer, sondern den Ruf des gesamten Handelsplatzes. Da musste der Rat hart durchgreifen.

Wie der Schwindel aufflog, wird nicht mitgeteilt, aber die Versuchung muss umso größer gewesen sein, als die Zusammensetzung der Gewürzmischung ja nicht leicht zu untersuchen war.

Nachhaltigen Betrügern ist meist eine ins Grandiose gehende Eigenschaft wichtig: die Idee von der Unentdeckbarkeit des eigenen Schwindels. Auf der individuellen Ebene ist dies ein eher psychopathologisches Phänomen, auf der gesellschaftlichen Ebene in unserer Zeit eine Folge der immer komplizierter werdenden, Spezialwissen erfordernden Unsichtbarkeit oder Verborgenheit der betrügerischen Vorgänge.

Um der Entlarvung und Bestrafung zu entgehen, zogen die massenhaft auf den Märkten auftretenden Quacksalber und Wunderdoktoren es vor, noch vor Tagesanbruch aus den Dörfern und Städten zu verschwinden. Ihr marktschreierisches Marketinggenie soll aber in vielen Fällen beträchtlich gewesen sein. Auf einer etwas anderen Ebene war das der päpstlichen Sendboten aus Rom dem nicht unähnlich, die als Gegenleistung für milde Gaben für den langsam höher wachsenden Petersdom versprachen: »Wenn das Geld im Kasten klingt, die Seele aus dem Fegefeuer springt.« Dass dem ein betrügerischer Handel auf internationaler Ebene zugrunde lag, durfte in der Kirche nicht öffentlich diskutiert werden, nur verbitterte Antipapisten verbreiteten unter der Hand den Verdacht, die Gegenleistung im Vertrag sei höchst unsicher. Das riesige Manöver beschleunigte schließlich die Ankunft der Reformation, aber da stand der größte Teil des riesigen Gotteshauses bereits.

Die Allgegenwärtigkeit des Betrugs in früheren Zeiten lässt sich sicher belegen, aber ohne statistische Beweise, mangels bürokratischer Ämter mit ihrer Fähigkeit, auch größere Datenmassen zu bearbeiten, wenn sie ihnen von den entsprechenden Unterämtern überhaupt geliefert wurden. Fehlende oder unzuverlässige oder regional auch widersprüchliche Rechtssysteme verhinderten eine flächendeckende soziale Kontrolle. Von daher dienten die grausamen generalpräventiven Strafen sicherlich zur Abschreckung und zur kirchlichen oder absolutistischen Gewissensbildung, wie überhaupt die Angstverwaltung auf himmlischer wie auf gesellschaftlicher Ebene von der Hoffnung getragen war, wieder ein Grundvertrauen in den Gang der Welt zu schaffen.

Auf die vielfältigste Weise lagen in den noch wenig entfalteten Gesellschaften auch politisch Recht und Unrecht nahe beieinander, und kirchlicher und fürstlicher Willkür stand Tür und Tor weit offen. Gier und Not brachten das alchemistische Gewerbe der Goldmacher hervor, die eine reich gegliederte Gruppe auf unterschiedlichstem Niveau bildeten. Die Wundergläubigkeit breiter Volksschichten bis hinauf in die Höfe beförderte das System Betrug auf vielfältige Weise.

Dass solche Fragen nach einer zunehmenden Verderbnis der allgemeinen Moral eines Volkes oder einer Klasse aber nicht aus der Luft gegriffen sind, zeigt ein Interview mit dem 85-jährigen italienischen Erfolgsautor Andrea Camilleri[3] unter dem bezeichnenden Titel »Es ist, als habe eine Seuche das Land ergriffen«, aus dem ich zitiere. Es ist eine Auseinandersetzung mit den Folgen des von ihm als betrügerisch diagnostizierten Regimes Berlusconis, dessen Wirkungen er mit den Nachwirkungen des Faschismus vergleicht:

---

3 Süddeutsche Zeitung vom 28.07.2010

Dieser italienische Schlamassel existiert seit Jahrzehnten. Nach meiner Ansicht gibt es einen fortschreitenden Verfall der Moral in der bestimmenden Klasse, die die Bevölkerung stark beeinflusst hat. Wir haben die Redensart, der Fisch beginnt am Kopf zu stinken. Wenn der Kopf stinkt, ist klar, dass die Verwesung anfängt, sich auf das Land auszubreiten. (…) Deshalb glaube ich, die Schäden des Berlusconismus werden so sein wie die Schäden des Faschismus. Es ist wie eine Verseuchung des Wesens der Italiener.

Die »Täuschwirtschaft«

Dass auch im heutigen Deutschland moralisch, mindestens wirtschaftsmoralisch, universell betrogen wird, diagnostiziert Alexander Dill in seinem Buch *Täuschwirtschaft* (2010) in einer Schärfe und Allgemeinheit, die gelegentlich ein gewisses Ressentiment durchscheinen lassen. Aber es ist gründlich recherchiert, auch wenn an vielen Stellen hinter den Zitaten die entsprechenden Belege fehlen. Nach seiner Überzeugung ist die deutsche Wirtschaft von einem Gift, vom Prinzip der »Täuschung«, durchdrungen, und zwar durchaus mit staatlicher Hilfe, was er mit eindrucksvollen Nachweisen belegt.

Eine der üblichen Rechtfertigungen von Steuerbetrug ist die Stammtischweisheit, dass der Staat selbst über seine Steuerpolitik der größte und amoralischste Betrüger ist und weil die Steuern als ein Verbrechen namens Raubes angesehen werden. Als Großbetrug charakterisiert Dill zumindest die Steuerpolitik gegenüber den Schichten mit mäßigem Einkommen mit von ihm durchgerechneten Zahlen:

> Ohne die Unterstützung des Staates, also von Parlament, von Justiz, Gerichtsvollziehern und Polizei, ist es nicht möglich, hart arbeitenden Menschen mit einem Bruttolohn von 3500 Euro monatlich 69 Prozent ihres Einkommens zu pfänden: 30 Prozent als Lohnsteuer, 20 Prozent als Sozialabgaben und weitere 19 Prozent für das verbliebene Netto als Umsatzsteuer.[4]

Der Raubritterstaat halte es durch seine Gesetzgebung mit den Reichen, während er selbst die Einkommensschwachen und die Hartz-IV-Bezieher weiter verarmen lasse.

---

[4] Alexander Dill: Täuschwirtschaft. München 2010, S. 7

Eine ähnlich scharfe, ja reißerische Diagnose stellt in mehreren Büchern der Journalist Jürgen Roth, für den die Justiz längst zum Komplizen des moralischen Niedergangs geworden ist. Doch auch er verweigert leider die genauen Belege, sodass man seiner Zitatenauswahl hilflos ausgeliefert ist. Das Hauptübel für die Auswüchse des »Systems Betrugs« sieht Dill in der »asymetrischen Information«, einer ständig weiter perfektionierten Technik des Vorenthaltens von Angaben, die für eine sinnvolle Prüfung eines Vertrags wichtig wären:

> Die allgemeinen Geschäftsbedingungen sind ein wichtiges Handwerkszeug der asymmetrischen Information. Sie können gar nicht missverständlich genug formuliert und geschickt genug als Kleingedrucktes vor dem Lesen geschützt werden, wenn sie den dauerhaften Geschäftserfolg eines Betruges sichern sollen.[5]

Und weiter:

> Der Staat ist zum Komplizen der Betrüger geworden. Und gegen die AGB (Allgemeinen Geschäftsbedingungen, T. M.) des Staates ist keine Unterlassungsklage möglich.[6]

Eines der zentralen Beispiele für ihn: die Mobilfunktarife, über die man nichts weiter erfährt, als dass sie von den Festnetztarifen drastisch, aber ohne kontrollierbare Angaben abweichen können. Ein weiteres Beispiel, das Millionen von Kunden trifft, die sich außerdem glücklich fühlen über ein vermeintliches Schnäppchen:

> Wenn allerdings, was oft geschieht, der Preis vorgeblich von einem deutlich höheren Ursprungspreis herabgesetzt ist, der in Wahrheit nie gefordert wurde, ist dies ein vorsätzlicher Betrug am Verbraucher. Dem wurde nämlich der falsche Vorteil vorgespiegelt, ein hochwertiges Produkt deutlich reduziert zu bekommen, obwohl der tatsächlich den vollen, kalkulierten Preis bezahlt hat.[7]

---

[5] Ebd., S. 64

[6] Ebd., S. 65

[7] Ebd., S. 72

Allerdings schwächt Dill seine Glaubwürdigkeit gelegentlich selbst, wenn er Pauschalurteile wie das folgende abgibt:

> Der Gesetzgeber sieht hier nicht die geringste Haftung der Verkäufer, die täglich millionenfach Kleidungsstücke, welche bereits nach der ersten Wäsche unbrauchbar sind, an den Mann oder die Frau bringen. Nagelneue Elektrogeräte und Selbstbaumöbel lassen sich gar nicht erst in Betrieb nehmen oder aufbauen.
> Mehr als die Hälfte aller erworbenen Nahrungsmittel wandern direkt in den Müll, weil sich herausstellt, dass sie ein Fehlkauf waren, den man nicht länger im Küchenregal aufbewahren will.[8]

Er hat gelegentlich Schaum vor dem Mund.

Seine Gesamtdiagnose aber heißt weitgehend plausibel: »Täuschwirtschaft«, eine Wirtschaftsform, die den Betrug, vor allem durch Informationsverschleierung, zum allgemeinen Geschäftsprinzip macht, dessen Opfer wir alle werden. Als sicher erscheint es, dass auch in der Finanzkrise 2008 das Prinzip der »asymmetrischen Information« eine zentrale Rolle gespielt hat. Dills Kunst, das allgemein werdende Misstrauen der Bevölkerung über das »System Betrug« zu vertiefen, wenn nicht zu schüren, verdeutliche ich am Beispiel einiger seiner Kapitelüberschriften: »Kein Täter, kein Delikt – Warum Betrug nicht strafbar ist«, »Die Mogelpackung am Beispiel der Windel«, »Wie Regierungen und Ökonomen das Bruttosozialprodukt fälschen« und »Die hohe Kunst der Bilanzfälschung«.

Dill beschreibt nur die herrschenden Verhältnisse, fragt nicht nach den Wirkungen auf das Lebensgefühl der Menschen, das die regelmäßigen Volksbefragungen bis vor kurzem als kritisch, misstrauisch, ängstlich und wenig zuversichtlich charakterisieren, und geht nicht auf die sozialpsychologischen und ethischen Grundlagen dieses allgemeinen Handelns ein. Allerdings bleibt für ihn klar, dass die personale Zurechenbarkeit von Betrugsdelikten oder Verfahren

---

8 Ebd., S. 74

des Beinahe-Betrugs, wie sie im Strafrecht selbstverständlich gefordert sind, zunehmend verschleiert wird, weil sie ins nicht-personale Kleingedruckte und die anonyme Verweigerung notwendiger Informationen durch Bürokratien, Unternehmen und Verbände abgewandert ist.

Psychologie und das ethische Volksvermögen

Wie entsteht öffentliche Moral? Wie bildet sich überhaupt »Gewissen«, in welchen Lebensabschnitten und in welchen Gruppen? Klar ist, dass Gewissensbildung ein biographisches Phänomen ist. Kindheits- und Jugendforscher sprechen von ganz verschiedenen Mechanismen und Zeitpunkten des Einsetzens von moralischer Reifung oder moralischer Pervertierung. Aber gibt es überhaupt einen Zusammenhang zwischen frühkindlicher Gewissensentwicklung und erwachsenen gesellschaftlichen Standards? Stimmt es, dass eine mehr oder minder große Distanz besteht zwischen dem ethischen Niveau innerhalb von Familien, Kleingruppen, Paaren, Freundschaften und dem moralischen Zustand ganzer Gesellschaften oder ihrer Teilbereiche? Gibt es einen Trend zu allgemeiner Korruption oder – wie es viele aufklärerische Autoren ersehnten – zur moralischen Verbesserung der ganzen Menschheit? Was stimmt an den negativen Beurteilungen ganzer Epochen, und nach welchen Maßstäben werden sie getätigt? Gibt es die berühmte Nostalgie nach ethisch besseren Zeiten? Und ist sie wenigsten teilweise fundiert? Ist der ehrbare Kaufmann ein Mythos oder beschreibt er korrekt die Verhaltensweisen bestimmter historischer Gruppen unter bestimmten Verhältnissen von Kontrolle oder psychischer Verinnerlichung?

Eine Flut von Fragen taucht auf, wenn man sich auf so schwer greifbare Probleme wie das durchschnittliche moralische Niveau eines Landes, einer Epoche oder eines bestimmten Zeitpunktes einlässt. Die jeweilige Einschätzung ist schwer objektiv zu begründen, verlässliche Forschungen sind noch selten, die Beschreibungen dürften höchst subjektiv sein, je nach dem Temperament des Betrachters: optimistisch, pessimistisch, aufklärerisch oder untergangsphilophisch; nach dem jeweiligen Glauben an den Fortschritt oder an den kommenden oder bereits eingetretenen Niedergang oder gar an die Diagnose Endzeitstimmung.

Die täglichen Betrugsmeldungen sind jedenfalls oft niederschmetternd in ihrer Häufung. Aber noch ist unklar, ob es sich, ähnlich wie bei der Kriminalität, um ein Phänomen veränderter Publizitätsgewohnheiten handelt oder um eine veränderte Aufmerksamkeit, eine neue Lust an einer kollektiven Selbstbezichtigung anhand immer neuer Beispiele oder um eine tatsächliche Häufung einschlägiger Vorfälle, die durch alle Schichten und Bereiche geistern. Politologie, Soziologie, Volkswirtschaft und Tiefenpsychologie folgen unterschiedlichen Kategoriensystemen, und doch greifen sie ineinander bei einem Phänomen, das überdimensionale Öffentlichkeit beansprucht und die unterschiedlichsten Kommentare auslöst, von anklägerischer Dringlichkeit bis zu apathischer Resignation.

Bei der Frage, ob die Betrugsdichte heute größer ist als zu anderen Zeiten und damit vielleicht die öffentliche Moral stärker gefährdet sei, lässt sich sicher keine eindeutige Antwort finden. Klar ist, dass Betrug in der öffentlich Wahrnehmung stärker im Mittelpunkt steht, was natürlich zu der Überlegung führt, ob, wie bei der Kriminalität überhaupt, die Anzeigen- und die Verfolgungsdichte zugenommen haben oder das aufklärerische Medieninteresse oder bereits das dramatisierende Misstrauen. Es muss offen bleiben. Aber dass die Zweifel an der Integrität der im Zuge der Finanzkrise so intensiv beschuldigten Manager gewachsen sind, zeigt ein Interview, das Hans Leyendecker und Klaus Ott[9] mit dem prominenten Wirtschaftsanwalt Hans W. Feigen geführt haben. Feigen hat eine ganze Reihe hochrangiger Beschuldigter als Anwalt vertreten, sowohl in Sachen

---

9 Süddeutsche Zeitung vom 29.06.2010

Steuerbetrug wie Korruption, Bespitzelung der Belegschaft und Vertuschungsversuchen. Eine der ersten Fragen lautete:

> »Sind Manager heute krimineller als ihre Vorgänger?« Die Antwort: »Das halte ich für ausgeschlossen. Aber immer öfter wird der Ruf nach dem Staatsanwalt laut, wenn irgendwas im Unternehmen schief läuft. Und die Medien berichten viel umfassender als früher, und oft spektakulär, über Ermittlungen gegen Manager. Man erkennt geradezu eine neue Lust am Strafrecht (…) Hinzu kommt, dass häufiger Strafanzeigen erstattet werden, nicht selten anonym und oft aus Rache.«

Natürlich kann ein solcher Staranwalt schon wegen seiner prominenten Mandanten befangen sein bei einer Frage zum höheren kriminellen Potential, aber es fällt doch auf, dass Feigen das Gewicht ganz eindeutig auf die höhere Verfolgungsdichte legt. Es hätten sich also nicht das schwindende Unrechtsbewusstsein und die Moral der Manager geändert, sondern die öffentliche Aufmerksamkeit, die Verfolgungsstandards und sogar die Verstärkung auch unlauterer Motive bei der Häufigkeit der Anzeigen.

Aber auch hier müsste gefragt werden, was zu diesen Verschiebungen in der Verfolgungsdichte auf allen Ebenen geführt hat. Ein Trend hat Ursachen, und verschiedene Trends haben verschiedene Ursachen. Sind der Neid und die Rachsucht der anonymen Ankläger höher oder die Empörungsbereitschaft der Staatsanwälte größer, der Jagdtrieb der Journalisten intensiver geworden? Aber was hat sie ausgelöst? Ist es die neue enorme Schadenshöhe der verschiedenen Delikte? Ein wachsender Verdacht gegen die so genannten Eliten ist entstanden, die die Bodenhaftung verloren haben und geschlossene, ja verschwörerische Zirkel gebildet haben, mit einer kollektiv gesunkenen Standesmoral.

Als ein gemeinsames Essen einiger Vorsitzender großer Hedgefonds in New York bekannt wurde, die sich geeinigt haben sollen, gemeinsam gegen Griechenland oder auch den Euro zu spekulieren, verbreitete sich in der Presse eine Stimmung wie: »Haltet den

Dieb! Er ist enttarnt.« Die Komplexität der Vorgänge schreit nach Vereinfachung und schlichterer Zurechnung der Schuld. Politik und Wirtschaft, so verbreitet sich der Slogan an den Stammtischen, beruhten doch schon immer »auf Lug und Trug«. Schon immer? Und so allgemein? Spielt da die seit Jahren diagnostizierte »Politikverdrossenheit« hinein, die bei den Mächtigen alles an Verderbtheit sich vorstellen kann?

Mein persönlicher Bezug zum Thema Geld und Gier

Ich hatte mich nie für das »Wesen« des Geldes, sein geheimnisvolles Wirken in der Welt interessiert. Zuhause war es knapp und vom Vater einigermaßen mühsam verdient, sodass die Mutter aufpassen musste, dass es richtig verwaltet und ein Teil davon auch gespart wurde. Verglichen mit den heutigen Beträgen, mit denen Kinder in die Kauf- und Konsumwelt ausschwärmen – von den ganz armen abgesehen –, war mein Taschengeld knapp, es war mit einer didaktischen Aura umgeben: Ich sollte lernen einzuteilen. Viele Weihnachtsgeschenke waren Gebrauchsgegenstände, also Dinge, die ich sowieso gebraucht hätte, und wenn ich, wie die Schulkameraden, die mit dem gleichen Bummelzug zur Schule in die Kreisstadt fuhren, mal einen Lutscher für ein paar Zehner kaufte, war Mutter traurig über meine »Verschwendungssucht«. Die Kameraden, meist Lehrerssöhne, durften mittags das »Stammessen« für einszwanzig essen, während ich mich mit einer Suppe begnügen musste. An meiner Loyalität für die in der reicheren Verwandtschaft als »bedürftig« eingeschätzte Familie hat das aber nichts geändert. Als ich sechzehn wurde, erlaubten die Eltern beim benachbarten Baugeschäft Ferienarbeit. Stolz zähle ich am Freitag meine Stunden zusammen und war neugierig, wie viel die Summe aus Stundenzahl und den einsdreiundvierzig Stundenlohn ausmachte, was angesichts meines Alters als großzügig galt. Mein Sohn verdient heute, 2011, nur wenig älter als ich damals, als Aushilfskraft auf dem Markt stolze zehn Euro in der Stunde.

Im Studium wohnte ich zunächst wie selbstverständlich bei der Oma, weil eine eigene Bude zu teuer und, wie ich rückblickend meine, »emanzipationsgefährlich« gewesen wäre. WGs waren noch weitgehend unbekannt, und so war es ganz natürlich, dass ich später in einem christlichen Studentenheim weitere Semester wohnte, gefördert vom damaligen »Honnefer Modell« und später von einem Stipendium des französischen Staates. Ich hatte keine Geldsorgen und zweifelte nicht daran, dass ich mich eines Tages selbst ernähren könnte, obwohl ich in meiner Realitätsferne ausgerechnet Philosophie als Hauptfach wählte und auf dem Bau weiter Ferienarbeit verrichtete.

Nach dem ersten Kauf eines uralten VWs ging beim ersten Ausflug ein Rad ab und machte sich selbständig. Es gelang mir, das marode Fahrzeug für den halben Preis sofort wieder abzustoßen an einen Bastler, der mir seinerseits dankbar war und mich ökonomisch für einen Esel hielt. Mir fünfundzwanzig gelang es mir, mich mit Arbeiten für Zeitung und Rundfunk auskömmlich über Wasser zu halten. Ich eröffnete stolz ein Konto bei der bedeutendsten deutschen Bank und lernte bei freilich nur seltener Gelegenheit, was Überziehungszinsen waren. Die freundliche Schalterbeamtin ermahnte mich: So sollte ich erst gar nicht erst anfangen, um später nicht, weil leichtsinnig geworden, in Schwierigkeiten zu geraten.

Mit dem ersten eigenen gedruckten Büchlein tauchte die Ahnung auf, ich könnte einmal mehr verdienen als nur das Geld für den notwendigen Lebensunterhalt. Das war eine völlig neue Perspektive, und ich begann mir erste Gedanken zu machen über die unterschiedlichen Einkommen verschiedener Berufe, auch dass es für einige Zeitgenossen »arbeitsfreies Einkommen« gab in Form von Zinsen und Kursgewinnen. Das ging so einige Jahre in relativer Unschuld, bis mir, als meine Ersparnisse angewachsen waren, ein Berater der bereits erwähnten bedeutendsten deutschen Bank wie selbstverständlich riet, einen Teil davon in die Schweiz zu transferieren, was für ihn so normal klang, dass meine vorsichtigen Bedenken sich fast in Nichts auflösten, obwohl ich ahnte, dass man das Geschäft auch als Steuerhinterziehung bezeichnen konnte. Er beriet mich auch über günstige Aktien- und Rentenpapierkäufe, es entwickelt sich ein von Sympathie getragenes Vertrauensverhältnis. Er freute sich, wie mein Vokabular und meine Einsichten in das Geldwesen wuchsen. Ich spürte gelegentlich Anfälle von wachsender Gier und fing an, den Wirtschaftsteil einer ebenso bedeutenden Zeitung zu lesen, war aber zu vorsichtig und zu einfältig, um selbst zu spekulieren, freute mich aber sehr, wenn der Berater meine Anlagevorschläge brauchbar und durchdacht fand, und so wurde ich ein nicht allzu ehrgeiziger Lehrling in Sachen Geld, gierig, aber dafür auch gebührend beschämt darüber. Denn die häuslichen Einschätzungen des verderblichen Geldwesens und der Bräuche der Reichen wirkten noch so stark nach, dass ich fast immer mit schlechtem Gewissen in die schon damals eindrucksvolle Halle des Geldhauses schlich, bemüht, beim Eintritt von Niemandem gesehen zu werden, und beim Weggehen, leicht verschwitzt, unauffällig und routiniert zu wirken.

Im übrigen kaufte ich eine kleine Eigentumswohnung und fand mich schon ganz gerissen, als ich sie wenige Jahre später mit weniger als zehn Prozent Verlust wieder verkaufen konnte.

Ein Freund riet mir zu einem zuverlässigen Steuerberater, dem ich nun seit vierzig Jahren verbunden bin, der mir gute Tipps gab, mit seinem Misstrauen Banken gegenüber nicht hinterm Berg hielt, und der mich auch aus einem drohenden Steuerstrafverfahren herauspaukte. Als eine Betriebsprüfung ergab, dass ich über einige Jahre Mieteinnahmen aus einer Ferienwohnung in einem alten Bauernhof, in den ich, von ländlicher Nostalgie gepackt, mein Geld investierte, nicht ausreichend deklariert hatte, schlug die Fahndung mit einer hohen Strafzahlung zu. Unschuldig war ich also nicht mehr, aber die Skrupel hielten sich in Grenzen, und ich durfte noch immer voller moralischer Abscheu von den betrügerischen Unarten und Taten raffinierter Großraffer im nationalen oder im Weltmaßstab sprechen.

»Steuermoral« war ein in sich widersprüchlicher Ausdruck, der in die Sphäre der Politik gehörte, für die ich mich nicht heftig interessierte. Ich glaubte lange, ihre Mechanismen quasi konstitutionell nicht zu verstehen, und sehnte mich danach, dass ein kundiger Freund mit mir in politpädagogischer Absicht Zeitung lesen sollte, was er aber angesichts meiner Naivität ablehnte. Der Chefredakteur der Zeitung, bei der ich ein einjähriges Praktikum absolvierte, meinte, ich stamme wohl aus dem Mustopf. Da es freundlich klang, war ich sogar noch stolz darauf, ein harmloser Tor zu sein in der Sphäre, die in meinen Herkunftskreisen von vorn herein als schmutzig galt. Seit mein Vater, als NS-Mitläufer, sich zu den bedauernswerten, vom Führer »Betrogenen« zählte, war Vorsicht geboten, das Wort »Betrug« in der Politik war aber geboren und schlummerte lange ungenutzt vor sich hin. Nur Theodor Heuss als Bundespräsident war damals ein Garant dafür, dass im Reich der Macht nicht alles böse endete. In doppeltes Bewusstsein und doppelte Moral war ich also, ohne dies so zu charakterisieren, in geringem Maßstab eingeweiht, betrachtete mich aber als »kleinen Fisch« mit unerheblichem kriminellem Potential. Immerhin verschwieg ich meinem äußerst korrekten Steuerberater mein Schweizer Konto bei der Großbank und genoss bei meinen gelegentlichen Besuchen in Basel die einvernehmliche Schläue, die mich mit der charmanten Schweizerischen Bankbeamtin in schmucker Uniform verband. Ich durfte in der betriebseigenen Kellergarage parken, wurde aber darauf aufmerksam gemacht, dass unscheinbare Männer in Zivil sich gelegentlich Autonummern aufschrieben. Es sei also besser, das Auto in einigem Abstand abzustellen, am unauffälligsten wäre der Parkplatz vor dem nahen Kunstmuseum. Mit dem Besuch dort verringerte sich ja auch das Schuldhafte des Ausflugs in die Stadt am Rheinknie. Geld und Kultur waren beschönigend vereint.

Als der finanzamtliche Verfolgungsdruck nach dem Kauf von liechtensteinischen und schweizerischen Kundendaten allmählich wuchs und eigene Gewissensbisse unüberhörbarer wurden, fragte ich den Schweizer Bankmann (die frühere Beraterin war inzwischen aufgestiegen), wie ich nun zur Bereinigung des Vergehens vorgehen sollte. Aber die fälligen Schritte wusste er längere Zeit zu verzögern, indem er sagte: »Machen Sie gar nichts, Sie sind ein zu kleiner Fisch, da besteht keine Gefahr.«

Ökonomisch aufgewacht bin ich wirklich erst mit der Finanzkrise, die 2008 über uns »hereinbrach«. Mein noch immer bescheidenes Vermögen, das als Alterssicherung (da ohne ausreichende Rente) gedacht war, halbierte sich, kein Berater hatte mich gewarnt oder gar ein »Stop loss« eingebaut, ein Begriff, der mir doch schon ganz geläufig über die Zunge gegangen war. Ich fühlte mich betrogen, schlecht beraten und verzweifelt.

Zunächst wollte ich auch gar nicht wissen, was Globalisierung bedeutet. Trotzig meinte ich, ich bräuchte mich für die »gigantischen Geldströme«, die über den Globus huschten, nicht zu erwärmen, verstand aber allmählich die Differenz, die sich zwischen »realer Wirtschaft« und vagabundierendem Spekulationskapital auftat, stimmte dem SPD-Politiker Franz Müntefering zu, der die Hedgefonds mit Heuschreckenschwärmen verglich, die der arbeitenden Bevölkerung die Früchte des Feldes erbarmungslos wegfraßen.

Bei meiner so geringen Orientierung lagen sogar für einige Zeit Verschwörungstheorien nahe, mit der Möglichkeit, dass es doch identifizierbare Bösewichter geben könnte, die auch mein Schicksal in ihren schmutzigen Händen hielten. Und in der Tat gingen nach lange unentdecktem Betrug Großtäter der allerdings oft als unzulänglich gekennzeichneten Kontrolle und Fahndung ins Netz, wie der Schneeballexperte und zu langjähriger Haftstrafe verurteilte Bernard Madoff (50 Milliarden Dollar Schaden) und der junge Verzocker von ebenfalls mehreren Milliarden Euros Jérome Kerviel (inzwischen ebenfalls verurteilt). Dieser beschuldigte dann in seinem Prozess in Paris und in einem Buch seine Vorgesetzten und überhaupt das ganze System des billigenden Mitwissens und fühlte sich als beinahe unschuldiges Opfer und zum Abschuss freigegebener Sündenbock für die wirkliche Kriminalität der Bankenvorstände. Das Gericht bestätigte aber den Banken, keinen justiziablen Fehler begangen zu haben.

Erst von da an war ich aufmerksam auf die tägliche Berichterstattung über die flächendeckende Welt des artenreichen Betrugs und nahm die Häufung der Artikel wie der Nachrichten im Fernsehen als eine Überschwemmung wahr, deren tiefere Ursachen und Bedeutung mich fesselten. Der Analytiker wie der Soziologe in mir fühlten sich angesprochen von dem Versuch, integrierende Deutungen zu finden und aus billiger moralischer Empörung analytischen Scharfsinn herauszufiltern.

Die Bedeutung von *shareholder value* und seiner Gefahr für die immer wieder von »Verschlankung« bedrohten Arbeitnehmer ist mir auch erst allmählich aufgegangen, zuerst wie dem kleinen Moritz, der einfache Zusammenhänge erkennt: Wurden wieder einmal 10.000 Arbeitsplätze gestrichen (Restrukturierung, Modernisierung, Automatisierung, Verlagerung ins Ausland usw.), so machte der Aktienwert eines Unternehmens meistens einen Sprung nach oben. Verschiedene Typen von Unternehmensberatern zeigten entweder Bedauern oder harte Gesichter, die Konzernleitungen redeten in Zungen wie »unvermeidlich, zukunftsorientiert, Überlebenssicherung, Marktanpassung, bedrohliche Konkurrenz, aber auch Notwendigkeit von Gewinnmaximierung, Druck der Investoren« usw. Beim Thema Mindestlohn überschlugen sich die Warnungen vom Niedergang ganzer Industriezweige oder gar vom drohenden Untergang ganzer Branchen, von unweigerlich folgender Arbeitsplatzvernichtung, von der Notwendigkeit eines ausgedehnten Niedriglohnsektors, auch wenn die Löhne die Gründung oder die Ernährung einer Familie in weite Ferne rückten. Das schiere Überleben war ja durch die »stattlichen Unterstützungszahlungen« gesichert, sodass ein großer Teil der Betroffenen ihre Lage angeblich mit der wohlverdienten »sozialen Hängematte« verwechselte. Die brillante Diagnose »römische Dekadenz« (FDP-Ex-Chef Westerwelle) gab den bedrohlich wachsenden »Wohlfahrtsstaats-Profiteuren« noch einen moralischen Fußtritt. Es mischt sich jetzt beim Schreiben ein wenig Bitterkeit, um nicht zu sagen Erbitterung bei, und ich will mich wieder dem löblichen »sine ira et studio« der Historiker zuzuwenden versuchen.

Eigene erlittene Erfahrungen

Zuvor aber noch einige Vorkommnisse, nicht wirklich justiziabel als Betrug, aber von mir so erlebt, die mich mit der Dimension des Erleidens von Täuschung, Übervorteilung, Hilflosigkeit und Wut vertraut machten und mir eine erste Ahnung gaben von den möglichen Tücken der »Allgemeinen Geschäftsbedingungen« und den Fallen und Fußangeln des übersehenen Kleingedruckten, von dem nicht nur Zyniker sagen: sie sollen ja übersehen werden.

Ich wollte ein altes renovierungsbedürftiges Haus kaufen, der Preis stand seit Wochen per Handschlag und Vorvertrag fest, und am Abend des Vertragsabschlusses bat ich um eine halbe Stunde Zeit, um den Vertrag einem befreundeten Juristen zu zeigen, der ihn in Ordnung befand. Als ich zurückkam, war das Büro geschlossen, kein Bevollmächtigter mehr da, nur eine Lichter löschende Sekretärin teilte mir mit, das Haus sei verkauft, ich hätte zu sehr auf dem vereinbarten Preis beharrt. (Der Verkäufer hatte also die ganze Zeit jemanden in der Hinterhand gehabt.) Natürlich war ich Opfer meiner Unerfahrenheit, der das Pokern kurz vor dem Abschluss nicht durchschaut hatte. Das musste ich mir selbst zuschreiben. Aber zurück blieb ein Gefühl von Scham, Wut und tiefer Demütigung, das lange anhielt in Form von Selbstzweifeln, Resignation und generalisiertem Misstrauen. Auch der Juristenfreund war empört und überlegte strafrechtliche Strategien, musste aber einsehen, dass ich nur einfach der Gelackmeierte von juristisch nicht zu beanstandenden Machenschaften war.

Beim Kauf meines ersten recht gebrauchten VWs als Student rollte, wie schon erwähnt, bei der Probefahrt ein Rad in eine ganz andere Richtung. Ich bekam es mit der Angst zu tun und wollte das Gefährt zurückgeben. Aber: Wie gesehen, so gekauft! Wieder war das ohnmächtige Opfergefühl mit geballter Wut, Scham und Verzweiflung da.

In Gesprächsrunden mit Freunden fragte ich nach ähnlichen subjektiven oder realen Betrugserlebnissen, und siehe, es gab keinen, der nicht auf ähnlich schmerzhafte Weise hereingefallen war, mit den anhaltenden und auch nach Jahren unverdauten Gefühlen von Scham, Wut und Selbstzweifeln.

Ein Betrug als Kind ist noch in Erinnerung: Ein gleichaltriger, fünfjähriger Freund schaute begehrlich auf ein loses Kinderwagenrad, dessen stolzer Besitzer ich war. Er machte mir weis, dass es wertlos sei, und ich warf es enttäuscht weg. Er rannte ihm sofort nach, es gehöre jetzt ihm, weil ich es ja weggeworfen hätte, und baute es in sein Seifenkistengefährt ein.

Warum erwähne ich diese autobiographischen Details? Um die subjektive Seite des Erlebens von Betrug zu demonstrieren, das sich dauerhaft in einem veränderten Lebensgefühl niederschlagen kann. Obwohl ich also selbst den Staat betrogen habe, stehen mir die Heerscharen der Opfer näher, bei denen es (vielfach) auch um die nackte ökonomische Existenz geht, in vielen Fällen auch um ein tiefgehendes Gefühl des Vernichtet-Seins oder wenigstens um Kränkung und lang anhaltende Bitterkeit.

Manche Betrogene mit geeigneter Rechtsschutzversicherung bekommen hie und da auch zu ihrem Recht, andere verlieren weiteres Kapital in vergeblichen Prozessen, andere irren selbstdestruktiv durch mehrere Instanzen, weil sie, wie Kohlhaas, die Kränkung nicht loslassen können, und sie deshalb dauernd noch anwächst.

Nach längerer guter und vertrauensvoller Zusammenarbeit mit einem Bankberater (vor der Finanzkrise) riet mir der Mann, wohl unter dem neuen Verkaufs- und Provisionsdruck, zum Kauf eines Fonds-

Anteils seiner Bank, als der Preis kurz vor dem Absturz einem neuen Höhepunkt zustrebte. Erst Monate später bemerkte ich den Reinfall, als ich einen Anteil des gleichen Fonds mit Kursgewinn verkaufen wollte, von dem ich zwei Jahre früher einen vergleichbaren Anteil zu einem 40% günstigeren Kurs gekauft hatte. Der Gewinn wurde vom Hochpreisanteil des neuen Kaufs nach dem Sturz völlig aufgezehrt. Das Vertrauen war zerstört, und ich las in der Zeitung, in welche Gewissenskonflikte die Investmentberater geraten waren, seit sie unter viel höherem Druck des Managements bestimmte, in engen Zeitgrenzen kontrollierte Verkaufsvorgaben erfüllen mussten. Von diesen massenhaften Vertrauenskonflikten, vor allem wegen der undurchsichtigen Schrott-Finanzpapiere, später mehr.

Die teure Probefahrt

Ein anderer eigener Fall von Betrugsgefühl: Ich wollte endlich mal einen gebrauchten Wagen der bedeutendsten Edelmarke fahren, fand ein türkisgrünes, gut erhaltenes Auto, ließ mich für den nächsten Tag vormerken für eine Probefahrt, kriegte einen Bereitstellungsvertrag oder Vormerkungsvertrag vorgelegt, wollte ihn gewissenhaft studieren, aber der Verkäufer meinte, das Kleingedruckte spiele ja jetzt keine Rolle. Er spürte wohl meine Entschlossenheit zum Kauf. Aber der bunte Wagen war im Inneren total schwarz ausgelegt, ich fühlte mich wie in einer Gruft und wollte dankend Abstand nehmen. Aber das ging nicht ohne einen Bereitstellungspreis von damals 1.500,- DM für den Rücktritt. Der Abteilungsleiter, bei dem ich mich erkundigen und auch beschweren wollte, meinte, sein Verkäufer sei ein sehr erfahrener Mann, was ich bitter bestätigte, und die Regelung stünde im Vertrag. Dass der Verkäufer mir von der genauen Lektüre abgeraten hatte, vielleicht weil es ihm zu lange gegangen wäre, ließ er nicht gelten. Juristischer Rat führte zu nichts, zähneknirschend, beleidigt, gedemütigt bezahlte ich, sinnlos Rache schwörend: Nie mehr diese Marke! Und ich würde die Prozedur im Bekanntenkreis bekannt machen. Der Chef zuckte, scheinbar bedauernd, mit den Schultern. Ich hatte für eine Probefahrt 1.500,- DM bezahlt!

Der Aufbau einer »vertrauensvollen Beziehung«

Eine besonders raffinierte Variante von Internetbetrug erlebte ich im Sommer 2010: Im Auftrag der sterbenskranken Witwe des bedeutenden NATO-Generals Shoomaker erhielt ich durch den Direktor einer New Yorker Bank, die sich auf Erbschaften und Stiftungen spezialisiert zu haben angab, die Anfrage, ob ich einen Betrag von mehreren Millionen Dollar, den der General, der ein Faible für Deutschland gehabt habe, für deutsche Hilfsbedürftige verwalten und gezielt ausgeben wollte. Es entspann sich ein längerer Wechsel von Emails, in denen der Bankdirektor darauf hinarbeitete, langsam eine vertrauensvolle Beziehung zwischen ihm und mir herzustellen. Ich war zunächst misstrauisch, verlangt nähere Angaben, z. B. woher er meinen Namen habe, und er nannte die Sozialabteilung der deutschen Botschaft, die mich als zuverlässigen, sozial engagierten und auch der Wohltätigkeit zugeneigten Zeitgenossen avisiert hatte. Als er mir ein Bild per Mail sandte, auf dem er würdig und seriös aussah, dazu ein Bild aus der angeblichen Pflegestation der Klinik der Witwe, die an Schläuchen hing, fühlte ich mich allmählich geschmeichelt und fing an, mir Organisationen auszudenken, die ich um Rat bezüglich erhöhter Bedürftigkeit armer Menschen fragen könnte. Bereitwillig lieferte ich ihm persönliche Angaben, auch meine Kontonummer sowie weitere Referenzen in den USA, um ihm meine Glaubwürdigkeit besser zu dokumentieren.

Von der Summe, die sich allerdings zwei Mal veränderte, sollte ich 70% ausgeben und 30% für meine verantwortungsvolle Tätigkeit für mich behalten dürfen. Sehr leise Zweifel kamen mir, als der Direktor zur Eile mahnte, weil sonst das Erbe an die Stiftungsbank zurückfallen würde.

Zufällig traf ich einen befreundeten Anwalt, der in komplizierten Erbfragen bewandert war, und er öffnete mir vorsichtig die Augen: Er nahm an, dass bald eine Vorforderung nach der Überweisung von Transaktionskosten vor der Auszahlung der Summe kommen würde (d. h., dass ich hätte Tausende für Gebühren vorab zahlen müssen). Da ich noch eine Rückfrage wegen widersprüchlicher Summen nach New York gemailt hatte, versandeten die verheißungsvollen Botschaften, der »Bankdirektor« musste gemerkt haben, dass ich Lunte gerochen hatte. Ich blieb zurück, beschämt über meine narzisstische Verführbarkeit als international geachteter Gutmensch und verärgert über den vergeblichen gedanklichen Planungsaufwand hinsichtlich der Sammlung von würdigen Empfängeradressen. Mit so viel betrügerischem Raffinement hatte ich wahrlich nicht gerechnet. Aber mir wurde klar, dass viele Betrüger mit der Phantasie der Erwähltheit vieler Menschen rechnen: Diese fühlen sich ausgezeichnet vom Schicksal, wenn ein verlockendes Angebot per Brief oder aus dem Internet sie erreicht. Die Häufung von Offerten von hohen Beträgen aus namenlosen Guthaben aus Afrika, vor allem aus Nigeria, hätte mich ja vorwarnen können. Aber die Bilder des Bankdirektors mit überzeugendem Lebenslauf und das der sterbenden Witwe mit meiner ehrenvollen Erwähnung durch die deutsche Botschaft hatten mein Gehirn umnebelt.

Die tägliche Schlagzeile über Betrug

In diesem Buch referiere und diskutiere ich nur einen ökonomisch zu verstehenden und in der Regel quantifizierbaren Betrug und vernachlässige das riesige Feld des vorwiegend seelisch wirksamen Betrugs in Freundschaft, Partnerschaft und Ehe, in Erziehungsverhältnissen, in Seelsorge und Psychotherapie, also überall dort, wo Menschen sich aufeinander verlassen wollen und müssen und wo Untreue und Verrat vor allem psychische Schäden anrichtet.

Doch alle Formen von Betrug, denen man zum Opfer fällt, hinterlassen Kränkungen! Es ist ein peinliches Gefühl, übertölpelt worden zu sein; man bleibt, wie das Wort es nahe legt, als Tölpel zurück, als Dummkopf, als naiv, als jemand Weltfremdes, dem Erfahrung und Überblick fehlen, als fahrlässig oder allzu vertrauensselig, kurz als jemand, der den Anforderungen von Überblick und Kontrolle nicht gewachsen ist. Nichts schmerzt mehr als Hilflosigkeit und Ohnmacht, vor allem dann, wenn Gegenwehr als sinnlos erscheint oder unmöglich ist.

Der Boom der Rechtsschutzversicherungen dürfte zum Teil eine direkte Folge eines kollektiven Gefühls von Hilflosigkeit, Ohnmacht, Rechtlosigkeit und Wehrlosigkeit sein. Der verunsicherte Mensch verschafft sich den Zugang zu einem Anwalt, einem Beistand und Vorkämpfer gegen verletztes Rechtsgefühl und die Tücken bürokratischer Regelungen.

Natürlich gibt es en masse die so genannten Prozesshanseln, denen kein Anlass zu gering ist, um sich juristisch zur Wehr zu setzen. Sie leiden aus biographisch-seelischen Gründen an einem dem realen Betrug sogar vorausgehenden Gefühl: dass die Welt sie übers Ohr hauen will und dass nur erhöhte Wachsamkeit samt juristischem

Beistand ihnen ein Minimum an Sicherheit gibt, um ohne allzu tiefe Blessuren überleben zu können.

Auch das Instrument der Sammelklagen geht in diese Richtung, eine in den USA schon seit Jahren eine praktizierte Form gemeinsamer Gegenwehr gegen mächtige Konzerne, die in der Lage wären, einen einzelnen Prozessierenden durch prozessuale Tricks, Verschleppen, Kostensteigerungen und Appelle an immer höhere Instanzen mürbe zu machen. Das Drohpotenzial der mächtigen Betrüger wird damit konterkariert durch eine juristische Gegenmacht, die schon manchen schummelnden Giganten gezwungen hat, klein beizugeben und Entschädigung oder Wiedergutmachung zu bezahlen.

Die Suche nach juristischem Beistand erfordert aber erneut Vertrauen in eine neue Beziehungsform in einem Feld, in dem dem Durchschnittsmenschen Erfahrung und Durchblick fehlen. Das wiederum hat zu einem Boom von Beratungsinstanzen geführt, die dem Laien einen Weg durch den Dschungel seiner Möglichkeiten bahnen, vor allem dann, wenn in Schichten mit nur einfachem Bildungsniveau Orientierung und Wagemut fehlen und die Angst vor den Kosten oder vor dem Gang zum Gericht überhaupt jede Initiative lähmen.

Ist man als Zeitungsleser erst einmal wach geworden für die täglichen Meldungen von Betrug und Korruption, so fallen die Schlagzeilen immer schneller in die Augen. In der Fernseh-Sendereihe *WISO* werden einem regelmäßig Beispiele für die aktuellsten Skandale präsentiert. Hier die gängigsten Überschriften fast aus einer einzigen Zeitung, der Süddeutschen Zeitung (wobei natürlich andere Zeitungen ähnliche Schlagzeilen hatten), mal neutral dargeboten, gelegentlich auch schon empört oder launisch oder bissig kommentiert wegen der mitgelieferten Rechtfertigungen und Unschuldbeteuerungen der Täter:

Fleischskandale und keine Ende in Sicht.[10]

Wettskandal. Uefa-Funktionäre unter Verdacht.[11]

Kartellstrafen für Stahlhersteller.[12]

Die Geheimräume der Bahn. Tausende Akten der Datenaffäre sollen vernichtet werden, ohne dass Ermittler sie je sichteten.[13]

Verbraucherschützer kritisieren Abzocke durch neue Verpackungsgrößen.[14]

Netzwerk mit 31 Beschuldigten. Kriminelle Clique soll Kurse manipuliert haben. Münchner Staatsanwaltschaft nimmt Herausgeber von Aktienpublikationen und ehemaligen Anlageschützer fest.[15]

Energischer Preisanstieg. Eine Studie wirft Deutschlands Stromversorgern vor, Millionen Kunden über den Tisch zu ziehen.[16]

»Ich war nur der Depp.« Anlagebetrüger sollen Opfer um 630.000 Euro geprellt haben.[17]

Der Griff in die Sozialkasse. Der Bund saniert seinen Haushalt auch auf Kosten der Renten-, Gesundheits- und Arbeitslosenversicherung.[18]

Wohlwollen für die Nöte der Großen. Wenn sich die hessische Justiz mit der Deutschen Bank beschäftigt, kommt es immer wieder zu Merkwürdigkeiten.[19]

Der Krebs der Immobilienkrise. In Milwaukee und anderswo in den USA verfallen reihenweise zwangsgeräumte Wohnhäuser – und die Deutsche Bank als Treuhänder der Investoren steht am Pranger.[20]

---

[10] Internet: Foodwatch vom 21.01.2007

[11] Der Spiegel vom 28.06.2010

[12] Süddeutsche Zeitung vom 02.07.2010

[13] Süddeutsche Zeitung vom 02.07.2010

[14] Internet: Short News vom 14.05.2010

[15] Süddeutsche Zeitung vom 25.09.2010

[16] Süddeutsche Zeitung vom 04.08.2010

[17] Süddeutsche Zeitung vom 01.07.2010

[18] Süddeutsche Zeitung vom 21.07.2010

[19] Süddeutsche Zeitung vom 05.07.2010

[20] Badische Zeitung vom 06.07.2010

Vermeintliche Riesenerfolge. Anleger klagen gegen den Finanzkonzern AWD. Interne Dokumente zeigen, wie Berater den Kunden umstrittene Produkte verkauften.[21]

Telefonbetrug wächst drastisch – Polizei hilflos. Behörden kapitulieren, weil die Täter im Ausland sitzen / Zehntausende Geschädigte erstatten Anzeige.[22]

Neue Steuer-CD aufgetaucht. Datenträger enthält Angaben über Deutsche, die eine halbe Milliarde Euro bei einer Liechtensteiner Bank verstecken.[23]

Dubiose Tricks bei Arzneimittelpreisen. Rösler bestraft schummelnde Pharmakonzerne. Unternehmen, die Rabattzahlungen an die Krankenkassen umgehen, will der Minister Millionen abnehmen.[24]

Es geht mir darum, die Universalität des Betrugs zu zeigen. Sie hinterlässt bei vielen ein generalisiertes Misstrauen: »Der kleine Mann wird sowieso beschissen.« Aber die Großen betrügen sich nicht minder. Gesellschaftspolitisch gefährlich wird Betrug, wenn er dem Staat angelastet werden kann oder muss. Bei der »kalten Progression«, bei der der Staat mühsam erkämpfte Einkommenserhöhungen schlicht wegsteuert, weil der Steuerpflichtige durch seinen Zuwachs höher besteuert wird, ist das Gefühl, »von Amts wegen« betrogen zu werden, groß. Ich habe in ganz »normalen« Familien Wutausbrüche bei diesem Thema erlebt, die mir zeigten, wie tief der Groll auch dem Staat gegenüber sitzen kann. Das »Vater Staat« selbst betrügt, knüpft tiefenpsychologisch direkt an bewusste und unbewusste Erinnerungen an Eltern an, die mit kleinen oder größeren Mogeleien das werdende Rechtsgefühl ihrer Kinder verletzt haben, die sich nicht wehren konnten oder durften.

Auf sehr viel abstrakterer Ebene, die nicht zu direktem individuellem Einkommensverlust führte, wirkte sich das so genannte »Spar-

---

[21] Süddeutsche Zeitung vom 09.07.2010

[22] Süddeutsche Zeitung vom 31.07.2010

[23] Süddeutsche Zeitung vom 22.07.2010

[24] Süddeutsche Zeitung vom 02.09.2010

paket« aus, das von manchen Kommentatoren als Großbetrug in der Politik angesehen wurde. Es ist eine Betrugsform, die nicht justiziabel ist und die ich politisch-ökonomisch nennen will, weil sowohl die Wirtschaft wie die Politik beteiligt sind und wo die direkte zwischenmenschliche Ebene des Hintergehens zugunsten von großflächiger Ungerechtigkeit zurückgenommen ist.

Ein Extrembeispiel eines politischen Betrugs: Der belgische König Leopold II. hatte bei der Inbesitznahme des Kongos als Kolonie wahnwitzige Versprechungen gemacht über einen afrikanischen Idealstaat von Gerechtigkeit, Fortschritt, Wohlstand, Wissenschaft, Gesundheitsvorsorge usw. Heutzutage, 50 Jahre nach der »Befreiung« des Landes vom Kolonialismus, stellt sich heraus, dass den Belgiern das Ausmaß von Grausamkeit, Ausbeutung und Korruption von damals noch kaum bekannt ist und den aufklärungswilligen Journalisten und Historikern noch immer das alt vertraute Schlagwort von den Nestbeschmutzern entgegenschallt.

Gewissen und Vertrauen – Psychoanalytische Deutungen

Das eigene frühe Hineinschlittern in steuerliche Unregelmäßigkeiten und die eigenen passiven Erlebnisse haben mich hellhörig gemacht, auf die Allgegenwärtigkeit des Themas Betrug zu achten und zu versuchen, zuerst einmal die Erkenntnisse meiner eigenen Profession, der Psychoanalyse, anzuwenden und zu prüfen, wie weit sie sich aus der individuellen Sphäre des neurotischen Leidens übertragen lassen auf das massenhafte Auftreten des Phänomens. Ich möchte untersuchen, ob Ausmaß und Vielschichtigkeit es rechtfertigen, von einer bedrohlichen sozialen Erkrankung (Sozialpathologie) zu sprechen.

Die Bildung des Gewissens und die weitere Realität

Es gibt das individuelle Gewissen, in der Psychoanalyse auch Überich genannt. Es ist einer der vertracktesten Seelenteile, kompliziert im Aufbau, störanfällig, von unterschiedlichen Quellen gespeist, selten ganz einheitlich und kaum sicher etabliert, teilbar, beeinflussbar, korrumpierbar, aber auch fähig, Stärkung aus den verschiedensten Quellen zu beziehen. Das Christentum hat sich vielfältige, zum Teil extreme Mühen gegeben, es zu implantieren, durch Ermahnung, Angst, Verlockung und Belohnung, aber auch durch Feuer und Schwert. Es hat geglaubt, es durch die Zehn Gebote ausfüllen und festigen zu können. Riesige Bibliotheken dienten seiner Erkundung, Heilige waren Zeugen seiner glaubensgestärkten Unerschütterlichkeit, Märtyrer demonstrierten, dass auch Folter und Todesqualen es nicht erschüttern konnten. Aber die Kirche pflegte auch salbungsvollen Umgang der Milderung gegenüber vielerlei angeblich christlich gesonnenen Potentaten, Regenten und Rettern des Abendlandes.

Das Instrument der Beichte diente der sozialen Kontrolle, brachte Entlastung wie Mahnung, versprach himmlische Freuden für die Braven und Höllenstrafen für Bösen. Die Gewissensverwaltung war eine der größten und würdigsten Aufgaben der Kirche, und der Urvater der christlichen Gewissenserforschung, der Heilige Augustinus, den lebenslänglich ein jugendlicher Birnendiebstahl zur Verzweiflung brachte, prägte das bestimmende Sündengefühl vieler Jahrhunderte. Und weil dies so bedrückend werden konnte, entstand, salopp gesprochen, auch eine ganze geistliche Industrie der Gewissensentlastung, weil es sich so schwer leben lässt unter der Dauerlast der Selbstanklage, der Verdächtigung, der Zerknirschung und des Zweifels, ob man nun richtig bereut und gebeichtet habe. Die Sünden wurden in pyramidenförmig aufgebaute Hierarchien eingeteilt, und die Erlösungswissenschaft feierte Triumphe. Über die Gnadenlehre wurden Kriege geführt, und das Verhältnis vom gütigen zum verfolgenden, strafenden Gott war Teil der religiösen Forschung der Jahrtausende.

Auch unsere Politik und Wirtschaft sollen oder sollten christlichen Prinzipien unterstehen, selbst wenn aus den Kanzleien und Konzernleitungen der Begriff der Sünde längst verschwunden ist. Trotzdem versuchen Politik- und Wirtschaftsethiker, den unter anderem Namen erhalten gebliebenen Sündenpfuhl zu durchdringen und zu sanieren. Wirtschaftsethik ist an vielen ökonomischen Fakultäten und Kaderschmieden der neuen Lenkungseliten zum Pflichtfach geworden. Ganz Schlaue rechnen den Mächtigen sogar vor, dass sich ethisches Verhalten in der großen weiten Welt der gegenseitigen Übervorteilung rechnerisch lohnen werde. Anständigkeit strebt also die höheren Weihen des politischen und wirtschaftlichen Miteinanders an, ob nun als Verzierung oder gar als raumgreifendes Prinzip.

Aber zurück zur Überich der Psychoanalyse und ihrem Beitrag

zur Erhellung der individuellen und sozialen Verhaltenssteuerung. Wie kommt es, dass das Überich als seelische Instanz sogar in der Lage ist, nicht nur Gehorsam zu verlangen, sondern, was zu unserem Gesamtthema passt, sich selbst zu betrügen? Weil es funktioniert wie ein rollenreiches »Theater der Seele«, mit verschiedenen Fraktionen, die koalieren oder sich bekämpfen könnten, sich kennen oder sich voreinander verstecken. Und dabei hängt sogar viel von der Tagesform ab und von lauten Einflüsterern und leisen Souffleuren.

Dass ein solides Überich, genau wie ein löcheriges, ein einheitliches oder vielstimmiges, durch Identifizierung mit bedeutsamen Andern zustande kommt, ist inzwischen fast zum Allgemeinwissen worden, aber Sigmund Freud hat die Psychodynamik genauer erforscht. Den Frauen hat er nicht viel brauchbares Überich zugetraut, für ihn waren es die Väter, denen es gelang, den Kindern durch die berühmte Kastrationsdrohung wichtige Grundsätze einzupflanzen. Man sieht es heute etwas differenzierter, denn auch die Mütter sind schon früh an der Gewissensbildung beteiligt. Kinder lernen auch Überich-Inhalte durch einfache Nachahmung von Verhalten; sie lernen durch Ermahnung und Strafe, durch liebevolle Hinweise. Zentral wichtig ist aber auch die Einfühlung in Andere: dass Spüren, dass Andere verletzbar und kränkbar sind, aber auch hocherfreut, wenn ihnen Gutes getan wird. Einfühlung und Menschenfreundlichkeit aus dem Kreis der Familie können dann übertragen werden auf größere Gruppen, falls diese aus der Familienperspektive nicht Feinde oder keine schätzenswerten, also auch zu hassende oder auszubeutende oder zu betrügende Menschen sind.

Wenn Väter und Mütter einigermaßen übereinstimmen in ihren moralischen Ansichten und in ihrem Verhalten (was nicht das Gleiche ist), darf das Überich, das außerdem durch das Ichideal, das weniger Verbotscharakter hat, positiv ergänzt werden.

Freundesgruppen, Schule und das so genannte Leben können zur Bereicherung, Verarmung und vielerlei Modifikationen des inneren

Verhaltenskodexes führen. Die Mischung aus Liebe und Hass, Zuwendung und Vernachlässigung sind wichtige Faktoren, auch bei der so genannten Ichstärke, die das Überich braucht, um handlungsleitend werden zu können.

Später kann ein soziales Clangewissen hinzukommen, dessen Stärke vom Grad der Zugehörigkeit zu Schichten, Klassen, ethnischen und religiösen Gruppen abhängt, vom sozialen Zwang, aber auch von möglicher Begeisterung über geteilte Werte und ethische Überzeugungen oder auch falsche Helden. Gesellschaftliche Stärkungs- und Verführungsfaktoren spielen eine große, von den Medien einschließlich Werbung verstärkte Rolle (bis hin zur Propaganda). Anfälligkeiten für Trends, ethische Schwankungen, partielle Gewissenlosigkeiten, aber auch moralische Aufschwünge korrespondieren mit den verschiedenen Stärken einer Persönlichkeit oder einer Gruppe oder Nation.

Das innerfamiliär erworbene Überich ist also sozialpsychologisch auf seinen verschiedenen Reifungs- oder Verwahrlosungspassagen diversen sozialen Einflüssen ausgesetzt, die wiederum höchst selektiv wirken, bis dereinst ein Orden der strengen Wohltätigkeit oder eine Bande von Schrottpapierhändlern herauskommt. Nicht zu vergessen der Einfluss von Heimlichkeit, Abwesenheit von Zeugen, geringer Nachverfolgbarkeit von Handlungssträngen, Gier, kollektiven Abschottungsverfahren gegen Skrupel, oder auf der anderen Seite: frömmigkeits- und moralverstärkende Faktoren mit ideologischem oder religiösem Beistand.

Bis in einer Gesellschaft das System Betrug wirklich Fuß fasst, durchläuft das einzelne und das soziale Überich also viele Stadien der Beeinflussung. Die herausragenden Fälle des Ertappt- und Bestraft-Werdens können sogar passageren Einfluss nehmen auf einige vorausliegende, längere oder kürzere Zeitabschnitte von Vorsicht, Ängstlichkeit, ethisch-motivierter Zurückhaltung, verschärftem Raffinement, sogar Einsicht und Reue, veränderter Gesetzgebung oder erneuerter Handlungsmaximen. Das »Gemeinwohl« wird, folgenreich oder auch nicht, neu definiert oder proklamiert, und die höheren Gerichte greifen gelegentlich korrigierend ein gegen allzu offenen Betrug, oder die Verfolgungsbehörden intensivieren ihre Aufmerksamkeit.

Der seiner theologischen Professur enthobene Hans Küng versucht, weil er neben seinem früheren Professorenkollegen Ratzinger selbst nicht mehr Papst werden kann, ein »Weltethos« durchzusetzen, und die Menschenrechte haben, wenigstens im Westen, auch nach der Globalisierungskrise, eine gute Presse. Optimismus und Pessimismus hinsichtlich der Geltung von Moral sind, je nach Temperament, unterschiedlich verteilt. Ein allgemeiner Fortschrittsglaube fehlt heute, die häufigen Volksbefragungen ergeben eher ernüchternde Auskünfte, was das politisch-ökonomische Grundvertrauen angeht. Da in Bezug darauf oft von »Wiedergewinnung« geredet wird, herrscht also das Gefühl vor: Es muss etwas verloren gegangen sein.

Freuds Kulturtheorie ist düster und pessimistisch. Er deutete sogar an, dass das Überich gelegentlich wie ein dünner Firnis über ethischen Abgründen unter der Kulturschicht liege. Aber er fand ein zunehmend stärkeres Überich als notwendig für die Kulturentwicklung, auch wenn das in seinen Augen eher zu einer allgemeinen Zwangsneurose führte, während wir es heute eher mit einer allgemeinen Verwahrlosung zu tun haben, eben dem System Betrug als einer Art Lebenselixier für die Gesellschaft der Gier.

Freuds notwendiges und strenges soziales Überich ist, so meinen manche Kulturkritiker, einer allgemeinen Unübersichtlichkeit gewichen, was die Orientierung erschwert, und wenn dem Thema Betrug in der islamischen Welt nicht das gleiche Gewicht zukommt, liegt es vermutlich an der noch deutlicher erhalten gebliebenen religiösen Verbindlichkeit und vielfältige Formen von Fanatismus nicht ausschließenden religiösen Bindungen, ebenso wie der wuterfüllten Angst vor westlichen sozialen Verhältnissen.

Ein individuelles und kollektives Gewissen sollte unsere Welt ordnend und sichernd durchdringen. Sie tun es derzeit nur unzureichend. Deshalb wird auch, wie zu allen Zeiten, von der Krise der Werte gesprochen, aber diesmal scheint es ernster zu sein, vor allem, weil sie Teile der Eliten so durchgreifend erfasst hat, dass die allgemeine Grundstimmung des Vertrauens, wie schon erwähnt, auf einen Tiefpunkt zustrebt.

Welche Überich-Krankheiten gibt es noch, die psychoanalytisch zu erhellen sind? Interessant in diesem Zusammenhang ist die in der psychoanalytischen Theorie der Kriminalität geläufige Theorie der »Überich-Lücken«. Mit dem Phänomen ist gemeint, dass oft nicht von einem integrierten Gewissen ausgegangen werden kann, sondern dass es unterteilt sein kann in Fraktionen, sozusagen in Abteilungen für bestimmte Bereiche des Lebens. In bestimmten Bereichen funktioniert es »zufriedenstellend« als Instanz, die negativ abweichendes Verhalten verhindert, sodass das jeweilige Subjekt als »normal angepasst« erscheint in Familie, bürgerlicher Gesellschaft, im Freundeskreis und sogar in Teilen der beruflichen Sphäre. Die Ausfallserscheinungen beziehen sich beim jugendlichen Delinquenten wie beim erwachsenen Verbrecher und vermutlich bei den Großbetrügern auf selektive Deliktformen, die allerdings einem spezifischen Trend folgen können, im Verbrechensfall auf Gewalt, sexuellen Missbrauch, Diebstahl und Raub oder gar Mord.

Im Bereich der von Gier und Habgier durchdrungenen breiten Sphäre der Wirtschaft und Politik ist es der variantenreiche Trend zum Betrug je nach den berufsspezifischen Möglichkeiten, die sich dem Täter oder der Täterin bieten. Geläufig ist das Thema der Überich-Lücken und der Überich-Dissoziationen im Extrembeispiel von schweren SS-Tätern, die abends Hausmusik im fürsorglichen Familienidyll und Kollegenkreis trieben und tagsüber die Mordaktionen im Konzentrationslager leiteten. Auch die Rechtfertigungsstrategien sind dort entsprechend extrem, sodass die universell zu beobachtenden Gefühle von Schuldfreiheit bei fast allen Varianten des Betrugs in der gegenwärtigen Phase nicht mehr allzu verwunderlich erscheinen.

In der psychoanalytischen Theorie der Überich-Lücken spielen eine herausragende Rolle unterschwellige, meist unbewusst gehaltene Familienkonflikte, die bei einem der Kinder als delegiertem Empfänger die Signale für diese Lücken induzieren: Die Taten der Kinder drücken so die abgewehrten Versuchungen und Wunschphantasien der Eltern aus, die somit auf verschobene Weise ausgelebt werden können. Es handelt sich also um kleingruppendynamische Mechanismen mit starker Wirkungskraft, die auf einem tiefenpsychologisch deutbaren innerfamiliären Auswahlverfahren beruhen. In der Familientherapie wird der so vorgeprägte Symptomträger zum so genannten »Indexpatienten«, es ist ein »Erwählter«, der, selbst wenn er sich gegen den Gruppendruck sträubt, diesem oft machtlos gegenübersteht und sich schließlich seinen Aufträgen unterwirft. Zur Absicherung nach innen wie nach außen dienen die eisernen Gebote der Geheimhaltung und der Sprachtabus: ganze Themenbereiche werden aus dem Sprachbereich in der Familie herausgehalten, die Verständigung erfolgt über feine Zeichen oft körpersprachlicher Art, die eben nicht verbalisiert werden dürfen.

Deshalb entwickeln sich in Institutionen familiäre zeichenhafte Geheimsprachen mit sehr verschiedener Partizipation. Reale Verständigung gibt es nur in Untercliquen, Zufallshinweise auf die Bedeutung von Gesten werden sanktioniert, der Rest kann lähmendes oder strafendes Schweigen sein. Zusätzliche Geheimhaltungsgebote finden sich in allen Institutionen, die zum Betrug neigen: Wer mit wem zu welchen Themen mailen oder telefonieren darf, ist festgelegt, und der berühmt »Verteiler« sorgt für die Selektion der Information. Wenn z. B. in einer Firma behauptet wird, »wir sind alle eine große Familie«, dann ist Vorsicht geboten.

Diese Theorie lässt sich nun auf das Feld der Sozialpsychologie und der Soziologie verschieben, denn auch in Unternehmen wie

Banken, Investmentgesellschaften, Exportunternehmen, Parteien, um nur einige wenige zu nennen, sind gruppendynamische Faktoren wirksam. Natürlich gibt es drängende Gewinnvorgaben, die manchmal Mitarbeiter im »übergesetzlichen Notstand« zum Betrug motivieren. Aber auch hier dürften weitere Auswahlmechanismen eine Rolle spielen, die auf Status, Herrschaftswissen, herausragenden Funktionen, aber auch auf der besonderen Nähe zu Versuchungssituationen beruhen, individuelle Dispositionen natürlich vorausgesetzt.

Am einfachsten zu verstehen ist das am Phänomen des missbrauchten Insiderwissens: Der »Betrieb« delegiert die Gewinnmaximierung an herausragende Rollenträger, die sich einbilden können, ihr Spezialwissen im Dienst des Unternehmens zu gebrauchen. Ihre oft isolierte Stabsstellung macht sie furchtlos gegenüber Kontrolle und Entdeckung. Die steigende Bilanz ist der kollektive Lohn, der durch die Streuung der Boni schließlich auch auf die rangniedrigen Mitarbeiter verteilt wird, sodass aufgrund eines geglückten großen Betrugs die allgemeine Betriebszufriedenheit wächst (»Wir sind alle eine große Familie«). Die zu diesem Zweck angesparten Milliardenbeträge (also: mehr als 1.000.000.000,- €) sprechen dabei eine deutliche Sprache.

Natürlich spielen hier auf der individuellen Ebene ebenfalls moralische Auswahlmechanismen eine Rolle, die sich sozialpsychologisch zu einer Palette von Sozialcharakteren verdichten. Eine tiefenpsychologische Gruppenanalyse der verbreitetsten Betrügertypen, vorsichtiger ausgedrückt, der risikobereiten Hochseilspekulanten und Investitionskünstler, brächte hier sicher eine Fülle spezifischer Sozialisationsbedingungen zutage. Unterhalb dieses höchsten »Täterniveaus« kämen dann die Heerscharen der kleinen Verkäufer vor Ort, die unter dem Diktat der Mischexperten für die Schrottpapiere zur unehrlichen Beratung und maximalen Plazierung, sprich Verkauf, an die Kunden angehalten werden.

Zur charakterlichen Ausprägung trägt sicher auch der aus innerfamiliären Sozialisationsbedingungen erwachsende Hang zur vermeintlichen Genialität der Betrüger (im weitesten Sinne) bei, der sie Dreistigkeit mit Wagemut und selektive Gewissenlosigkeit mit beruflicher Hochkompetenz verwechseln lässt. Bei den Delinquenten ist von der so genannten »Unverletzlichkeitsphantasie« die Rede (»mich erwischt keiner!«).

Bei den Schreibtischtätern des Betrugs und der Untreue[25] findet sich die Phantasie der Unentdeckbarkeit ihrer Vertuschungsstrategien. Einfachstes Beispiel ist die Ausgliederung der raffinierteren Betrugsfälle bei den Banken in die so genannten Zweckgesellschaften in Steuerparadiesen, die außerhalb der gesetzlichen Kontrollinstitutionen operieren. Eine große Zahl von ebenfalls selektiv gewissensgeschädigten Anwälten unterrichtet die Heroen der Spekulation von den juristischen Möglichkeiten der Verschleierung wie dem Spiel zwischen den schwachen bürokratischen Hindernissen für das Milliardenspiel, das unzählige Angestellte in die Korruption der beratenden Kleinverteilung der angeblich »sicheren Produkte« treibt.

Die Überich-Lücken haben sozusagen System, je nach dem Versuchungspanorama in den unterschiedlichsten Sektoren des flächendeckenden Bereicherungssogs. Die Devise des französischen Bürgerkönigs Louis Philipp lautete an seine auf Gewinn versessene, produktions- und spekulationsbereite Klasse: »Enrichissez-vous!«, und die ließen es sich, zum »Wohl der gesamtgesellschaftlichen Entwicklung«, nicht zweimal sagen. Es ließe sich, mit einiger Vorsicht, wenigstens partiell von einem halbkriminellen Gesellschaftsklima sprechen, weil die vielen neuen unbekannten Möglichkeiten der Gewinnmaximierung sozusagen freies Schussfeld lieferten. Kreativer Pioniergeist und das gewissenlosen Austesten aller Grenzen trafen damals wie heute zusammen. So finden wir in der pausenlosen Neuschöpfung finanzspekulativer Derivate, bei der die Geschwin-

---

[25] Siehe dazu grundlegend aus juristischer Sicht der Band von Wolfgang Hetzer: Finanzmafia. Frankfurt a. M. 2011

digkeit der Variantenbildung die Kontrollinstanzen nur noch hinterherhecheln lässt, ein aktuelles Beispiel. Geschwindigkeit ist Trumpf bei der Verfolgung betrügerischer Ziele, und damit wären wir bei einigen wichtigen Gesetzen des gesellschaftlichen Wandels, doch zunächst noch einmal zurück zu einigen psychoanalytisch zu verstehenden Prozessen.

Die Rolle der Einfühlung in Liebe und Betrug

Ich habe hervorgehoben, welch große Rolle die Einfühlung bei der Bildung des Gewissens neben den anderen Faktoren spielt: Einfühlung, die selbst einem stufenweisen Lernprozess unterliegt, »entdeckt« den Anderen, den Mitmenschen, und es entsteht eine Ethik der Wechselseitigkeit. Bei ausreichender Liebe wird es unvorstellbar, den Anderen willentlich zu verletzten, zu schädigen oder zu betrügen. Es ist ursprünglich die Moral der größten Nähe, die gegen alle Aggressivität eine Hemmung schafft, indem sie durch das »Wohltun-Wollen« ein Sortiment von Phantasien bereitstellt, wie das Glück des Anderen zu mehren sei. Verliebtheit macht erfinderisch im Wunsch zu erfreuen, Hass macht erfinderisch im Wunsch zu schaden. Dazwischen liegen die Grauzonen der sich mildernden Intensität der Gefühle, aber auch die entsprechenden Abschwächungen durch eine zunehmende Entfernung der beteiligten sozialen, ökonomischen und politischen Partner.

In der Kriegswissenschaft ist der Ausdruck der Unsichtbarkeit des Feindes wie der Opfer wichtig geworden. Im technischen Bereich rücken Täter und Opfer, aber auch Feind und Feind, immer weiter auseinander. Es zählt nicht mehr das Weiß im Auge des Gegners, den es zu treffen gilt, es zählt nicht mehr die angebliche Ritterlichkeit der Luftkämpfe im Ersten und zum Teil noch Zweiten Weltkrieg, wo ein verklemmter Steuerknüppel im Flugzeug des Gegners den einen zwang, den anderen erst ein paar Minuten später abzuschießen, weil die Einfühlung in eine vorübergehende Notlage die Tötungswut vorübergehend milderte.

Die Vernichtung, also Tötung, braucht heute den gesichtslosen Gegner, bei dem Einfühlung nicht störend dazwischenkommt: Bombenteppiche, Drohnen oder gar Atombomben auf große Städte wollen massenhafte Auslöschung für ein übergeordnetes strategisches – entmenschlichtes – Ziel.

Analoges gilt von den teils gesichtslosen, teils anonymen, teils sogar verachteten – massenhaften (siehe: Massengeschäft) – Partnern des Betrugs, denen sich der Betrüger nicht mehr von gleich zu gleich gegenübersieht. Einfühlung würde gerade das Geschäft verderben, und der Schwund der Einfühlung in hinters Licht zu führende Familien, die ein wertbeständiges Haus erwerben wollen, ist gerade die Voraussetzung für das Drängen auf einen raschen Abschluss. Hier sind tausend Varianten der Abstufung vorstellbar, nicht alle gerissenen Aufschwatzer sind böswillig, manche sind selbst betrogen worden von ihren Auftraggebern. Aber beim »Wettlauf der Gerissenheit« kommt es gerade darauf an, nicht an die Folgen zu denken, sondern nur ans eigene Konto und an die notwendige Geschwindigkeit zur Bilanzierung des Gewinns.

Die Anonymisierung vieler ökonomischer Vorgänge, das »Aus-dem-Auge-Verlieren« des Opfers, setzt den gesenkten Blick voraus oder die dreiste Inszenierung der Treuherzigkeit durch falschen Augenkontakt mit Handschlag, bei gleichzeitigem Überschlagen der fälligen Provision.

Branchenüblicher Massenbetrug hat fast nichts Zwischenmenschliches mehr. Der Täter verlässt das Schaltergebäude, legt die Firmenmoral ab und tritt ein in Welt der Familienidylle, die ihm die moralische Aufbauleistung für den Wechsel des Überichs gewährt, wenn er am anderen Morgen aus der Tiefgarage kommend sich wieder an den vorprogrammierten Computer setzt. Das Bühnenbild wechselt, die Maximen wechseln, Begriffe verändern sich in ihrer Bedeutung, und die moralische Mehrsprachigkeit, die verlangt wird, äußert sich als Stress und erhöhte Anfälligkeit für Infarkte.[26]

Anders geht es da den Bankberatern, die mit ihren Kunden Jahre der nicht von Misstrauen geprägten Verhaltensgewohnheiten hinter sich haben, und die nun der neue Verkaufsdruck für hausinterne Fonds nötigt, Falschheit unter alter Verhaltensmaske zu entwickeln. Die Kündigungs- bzw. Entlassungs- wie auch die Erkrankungsrate steigt bis hin zu Selbsttötungen im Betrieb.[27] Es knirscht gewaltig bei den Scharnierberufen, wo Großbetrug sich in Kleininfamie umsetzen muss, auch wenn das im ursprünglichen moralischen Outfit des einzelnen Beraters und seinem früheren Berufsethos gar nie vorgesehen war. An diesen Stellen wird wirkliche Einfühlung in den Kunden Krankheit erregend, und da die Kunde vom Verkaufsdruck in den Medien präsent ist, breitet sich allgemeines Misstrauen als eine neue Form der Volkskrankheit aus. Das neue Wundermittel Protokollpflicht wird da nicht viel helfen.

Die moralischen Folgen

Horst Eberhard Richter macht in seinem Buch *Moral in Zeiten der Krise* (2010) zu eben diesem Problem der psychischen Gefährdung (als mögliche Volkskrankheit) die kurze Bemerkung:

> Als Psychoanalytiker habe ich mich gelegentlich an Adam Smith erinnert, wenn Patienten sich unbewusst mit Symptomen dafür bestrafen, dass sie aus beruflichem Anpassungsdruck ihrem Gewissen zuwider handelten. Sie

---

[26] Siehe dazu grundlegend das Buch von Christophe Dejours et al.: Psychopathologien der Arbeit. Frankfurt a. M. 2012

[27] Siehe dazu wiederum das Buch von Christophe Dejours/Florence Bègue: Suicide et Travail: que faire? Paris, 3. Aufl. 2010

> wirkten z. B. bei kommerziell erfolgreichen Geschäften mit, die sie insgeheim als verwerflich empfanden. Erkannten sie ihre Selbstverleugnung als Krankheitsursache, fanden manche nun einen Weg, ihr Inneres mit ihrem Tun wieder in Einklang zu bringen. Ihre Symptome verschwanden. Ihre psychische Korruption erwies sich somit als heilbar. Das ist eine prinzipiell wichtige Erkenntnis. Sie beweist: Es hat sich nicht die Natur der Menschen verändert. Sondern die Menschen haben widernatürliche gesellschaftliche Verhältnisse geschaffen, die sie in Form psychischer Korruption krank machen – und zwar in einem Grad, der sie blind macht für ihre aktuelle und ihre langfristige Selbstgefährdung.[28]

Alina Fichter und Harald Freiberger haben die steigenden Erkrankungsraten von Bankberatern in einem großen Aufsatz zum Thema gemacht. Die meisten, erst einmal summarischen Diagnosen lauten »Burn-out«:

> Eine Diagnose, die bisher vor allem Lehrer und Ärzte betraf, ist in der Bankenwelt angekommen. Seit Ausbruch der Finanzkrise klappen immer mehr Bankberater zusammen. Professor Andreas Hillert von der psychosomatischen Klinik Roseneck in Prien am Chiemsee (...) ist Spezialist für die Auswirkungen beruflicher Belastungen auf die Psyche: »Seit der Bankenkrise wurden es immer mehr. (…) Der Wettbewerb um Kunden wird immer schärfer (…) Die Vorstände fühlen sich von den Aktionären unter Druck gesetzt«, sagt Klinikchef Hillert, der auch Bankvorstände berät. »Sie müssen Geld verdienen, und woher sollen sie es holen, wenn nicht vom Kunden. Deshalb erhöhen die Vorstände die Zielvorgaben (…) Die Vorstände sagen, dass sich die Bereichsleiter mehr anstrengen müssen. Die Bereichsleiter sagen, dass sich die Filialleiter mehr anstrengen müssen. Und die Filialleiter sagen es den Mitarbeitern. Aber die Kunden wollen nicht kaufen. Sie wollen in Ruhe gelassen werden.« Psychologe Hiller: Ein enormer Verkaufsdruck sei mittlerweile Normalität bei den Banken. »Immer wieder erzählen Banker, dass sie zu Geschäften angehalten werden, die für sie ethisch nicht vertretbar sind. Eine seiner Patientinnen sagt bei ihrem Abschied aus der Klinik: sie wolle sobald wie möglich wieder

---

[28] Horst Eberhard Richter: Moral in Zeiten der Krise. Frankfurt a. M. 2010, S. 15f

> anfangen zu arbeiten: Irgendwo in der Verwaltung bei einer Bank, wo sie nichts verkaufen muss, keinen Kunden ins Gesicht lügen muss.« Und: »Am beruflichen Stress zu zerbrechen, obwohl der System hat, gilt immer noch als Stigma.«[29]

Ohne die derzeitige Zuspitzung betriff das Problem aber sicher auch andere Sparten der Wirtschaft. »Vertrauen«, betont Christian Weber unter der Überschrift »Eine riskante Erfindung der Moderne«,

> sei ein Mechanismus zur Reduktion »sozialer Komplexität«, schreibt der Bielefelder Soziologe Niklas Luhmann in einer klassischen Definition. Diese Einsicht gilt für das gesamte Leben. Wer statt Vertrauen allein auf eigenes Wissen und Kontrolle setzen will, müsste täglich hohe Transaktionskosten zahlen. Die meisten Menschen gehen deshalb das Risiko des Vertrauens ein, zumal es Sanktionsmechanismus gibt. Wer einmal Vertrauen enttäuscht hat, tut sich schwer, es wiederzugewinnen. Und der Reputationsverlust überträgt sich auch auf die Beziehungen zu anderen Menschen – vorausgesetzt er wird allgemein bekannt.[30]

Und ein Ergebnis im »System«: »Auch Finanzdienstleiter, Sparkassen und Discounter betteln mittlerweile häufig um das Vertrauen ihrer Kunden.«[31] Zu viel davon ist verlorengegangen.

Erst systematischer Aufbau und dann die Zerstörung von Vertrauen

In einem späten Aufsatz über die »Einleitung der Behandlung« schreibt Sigmund Freud wichtige Gedanken für seine Schüler auf, die sich mit einiger Unsicherheit an die ersten Stunden der Behandlung machen. Der Begriff Vertrauen ist in der großen Konkordanz

---

29 Süddeutsche Zeitung vom 13.01.2011

30 Süddeutsche Zeitung vom 23.10.2010

31 Ebd.

seiner Schriften unterteilt in »Gläubigkeit« und »Leichtgläubigkeit«. Wenn man hier »Behandlung« durch den Begriff »Investmentberatung« ersetzt, staunt man über Freuds Scharfsinn auch in Fragen des Vertrauens beim Beginn einer Anlageberatung:

> Laien wie Ärzte (hier: Anlageberater), welche die Psychoanalyse (Investmentberatung) immer noch gern mit einer Suggestivbehandlung verwechseln, pflegen hohen Wert auf die Erwartung zulegen, welche der Patient der neuen Behandlung entgegenbringt. Sie meinen oft, mit dem Kranken werde man nicht viel Mühe haben, denn er habe ein großes Vertrauen zur Psychoanalyse (Investmentberatung) und sei von ihrer Wahrheit und ihrer Leistungsfähigkeit voll überzeugt. Bei einem anderen werde es wohl schwerer gehen, denn er verhalte sich skeptisch und wolle nichts glauben, ehe er nicht den Erfolg an seiner eigenen Person gesehen habe. (…) Die Vertrauensseligkeit des Patienten macht ja den ersten Verkehr mit ihm recht angenehm; man dankt ihm für sie, bereitet ihn aber darauf vor, dass seine günstige Voreingenommenheit an der ersten in der Behandlung auftauchenden Schwierigkeit zerschellen wird.[32]

Dem Milliardenbetrüger Bernhard Madoff (Schadenshöhe über 50 Milliarden Dollar, mehr als 50.000.000.000$, 150 Jahre Haft) gelang eine hervorragende Schaffung von Vertrauen. Die Zweifler beruhigte er in der Tat mit rascher Zahlung von hohen Gewinnen, die er den Neuanzahlungen (Schneeballsystem) entnahm. Die Vertrauensseligen brauchte er ohnehin nicht zu überzeugen. Aber was der Erzeugung von Vertrauen diente, war sein gesellschaftlicher Status, sein lockerer Umgang mit den Mitgliedern der teuren Golfclubs und die beruhigende Sicherheit seines Auftretens. Er vertiefte die Vertrauensbildung noch dadurch, dass er manche der vielen »Heilungssuchenden« abwies, was die zugelassenen Einzahlenden in den Rang von Privilegierten erhob. Das Vertrauen in seine Fähigkeiten wuchs ins Grenzenlose. »Man« wollte dazugehören zum Club der Eingeweihten – und Gierigen.

---

[32] Sigmund Freud, G. W., Bd. VIII, S. 457f

Dies führt zum zweiten Begriff: der Leichtgläubigkeit. In den »Neuen Folgen der Vorlesungen zur Einführung der Psychoanalyse« heißt es:

> Das zweite Moment habe ich das psychologische genannt. Ich meine damit die allgemeine Neigung der Menschen zur Leichtgläubigkeit und Wundergläubigkeit. Von allem Anfang an, wenn das Leben uns in seine strenge Zucht nimmt, regt sich in uns ein Widerstand gegen die Unerbittlichkeit und Monotonie der Denkgesetze und gegen die Anforderungen der Realitätsprüfung. Die Vernunft wird zur Feindin, die uns so viel Lustmöglichkeiten vorenthält.[33]

Die atmosphärische und vertrauensbildende Einbettung der Beratung, ein gewisses Niveau der anzulegenden Summen vorausgesetzt, wird von allen Banken und Investmentgesellschaften hochgehalten. Vertrauenssteigernd ist, wie bei Madoff, das gesellschaftliche Ambiente der gemeinsamen Zugehörigkeit zur Elite der Wohlhabenden oder der Wohlhabend-sein-Wollenden. Man könnte sogar von einer systematischen Züchtung von Vertrauen sprechen. Das System Betrug fußt also zum Teil auf der raffiniert honorierten Gläubigkeit oder Leichtgläubigkeit der Kundschaft, auf die schon Freud seine Studenten vorbereitet hat.

Fast belustigt schreibt Freud in dem frühen Aufsatz »Psychische Behandlung«:

> Den größten Anspruch an unser Interesse hat der seelische Zustand der E r w a r t u n g, mittels dessen eine Reihe der wirksamsten seelischen Kräfte für Erkrankung und Genesung (…) rege gemacht werden. Die ä n g s t l i c h e Erwartung ist gewiß nichts Gleichgültiges für den Erfolg (…) Der gegenteilige Zustand, die hoffnungsvolle und g l ä u b i g e E r w a r t u n g ist eine wirkende Kraft, mit der wir streng genommen bei allen unseren Behandlungs- und Heilungsversuchen zu rechnen haben. Wir könnten uns sonst die Eigentümlichkeiten der Wirkungen, die wir an den Medikamenten und Heileingriffen beobachten, nicht erklären.[34]

---

[33] Sigmund Freud, G. W., Bd. XV, S. 34f

[34] Sigmund Freud, G. W., Bd. V, S. 297f

Der Zerfall des Vertrauens zu meinem langjährigen Anlageberater war ein überaus schmerzhafter Prozess. Ich habe mit ihm mehrere Phasen des Beratungsbedürfnisses durchlaufen, ebenso wie Phasen der Beziehung. Nach anfänglich höflich-sachlicher Information über Anlagemöglichkeiten, die er mir mit ruhiger und kompetent wirkender Stimme, auch mit Computerhilfe und eindrucksvollen Tabellen und Entwicklungskurven zeigte, wurde daraus eine Beziehung, in der ich anfing mitzureden. Es entstanden Freundschaftsphantasien in mir, weil die Gespräche über mein Geld und meine Aktien eine Form von Intimität entfalteten. Es ist nicht völlig verkehrt zu sagen: Sie hatten einen Beiklang der Atmosphäre, wenn Männer über Frauen und den Umgang mit ihnen reden, mit einem leicht verschwörerischen Touch. Es ging um Schlauheit, Raffinesse, Information, Eingeweihtsein, Erfolg, neben dem materiellen auch den narzisstischen Gewinn, wie nach erarbeiteten Eroberungen, die wir gemeinsam genossen. Ich war ihm dankbar, weil ich seine Einfühlung in meine Bedürfnisse spürte, wobei wiederum inmitten eines durchaus sachlich gemeinten, zielorientierten Dialogs auch psychische Nähe entstand. Wir waren Verbündete bei der Jagd auf ein scheues Wild, den messbaren Gewinn, das Geld; und was mich am meisten freute: Er freute sich über meine Freude oder litt mit bei einem partiellen Misserfolg und tröstete mich über einen überschaubaren Misserfolg so überzeugt damit, dass der Aktienmarkt im Großen und Ganzen uns als ergiebiges Experimentierfeld zur Verfügung stand, dessen positiven Gesamttrend er über lange Jahre nicht anzweifelte. Er gab sich bescheiden und stellte die Bedeutung meiner eher zufällig, manchmal auch nachdrücklicher angelesenen Hinweise heraus. Er tolerierte es auch, wenn mich bei einigen aufregenden Passagen des Marktes die Gier ankam, noch rascher Gewinn zu erzielen. Kurz, er war ein Berater, dem ich vertraute, wir waren, trotz nicht allzu häufiger Begegnungen, ein Team, in dem sich eine kooperative Sympathie entwickelt hatte. Ich hatte keinen Grund, an seiner Integrität und seinem mir fürsorglich zur Verfügung stehenden Förderungswillen zu zweifeln.

Freuds Bemerkungen über die Gläubigkeit trafen auch auf mich zu. Es mag in dem Bereich der nach Anlage suchenden Menschen auch kühlere Temperamente geben, die das Geschehen ohne mein größeres Bedürfnis nach Vertrauen, Zuneigung und Sympathie wahrnehmen, die im Berater nüchtern einen Geschäftspartner sehen, mit dem man sich nicht über ein technische Maß an Vertrauen hinaus seelisch beschäftigt. Es hing mit meiner über längere Zeit gültigen Schülerrolle zusammen, aus der heraus ich in eine aufschauende Dankbarkeit geriet. Die wiederum förderte die Tendenz – eine gewisse psychische Regression vorausgesetzt –, auch infantile Aspekte in mir zu fördern, wie lustvolle Erwartung, irrationalen Schnäppchenglauben, ja manchmal sogar einen Wunderglauben an unsere gemeinsame Schlauheit und die Realitätskontrolle sprengende Selbstüberschätzung. Diese Regression erleichtert es ja auch den Betrügern, gezielter ihre Interessen zu verfolgen: Sie haben uns sozusagen an der Angel unserer leicht unkontrollierbar werdenden Wünsche. Der Wunsch nach Führung steckt, in variablen Dimensionen, in den meisten Menschen, sobald sie sich gleichzeitig unkundig, aber anspruchsvoll auf einem neuen Gebiet fühlen. Sich-anvertrauen-Können bringt auch seelischen Gewinn, ja überall dort, wo später der Betrug sich auch von Angesicht zu Angesicht einschleicht, wächst sogar ein Bedürfnis nach Geborgenheit in der Kompetenz des Anderen.

Ich bin überzeugt, dass vielen über lange Zeit tragfähigen Beratungsverhältnissen mit der Zeit sogar ein Quäntchen Verliebtheit zuwächst, das ein Glücksgefühl auslösen kann, das aber auch die Gefahr der Leichtgläubigkeit erhöht, erst recht, wenn sich über das Kompetenzgefälle ein Zuviel an Zutrauen entwickelt hat. Misstrauen wird dann zu einem Verstoß gegen die unausgesprochenen Beziehungsgesetze, durch die man sich achtet und einander vertraut. Die

Regeln werden sogar intimer, wenn kurze Telefonate schon größere Kauf- oder Verkaufsaktionen auslösen können. Es entwickelt sich eine verkürzte Sprache der Verständigung, die man genießt, weil sie gemeinsam erarbeitet wurde.

Das urmenschliche Bedürfnis nach Vertrauen spielt auch dann eine Rolle, wenn es sich um viel unpersönlichere Kauf- oder Dienstleistungsbeziehungen handelt: in der Autoreparaturwerkstatt, bei Handwerkern, die man regelmäßig beschäftigt, wenn waches Misstrauen sich unanständig anfühlt. Sogar gegenüber einem als seriös eingestuften Lebensmittelmarkt oder gar einem Lebensmittelkonzern besteht ein Bedürfnis nach Vertrauen, und dies macht es beispielsweise der Lebensmittelindustrie so leicht, auf ein Markenimage zu bauen, das zu hinterfragen dem Kunden oft schwerfällt: Es ist anstrengend und auch demütigend, sich – enttäuscht – neu orientieren zu müssen, wo vorher Unbekümmertheit und Zutrauen herrschten. Betrug missbraucht auf den verschiedensten Ebenen fast immer ein Vertrauensverhältnis, das neben den bewussten auch viele unbewusste Aspekte und Sehnsüchte nach Sicherheit und Geborgenheit in einer erwartbaren Zuverlässigkeit der Umwelt enthält.

Der flächendeckende Betrug

Die neue Volkskrankheit Betrug wird in vielen anderen Lebensbereichen nicht eben geschwächt, sondern eher noch verstärkt: Gammelfleisch, Gennahrung, Verpackungsmogelei, Produktfälschung, die Tücken des Kleingedruckten, Unerreichbarkeit von Vertragspartnern, und vieles mehr. Die Anonymisierung schwächt die Moral, weil die normalen zwischenmenschlichen Verstärker des »guten Verhaltens« im Sinne der Lerntheorie fehlen. Die Millionen von Autokäufern, die zu den Werkstätten zurückgerufen wurden und werden, sind keine einzelnen Partner mehr, sondern statistische Größen, selbst wenn die Verkaufsprospekte gerade das Gegenteil insinuieren: »Höchste Individualität« bei der professionellen Gratulation des Händlers zum Kauf des exakt zur individuellen Persönlichkeit des Käufers passenden Wagens mit seiner unverwechselbaren Einzigartigkeit und der Unverwechselbarkeit des gekauften Selbstbildes. Je größer die Massenhaftigkeit eines Produkts, desto wichtiger die Betonung höchster Individualität der Passung von Produkt und Erwerber. Dazu braucht es allerdings wieder Einfühlung, aber eine professionell eingeübte und auch wieder eingeschränkt durch die Launen, Schwächen und Vorlieben des Kunden, dem für seinen Geschmack geschmeichelt werden muss. Statt Einfühlung wäre besser der Ausdruck Einschätzung angebracht oder Taxierung, aber trotzdem liegen liebevolle und gerissene Einfühlung nahe beieinander. Je mehr also bei Waren und Dienstleitungen von Individualität (oder Freiheit) gesprochen wird, desto mehr muss die Realität der globalen kapitalistischen Warenwelt[35] mit Massenproduktion und Massenkonsum verleugnet werden.

[35] Siehe Wolfgang Fritz Haug: Kritik der Warenästhetik. Frankfurt a. M., 1971, 2. Aufl. 2010

Auch den Schrottpapiermixern fehlt es nicht an kollektiver Einfühlung: Sie rechnen mit einer Grundeigenschaft ihrer Klientel, der Gier, die vorübergehend blind macht, aber in diesem »vorübergehend« liegt ja der Gewinn. Die Geschwindigkeit erzeugt den berühmten »Kairos«, den gesegneten Augenblick der neuen Chance oder des Glücks, den in der Antike die Götter schenken. Im »System Betrug« ist aber die Gerissenheit als neue Glücksgöttin, in Verbindung mit der mittelalterlichen Todsünde, der Gier, oder lateinisch Avaritia, am Zuge. Ganz viele Angebote werden raffiniert unter Termindruck gesetzt: »Diese Chance haben Sie nur noch fünf Tage.«

Die seelische Korruption von Angestellten findet in verschiedenen Bereichen auf verschiedene Weise statt: Das Heer der jungen Investmentbanker wird über Rivalität und Leistungsdruck in moralische Besinnungslosigkeit gezwungen. Die vielen Kundenberater, die seit Jahren »wirklich« kundenorientiert (im Sinne, dass die Zeche global ausgelöffelt wurde und wir bis dahin die globalen bzw. europaweiten Profiteure waren) gearbeitet haben, geraten in die Zwickmühle der Unaufrichtigkeit, aus der viele sich in eine gewisse Bedenkenlosigkeit flüchten; anderen gelingt es nicht, die Gewissenlosigkeit zu verdrängen; sie enden in Erschöpfungszuständen, Burnout, Schlaflosigkeit und vieles andere mehr. Sie driften ab ins Lager der Frühpensionierten oder der angeekelten Aussteiger, soweit sich überhaupt eine andere Berufschance für sie öffnet.

Der Zwang zur seelischen Korruption mag bei der Finanzwirtschaft besonders hoch sein. Aber was ist mit den Tausenden, die in Lebensmittelkonzernen wissentlich die Fälschungs- und Irreführungsvorgaben der Leitung anwenden müssen? In jedem Unternehmen reicht die Information über die gezielte Kundentäuschung bis in sehr unterschiedliche Schichten der Arbeitsorganisation hinunter. Die Zügel der erzwungenen Verschwiegenheit werden angezogen. Dringen einmal konkretere Angaben an die Öffentlichkeit, dann wird mit modernsten Überwachungsmethoden nach der Lücke in den Betriebsgeheimnissen gesucht. In der Getränkeindustrie wissen oft Tausende von Angestellten und Arbeitern, wie Qualitätsverschlechterung und betrügerische Veränderungen in der Zusammensetzung der Komponenten samt der Angaben über angeblich die Gesundheit fördernde Zusätze wie Vitaminen und chemischen Ersatzstoffen für angeblich natürliche Aromen vorgenommen werden. Sie wissen, dass sie an Täuschung und Betrug teilnehmen müssen, und Vorhaltungen führen rasch zu Kündigungen. Diese Drohung zwingt zum Stillhalten und zu einer bösartigen Teilhabe an der hochgehaltenen Corporate Identity, sie führt zu einer kollektiven Ausbreitung von Mittäterschaft bis tief in unsere Gesellschaft hinein – alles zur Steigerung des Bruttosozialprodukts, auf das wir so stolz sind.

Bevor ich die Analyse fortsetze, liegt mir an einer Beispielsammlung, die die ganze Breite der Betrugsfelder summarisch zu zeigen versucht.

Der gute Ruf der Bausparkassen

Bausparkassen haben im Allgemeinen noch einen ganz guten Ruf. Sie sollen helfen, auch breiteren Bevölkerungsschichten den Weg zum Eigenheim zu erleichtern. Der Sündenfall der »Badenia« passt in den allgemeinen Verdacht:

> Die Bausparkasse Badenia hat nach Auffassung des Bundesgerichtshofes (BGH) eine Käuferin einer so genannten Schrottimmobilie arglistig getäuscht. Die Richter befanden, dass die Klägerin von der Karlsruhe Bausparkasse nicht über die genauen Provisionen der Vermittlerfirma Heinen & Biegen informiert worden war (AZ.: XI ZR 104/08). Badenia müsse der Frau somit Schadensersatz zahlen. Im Kaufvertrag habe die Gesellschaft die Provisionen der Vermittler viel zu niedrig angegeben. Gegen die Bau-

sparkasse, die in den 90er Jahren mehr als 7000 Immobilienverkäufe der Vermittlerfirma Heinen & Biegen mit Krediten finanziert hatte, sind noch zahlreiche Klagen geprellter Anleger anhängig.[36]

Ein Hauskauf ist für viele Menschen in ihrem ganzen Leben eine einmalige Sache. Große Bausparunternehmen halten große Stücke des Marktes und sind seit Jahrzehnten mit gutem Ruf eingeführt. Betrügerische Kassen profitieren von diesem Ruf der größeren Konkurrenten, sie hintergehen damit das Grundvertrauen von Häuslebauern, die über ihren eigenen Schatten springen und Hausbesitz mit der Hoffnung auf Geborgenheit für ihr weiteres Leben erwerben wollen. Sie werden also um eine Lebensperspektive betrogen, und für viele endet der Schaden nicht nur mit dem Verlust dieser Vision auf ein selbstbestimmtes Wohnleben, sondern in Wut, Hilflosigkeit, oft auch in Resignation und Depression oder psychosomatischer Erkrankung. Für sie wird es wie Hohn klingen, wenn jemand bedauernd oder in falschem Mitleid sagt: So ist halt der Kapitalismus, das sind die Ausläufer seines Grundmusters der Gewinnmaximierung. Seine grausamen Gesetze beeinflussen hier direkt die seelische und körperliche Gesundheit vieler Einzelner. Und aus den vielen Einzelklagen, die wiederum viele nicht riskieren, erwächst mangels eines Gesetzes in Deutschland, das kollektive juristische Schritte erlaubt, keine hilfreiche Sammelklage. Die schwere Last der Vereinzelung kommt zum Unglück noch hinzu.

Betrug im Sport

»Es geht um organisierte Kriminalität. Deutschland ist in manchen Sportarten sicher noch schlimmer verseucht als Bulgarien. Nur auf einem höheren wissenschaftlichen Niveau«, meint der Dopingspe-

---

[36] Badische Zeitung vom 30.06.2010

zialist Professor Werner Franke in einem Interview[37] zum Dopingbetrug im Radrennsport. Sport gehört zur Trost-, Ablenkungs- und Delegationsindustrie in der modernen Welt. Millionen hängen ihr Herz an die Aufregung des Kampfes, der ja auch ein Symbol ihres eigenen Kampfes im Leben ist. Sie hängen ihr Herz an die Sieger und die Champions und genießen zusammen mit ihnen den Glanz des Erfolgs, oder sie trösten sich an den Tränen der Verlierer, die ihnen die eigenen geringen Chancen im Leben erträglicher erscheinen lassen. Doping als beliebte Form des Betrugs in einer manchmal gnadenlosen Wettbewerbsgesellschaft gleicht einer Vergiftung eines ohnehin bedrohten seelischen Gleichgewichts, das Stellvertreterlösungen braucht, um nicht am täglichen Kleinklein der eigene Visionen zu verzagen.

Dass es dann zum Selbstbetrug im Fitness-Studio kommt, wo immer mehr Doping-ähnliche Mittel zum »Muskelaufbau« konsumiert werden, ist ein weiterer Effekt der Vorbildfunktion, die Sportlerinnen und Sportler haben.

Die Abzocke mit den Überziehungszinsen

Der immer wieder aufbrechende Streit um die hohen Überziehungszinsen bei Girokonten, die häufig gerade wenig oder uninformierte Angehörige unterer Schichten massiv treffen, wenn das geringe Einkommen nicht bis zum Monatsende reicht, hatte im Juni 2010 einen neuen Höhepunkt erreicht: Unter der Überschrift »20 Prozent bei Überziehung. Verbraucherzentrale: Banken schröpfen ihre Kunden« schreibt ein »hf«:

> Das Problem ist bekannt, in der Finanzkrise hat es sich offenbar noch verschärft: Während Banken und Sparkassen Zinssenkungen an ihre Sparer

[37] Badische Zeitung vom 16.10.2010

> schnell weitergeben, lassen sie sich bei Kreditkunden lange Zeit. Besonders bei Überziehungszinsen auf dem Girokonto werden so Kunden extrem belastet, ergab eine Untersuchung der Verbraucherzentrale Bremen. Sie rechnete vor, dass Kunden in Deutschland von Dezember 2008 bis April 2009 mit erhöhten Dispo- und Überziehungszinsen um 777 Millionen Euro geschädigt wurden. (…) Für besonders anstößig hält die Verbraucherzentrale die Geschäftspolitik der Commerzbank: Sie langt mit effektiv 20,1 Prozent Zinsen zu, wenn Kunden ihr Limit überschritten haben. Darüber hinaus verlangt sie für jede Zahlung über 100 Euro, die der Kunde bei Überziehung veranlasst, fünf Euro extra. Die Verbraucherzentrale verlieh der Commerzbank dafür die »Goldene Nase für besonders dreiste Geldschneiderei«.[38]

Es ist bekannt, dass gerade Menschen mit sehr geringem Einkommen oder auch Hartz-IV-Empfänger aus dieser Schuldenfalle der Banken kaum noch herausfinden, wenn sie gegen Monatsende gezwungen sind, ihre Überziehungskreditlinien zu überschreiten, um zu überleben. Schon diesen Zustand könnte der Kunde als räuberische Großzügigkeit erleben. Tiefenpsychologisch gesehen wird so die Abhängigkeit von den Banken zum Folterinstrument durch eine Bindung, die der Abhängigkeit der Kinder von bösen Eltern gleicht, die für kleine Vorteile und Zuwendungen oder gar Gnadenerweise erpresserische Leistungen (also schlecht bezahlte Arbeit) erbringen müssen.

All dies rührt an das eigentlich notwendige Grundvertrauen in Staat und öffentliche, aber auch private Institutionen. Doch zunehmendes Misstrauen ist keine Garantie für erfolgreiche Gegenwehr. Der Boom der Entschuldungs- und Umschuldungsberater mit ihren zahlreichen schwarzen Schafen spricht – auch aus vielen anderen Gründen durch die bedrängenden Konsumverlockungen – eine deutliche Sprache. Inzwischen ist die Schuldnerberatung längst auch ein großer Zweig der öffentlichen Verwaltung geworden und liegt typischerweise meist in den Händen von zusätzlich ausgebildeten

[38] Süddeutsche Zeitung vom 10.06.2010

Sozialarbeitern, die sich im Elend der in die Fallen getappten Gestrandeten gut auskennen. Sie sind die Elendsverwalter in einem Bereich, den man als eine der Schattenseiten der Hochglanzökonomie bezeichnen könnte.

Beispiele aus den Bereichen Medizin und Psychotherapie

Im Rundbrief vom Juli 2010 der *Deutschen Gesellschaft für Psychoanalyse und Psychotherapie* heißt es unter der Überschrift »Adressbuchschwindel und kein Ende«:

> Wir haben zum wiederholten Male (...) vor Adressbuchschwindel gewarnt. Wie wir jetzt durch Hinweise von Mitgliedern hören, dauert diese Welle an und bietet immer neue Varianten. Zurzeit werden Mediziner und psychologische Psychotherapeuten durch ein Schreiben eines internationalen Medizinerverzeichnisses aufgefordert, eigene Praxisdaten zu aktualisieren, was diese vorgeblich seit acht Monaten nicht getan hätten. Im *Kleingedruckten* findet sich dann der Hinweis, dass mit Unterzeichnung der angeblichen Aktualisierung der Daten eine Vertragsannahme eines Angebots verbunden ist, das zu einer jährlichen Zahlung von fast 1.000,- € pro Jahr verpflichtet.[39]

Konkret: Die Firma medweb, Luzern, später Lissabon und unter anderem Namen »United« verschaffte sich 2007 von den deutschen Kassenärztlichen Vereinigungen die Adressen von Tausenden von Psychotherapeuten und unterbreitete ihnen eine angebliche »Aktualisierung ihrer Eintragungen in einem Ärzteverzeichnis«. Mit der Unterschrift unter die bloße Bestätigung der Angaben war im Kleingedruckten ein Vertrag verbunden, was Juristen als »arglistige Täuschung« bezeichnen.

---

[39] Rundbrief der DGPT vom Juli 2010

Die erste Forderung lautete auf 982,- €. Nach Mahnungen, Anwaltsbriefen, Klagedrohungen und Inkassobürodrohungen belief sich die geforderte Summe bei meiner Kollegin in der Praxisgemeinschaft 2010 auf 3.226,92 €. Die Mahnbriefe verfolgten massiv das Ziel, Angst zu schüren. Eine andere Kollegin aus der Praxis geriet angesichts des »Terrors«, der sich über drei Jahre hinzog, in Panik und erkrankte. Es ist anzunehmen, dass viele juristisch unerfahrene Kollegen entnervt aufgaben, bezahlten oder in Angst lebten und auch massive Einschränkungen im Lebensgefühl durch Schlafstörungen, depressive Reaktionen und Erkrankung erlebten.

Auch hier weitet sich der Betrug auf äußerlich unscheinbare, aber desto tiefer schmerzende seelische Folgeschäden aus. Die Schattenseite des Kapitalismus zeitigt nahezu unsichtbare soziale Katastrophen, die eine Minderung, wenn nicht Zerstörung von Lebensqualität bewirken, von den ökonomische Folgekosten solch kollektiver sozialer Erkrankungen einmal ganz abgesehen.

Teure Arztbesuche durch Sonderleistungen

> Für immer mehr Kassenpatienten ist der Gang zum Arzt mit zusätzlichen Kosten verbunden. Die 10 Euro Praxisgebühr spielen dabei nur eine untergeordnete Rolle. Viel stärker fallen individuelle Gesundheitsleistungen (IGeL) ins Gewicht, die bei manchen Arztpraxen ein fester und gar nicht mal so geringer Bestandteil des Praxisbudgets sind. »Wie bitte, Sie wollen keine Krebsvorsorge?« »Aber den Augeninnendruck sollten wir doch schon bei Ihnen messen, denken Sie einmal an die Gefahr eines Glaukoms.« »Wir empfehlen Ihnen dringend, mit einem PSA-Test ihr Risiko einer Prostataerkrankung abzuschätzen.«
> Häufig werden Patienten schon an der Theke mit IGeL-Artikeln konfrontiert. Kein Wunder, schließlich bieten manche Pharmahersteller – passend zu ihren Produkten – Kurse an, mit denen sie Arzthelferinnen gezielt schulen, um die Leistungen am effizientesten an den Patienten zu bringen.[40]

[40] Internet: Medlog vom 22.08.2008

Hier geht es nicht um justiziablen Betrug, sondern um ein wachsendes Unbehagen oder Missbrauchsgefühl bei Patienten, die die ökonomische Absicht durchschauen und einen Vertrauensverlust erleiden, obwohl sie vertrauensvoll an ihrem Arzt hängen. Immer mehr Patienten ahnen, vermuten, wissen auch, dass ihr Arzt sie in ein von der Pharmaindustrie gut bezahltes Versuchsprogramm für neue (oft teurere) Medikamente eingereiht hat. Konkret werden sie darüber natürlich nicht informiert. Das Vertrauensverhältnis leidet, manche fühlen sich hintergangen oder betrogen. Auch hier reicht der noch gar nicht justiziable Betrug tief in das Seelenleben der Patienten hinein.

Das gewaltige Anwachsen von Abrechnungsbetrug von zum Teil in Banden agierenden Ärzten und Apothekern scheucht in Intervallen die Öffentlichkeit auf. Hier geht es nicht um den individuellen Vertrauensverlust gegenüber dem Haus- oder Facharzt, sondern um einen Vertrauensverlust gegenüber einer ganzen Berufsgruppe.

Gefährlicher Publikationsbetrug in der Pharmaindustrie

Werner Bartens schreibt unter dem Titel »Karten auf den Tisch. Unpublizierte Studien zeigen Risiken eines Antidepressivums«:

> Die Schlussfolgerungen des Fachartikels könnte kaum vernichtender ausfallen. »Reboxetin ist ein ineffektives und potentiell schädliches Antidepressivum«, schreiben die Autoren um Dirk Eyding und Beate Wieseler im angesehenen *Britisch Medical Journal* vom heutigen Donnerstag (Bd. 341, S. 4737, 2010). Die deutschen Ärzte und Studienexperten haben sorgfältig die verfügbaren Daten analysiert und sind zu einem eindeutigen Ergebnis gekommen. Im Vergleich zu anderen Antidepressiva wie auch zu Placebos zeigt sich, das der Wirkstoff Reboxetin, der unter den Namen Edronax und Solvex im Handel ist, nicht besser gegen Depressionen hilft als Scheinmedikamente. Allerdings klagen Patienten über erheblich mehr Nebenwirkungen.
>
> Brisant ist das Ergebnis deshalb, weil das Institut für Qualität und Wirtschaftlichkeit im Gesundheitswesen (IQWiG) im Jahr 2009 den Nutzen bewerten sollte. Eine sinnvolle Analyse der Arzneien gegen die Schwer-

mut war nach Angaben der Prüfer allerdings nicht möglich, denn sie erhielten von der Herstellerfirma Pfizer nur einen Bruchteil der vorhandenen Daten. Recherchen des Instituts ergaben, dass zwar mindestens 16 Studien mit insgesamt 4.600 Patienten für die Medikamente existierten. Laut IQWiG stellte Pfizer aber nur sechs Untersuchungen vollständig zur Verfügung. »Irreführung durch Verschweigen ist kein Kavaliersdelikt«, empörte sich seinerzeit Peter Sawicki, damals noch Chef des Prüfinstituts, das Ende 2009 keinen Nutzen des Medikaments entdecken konnte. Selektiv nur die Studien zu veröffentlichen, die positive Ergebnisse liefern, ist eine der häufigsten und tückischsten Fehlerquellen in der Medizin. (...) Experten vermuten, dass die Hälfte aller begonnenen Studien nicht in die Öffentlichkeit gelangt. Nicht nur die Industrie, sondern auch unabhängige Forscher neigen dazu, nicht zu publizieren, was ihnen nicht gefällt – zum Schaden der Patienten und Beitragszahler.[41]

Es handelt sich noch einmal um eine Betrugsform auf ganz anderer Abstraktionsebene, nämlich der der wissenschaftliche Aufrichtigkeit, mit gefährlichen Folgen für Millionen von Patienten.

Auch durch ihre Aufspaltung des Medikamentenmarkts in Hochpreisländer wie Deutschland hat die Pharmaindustrie Vertrauen zerstört, weil sie die nationalen Preisbehörden und Krankenkassen gegeneinander ausspielt – mit wirtschaftlichen und letztlich gesundheitlichen Schäden für die Gemeinschaft der Versicherten.

Betrug in der Werbung mit den Ergebnissen von »Stiftung Warentest«

Der normale Verbraucher ahnt nicht, wie viel Täuschung und Betrug hinter den Testangaben der Verbraucherzentralen auf den Werbeprospekten sich verstecken kann. Die Institution wählt aber einen pädagogischen Weg, um der Irreführung halbwegs Herr zu werden. Sie

[41] Süddeutsche Zeitung vom 14.10.2010

verschickt »Abmahnungen«, natürlich verbunden mit der impliziten Drohung der Anklage im Wiederholungsfall. Aber der Prozentsatz der »Unterlassungserklärungen« ist hoch, mit denen sich Stiftung Warentest zunächst zufrieden gibt. Der Vorwurf ist stets eine »unerlaubte geschäftliche Handlung«, und offensichtlich erkennen die Firmen die Gefahr, in die sie sich begeben, wenn sie ihre Werbung nicht korrigieren. Dadurch bleiben diese immerhin in stattlicher Zahl vorkommenden »unlauteren Handlungen« zunächst öffentlich nicht erkennbar, wenn nicht gelegentlich eine einschlägige Dokumentationssendung im Fernsehen zu später Stunde darauf hinweist. Die meisten Verstöße bei Angaben, nach denen sich ja – im Vertrauen auf die Bewertungen der Institution – Hunderttausende, wenn nicht Millionen von Verbrauchern stützen, lauten wie folgt:

- Die positiven Testergebnisse und Gütesiegel sind veraltet.
- Die Testergebnisse werden von einem einzigen getesteten Produkt ausgeweitet auf eine größere oder die gesamte Produktpalette des Unternehmens.
- Ergebnisse werden frisiert, verkürzt angegeben, ohne Datum und vor allem ohne die Möglichkeit der Überprüfbarkeit im Originalbericht aufgedruckt.
- Bei der Lebensmittelwerbung werden die Verfallsdaten nicht angegeben.

Die Unternehmen spekulieren gezielt mit der Autoritätsgläubigkeit des breiten Publikums und verschaffen sich so unangemessene Vorteile. Die Irreführung bleibt also in jedem Fall für eine gewisse straflose Zeit profitabel.

Betrug mit Warenetiketten

»›Frei von Zusatzstoffen‹ – Verbraucherschützer warnen vor Etikettenschwindel«, lautet die Titelzeile der Meldung von dpa:

> Die Lebensmittelindustrie bewirbt ihre Produkte nach Ansicht der Verbraucherzentralen häufig zu Unrecht mit dem Etikett »frei von Zusatzstoffen«. Aufdrucke wie »ohne Konservierungsmittel«, »ohne Geschmacksverstärker« oder »ohne Zusatz von Aromen« verleihen Lebensmitteln demnach oft nur den Schein von Naturbelassenheit.[42]

Die Aufdrucke sprechen eine Sprache der vermeintlichen Aufklärung, der Information, der Kundenfreundlichkeit, die mit dem noch immer weit verbreiteten Glauben an Gedrucktes rechnet. Da alternative Zusatzstoffe, die noch nicht verboten sind oder wenigstens geächtet oder von vielen Kunden bewusst gemieden werden könnten, fehlen, handelt es sich um eine Art von Betrug ohne Gewissensbisse: das Unrechtsbewusstsein ist weitgehend ausgeschaltet.

Der weibliche Körper in der Werbung

Alexander Hagelüken und Hannah Wilhelm interviewten die Psychoanalytikerin Susie Orbach über Diäten, Schönheit und den Umgang der Frauen mit ihrem Körper unter dem Titel: »Die meisten Diäten schlagen fehl. Das freut die Industrie. Die Psychoanalytikerin Susie Orbach über die Profiteure des Schönheitswahnsinns und den Körperhass moderner Frauen«:

> Nur noch acht Prozent der deutschen Frauen sind mit ihrem Körper zufrieden. Nur zwei Prozent fühlen sich schön. Und das hängt stark mit der Werbung zusammen, in der Frauen sehr dünn und makellos sind – mit

---

[42] Süddeutsche Zeitung vom 29.09.2010

> Hilfe von Bildern, die am Computer manipuliert wurden. Senioren in Altersheimen nehmen Appetitzügler. Und schon sechsjährige Kinder fragen sich, ob ihre Körper in Ordnung sind. (...) Das fing erst in den 1980er Jahren an, als Schönheit kommerzialisiert wurde. Die Wirtschaft versprach: Du kannst schön sein, wenn Du bestimmte Dinge tust oder kaufst. Damit wuchsen die Mütter auf, die heute ihren inneren Druck an die Kinder weitergeben – meistens unbewusst. (...) Die meisten Diäten schlagen fehl. Das freut die Industrie. Wenn die Diäten wirken würden, könnten sie viel weniger verdienen. Die wollen Produkte, die nicht funktionieren. (...) Ich als Feministin sage: Dieser Schönheitszwang ist Gewalt gegen Frauen.[43]

Die halbbetrügerische oder auch direkt verlogene Werbung dringt sozusagen in den Intimbereich der Frauen ein. Sie lebt vom unermüdlich gesteigerten Druck nach Schönheit und benutzt vorhandene Schwachstellen im Selbstwertgefühl der Konsumentinnen, die es um jeden Preis auszugleichen gilt. Tiefenpsychologisch gesehen handelt es sich um die Ausbeutung einer kollektiven neurotischen Störung, die durch die Schönheitswerbung permanent vertieft wird. Das Übermaß an Zeitschriften, deren einziger Zweck die Gängelung im Bereich dessen, was zu einem präsentablen Lifestyle gehört, spricht für eine Kunst der Verführung in industriellem Ausmaß. Die narzisstischen Selbstzweifel, die unendlich viele Menschen aus ihrer Kindheit und Jugend mitbringen, werden instrumentalisiert, denn was Heilung verspricht, verleiht diesen Selbstzweifeln sozusagen Ewigkeitswert, weil die versprochene »Faltenlosigkeit bis ins höhere Alter« ausbleibt. Was bleibt, ist ein massenhaftes Versagensgefühl angesichts der Standards, die der Blätterwald vorgaukelt.

Prostitution

Auch die Prostitution gehört zu großen Teilen in den Bereich des Betrugs. Die meisten Freier wissen, dass viele Prostituierte durch

[43] Süddeutsche Zeitung vom 25.06.2010

Gewalt, Demütigung, Drohung und Vergewaltigung zu ihrer Arbeit gezwungen werden. Sie sind selten kleine autonome Unternehmerinnen, sondern Sexsklavinnen in extremen Ausbeutungsverhältnissen. Sie wurden entweder durch falsche Jobversprechen nach Westeuropa gelockt und finden sich in erbärmlichen Verhältnissen lebend wieder: oft kaserniert, in unwürdigen Unterkünften, ohne Papiere und zur Erfüllung von Normen des Anschaffens gezwungen; oder sie sind Opfer von kriminellem Menschenhandel und leben so in extremer Unfreiheit. Aber sie dürfen das Ausmaß des an ihnen verübten Betruges nicht offenbaren, und wer aussteigen will, riskiert Todesdrohung oder Verstümmelung durch Säure. Die behördlichen Anlaufstellen registrieren verängstigte Frauen, die meist nicht bereit sind, konkret auszusagen.

Die katholische Kirche als Hort des Betrugs

Die Vertuschung von Straftaten des sexuellen Missbrauchs ist auch eine Form des Betrugs. Es werden Verbrecher der irdischen Gerechtigkeit entzogen, die Delikte verharmlost, ein Klima des generalisierten Misstrauens geschaffen, weil eine Art innerkirchlicher Omerta die Aufklärung[44] lange Jahrzehnte verhindert hat. Die Folgen fasst der langjährige Berater der katholischen Bischofskonferenz und lange Zeit Partner der Unternehmensberatung McKinsey, Thomas von Mitschke-Collande, aus Anlass der Herbsttagung 2010 der Bischöfe in Fulda zusammen:

> Die Institution hat an Glaubwürdigkeit verloren. Die Gläubigen, gerade die treuesten, zweifeln, die Mitarbeiter sind verunsichert. (...) katholischen Seelsorgern und Einrichtungen droht der Generalverdacht. (...) Die Kir-

[44] Vgl. ausführlich das Buch von Benno Hafeneger: Strafen, prügeln, missbrauchen. Frankfurt a. M. 2011.

che befindet sich in einer tiefen Identitätskrise. Es ist das Vertrauen in die Kirche geschwunden: Laut Umfragen steht die katholische Kirche in der Vertrauensskala noch hinter Parteien, Aufsichtsräten und Großbanken.[45]

Das von der (heiligen) Institution über Jahrtausende geforderte Grundvertrauen in eine von Gott gelenkte Gemeinschaft dient so in einem internen Klima von Betrug dem eigenen Selbstschutz gegenüber den Opfern und der Öffentlichkeit. Erst die weltweite Empörung über das lange verheimlichte Ausmaß des Vertrauensbetrugs hat die Institution zum Einlenken gezwungen. Ein System der Lüge und der Vertuschung hatte die Sünder geschützt und oft genug die Opfer beschuldigt. Das Ausmaß der Vertrauenskrise weit über die Kirchenmitglieder hinaus erhellt die gängige bittere Frage vieler einst Gläubiger: »Wenn man schon der Kirche nicht mehr trauen kann, wem dann?« Die Kirche fordert Urvertrauen in Gott und die ihn verwaltende Institution. Auch trifft der Betrug früheste kindliche Gefühle, erst recht dort, wo Glauben und Vertrauen eine Zuflucht bilden für Menschen, die dies in Kindheit und Jugend nicht ausreichend erlebt haben. Der zögerlichen Aufdeckung des vielfachen Missbrauchs folgt ja die späte Erhellung des Ausmaßes von Demütigung und körperlicher Gewalt, die in den Jahrzehnten bis lange nach Kriegsende in den kirchlichen Erziehungsheimen stattgefunden hat. Der Begriff »Anvertrauen« hatte die Dimension eines globalen Betrugs an Kindheit und Jugend angenommen. Späte und verlegene Entschuldigungen und karge Wiedergutmachungsangebote verweisen nur auf das Ausmaß des Schreckens.

Der kirchliche Betrug am Leben

Am 24. September 2010 meldeten die Nachrichten, dass der Europäische Gerichtshof für Menschenrechte die Urteile zweier deutscher

---

[45] Süddeutsche Zeitung vom 21.09.2010

Gerichte zum Kündigungsschutz in kirchlichen Einrichtungen aufgehoben hatte.

> Die Straßburger Richter erklärten die Kündigung eines Musikers einer katholischen Gemeinde (…) für konventionswidrig. Der Organist und Chorleiter hatte sich von seiner Ehefrau getrennt und lebte seit 1996 mit einer anderen Frau zusammen, die von ihm schwanger wurde. Die katholische Kirche kündigte ihm wegen Ehebruchs und Bigamie. Die Arbeitsgerichte und das Bundesverfassungsgericht billigten dies. (…) Die Gerichte seien nicht der Frage nachgegangen, ob die Glaubwürdigkeit der Kirche unterminiert gewesen wäre, wenn sie den Chorleiter weiter beschäftigt hätte. (…) Zwar habe der Chorleiter aufgrund seines Arbeitsvertrags Loyalitätspflichten gegenüber der Kirche. Sein Recht auf Achtung des Privatlebens sei in »gewissem Maße eingeschränkt«. Sein Vertragsabschluss »konnte aber nicht als eindeutiges Versprechen verstanden werden, im Falle einer Trennung oder Scheidung ein enthaltsames Leben zu führen«, so das Straßburger Gericht. (…) Die Straßburger Entscheidungen werden die Rechtssprechung der deutschen Arbeitsgerichte und des Bundesverfassungsgerichts verändern.[46]

Das Urteil hat zum Teil bissige Kommentare hervorgerufen. So schreibt der sich durchaus christlich nennende Fernsehjournalist und CDU-Mitglied Peter Hahne:

> Ach, was verstößt nicht alles gegen die Grundordnung der Kirche. Ist diese vermutete Bigamie schlimmer als jene verbriefte Bigotterie, nach der heimlich von Priestern gezeugte Kinder ebenso heimlich von der Kirche alimentiert werden. Ganz zu schweigen von all den ethischen Irrungen und Wirrungen, gegen die der Vatikan gerade zu kämpfen hat. (…) Hätte der gute Kantor wie tausend andere Männer seine schwangere Freundin zur Abtreibung genötigt, wären ihm Kündigung und Schmähung erspart geblieben.[47]

---

[46] Frankfurter Rundschau vom 24.09.2010

[47] Bild am Sonntag vom 26.09.2010

Die Priester und der Mausclick

Die erzwungene Ehelosigkeit der katholischen Priester führt durch einen bisher kaum kommentierten Umstand zu einer Vertiefung des moralischen Betrugssystems: durch zwei kleine Mausklicks betritt auch der nächtlich einsame Priester das breit gestreute Paradies der Pornofilm-Industrie. Er wird nach kürzerem oder längerem Hinstarren wahrscheinlich onanieren, sich schuldig fühlen oder auch das übliche Verworfenheitsgefühl entwickeln. Es taucht bei vielen Süchtigen als Leere, Scham und Verzweiflung darüber auf, dass sie zu gelungener Sexualität und gelungener Bindung nicht in der Lage sind oder einem strengen Verbot unterliegen, das bis vor nicht allzu langer Zeit durch Höllenstrafen untermauert war. Es sei denn, der Priester lebt in erotischer Beziehung mit seiner Haushälterin oder hält sich im Verborgenen eine Freundin, die er unter Umständen im Kirchenchor oder gar in einer Beichtsituation kennengelernt hat. Auch damit lebt er in Sünde und oft zermürbender Heimlichkeit. Als in Verhütung Unerfahrener zeugt er ein Kind und kreiert eine verkrampfte Vaterschaft und eine ebenso verkrampfte Mutterschaft. Als Pornogeschädigter mit Scham und schlechtem Gewissen tritt er Vertrauen erweckend vor seine Gemeinde und soll annehmende christliche Liebe und Gesetzestreue ausstrahlen: der moralische Betrug in konzentrierter Form.

Der Preis der Gier nach literarischer Aufmerksamkeit

Aus dem Reinfall einer Bekannten weiß ich etwas vom Schmerz über den »Beinahebetrug« eines Verlags, der ruhmsüchtige, aber regulär niemals gedruckte Autoren mit falschen Versprechungen ausnimmt. André Weikard schreibt unter dem Titel »Dichterruhm zum Selbstkostenpreis. Mit klangvollen Namen und dubiosen Praktiken ködern so genannte Zuschuss-Verlage literarische Amateure«:

> Dem Geschäftsmodell selbst ist juristisch aber nicht beizukommen. Denn den gebauchpinselten Möchte-gern-Schriftstellern wird ja nichts versprochen. (…) Das Geschäft mit der Eitelkeit brummt, die Branche kennt die schwarzen Schafe auch als »Vanity-Verlage«. (…) Das Gutachten, das man ihm vorliest, ist voll des Lobes (…) Was Herr Petersen noch nicht weiß: das Manuskript, das die Lektorin des August-von-Goethe-Literaturverlags da anpreist, hat sie nicht gelesen. Das vermeintlich fachliche Gutachten ist aus nichts sagenden Floskeln zusammengeschustert. Und es locken Geld und Ruhm für einen Text, von dem kaum nennenswerte Exemplare verkauft werden. Der August-von-Goethe-Verlag rechnet vor: Bei einer verkauften Auflage von 5.000 Exemplaren betrage das Autorenhonorar satte 16.200 Euro.[48]

Das ergäbe ein neues Auto oder eine große Kreuzfahrt für zwei Personen. Aber der Autor bleibt auf seinen Vorauszahlungen sitzen.

In den Anzeigenspalten großer Zeitungen und Periodika wimmelt es von Anzeigen, die Menschen, die einmal in ihrem Leben ein Buch veröffentlichen wollen, von Versprechungen von Förderung, Lektorierung, Ruhm und Auflage. Der heimliche Genieglaube wird angesprochen: Endlich wird jemand das noch verborgene Talent entdecken und pflegen, ein eigenes Werk in die weite literarische Welt entlassen, es wird der Durchbruch sein. Es ist kalkulierter Umgang mit dem geheimen Ehrgeiz vieler Menschen mit den lange verschämt verborgenen Größenphantasien, die sehnsüchtig, ja süchtig nach Bestätigung und Auszeichnung verlangen. Das geneigte Publikum soll endlich sehen, was in mir steckt, das angebliche Entdecker- und Lektorenteam ist geschult in Talentsuche, und ihrem pädagogischen Engagement wird es gelingen, den längst herbeigesehnten Ruhm auch Realität werden zu lassen. Man braucht gar nicht viel Tiefenpsychologie: Ehrgeiz kennt jeder, und doch rechnen die Verlockungen

---

[48] Süddeutsche Zeitung vom 06.07.2010

mit den tiefsten Wünschen nach Entschädigung und Kompensation, nach einem endlichen Bewundert- und Geliebt-Werden durch die strahlende Mutter Publikum, und dann wären alle Kränkungen durch vorherige Zurücksetzung, mangelnde frühe Liebe und verlorene Rivalitätskämpfe weggefegt.

Mindestlohn am Bau

Es war harte politische Arbeit, im Baugewerbe nach langem Kampf gegen Lohndumping im September 2009 einen Mindestlohn durchzusetzen. Nach nicht allzu langer Zeit brachte eine Kontrolluntersuchung zutage, dass 1.500 Betriebe die Regelung schamlos unterliefen und die Ausbeutung ungehemmt fortsetzten: »So seien 2009 in der Bauwirtschaft fast 1.500 Bußgeldverfahren gegen Firmen wegen Verstößen gegen den Mindestlohn eingeleitet worden. Davon dürften zehntausende, ja hunderttausende Bauarbeiter betroffen sein.«[49]

Ausbeutung kann eben Massenschicksal werden, nicht nur in afrikanischen oder asiatischen Sklavenstaaten, sondern vor unserer Haustür. Auch hier geht es nicht *nur* um Geld, sondern um Gefühle von Betrug, Wehrlosigkeit und Hass oder Resignation.

Die Lehman-Brothers und -Sisters

Hannah Wilhelm und Markus Zydra schreiben über das wohl eindringlichste Beispiel unter dem Titel »Beraten und verkauft. 50.000 deutsche Anleger verloren ihr Erspartes – und ihr Vertrauen in die eigene Hausbank«:

---

[49] dpa vom 25.06.2010

Bis zum 15. September hatten die wenigsten Deutschen jemals etwas von einer amerikanischen Bank namens Lehman Brothers gehört. Warum auch? Hierzulande hatte das Institut eine kleine Tochter in Frankfurt. Kein Vergleich zu den Häusern in New York oder London. Ach, dachten wohl die meisten Deutschen, als die Nachricht über den Bildschirm flimmerte, irgendeine amerikanische Bank ist also pleite.

Doch mehr als 50.000 Bundesbürgern wurde bald schmerzlich bewusst, wie viel das dann doch mit ihnen zu tun hatte. Sie alle besaßen Zertifikate der Bank, meist ohne es zu wissen. Banker von Sparkassen, Volksbanken, der Citybank (heute Targobank) oder der Dresdner hatten ihnen die Papiere verkauft – als sichere Anlage. Plötzlich kam per Post ein Depotauszug, auf dem der Wert der Papiere mit null geführt wurde. Der Tag des Verlustes war der 15. September.

Hannelore Sporberg aus München hat an diesem Tag ihr halbes Vermögen verloren. Mit Papieren, die die Witwe nicht verstanden hat und die ihr ein Banker am Telefon verkauft hatte, »freundlich, so ein Sonnyboy, vielleicht Mitte 30«. Sie kaufte, weil sie glaubte, er wolle das Beste für sie. Wie so viele. (…) Und nach und nach zeichnete sich auch ab, wen es erwischt hatte: die AD-Kunden. »Alt und dumm«, so nannten die Banker die, denen sie so leicht Zertifikate andrehen konnten. (…) »Alt« waren die Kunden tatsächlich. Das ergab später eine Befragung der Hamburger Verbraucherzentrale: 60 Jahre plus. (…) Und als sich Verlust offenbarte, da fragten sie bei ihrem Banker nach, aber es war ihnen peinlich. (…) Zwar wurde viel in den Medien berichtet. Aber von den 50.000 Betroffenen organisierten sich nur rund 1.000 zum Widerstand (…) Und rechtlich geht auch nur ein Bruchteil gegen die Bank vor.[50]

[50] Süddeutsche Zeitung vom 15.09.2010

Die vaterlose (Betrugs-)Gesellschaft

Der Hinweis auf Alexander Mitscherlich ist nicht zufällig. Seit seinem Buch von 1963 *Auf dem Weg zur vaterlosen Gesellschaft* ist das Thema der Vaterlosigkeit in zahllosen Monographien und Aufsätzen hin und her ventiliert worden. Das Verdienst Mitscherlichs war es, individuelle Biographien auf die Ebene eines Generationsschicksals zu heben. Während bei ihm allerdings vorwiegend Prozesse der Anonymisierung, der Massenorganisationen, der zunehmenden Uneindeutigkeit der Normen, eine zu frühe Autonomieentwicklung als Kulturphänomen eine Rolle spielen, legt er gar kein Gewicht auf die Folgen der beiden Weltkriege mit dem Zusammenbruch gemeinsamer Lebensnähe, aber vor allem diskutiert er nicht die Folgen der Millionen toter Männer, die keine Väter mehr werden durften oder als politisch und militärisch Gescheiterte keine gültige Orientierung mehr boten. Die Vaterlosigkeit im Einzelnen wird auf der sozialen Ebene zu einem Moment des orientierungslosen sozialen Wandels, der nach dem Ersten Weltkrieg vom Nationalsozialismus, nach dem Zweiten Weltkrieg durch die Rechristianisierung und den Wiederaufbauwillen teilweise kanalisiert wurde. Doch die Identifizierungen wurden brüchig, ein allgemeiner Wertverlust schon früh als bedrohlich diagnostiziert.

Mitscherlich schreibt:

> Bei der Formulierung »unsichtbarer Vater« läge es nahe, an Projektionen, etwa an einen imaginierten allmächtigen Gottvater zu denken. (...) Eine zweite Vorstellung wird an den verlorenen Vater, im Sinne des physischen Verlustes, denken. Aber auch diesen Vater, den der Krieg getötet hat, der in Scheidung oder Nichtzustandekommen der Ehe verloren geht, meinen wir nicht, wenn wir von seiner Unsichtbarkeit sprechen. Es ist vielmehr an

> ein Erlöschen des *Vaterbilds* zu denken, das im Wesen unserer Zivilisation selbst begründet ist und das die unterweisende Funktion des Vaters betrifft: Das *Arbeitsbild* des Vaters verschwindet, wird unbekannt. Gleichzeitig mit diesem von geschichtlichen Prozessen erzwungenen Verlust der Anschauung schlägt die Wertung um.[51]

Und:

> Die fortschreitende Arbeitsfragmentierung im Zusammenhang mit maschineller Massenproduktion und einer komplizierten Massenverwaltung, die Zerreißung von Wohn- und Arbeitsplatz (...) hat unaufhörlich zur Entleerung der *auctoritas* und zur Verringerung der innerfamiliären wie überfamiliären *potestas* des Vaters beigetragen.[52]

Er spricht auch von den »sich in zahlloser Variation wiederholenden gleichen *Entfremdungsvorgängen*«. Durch das »Unsichtbarwerden« der Väter verschiebt sich für ihn die immer wirksame Rivalität vom Vater auf den Neid auf die wetteifernden Brüder und schafft sich beäugende Peers:

> Anlehnungshungriges Neidverhalten ist das Strukturmerkmal unserer Konkurrenzgesellschaft. Es hat durch das Entstehen der verwalteten Massen das paternalistische Rivalitätsideal abgelöst. Die kausale Folge ist, dass sich die alten Rollen der Verantwortlichkeit immer weiter auflösen und durch fiktive Verantwortungsträger besetzt werden. Auch im Maß einer Korruptionsbereitschaft, die dem Vaterstaat der bürgerlichen Epoche unbekannt war, im Verschwimmen eindeutiger Vorstellungen über Bestechlichkeit zeichnet sich eine Schwächung des Verantwortungsbewusstseins ab. (...) Der Demagoge – es wird immer schwerer, Politiker zu finden – und der Interessenrepräsentant (der Mann der »Lobby«) haben solide Vorstellungen von dem Gewinn, den ihnen der Job abwerfen soll; sie selbst fühlen sich nicht verantwortlich, sondern als interessierte Agenten von Gruppen- oder Massenforderungen.[53]

---

[51] Alexander Mitscherlich: Gesammelte Werke, Bd. 3, 1963, S. 177

[52] Ebd., S. 184

[53] Ebd., S. 322/3

Lassen sich diese scharfsinnigen Erkenntnisse auf die Mechanismen des heutigen »Systems Betrug« übertragen? In vielen Punkten schon. Das Tempo des sozialen Wandels hat zugenommen. Die jungen Banker und Manager – Männer wie Frauen – lernen ihr Berufswissen in viel geringerem Maße von ihren Vätern. Sie durchlaufen Ausbildungen in ganz neuen Kategorien des Verfahrens- wie des Herrschaftswissens. Mit dem Ergebnis: »Das simple Berufsethos der Investmentbanker bestand im Erfolg am Markt, gemessen in Ertrag und Rendite, wodurch auch immer erzielt.«[54] Bei der einseitigen Kompetenzverteilung in den Instituten kommt es zu merkwürdigen Verwerfungen in der Fähigkeit, Informationen zu prüfen und zu verarbeiten:

> Ratingagenturen vergaben Triple-A-Bewertungen für Finanzinstrumente, die in den Banken kaum jemand verstand. Und die auf kurzfristige Geldvermehrung ausgerichteten Bonussysteme bewirkten die allgemeine Haltung des après moi le déluge – nach mir die Sintflut. Die Risikobereitschaft steigert sich ins Unermessliche, um dann flächendeckend und sehr schnell ins Gegenteil zu kippen.[55]

So gestand in den ersten Tages des Prozesses gegen Jérome Kerviel sein früherer Vorgesetzter als Zeuge, »die Bank habe von den Zockergeschäften nichts gewusst«, und »es sagte der ehemalige Abteilungsleiter Eric Cordelle: ›Ich fühle mich verloren, nicht nur im Computer-Dschungel, sondern auch beim Händlervokabular.‹ Doch er habe Kerviel für glaubwürdig gehalten.« Und Kerviel selbst: »Ich hätte da alles ohne die Unterstützung und das Laisser-faire meiner Vorgesetzten nie anrichten können.«[56]

Es ist für die Vorgesetzten sicher nicht leicht einzugestehen, dass sie im Sinne ihres Kompetenzverlustes die Übersicht verlieren und

---

[54] Mooslechner/Schürz, in: Honegger u. a., a. a. O., S. 91

[55] Ebd., S.18

[56] Süddeutsche Zeitung vom 25.06.2010

ihre genialen Jungpferde schalten und walten lassen müssen. Kerviel gilt außerdem als Vernebelungstalent, und zur Entlastung der Führung hieß es aus dem Mund des Generaldirektor der Société Générale, Daniel Bouton, »dieser sei ein böses Genie«, und weiter: »Ich kann nicht sagen, dass ein Kontrollsystem dazu fähig ist, den lügnerischen Fähigkeiten eines Kerviel zu widerstehen.«[57] Das würde bedeuten: Die gesamte Führung eines Weltkonzern musste oder müsste abdanken vor den Talenten des (oder der) jugendlichen Zauberlehrlinge, die sich dem Establishment entsprechend für überlegen halten, sich aber trotzdem gedeckt fühlen von der Leitung, »die ja wissen muss«, was erlaubt ist und was nicht. Die personelle Verantwortung ist also wie weggezaubert, es funktionieren Charaktermasken in Rollensystemen. (Dazu weiter unten mehr unter dem Begriff des »falschen Selbst« oder der »Als-ob-Persönlichkeit«.)

In vielen Branchen sind Jugendlichkeit und traditionsferne Kreativität gerade Ausgangspunkt für rasanten Aufstieg. Aber auch bewährte Werthaltungen werden kaum noch übernommen. Im Neuland unbegrenzter Möglichkeiten sind Unkonventionalität und moralische Flexibilität gefragt. Diese Einstellungen unterfüttern Ad-hoc-Entscheidungen, die innerhalb von Minuten, ja von Sekunden gefällt werden müssen. Und es herrschen in gewissen Banken »Zielvorgaben« für die jährliche Rendite, die an sich schon keine Basis mehr in der »Realwirtschaft« haben können.

Das Durchschnittsalter der Finanzspezialisten ist um Jahrzehnte gesunken. Er herrscht fast eine Art von jugendlichem Geniekult bei den spekulativen Milliardenverschiebungen, und selbst wenn altgediente Vorstände noch das Sagen haben, müssen sie immer häufiger eingestehen, dass sie die Tätigkeiten ihrer Mannschaften nicht mehr überblicken und sie ohne feste Kontrolle agieren lassen müssen. Und die Alten werden, durch ihre Konkurrenz mit ihren eigenen Peers und

[57] Ebd.

von den entfesselten Jungen angesteckt, immer betrugsnähere Verfahren praktizieren. Die Beschleunigung vieler Prozesse begünstigt das skrupelfreiere Verhalten einer Generation, die sich nicht mehr an etwas »Althergebrachtes« halten muss. Im Gegenteil: Erfahrung und Moral veralten rasch, und der Aufwind in den verschiedenen ökonomischen »Blasen« bereitet den Alten viel rascher Schwindel als den Jungen.

Steht der »Vaterlosigkeit« mit ihrer Entgrenzung der Maßstäbe auf Seiten auch der Mütter ein Beschleunigungs- und Entgrenzungsfaktor gegenüber? Mütter bewundern ungehemmter die Computerkenntnisse ihrer kaum halbstarken Söhne (seltener der Töchter), sie spüren, wie rasch die Sprösslinge auf manchen Gebieten die Väter überholen und sich im Netz Kenntnisse heranholen, die sie früher von den Vätern sich hätten geben und entschlüsseln lassen müssen. Der frühe Kompetenzgewinn der Jüngeren gegenüber den Vätern führt die Mütter oft in Versuchung, ihre Söhne zu überschätzen und, bei vorhandener Ambivalenz oder Ehespannung, sie gegen die Ehepartner ins Feld zu führen. Anders ausgedrückt: es wundert die Mütter in ihrer Bewunderung der hochbegabten Schlawiner gar nicht, wenn ein Fünfundzwanzigjähriger vom Examen weg und nach kurzem Trainee-Programm in Vorstandsnähe auf eine Stabsstelle hoch katapultiert wird und bald ein Gehalt nachhause bringt, das »der Alte« erst Jahrzehnte später, wenn überhaupt, erreichte. Das Klima der Gewinnmaximierung nach Vorgaben führt ihn früh in eine Zone ein, in der die Stimme der Investoren am meisten zählt.

Über die Mechanismen hinaus, die Mitscherlich entschlüsselt hat, spielt noch ein anderes Phänomen des beschleunigten sozialen Wandels eine Rolle: Da die Werthaltungen in der Tendenz nicht mehr linear von Vätern, erfahrenen Lehrern, Konzernchefs und Bankvorständen tradiert werden, erfolgt die Orientierung der Jüngeren, anders als in vielen Fällen früher, nicht mehr in jahrelangen Auseinandersetzungen mit den »Altvordern«, sondern die Neuorientierung erfolgt sozusagen konfliktfrei, ohne ich-stärkende Kontroversen und die Persönlichkeit bildende, auszuhaltende Spannungszustände. Kürzer ausgedrückt: die Beschleunigung des Wandels führt zu moralischen Persönlichkeitsverlusten bei gleichzeitiger Erhöhung eines kurzfristig einsetzbaren Kompetenzpotentials, das nur noch auf passagere ethische Orientierung angewiesen ist, falls deren Arbeitgeber daran überhaupt noch interessiert sind.

Das würde auch bedeuten, dass Teile einer Generation praktisch ohne das aufwachsen, was zum Fundament einer tragfähigen Auseinandersetzung mit und einer Aneignung von Identifikation mit sozialen Normen zählt. So ist es kein Wunder, dass die Hoffnung auf eine soziale oder juristische Kontrolle des Systems Betrug sich immer mehr auf die Erhöhung des Verfolgungsdrucks, der Verfeinerung des Instrumentariums der Entlarvung und die vielschichtigen Motive richtet, die zum Verrat, zur Denunziation oder zur Selbstanzeige führen. Viele Großbetrügereien sind ja nur dadurch aufgeflogen, dass die Künstler der Schneeballsysteme, als die Klienten in Panik ihr Geld zurück wollten, statt neues zuzuschießen, plötzlich nicht mehr zahlen konnten.

Die Krise hat einen Schub der Sensibilisierung bewirkt und die Erkenntnis hervorgebracht, dass Gewissenlosigkeit sozusagen in den seriösesten und renommiertesten Etablissements herrschte. Und es brauchte tatsächlich lange, bis sich überhaupt herausstellen konnte, welche Geschädigtengruppen mit welchen Restansprüchen und prozessualen Chancen an den Affären beteiligt waren und wie viele sich aus Scham über ihre Gier und vorübergehende Blindheit widerstandslos in die Falle locken ließen.

Die Auswirkungen des falschen Selbst

Die Psychoanalyse kennt diesen Begriff noch nicht sehr lange, verdankt ihn englischen Pionieren wie Donald Winnicott und Masud Khan. Er besagt folgendes: Wenn ein Kind nicht die Chance hat, seine natürlichen Impulse zu leben und von wohlwollenden Erwachsenen als Zeugen und freundlichen Interaktionspartnern darin gefördert zu werden, lebendige und authentische Formen für seine Vitalität und seine kreativen Bestrebungen zu finden, dann verzieht sich sein lebendiges Selbst in den Untergrund. Es wird verdrängt, vergessen, versteckt. Es verkümmert und bleibt hinter sozial angepassten Charakterzügen und Verhaltensweisen verborgen. Der Mensch tarnt sich und wählt ein künstliches Rollenspiel, entweder um nicht mehr erkannt zu werden mit Eigenschaften, die als unerwünscht oder gefährlich galten, oder weil er sich von seinem Kern trennen musste, ihn sogar vergessen hat, um akzeptiert zu bleiben oder sich selbst akzeptieren zu können. Frühe Traumatisierungen – Gewalt, Missbrauch, Vernachlässigung, massive Entwertung, Hass und Ablehnung – beschleunigen den Vorgang. Die Tiefenpsychologie C. G. Jungs verwendet den Begriff der »Persona«, um diesen künstlichen Rollenanteil eines Menschen zu charakterisieren, mit dem er so weit verschmelzen kann, dass im Endeffekt nicht Natürliches und Authentisches mehr an ihm zu finden ist.

Viele Menschen leben ohne viel Leid mit dieser Künstlichkeit, weil sie als Sozialtypus in einigen Bereichen des sozialen Lebens geradezu gefordert wird. Die vorgebildete Eigenschaft von ehrgeizigen und stromlinienförmig ausgerichteten jungen Bankangestellten kam den Vorständen der Großbanken durchaus entgegen: »Die Investmentbanker hatten zu tun, was die Vorstände wollten. Taten sie das nicht, wurden sie auf die Straße gestellt. Manche Banken glichen nun einem Heer mit jungen, extrem gut bezahlten, aber stummen Frontsoldaten mit einer immer kleiner werdenden Generalität, während ältere Kräfte in Pension geschickt wurden, so dass niemand mehr widersprach. So kam es zum Aufstieg einer neuartigen Form von Finanzherrschaft, zur Erschaffung von Finanzlegionären, die gegeneinander kämpften und gleichzeitig einen Feldzug führten gegen die Bankkunden, die börsennotierten Unternehmen, gegen ganze Volkswirtschaften und letztlich gegen die reale Welt.«[58]

Und noch deutlicher heißt es zum typologischen Bild der »Söldner« im Vorlauf der Finanzkrise: »*Die Rennbahn* ist die Kampfsportzone der Investmentbanker und sonstiger Finanzhasardeure. Hier tummeln sich vor allem junge Männer: Akrobaten, Zocker, Magier der Geldvermehrung. Sie sind die unter Dauerstress und Konkurrenzdruck stehende Speerspitze des Finanzsystems.«[59]

Anderen Beratern bereitet die Selbstentfremdung einen dauerhaften seelischen Schmerz, weil ein Rest der Persönlichkeit sich an die Gewalttätigkeit der frühen Austreibung aus ihrer Natürlichkeit erinnert und die psychische Selbstverstümmelung als dauernde Beschädigung weiter spürt und an seiner erzwungenen Falschheit verzweifelt.

Die Aufarbeitung der falschen Schichten der Persönlichkeit in der Psychotherapie braucht einen langen und geduldigen Prozess, der von der Angst vor erneuter Zurückweisung und Traumatisierung begleitet ist. Je schwächer die ursprüngliche Ausstattung an lebendigen Impulsen ist, desto größer wird die Verführbarkeit durch fremde Eigenschafts- und Rollenfragmente, die den Eltern als den Hauptakteuren der Verbiegung willkommen sind. Der amerikanische Soziologe Riesmann unterschied schon in den fünfziger Jahren zwischen innen- und außengeleiteten Menschen[60] als Sozialcharakteren, je nach

---

[58] Honegger, Neckel und Magnin (Hrsg.): Strukturierte Verantwortungslosigkeit. Berichte aus der Bankenwelt. Frankfurt a. M. 2010, S. 26

[59] Ebd., S. 30

[60] Vgl. David Riesmann: Die einsame Masse. Reinbek 1958

den Anteilen von authentischer Identität und klarer Persönlichkeitsstruktur oder der auf innerer Leere beruhenden Orientierungsgier an den gängigen Trends der wechselnden gesellschaftlichen Normen.

Das »falsche Selbst« oder die »Als-ob-Persönlichkeit« stellt eine Notlösung dar in einem unlösbaren Konflikt zwischen übergriffiger seelischer Einwirkung auf das Kind und der instinktiven Gegenwehr des Individuums gegen seine Verbiegung. Wenn es in diesem Konflikt unterliegt, wird es sogar belohnt von den Erwachsenen, die ihre eigenen Interessen an ihm durchgesetzt haben. Die Variationsbreite der Fehlentwicklungen ist groß: Bravheit, Undurchschaubarkeit, Willfährigkeit, Unterwerfungsbereitschaft, übergroße Freundlichkeit, Konfliktscheu, erhöhte Beeinflussbarkeit, mangelnde oder falsche Einfühlung in Andere, Selbstwertprobleme, Anfälligkeit für Süchte, extreme Abhängigkeit von Zustimmung, Zuneigung und Lob, und vieles andere.

Die frühe Dressur zur innerfamiliären Brauchbarkeit kann leicht zu überzogener, ja hilfloser Anpassungsbereitschaft führen. Da ethische Grundhaltungen zum Kern der Persönlichkeit gehören, ist mangels dieses Kerns eine erhöhte moralische Verfügbarkeit zu erwarten, eine Bereitschaft, im so genannten »man« einen wechselnden Rückhalt zu finden, psychische oder politische oder wirtschaftliche Aufträge zu übernehmen von übergeordneten Personen und Instanzen, ohne eigene ethische Entscheidungen treffen zu müssen. Wenn dann noch eine bedingungslose Übernahme der Gewinnziele eines Unternehmens hinzukommt, ist der Weg zum gewissenlosen Betrüger nicht mehr weit. Das gehorsame Zuarbeiten für die offen oder verdeckt arbeitenden Impulsgeber wird zur Grundhaltung.

Die Zerstörung des Vertrauens und die seelischen Auswirkungen

In der Psychotherapie ist Vertrauen eine Grundkategorie des menschlichen Zusammenlebens. Es kann schon früh zerstört werden durch Missbrauch, Verlassenheit, Gewalt, Verrat, Entwertung. Kommt ein Kind einigermaßen heil durch die Gefahrenzonen der vielfältigen Verletzungsmöglichkeiten, so kann sogar das viel zitierte »Urvertrauen« entstehen, ein Vermögen, das vor allem einfühlsame Mütter dem Kind zu vermitteln vermögen, wenn sie selbst in einer einigermaßen geborgenen Umgebung leben. Jeder Psychotherapeut weiß, wie viel Zeit und seelische Energie es kostet, um zerstörtes Vertrauen wieder aufzubauen. Eine pessimistisch oder gar zynisch gewordene Weltsicht ist zäh, und die Patienten brauchen viele Prüfungen des Therapeuten, bevor sie wieder an eine gewisse Verlässlichkeit zwischen Menschen glauben können.

Der »Betrug als System« hat es mit sich gebracht, dass auf vielen Gebieten Vertrauensverhältnisse bedroht oder zerstört wurden: wenn zugesagte Versprechungen auf höheren Lohn oder bessere Arbeitsbedingungen nicht eingehalten werden; wenn durch Drohungen oder Lügen ungerechte Verhältnisse durch als Demütigung erlebte Ohnmacht dauerhaft stabilisiert werden. Mit zerstörtem Vertrauen zu leben ist anstrengend, macht mutlos, birgt psychosomatische Gefährdungen. Die Mitte 2010 diagnostizierte politische Vertrauenskrise (die regierende Koalition in Deutschland sank unter die 30%-Zustimmungsmarke) spiegelt nur das, was seit einiger Zeit als »Politikverdrossenheit« angesprochen wird. Das Thema der Sorge ist allgegenwärtig und führt zu massenhaften Veränderungen im Sozialverhalten.

Besonders drastisch ist die sogar kalkulierte Zerstörung von Vertrauen im Bankensektor, wo die Rolle des am Einzelkunden orientierten Anlageberaters mehr als ins Zwielicht geriet unter dem »von oben« diktierten Druck, unverständliche, ungesicherte oder gar betrügerisch zusammengemischte Fondspapiere verkaufen zu müssen, auch an Kunden, für die sie gefährlich oder regelrecht destruktiv werden konnten. Das schon zitierte Buch *Strukturierte Verantwortungslosigkeit. Berichte aus der Bankenwelt* verdient eine besondere Hervorhebung, weil es über dreißig ausführliche Interviews mit Bankangestellten der verschiedensten Ebenen vereint, die auf der Höhe der Krise geführt wurden.

Auch auf der weiteren Ebene der publizistischen Wahrnehmung der Krise kann es zu einem kollektiven Zerstörungsprozess von Vertrauen gehören, wenn die Presse in eine Stimmung des »Haltet den Dieb« gerät und das Kind demagogisch mit dem Bad ausschüttet: »Journalisten und Politiker verfolgen eine Beschämungsstrategie, indem sie die Praktiken der variablen Vergütung anhand einer Magie der Zahlen kritisieren. Die Medien übernehmen die Rolle eines die Stimmung anheizenden Clubanimateurs, der stets neue Bonihöhen ausruft, die ungläubiges Staunen in der Bevölkerung erzeugen. Die Zeitungen versuchen hartnäckig, die Wut der Bevölkerung herbei zu schreiben.«[61] Wut aber ist nicht der einzige Affekt, der daraus folgt. Es geht auch um ein verbreitetes Betrugsgefühl, das das Empfinden der Ungerechtigkeit in Verbindung mit Unzufriedenheit, Unsicherheit und Resignation fördert. Inwieweit dieser Vertrauensverlust das Festhalten an der eigenen »Rechtschaffenheit« schwächen kann, ist empirisch sicher schwer zu belegen. Aber die Haltung »Es betrügen doch alle!« scheint weit verbreitet, und die täglichen Schlagzeilen sind nur zu gut geeignet, ein ohnehin gefährdetes soziales Grundvertrauen zu unterhöhlen.

Die in Kauf genommene oder gar kalkulierte Zerstörung von Vertrauen hat besonders im Bankwesen auf verschiedenen Ebenen konkrete Wunden geschlagen. Die gezielt induzierte Konkurrenz

---

[61] Honegger u. a., a. a. O., S. 87

zwischen dem Heer der Investmentberater mit dem oft täglichen Vergleich ihrer »performance« führt zu einer wachsenden Gewissenlosigkeit im Verkaufsdruck. Die Übertölpelung des Kunden kann aber auf die Dauer gar nicht in völliger Konfliktfreiheit stattfinden, es sei denn, der »Beruf« sei schon mit einer erheblichen sozialen Gewissenlosigkeit angetreten worden. Viele dieser »Rekordverkäufer« haben ihren Job schon nach wenigen Jahren wieder verlassen, nicht nur wegen des extremen Zeit- und Entscheidungsstresses, sondern vermutlich auch wegen eines wachsenden schlechten Gewissens.

> Als Broker versucht man, die Leute zum Verkauf von Aktien anzuregen. Dafür kriegt man eine Kommission. Und dann versucht man, sie zum Kauf von anderen Aktien anzuregen. Dafür kriegt man wieder eine Kommission. Und je mehr solche Tickets man schreibt, desto größer ist die variable Lohnkomponente. Das ist der amerikanische Ansatz: Die Fixgehälter sind sehr klein, die Boni sehr groß. Es ist wie ein Spiel. Wo stehe ich im Bonusgefüge? Wo ranke ich? Wird gesehen, was ich leiste? Bin ich ein High Performer? Wenn Sie eine halbe Million verdienen, aber alle anderen 700.000, dann scheißt Sie diese halbe Million an.[62]

Und:

> Im mittleren Management, da können Sie brutal Geld verdienen. Die Verantwortung trägt das Institut. Das ist ein Teil des Problems. (...) Wenn ich die Aktien anschaue, die ich damals empfohlen hab! Und jetzt sind die irgendwie auf vierzig Prozent runter. Ob ich ein schlechtes Gewissen habe? Nein, das waren ja Profis. Die dachten genauso, die Welt wächst in den Himmel.[63]

Aber leider waren es längst nicht immer Profis, die sich untereinander betrogen haben.

In ihrer Schlussbetrachtung zu den 31 Interviews schreiben die Autoren resigniert:

---

[62] Ebd., S. 135

[63] Ebd.

Vielfach verliert sich die Frage nach der Verantwortung jedoch im Ungefähren. Ein abgedrängtes Schuldbewusstsein wird dorthin verbracht, wo das eigene Gewissen keine Risiken eingehen muss. Daher hat sich im Bankermilieu eine Art »Verschiebebahnhof der Verantwortung« (…) etabliert, dessen Gleise in unterschiedlichste Richtungen abgehen.[64]

Sie haben auch die Rechtfertigungsstrategien der Banker analysiert und kommen zu dem Schluss:

Dem Weltbild zufolge, das hier anzutreffen ist, liegt die Verantwortung beim System, beim Kapitalismus, bei der Menschheit schlechthin, die doch schon immer eine jämmerliche Spezies war. Nicht mitzuspielen wäre einfach idiotisch. Es wäre gleichsam verantwortungslos, nicht die Chance zu ergreifen, in kurzer Zeit viel Geld zu machen.[65]

Dass der Rausch durchaus seine physiologischen Komponenten hatte – und die Psyche dabei vermutlich beteiligt war bzw. umgekehrt –, schildert der gleiche Befragte:

Porsche – oder Audi. Das ist ein Potenzsymbol. Das Geschäft ist extrem testosterongetrieben. War irgendeine Party, hatten sämtliche Männer die Hosen unten. Sex- und Fäkalsprache gehören zum Alltagsjargon, im ganzen Investmentbanking. Wirklich nur Sexual Content, übel. (…) Und immer die Prostituierten. Das gehört dazu. Ob das mit Macht zu tun hat? Mit Erniedrigung? Es hat mit Dominanz, mit Beherrschung zu tun. Der Markt ist ein Dschungel. Man ist nur noch instinktgetrieben.[66]

Das Kapitel, in dem Bankangestellte zu Wort kommen, die es mit dem kalkulierten Vertrauensverlust schwerer nahmen, haben die Autoren überschrieben mit: »Anstandbühne«. Zum Interview mit Urs Tanner, Kundenberater, der »anständig« bleiben wollte, heißt es:

Ein Verständnis für die Produkte sei – »vielleicht noch« – in der Führungsebene vorhanden gewesen. An der Basis jedoch seien Schulung und

[64] Ebd., S. 305
[65] Ebd., S. 309
[66] Ebd., S. 138

> Vermittlung sträflich vernachlässigt worden: »Da hat es einfach geheißen: Verkauf es! Mach das! Zack! Bum! Fertig! Schluss!«
> Die gutgläubigen Kunden seien darauf hereingefallen. Das Skandalon besteht für Tanner darin, dass das Vertrauen der Kunden systematisch missbraucht wurde. Insbesondere älteren Personen habe man komplizierte spekulative Produkte angedreht.[67]

Die Vorstände machen sich, wie die Politiker und Generäle beim Militär, die Unerkennbarkeit, Unsichtbarkeit oder die Unpersönlichkeit in der passageren Beratungsbeziehung ohne den altvertrauten Berater zunutze:

> Der Täter hat also in der Regel kaum einen direkten Bezug zum Opfer. Die drastischen Folgen der Entwertung eines Wertpapiers, eines Finanzskandals oder eines Konkurses bleiben meist unsichtbar. Dadurch wird nicht nur die Täter-Opfer-Beziehung entpersonalisiert, auch bleibt den Tätern die Verpflichtung zu Wiedergutmachungsleistungen erspart.[68]

Derselbe kommt zu dem Schluss:

> Tatsächlich stellt sich die Frage, ab wann die Konstruktion undurchschaubarer Anlagepakete kriminell ist. Besonders bei komplizierten Finanzprodukten scheint der Übergang von normalem zu wirtschafts-kriminellem Handeln häufig fließend zu sein, da zumindest die Unwissenheit der Kunden über die konkrete Gestaltung eines Finanzproduktes mitunter einkalkuliert wird.[69]

Nochmal: Zur Psychologie der Moralentwicklung

Der berühmte Moralforscher Lawrence Kohlberg hat über Jahrzehnte die Entwicklung des Gewissens bei Hunderten von jungen Menschen und jungen Erwachsenen untersucht. Er traf eine stufenweise

[67] Ebd., S. 196
[68] Ebd., S. 246
[69] Ebd., S. 245

Einteilung von der »Orientierung an Bestrafung und Gehorsam« bis zur »Orientierung an allgemeinen ethischen Prinzipien«, also grob gesprochen von heteronomer zu autonomer Moral.

Ich folge der hervorragenden Zusammenfassung seiner Theorie und der empirischen Ergebnisse von Susanne Fritsch (2005):

> Die präkonventionelle Ebene ist die moralische Denkebene der meisten Kinder bis zum neunten Lebensjahr, einiger Jugendlicher und vieler jugendlicher und erwachsener Straftäter. Ein Individuum dieser Ebene hat (…) ein Selbst, dem die sozialen Normen und Erwartungen äußerlich bleiben. (…) Die Dimension dieser Stufe kann wie folgt definiert werden: »Was gilt, ist richtig.« (…) Es ist ein egozentrischer Respekt vor überlegener Macht oder Prestigestellung vorhanden. Schwierigkeiten werden, wenn möglich, vermieden. (…) Die eigene und die Perspektive der Autorität werden oft miteinander verwechselt.[70]

Diese Charakterisierungen treffen, so meine Ansicht, auf die Einstellungen der Großgruppe der Investmentbanker zu, als seien sie ein früh entwickeltes Abbild dieser Haltungen. Entsprechend rechnen die Klügeren unter ihnen wie selbstverständlich mit den Variablen der vorherrschenden Verfolgungsintensität. Aber keiner von ihnen würde diesen Charakterisierungen zustimmen: Sie alle würden auf einer moralischen Mittelklasseerziehung bestehen. Sie hätten also Kohlbergs differenziertes Stufenmodell durchaus durchlaufen, auch wenn die erwachseneren ethischen Prinzipien vielleicht etwas fragiler geblieben sind als beim »ehrbaren Kaufmann«. Nun ist aber das Merkwürdige, dass Kohlberg, entgegen allen tiefenpsychologischen Erkenntnissen, davon überzeugt ist, dass der moralische Fortschritt nur linear, wenngleich mit sich überlappenden Übergängen, in Richtung Reifung erfolgt. Es gibt für ihn keine Regression auf frühere Zustände. Was der Psychoanalyse selbstverständlich ist – seelische Regression ist bei Stress, Konflikt und innerem wie äußeren Druck die absolut

[70] Fritsch, 2005, S. 6

zu erwartende Reaktion –, fasst Fritsch so zusammen: »Eine Abnahme der moralischen Urteilskompetenz wird von der Theorie gänzlich ausgeschlossen.«[71] Dem haben Kritiker und andere Forscher später vehement und plausibel widersprochen, denn in der Phase der wechselseitigen, rivalisierenden Ansteckung und den Hochphasen der sich steigernden Gier nach raschen und bedenkenlosen Gewinnen handelt es sich klar um eine kollektive Regression des moralischen Denkens, mit der entsprechende Flucht in die »strukturelle Verantwortungslosigkeit«, verstärkt durch die absolut schwindende Unsichtbarkeit aller Opfer. Nur so – unter Ausschaltung von Ethik und moralischen Grundsätzen – können Milliardengeschäfte zum Schaden Dritten getätigt werden. Der soziale Dritte wird nicht mitgedacht.

Regression ist ein Zentralbegriff der Psychoanalyse. Ohne sie ist keine Heilung denkbar. Nur wird sie genutzt, um zu den allen Störungen zugrunde liegenden Konflikten und Traumata vorzustoßen. Sie wird durch das Setting, zum Beispiel durch das Liegen auf der Couch, gefördert. Was die kollektive moralische Regression bei so vielen Beteiligten und Mitverursachern der Finanzkrise verursacht hat, ist erst zum Teil geklärt und bleibt weiteren Forschung vorbehalten. Gruppendynamische Phänomene wie die Ansteckung, der Sog und die schnelle Dynamik der Gewinnlust, Unterwerfung unter autoritäre Forderungen durch höhere Vorgesetzte aber haben zweifellos eine bedeutende Rolle gespielt.

Sozialpsychologisches zur Gier

Von Kommentatoren der verschiedensten Sparten ist bei der Deutung der Finanzkrise 2008-2010 immer wieder auf das Phänomen der Gier verwiesen worden, die einer Seuche gleich vor allem bei

[71] Ebd., S. 20

den Investmentbankern, aber auch bei den Kleinanlegern plötzlich ausgebrochen sei. Dagegen wurde argumentiert, dass Gier eine allgemein menschliche Eigenschaft, ihr also kein verursachendes Gewicht beizumessen sei. Höchstens sei eine gewisse Steigerung zu verzeichnen gewesen, was zu der allgemeinen und publizistischen Empörung gegen die Bande der gewissenlosen Abzocker beigetragen habe. Die Diagnose sei eher Zeugnis einer hilflosen Unsicherheit gegenüber der Krise und ein Versuch, die komplizierten Zusammenhänge der »neuen Unübersichtlichkeit« (Jürgen Habermas) eben auf einige Grundmechanismen zu vereinfachen.

Trotzdem ist an der zeitlich gesteigerten Wirkung der Gier etwas dran. Sie ist nämlich stimmungsabhängig, reagiert auf gesteigerte Versuchungssituationen, die sie epidemisch werden lassen können. Es ist nicht übertrieben, sie sozialpsychologisch als Ansteckungskrankheit zu bezeichnen. Honegger u. a. haben ja eindrucksvolle Belege aus Interviews mit betroffenen Bankern aufgelistet, wie die Gier relativ plötzlich klar umrissene Gruppen von Bankmanagern wie in einem – systemimmanent gedacht – hochrationalen Taumel erfasst hat. Dabei zeigten sie Anzeichen eines erregten Wettlaufs um Profit, angestachelt durch eine gleichzeitig ausbrechende Rivalität auf der Ebene des Konsums.

Auch ein Heer von Kleinanlegern war von Gier erfasst in einer Art Weihnachtsstimmung der Börse, die keiner verpassen wollte, weil es plötzlich auf Tempo und rasche Entschlusskraft ankam. Die Mechanismen dieser Ansteckungswelle sind noch ungenügend erforscht, aber die Phänomene gleichen stark denen, die die Weltwirtschaftskrise 1929 ausgelöst haben: Kaufrausch und Verblendung bei der Einschätzung realistischer Chancen. Euphorie in Verbindung mit Angst, die Gelegenheit zu verpassen, ist nur eine Facette, und die bisher erarbeiteten Begriffe der Massenpsychologie fassen das Phänomen des Herdentriebs bei ökonomische Krisen noch sehr ungenau. Die Ansteckungswelle durchzog nicht nur die Publizistik, sondern sie erfasste Nachbarschaften und Freundeskreise und, einem Fieber vergleichbar, auch viele vereinzelt lebende Menschen. Als unberechenbare Steigerung in umrissenen historischen Momenten ist Gier durchaus ein kausal wirksames Moment, eine entsprechende Differenzierung des Begriffs vorausgesetzt. Dass sie, je stärker sie ansteigt, gewissenlos und asozial machen kann, ist sozusagen Allgemeingut.

Schuldgefühl, Skepsis, Freude und Begeisterung über gelungenen Betrug

Gier scheint ein Mischprodukt mit verschiedenen psychologischen Komponenten. Das Problem der Ansteckung in einem allgemeinen Klima des Wettlaufs um schnellen Gewinn wurde eben erwähnt. Hier ein paar andere Komponenten: *Schuldgefühle* könnten dann eine Rolle spielen, wenn ein Arbeitgeber (Familienvater, Gruppenleiter etc.) sich Sorgen macht, möglicherweise gesteigert bis zu Schuldgefühlen, dass er seine zugesagten Verbindlichkeiten nicht mehr bezahlen kann, weil er schlecht gewirtschaftet oder weil die Finanzkrise ihn kalt erwischt hat. Man könnte dann von einer Bereitschaft zum Betrug aus seelischer und/oder ökonomischer Not sprechen.

Unter dem Druck seiner real eingegangenen oder gefühlten Fürsorgepflicht möchte er selbst zu halb- oder illegalen Mitteln greifen, um seinen sozialen Verpflichtungen nachzukommen. In einem allgemeinen Klima des Betrugs greift er zu Mitteln, die bisher nicht zu seinem Geschäftsgebaren gehörten. Er überwindet seine *Skepsis,* nachdem er gegrübelt oder mit einer vertrauten Person über seine Sorgen gesprochen hat.

Bei der *Freude* am Betrug spielt narzisstischer Selbstgenuss an der neu entdeckten Kompetenz in einer sich erweiternden Betrugswelt unbegrenzter Möglichkeiten eine Rolle. Es geht um den Genuss der Findigkeit etwa im System des Internet mit dem Gefühl des Vorsprungs, der Freude an der eigenen Unverfrorenheit und Gerissenheit mit dem Genuss einer vermuteten Unentdeckbarkeit. Sicher kommt hier eine frühkindliche oder jugendliche Einübung zum Tragen, sei es in sportlicher Hinsicht oder aufgrund traumatischer Gefühle von eigenem Betrogen-worden-Sein, sodass Schadenfreude und Rachemotive hinzukommen.

Begeisterung schließlich krönt diese Motive, wenn es um den Triumph der Überlegenheit, der siegreichen Rivalität bis hin zum Vernichtungswillen gegenüber dem Konkurrenten geht. Das gängig gewordene Schlagwort vom Raubtierkapitalismus kennzeichnet auch eine sozialpsychologische Atmosphäre, die den Killerinstinkt nährt und Bedenkenlosigkeit fördert. Das Erleben eines allgemeinen Wettlaufs um Gewinn bildet eine psychische Grundlage der Versuchung.

Berichte über schwer erträgliche Stimmungen von Kälte und mangelnder Solidarität und Rivalität vor allem in höheren Gymnasialklassen führen auf die Spur einer allgemeinen gesellschaftlichen Veränderung. Aber der Geist der individualistischen, ja egozentrischen Rivalität dürfte auch in jüngeren Altersstufen je nach pädagogischer Schulausrichtung und elterlicher Grundhaltung Einzug gehalten haben. Die ungehinderte, zuweilen bedenkenlose Suche nach dem eigenen Vorteil könnte ebenfalls zur »Volkskrankheit« einer verbreiteten Neigung zum Betrug beitragen.

Unsere Nahrung – in den Händen von betrügerischen Kartellen?

Die Verlockung, in den verschiedensten Branchen Kartelle zu bilden, scheint riesengroß. Dabei spielt sicher auch eine Rolle, dass das Versteckspiel bei der Planung und Einfädelung bis ins Extrem getrieben werden kann. Schriftliche Absprachen gelten als naiv, gefährlich, antiquiert, laienhaft, altmodisch, und selbst wenn gemailt würde mit der Verabredung, sofort zu löschen, bleibt die Gefahr von Spuren noch zu groß. Auch die Kartellbehörden werden zunehmend erfinderisch in der Verfolgung, erhalten modernste Technik, vertrauen aber auch mit Recht oft auf Plaudertaschen, »Verräter«, Selbstanzeiger mit deren Hoffnung auf mildere Strafen für ihre Kooperation bei der Aufklärung. Telefone werden abgehört, Preise und die Termine neuer Festlegungen werden misstrauisch überprüft, Indizien besorgt, ja sogar anscheinend harmlose Verabredungen von Managern zum Essen argwöhnisch vermerkt. Es ist immer wieder erstaunlich, wie lange sich Kartelle trotz intensiver Fahndung halten können. Trotzdem funktioniert der Kodex der Bandenbildung nicht immer ausreichend. Von der Mafia unterscheidet er sich nur durch deren todernstes Gebot der »Omerta«, auch wenn man sich vorstellen kann, wie die Gruppe der Kartellsünder sich gegen Überläufer und Verräter abzusichern versucht.

Die Universalität der Kartellbildung in fast allen Branchen lässt vermuten, dass das Delikt von den meisten Firmen und Konzernen als eine Art Kavaliersdelikt angesehen wird, bei der höchstens die befürchtete Verfolgungsdichte eine Grenze gegen unkontrollierbare Wucherungen darstellt. Die laufende personelle Verstärkung und bessere technische Ausstattung des Bundeskartellamtes sprechen für sich.

Doch in dem umfangreichen Buch *Angewandte Wirtschaftsethik* von Elmar Waibl (2005) ist den Kartellen kein eigener Paragraph gewidmet, so als ob der Autor dem Problem keine besondere Aufmerksamkeit schenken wollte. An anderer Stelle über die Größe von Unternehmen heißt es resigniert:

> Für den Staat wird es mit wachsender Größe der Konzerne immer schwieriger, seine wirtschaftliche Ordnungsfunktion wahrzunehmen und (...) den Wettbewerbsrahmen zu sichern. Da im Zug der Globalisierung die Politik zunehmend in Abhängigkeit der Wirtschaft gerät und mit wachsender Unternehmensgröße vermutlich auch die Möglichkeiten wachsen, sich die Politik willfährig zu machen, dürfte sich die Machtprobe zwischen Staat und Wirtschaft zuspitzen und zu Ungunsten des Staates ausgehen.[72]

Dieser Satz von 2005 scheint wie ein früher Kommentar zur teilweise heimlichen Aushandlung des Vertrags zur Verlängerung der Laufzeiten der Kernkraftwerke im September 2010. Auch der Begriff »Betrug« hat bei Waibl, außer einem kleinen Abschnitt zu »Versicherungsbetrug«, keinen eigenen Eintrag im umfangreichen Personen- und Sachverzeichnis.

»Die Essensfälscher. Was uns die Lebensmittelkonzerne auf den Teller lügen«

So lautet ein Buchtitel von Thilo Bode. Ich zitiere aus der Voraus-Pressemitteilung für das Buch:

> »Der Schwarzwälder Schinken wird zum Räuchern aus ganz Europa in den Schwarzwald gekarrt. Vermeintlich gesunde Bio-Frühstücksflocken können genauso voller Zucker stecken wie die von Nestlé oder Kellogs. (...) In seinem neuen Buch »Die Essensfälscher« entlarvt foodwatch-Geschäftsführer Thilo Bode die ausgeklügelten Täuschungsstrategien der Lebensmittelkonzerne. Im Lebensmittelmarktmarkt hat die Irreführung System: Die Konzerne stoßen an die Wachstumsgrenzen. Niemand kann

[72] Elmar Waibl: Angewandte Wirtschaftsethik. Wien 2005, S. 116

mehr essen, als der Magen fasst. Echte Neuheiten sind Mangelware, die letzte wirkliche Innovation war die Tiefkühlkost. In milliardenschweren Werbekampagnen jubeln die Hersteller den Verbrauchern deshalb scheinbare Neuheiten unter. Diese sind häufig weder neu noch besser, sondern Zusatzstoffcocktails voller Zucker und Salz (…) Das Täuschungsspektrum der Konzerne reicht von dreister Mogelei bis hin zur Körperverletzung durch Irreführung«, so Bode.[73]

Inzwischen sind die *Essensfälscher* als Taschenbuch[74] erschienen. Anders als bei Dill und Roth sind seine Angaben minutiös dokumentiert, wenn auch zugunsten der Lesbarkeit ans Ende des Buches verbannt. Die Bitterkeit, mit der Bode seine Ansichten aus jahrlanger Sammlung und Forschung vorträgt, ist unverkennbar, der sarkastische Ton manchmal so massiv, dass er ihm den Vorwurf einseitiger Voreingenommenheit eingetragen hat. Und doch könnte das Buch ein Meilenstein der Aufklärung bedeuten, in der Form eines anklagenden, wohlbegründeten Aufschreis.

Ich räume dem Thema Lebensmittelbetrug deshalb einen großen Raum ein, weil er uns Verbraucher alle in unserem täglichen Leben betrifft und weil seine gefährlichen Folgen bis in den medizinischen Bereich inzwischen gut aufgeschlüsselt sind, zum Beispiel die weltweit zunehmende Fettleibigkeit von Kindern und Jugendlichen aufgrund einer immer raffinierteren Werbung für stark zuckerhaltige (Schul-)Speisen. Eindeutige Belege ebenfalls im Anhang bei Bode zeigen – u. a. über die riesigen Forschungsabteilungen der internationalen Konzerne –, wie diese immer neue, verführerische Produktvarianten produzieren, teurer und oft schon im Etikett verlogener als die alten.

---

[73] Foodwatch-Pressemitteilung vom 08.09.2010

[74] Thilo Bode: Die Essensfälscher. Was uns die Lebensmittelkonzerne auf den Tisch lügen. Frankfurt a. M. 2011

> Doch dem Wachstum des Lebensmittelmarktes sind in den Industrieländern Grenzen gesetzt. Um diesem Wachstumsdilemma zu entgehen, sind die Lebensmittelkonzerne erfinderisch geworden: Täuschungs- und Irreführungsstrategien gehören zum ganz normalen Handwerk der Branche.[75]

Oder über die vom Laien nicht durchschaubare Werbung:

> Die Produkte sollen den Menschen, der sie isst, nicht nur gesünder machen und gegen Krankheit wappnen, sie sollen ihn auch schöner, geistig leistungsfähiger, glücklicher werden lassen; angeblich verfügen sie über die Fähigkeit, gegen Knochenschwund vorzubeugen, nach einer Chemotherapie zu helfen, die Magenschleimhaut zu regenerieren, den Stoffwechsel anzukurbeln, Eisenmangel zu bekämpfen, die Haut zu straffen, das natürliche Sättigungsgefühl zu verstärken und so das Abnehmen kinderleicht zumachen. Im Windschatten so bekannter Marken und Konzerne wie Nestlé und Danone segeln auch Produkte, die man nur als arglistige Täuschung und Verhöhnung der Verbraucher einstufen kann. (...) Kaugummi soll gegen Schweißgeruch helfen, Schokolade gegen Akne und Anti-Falten-Marmelade gegen Hautalterung; angeblich hilft so genanntes »Brain Food« gegen Alzheimer. (...) Eine heimtückische Methode, denn wer kann schon von sich sagen, gänzlich unempfänglich gegen diese mit kolossalem Aufwand inszenierten Versprechungen zu sein?[76]

Bodes Zorn will aufrütteln, er durchzieht das ganze Buch. Psychoanalytisch gesprochen häuft er durch eine Art von kollektiver Einfühlung den verstreut vorhandenen Ärger in Millionen Menschen auf, denen allmählich etwas dämmert und die oft in hilfloser Empörung verharren, wenn sie sich wieder einmal reingelegt fühlen. In seiner schriftstellerischen Erregungsfähigkeit gleicht Bode dem Aufspürer einer wachsenden Unzufriedenheit, eines ahnungsvollen und doch immer präziser werdenden Misstrauens. Zu den Methoden der Täuschung, hier am Beispiel der italienischen Firma Bertolli:

---

[75] Ebd., S. 10

[76] Ebd., S. 41

> In dem Spot für Pasta-Sauce aus getrockneten Tomaten wirbeln alte Frauen mit Kittelschürzen, Kopftüchern und verlebten Gesichtern durch eine Tomatensaucen-Fabrik, sie rühren in Töpfen und schmecken mit Löffeln ab, und zuletzt bauen sie sich mit Saucen-Gläsern und Tomatenkörben zum Gruppenbild vor der Fabrik auf. So »zaubert« Bertolli italienisches Lebensgefühl auf den Bildschirm. Aber es ist wie in Hollywood: alles falsch, alles Schwindel und Kulisse.[77]

Er nennt es die weit verbreitete

> Traditionslüge, bei der (...) mit allerlei Geschmacksverstärkern die Illusion alter großmütterlicher Handwerklichkeit suggeriert wird. Den Hunderten von Forschungschemikern muss klar sein, dass sie im Dienst des Konzerns oder der Aktionäre und unter dem Druck der Konkurrenz in die betrügerische Trickkiste der kleinen und einträglichen Produktdifferenzen und der ans Verlogene grenzenden neuen Mixturen greifen. (...) Die sorgfältig gepflegte »corporate identity« samt dem weltweiten Erfolg mag die Funktion des Gewissens der Belegschaft wie der Leitung auf unterschiedliche Weise lähmen. (...) Zur Strategie der Gewinnung des Vertrauens und des Wohlwollens der Konzerne gehört ihre angeblich »sozial engagierte Jugendarbeit«, die Kampagnen der Verknüpfung von Lernerfolg und dem Konsum bestimmter Speisen, vor allem Süßspeisen.[78]

In einem Bericht des niedersächsischen

> »Landesamtes für Verbraucherschutz und Lebensmittelsicherheit«, den Bode mit Quellenangabe zitiert, heißt es: »Bei der Untersuchung von 130 Proben Kochschinken und Schinkenerzeugnissen im Jahr 2007 wurden 68,5 Prozent beanstandet. Von 43 Proben in Gastronomiebetrieben wurden lediglich zwei Proben nicht beanstandet, bei allen anderen (95,3 Prozent) handelte es sich um Schinkenimitate, die in den Speisekarten als ›Kochschinken‹ oder ›Vorderschinken‹ bezeichnet waren.«[79]

---

[77] Ebd., S. 72
[78] Ebd., S. 72
[79] Ebd., S. 154

Die werdende Mutter ist schon in der Schwangerschaft dafür verantwortlich, dass das Kind nicht schon im Uterus vergiftet wird durch gefährliche Zusätze im Blut wie Alkohol, Nikotin oder Drogen. Frühe Liebe spendet Milch oder später oft industriell gefertigte Babynahrung. Das Kleinkind kann sich nicht wehren gegen falsche Zusätze, und die Mutter kann es oft auch nicht, weil sie die komplizierten und oft auch irreführenden Etiketten in ihrer wahren oder verschleiernden Bedeutung nicht entziffern kann. Sie verirrt sich in den chemischen Tabellen, dem Zuckeranteil und der Zusammensetzung der Zusatzstoffe. Sie muss oft blind glauben oder eben dann, wenn das Misstrauen aufgrund der inzwischen leichter zugänglichen Information schon entsprechend angewachsen ist, viele eigene Kocharbeit leisten, um dem Kind gegenüber ein gutes Gewissen zu haben.

Die Nahrungsaufnahme ist einer der elementarsten Lebensvorgänge. Sie sollte im Vertrauen stattfinden, ja, dieses Vertrauen müsste sich dem Urvertrauen (Erikson) annähern, das aus der mütterlichen psychischen und realen frühen Versorgung stammt. Essen muss jeder Mensch, meist mehrmals täglich, aber wenn er sich nicht wirklich informieren kann, ist er den Großproduzenten mit ihren Versprechungen und Verlockungen ausgeliefert. Hier zu betrügen ist im moralischen Sinne verbrecherisch, auch wenn die Konzerne die Grauzonen der Unaufrichtigkeit lieben und nur gegen erheblichen Widerstand sich zwingen lassen, auf Kontrollen zu reagieren.

Verpackungsbetrug: »Belüftetes Fleisch«

Die Verbraucherschutzorganisation Foodwatch hat den systematischen Einsatz von Sauerstsoff-Gas-Gemischen bei verpacktem Frischfleisch in Supermärkten kritisiert. Wie der *Spiegel* berichtete, ist in jeder der mehr als 100 untersuchten Fleischpackungen aus den Kühlregalen von Rewe,

> Marktkauf (Edeka), Aldi und Lidl eine Sauerstoffkonzentration von 60 bis 80 Prozent festgestellt worden. Der Sauerstoff lässt dem Bericht zufolge den Muskelfaserstoff Myoglobin oxidieren. In der Folge bleibe das Fleisch schön rot. »Einziges Ziel ist es, das Fleisch besonders attraktiv erscheinen zu lassen, damit es länger und leichter verkauft wird«, sagte Foodwatch-Experte Matthias Wolfschmidt.[80]

Dass die Täuschung in der Regel funktioniert, zeigen die rosigen Fleischauslagen in den großen Supermärkten. Da viele Käufer inzwischen dem Betrug entgehen wollen, zahlen sie mehr Geld beim Metzger oder verzichten in zunehmendem Maß auf den Fleischgenuss, weil sie die Informationen über die Massentierhaltung mit deren Annäherung an Tierquälerei inzwischen erreicht haben. Aber zu viele Menschen sind angewiesen auf billige Produkte und fallen auf die »billiger, noch billiger Reklame« herein, obwohl sie längst ahnen, dass sie durch falsche Informationen und mangelnde Qualität übers Ohr gehauen werden.

Hoffnung auf kleine Veränderungen?

Eigentlich wäre die Verbraucherministerin auch zuständig für längst verlorengegangenes Vertrauen. Dazu schreibt Wolfgang Mulke:

> Verbraucherschutzministerin Ilse Aigner (CSU) ärgert sich schon lange über die Tricks mancher Lebensmittelhersteller. Immer wieder werden die Kunden mit irreführenden Angaben getäuscht. Nun will Aigner die Beschwerden der Verbraucher samt Namen der betroffenen Unternehmen und Produkte veröffentlichen und die Industrie so zu einem ehrlichen Verhalten zwingen.[81]

Aber was wird daraus?

---

[80] Süddeutsche Zeitung vom 02.08.2010

[81] Badische Zeitung vom 13.01.2010

> Wird das Vorhaben Aigners umgesetzt, können sich verärgerte Kunden mit ihrer Beschwerde an die Verbraucherzentrale wenden. Dort wird der Sache nachgegangen. Die Industrie darf zu den Vorwürfen Stellung nehmen. Strittige Fälle werden dann im Internet veröffentlicht. Die Namen der Beschwerdeführer bleiben geheim. Dagegen sollen Ross und Reiter genannt werden. (…) Derzeit verhandelt das Ministerium mit der Branche über die Ausgestaltung der Seite. (…) So soll die Initiative auch die ehrlichen Unternehmen vor den schwarzen Schafen schützen. Am Ende des Prozesses hätte die Verbraucherministerin gerne einen freiwilligen Verhaltenskodex der Wirtschaft. (…) In der Wirtschaft kommt die Idee gar nicht gut an. »Wir wollen nicht, dass Unternehmen an den Pranger gestellt werden«, sagt der Sprecher des Einzelhandelsverbands (HDE), Kai Falk. (…) »Dann wird es eine Meckerplattform«, befürchtet Falk.[82]

Aigner ist für die bewährte Selbstverpflichtung der Konzerne, plus einem Beschwerdetelefon als einer institutionellen Klagemauer, die vielleicht eine Rüge ausspricht, ohne »Pranger« selbstverständlich. Neuerdings: Internetportal »Lebensmittelklarheit.de« (21.07.2011)

Einen wirklichen Verbraucherschutz trauen die meisten Kommentatoren der Ministerin nicht mehr zu. Silvia Liebricht meint dazu:

> Die Zwischenbilanz von Aigners Amtszeit fällt ernüchternd aus. Zwar hat die Ministerin viel gefordert und beinahe bei allen wichtigen Themen Flagge gezeigt. Doch sie hat beschämend wenig davon umgesetzt. Zu oft ließ sie sich auf Zugeständnisse ein, räumte wirtschaftlichen Interessen Vorrang ein, auf Kosten der Verbraucher. … Geschehen ist seitdem nichts, obwohl sich selbst das Europäische Parlament für eine eindeutige Kennzeichnung ausgesprochen hat.[83]

Urvertrauen in die Nahrung, ursprünglich eine Gabe der nicht chemisch aufbereiteten Natur: Fehlanzeige. Wirkungsvolle Konservierung und Betrug sind zwei verschiedene Seiten derselben Medaille.

Inzwischen hat das Europäische Parlament ein Gesetz verabschie-

---

[82] Ebd.

[83] Süddeutsche Zeitung vom 22.10.2010

det, das die Hersteller ab 2014 zwingt, genauere Angaben über die Inhalte der Verpackungen sichtbar aufzudrucken. Die Abgeordneten »reagierten damit auf zunehmend irreführende Angaben auf Lebensmittelverpackungen. Ob das wirklich stimmt, wird sich erst noch zeigen. Denn statt klarer Regeln verabschiedeten die Parlamentarier viele Kompromisse – zugunsten der Lebensmittelindustrie«, schreibt Cerstin Gammelin.[84]

Noch ein Happen Sozialpsychologie

In der so genannten oralen Phase, wie die Psychoanalyse die früheste Lebenszeit des kleinen Kindes nennt, ist der Organismus besonders empfindlich für falsche Ernährung, sei es in der Entbehrung oder im Überfluss, in der Einseitigkeit wie in der Zusammensetzung. Die Empfindlichkeit bleibt auch im erwachsenen Leben erhalten, auch wenn viele Täuschungsmanöver von der Schädlichkeit ablenken und die langjährigen schlimmen Folgen sich erst nach langer Zeit bemerkbar machen. Hier setzt der Betrug durch die Zerstörung des Urvertrauens an: dass die Mutter das Richtige auswählt und die Folgen falscher Ernährung bedenkt, wird zur Illusion. Da die Täuschungen durch die Industrie alle Menschen trifft, die sich auch von industriell gefertigten Produkten ernähren müssen, ist die Gefahr eines allgemeinen Vertrauensverlustes hier am größten.

Christian Weber nennt Vertrauen

> eine riskante Erfindung der Moderne. Vertrauen ist das Fundament jeder funktionierenden Gesellschaft – doch blind sollte es nicht sein. Dieses Gefühl benötigt jeder Mensch jeden Tag – spätestens dann, wenn er am Morgen die Tür öffnet und auf die Straße tritt. Wenn alles geklappt hat in der frühen Bindungsphase, Mama und Papa sich gekümmert haben, wie

---

84 Süddeutsche Zeitung 07.07.2010

es sich gehört, dann besitzt der Mensch mindestens das Urvertrauen, dass es in der Welt mit rechten Dingen zugeht: dass die Sonne jeden Morgen aufgeht, ihm der Himmel nicht auf den Kopf fällt und der Kaffee aus dem Automaten im Büro zumindest nicht mit Absicht vergiftet wurde.
Dieses Grundvertrauen gehört zur Basisausstattung jedes psychisch gesunden Menschen und hat wahrscheinlich eine starke biologische Grundlage. (...) Kein Mensch verfügt über genügend Informationen, um hundertprozentig abschätzen zu können, ob eine Handlung die gewünschten Folgen hat oder ob ein anderer Mensch genau das tut, was man von ihm erwartet. (...) Vertrauen sei ein »Mechanismus zur Reduktion sozialer Komplexität«, schreibt der Bielefelder Soziologe Niklas Luhmann in seiner klassischen Definition. Vertrauen könne rasch verlorengehen, wenn Betrügereien erst einmal bekannt werden.[85]

Genau gegen dieses Bekannt-Werden wehrt sich die Lebensmittelindustrie, aber auch andere Geschäftszweige so vehement; und was an Infamie grenzt, ist die Berufung auf die aufgeklärte Mündigkeit der Bürger, die die gezielten Verschleierungen aus eigener Anstrengung erkennen sollen. Die Verantwortung hätten also die an der Nase herumgeführten Verbraucher, die sich ja gerade im Dschungel des Kleingedruckten verirren sollen. Solche Doppelbotschaften können verrückt machen: Das Aufstellen unlösbarer Aufgaben ist in psychologischen Experimenten ein probates Mittel, um Verwirrung und Angst zu stiften.

Es ist das Geheimnis der Gewöhnung an den Betrug, das aus dem Wust der täglichen Schlagzeilen spricht. Die Alltäglichkeit ist besorgniserregend, egal ob es sich um reale Häufungen oder das Ergebnis partieller Wandlung der Aufmerksamkeit handelt. Viele Kommentatoren sind sich einig, dass es sich auf breiter Basis um einen »Wettlauf der Gerissenheit« handelt, mit den branchenüblichen Variationen und den gängigen Verbrämungen.

[85] Süddeutsche Zeitung vom 23.10.2010

Die Schlagseite der Justiz

Ein besonders trauriges Kapitel stellt die Beteiligung der Justiz an der Durchsetzung von wirtschaftlichen Interessen dar. Es ist ein Grundbedürfnis der meisten Menschen, inmitten von allgemeinen Vertrauenskrisen wenigstens auf einige Institutionen vertrauen zu können. »Rechtsstaatlichkeit« ist dabei ein wichtiger Begriff, und der Glaube an eine funktionierende Gerechtigkeit und Kontrolle des wirtschaftlichen und politischen Geschehens, das oft als Chaos erlebt wird, ist wichtig.

Aus der Zeit des Absolutismus ist es uns geläufig, dass die Rechtsprechung eine Magd der Interessen des Fürsten oder des Königs war. Friedrich der Große wurde uns als leuchtendes Beispiel im Geschichtsunterricht vorgehalten, weil er den Besitzstand eines Müllers höher stellte als seine königlichen Interessen und volkspädagogisch auch darauf hinwies, dass man, Obrigkeitsdenken hin oder her, begann, in einem Rechtsstaat zu leben, der ideologisch sogar von den französischen Aufklärern unterstützt wurde.

Auch im deutschen Kaiserreich war die Justiz staats- und herrschertreu, wenn auch gebunden an eine gewisse Geltung des Rechts, das allerdings mit extremer Schlagseite hin zum Adel und zu den Besitzenden ausgelegt werden konnte. Die Weimarer Demokratie scheiterte nicht zuletzt an der Tatsache, dass das Recht fast klassenmäßig in den Händen konservativer, ja reaktionärer Juristen blieb, von den nationalsozialistischen Verstrickungen von Richtern und Staatsanwälten sowie den universitären Rechtslehrern ganz zu schweigen. Von denen wurde ja auch später kein einziger verurteilt.

Umso größer war die Hoffnung, dass die Bundesrepublik Deutschland endlich über ein freies, nicht einäugiges und sozial eingebundenes Rechtssystem verfügen würde. Das scheint auch in weiten Teil gelungen, aber »Ausrutscher« nach rechts und nach den Wirtschaftsinteressen waren und sind gelegentlich doch erheblich. Direkten Betrug kann man die Verstöße gegen das Rechtsempfinden nicht nennen, aber es gibt eklatante Fehlurteile oder interessenbezogene Einseitigkeiten, die den Zorn von Parteien und Verbänden hervorgerufen haben. Verallgemeinernd schreibt dazu Heribert Prantl:

> Vor dem Gesetz sind nicht alle Menschen gleich. Es gibt welche, die sind gleicher und andere, die nicht nur gleicher, sondern sehr viel besser dran sind. Das kann man jeden Tag in jedem Strafgericht beobachten. Der Ton am Amtsgericht ist, gelinde gesagt, robust – jedenfalls dann, wenn gegen Angehörige der unteren sozialen Schichten verhandelt wird. Mit der Höhe der sozialen Stellung ändern sich Tonlage, Verhandlungsklima und Verhandlungsergebnis. Der Arbeitslose, der sich nebenbei dreitausend Euro verdient hat, kann froh sein, wenn er mit einer Bewährungsstrafe davonkommt. In Wirtschaftsstrafsachen kann der Manager damit rechnen, dass Straftaten mit x-fach höherer Schadenssumme als unerheblich aussortiert werden. »Fällt nicht beträchtlich ins Gewicht«, heißt es dann zur Begründung (bei Prominenten wird neuerdings nicht mehr ganz so großzügig verfahren). Das deliktische Handeln des Arbeitslosen aber gilt stets als sozialschädlich – und schreit daher nach harter Strafe.
>
> Im Arbeitsrecht gibt es diese Unterscheidung auch: Dort heißt der Differenzierungsbegriff »Vertrauen«. Wenn der kleine Verkäufer einer kleinen Bäckereifiliale, Vater von zwei Kindern, im Lager einen Becher Milch austrinkt, Wert 59 Cent, Ablaufdatum schon überschritten, darf er fristlos gekündigt werden – das Vertrauen des Arbeitsgebers ist angeblich rettungslos zerstört. Bei kleinen Angestellten gab es nämlich einen rigorosen rechtlichen Automatismus zwischen Bagatelldelikt und fristloser Kündigung. Dieser Automatismus wird aber mittlerweile in der Fachliteratur heftig kritisiert.[86]

Erschütternde Beispiele sind im Frühjahr 2010 durch die Medien ge-

---

[86] Süddeutsche Zeitung vom 10.06.2010

gangen. Nach neuen Urteilen höherer Gerichte könnte sich der Trend gegen die einseitige Härte bei Bagatelldelikten ändern. Tröstlich war nach einigen dieser extrem arbeitgeberfreundlichen Urteilen der einhellige Aufschrei gegen eine so einäugige Justiz, der, soweit er inzwischen sogar juristische Wirkung und eine Reparatur des Vertrauens zeigte: Bagatelldelikte werden wieder Bagatelldelikte genannt, deretwegen langjährige Angestellte oder Arbeiter, auch wenn es gelegentlich aufmüpfige Gewerkschaftsmitglieder sind, nicht einfach vor die Tür gesetzt werden können.

Ein paar Stellen aus der Heiligen Schrift

Dass über Betrug schon im Alten wie im Neuen Testament verhandelt wurde, zeigen einige Verse, zitiert nach der *Stuttgarter Jubiläumsbibel.* So heißt es bei dem Propheten *Jeremias* (3, 23), der die Israeliten, die von Gott abgefallen sind, zur Umkehr ermahnt:

> So kehret nun wieder, ihr abtrünnigen Kinder, so will ich euch heilen von eurem Ungehorsam. (…) Wahrlich, es ist eitel Betrug mit Hügeln und mit allen Bergen. Wahrlich, es hat Israel keine Hilfe denn am Herrn, unserm Gott.

Matthäus (13, 22) predigt im Gleichnis über den verlorenen Samen des Evangeliums:

> Das aber unter die Dornen gesät ist, das ist, wenn jemand das Wort hört, und die Sorge dieser Welt und der Betrug des Reichtums erstickt das Wort, und er bringt nicht Frucht.

Petrus (2, 1und 2) ermahnt die versprengten Christen in Pontus, Galatien, Kappadozien, Asien und Bethynien:

> So leget nun ab alle Bosheit und allen Betrug und Heuchelei und Neid und alles Afterreden, und seid begierig nach der vernünftigen, lautern Milch als die jetzt geborenen Kindlein, auf dass ihr durch dieselbe zunehmet.

Diese Stellen vermeldet die *Kleine Konkordanz zur Lutherbibel* (2003) unter dem Stichwort Betrug. Ganz zu schweigen von den betrügerischen Schuftereien, die uns als Kinder schon empört haben: Gegen das berühmte »Linsengericht« mogelt Jakob dem älteren Bruder Esau, der müde ist und Hunger hat, sein Erstgeburtsrecht ab. Der liefert sogar dem listigen Bruder den verlangten Eid zur Abtretung, der eine spätere Klagedrohung ausräumt. Allerdings war es eine Art

Betrug, der religiöse Weltgeschichte einleitet, denn mit Jakob hat der Herr noch Großes vor, so wie auch in unserer Wirtschaftsgeschichte große Reichtümer und Konzerne aus anfänglichen Missetaten entstehen können, man denke an die heutigen mächtigen Ökonomie-Giganten in den ehemaligen GUS-Staaten, die von den Mauscheleien der Privatisierung an Günstlinge profitiert haben.

Im »kleingedruckten« Kommentar der Herausgeber der Bibel heißt es fast hämisch über den Tölpel Esau, der sich über die Implikationen des Handels schuldhaft zu wenig Gedanken gemacht hat (ganz im Sinne der Vorsehung): »Esau war ein wilder, oberflächlicher Mensch, ohne Sinn für die Verheißung.«[87] Dagegen: »Jakobs Verlangen ging wohl auf diese Verheißung; aber er suchte sie durch Hinterlist und Verschlagenheit an sich zu reißen. (…) Jakob verdankt es nicht seiner natürlichen Veranlagung oder seiner vorbildlichen Handlungsweise, sondern einzig Gottes Gnadenwahl.«[88] So hat Gott mit Betrug in die Erbfolge des späteren religiösen Großkonzerns Israel und des frommen Weltreichs Christentum eingegriffen und die anfängliche Schummelei legalisiert.

Mit Hilfe seiner Mama Rebekka treibt es der Nachfolger des Stammvaters Abraham, Jacob, später noch bunter (1. Mose, 27): Isaak will seinen Ältesten Esau, dem Tode nahe und fast erblindet, segnen und verlangt, dass der ihm ein selbst gekochtes Essen bringt. Die raffinierte Mama stattet ihren geliebten zarthäutigen Jüngsten mit einem Fell aus, das den Vater täuschen soll. Jakob, noch mit einem Rest Gewissen versehen, sagt vor dem Betrug ängstlich: »(…) so möchte vielleicht mein Vater mich betasten, und ich würde vor ihm geachtet, als ob ich ihn betrügen wollte, und brächte über mich einen Fluch und nicht einen Segen.«[89] Aber die Mama beruhigt ihn,

---

[87] Kommentar zu 1. Mose 25, 34, Stuttgarter Jubiläumsbibel, S. 37
[88] Ebd., S. 37
[89] 1. Mose 27, 12

wie viele historische Mütter, die ihren Vorzugssprössling an der Macht sehen wollten: »Der Fluch sei auf mir, mein Sohn; gehorche nur meiner Stimme, gehe und hole (es) mir.«[90] Im wiederum klugen Kleingedruckten heißt es: »Eine Notlüge in Gottes Sache scheint ihr nicht gefährlich; der Zweck sollte die Mittel heiligen.«[91]

Als der rauhäutige Esau nun seinerseits und verspätet gesegnet werden will, bemerkt er den Betrug, aber Isaak kann ihm nur noch eine dienende Rolle im Reich des siegreichen Bruder anbieten, indem er ihm zu einer militärischen Karriere rät: »Von deinem Schwert wirst du dich nähren und deinem Bruden dienen.« Dieser aber schwört tödliche Rache. Doch Mama weiß wieder Rat: Sie organisiert Fluchthilfe zu Verwandten im befreundeten Nachbarstamm.

Und schon wieder geht es um die Folgen einer Vorzugsbehandlung, die in Betrug endet. Der Gott gefällige schlaue Kommentar sagt: »Israel, so heißt Jakob im Auftrag Gottes inzwischen, hatte seinen Jüngsten Joseph lieber, die Brüder werden mörderisch eifersüchtig. Als der Vater ihn als Boten zu ihnen aufs Feld schickt, machten sie einen Anschlag, daß sie ihn töteten.« (1,37, Vers 18) Aber schließlich verkaufen sie ihn an eine vorbeiziehende Karawane »um 20 Silberlinge«, die ihn zu seiner von Gott vorgesehenen Wirkungsstätte in Ägypten bringt. Dem Vater bringen sie seinen mit Ziegenblut getränkten Rock und melden, ein Tier habe den Bruder zerrissen. Und wieder nimmt die Heilsgeschichte nach dieser die Vorsehung erfüllenden Schurkerei ihren weiteren Lauf, denn Joseph wird Ministerpräsident beim Pharao und rettet Ägypten.

Als der größte Schuft aber galt uns Kindern Judas, der Verräter, mit seinem Kuss, der den Häschern signalisiert, wer der Gesalbte ist. Das tausendfach gemalte Bild des letzten Abendmahls zeigt den Abtrünnigen mit dem Beutel, darin den Judaslohn. Aber auch er war mit

---

[90] 1. Mose, 27, 13

[91] Kommentar zu 1. Mose 27, 13, Stuttgarter Jubiläumsausgabe, S. 39

seinem schmählichen Handeln im Gottesplan vorgesehen. Und so wurde der Spruch »Der Zweck heiligt die Mittel« eine Gottesgabe, die auch den Kapitalismus zu seiner heutigen Größe führte.

Auch die Zehn Gebote wussten, was Betrug ist. In der Übersetzung von Luther heißt es lapidar:

> Du sollst nicht stehlen.
> Du sollst nicht falsch Zeugnis reden wider deinen Nächsten.
> Du sollst nicht begehren deine Nächsten Haus.
> Du sollst nicht begehren (…) alles, was dein Nächster hat.

Die moderne Theologie hätte wohl keine Mühe, all das, was wir heute als Betrug, arglistige Täuschung und sittenwidrige Verträge bezeichnen, in diesen Geboten unterzubringen. Aber ob die Erforschung eines dem Betrug zugeneigten Überichs bei den großen und kleinen Betrügern dort noch Reste dieser Gebote finden würde, ist zumindest fraglich. Die verstreuten Niederschläge einer frühen religiösen Erziehung haben dort kaum überlebt, und wo es sie noch gibt, würde ihnen die Gültigkeit für die komplexen Bereiche der Wirtschaft von vielen sicher abgesprochen. Sie sind außerdem zu sehr auf mitmenschliche Personen bezogen, nicht auf gesichtslose Großgruppen von Anlegern, Käufern, Konsumenten, Sparern, Schnäppchen- und Renditejägern. Die modernen Wirtschaftsethiker mögen sich noch so sehr bemühen: Die tragfähigen zehn Gebote für grenzwertige und anrüchige gewinnträchtige Interaktionen sind noch nicht wirksam oder noch gar nicht gefunden. Die Wirtschaftsethiker bemühen sich aber trotzdem, das System Betrug durch Moral zu zähmen.

Gibt es gar eine Verbindung zum Nationalsozialismus?

Mein Vater, ehemaliges SA-Mitglied, aber als Körperbehinderter, was schlimme Taten anlangt, »unschuldig« geblieben, pflegte, wenn das Gespräch, nicht mit uns Kindern, sondern im späten Kreis seiner früheren Kameraden, auf Hitler kam, zu sagen: »Wir sind doch betrogen worden.« Und sie wären Opfer böser Mächte oder eines letztlich falschen Führers gewesen. Sie wären reingefallen auf politischen Betrug, auf Propaganda, auf ihre eigene Wunder- und Leichtgläubigkeit, auf eingebläuten Rassedünkel, auf die Mär von der Herrenrasse, auf ihre Erlösungssehnsucht, der Hitler wie ein falscher Christus für die Frommen entgegenkam. Er war ja für seine Anhänger selbst kein Betrüger, sondern entlarvte und verfolgte die »jüdischen Weltbetrüger« bis zu deren Vernichtung. Aber als die Illusionen zusammenbrachen, fühlten sie sich als Betrogene, die viel zu gut, zu gutmütig folgsam waren. Kann es sein, dass mit dem Zusammenbruch des Dritten Reiches ein allgemeines Gefühl von Betrug und Betrogensein zurückblieb, von zerstörter Moral und Urmisstrauen, aber verbunden mit einem leisen Gefühl der Berechtigung, die geschändeten Zehn Gebote nicht allzu ernst nehmen zu müssen, wenn es um die Arbeit am Wirtschaftswunder ging? Ich gebe zu, das könnten Spekulationen sein, aber das Thema Betrug hat in den Medien eine fast hysterische Dauerpräsenz, sodass Zweifel aufkommen, ob es sich noch in der Realität um eine fühlbare Verschlechterung der gesellschaftlichen Moral handelt, verglichen mit den »guten alten Zeiten«, wo Ehrlichkeit noch etwas galt.

Mir fehlen Vergleiche zur Präsenz der Betrugsberichte mit den Medien anderer Länder, sodass auch die folgenden Überlegungen zur Anfälligkeit der Deutschen und zur medialen und juristischen Verfolgungsintensität nur eine gewisse Wahrscheinlichkeit beanspruchen können. Ich mache es an einem der jüngsten Beispiele der »Vergangenheitsbewältigung« fest. Das Buch *Das Amt* über die Verstrickung des Auswärtigen Amtes in die Nazi-Herrschaft und die »Endlösung« macht deutlich, in welchem Ausmaß westdeutsche Diplomaten durch Lügen und Betrug eine ehrenvolle Weiterbeschäftigung im Auswärtigen Dienst in der jungen Republik unter Adenauer gefunden hatten. Das verordnete Schweigen verbarg die Wahrheit, so wie zehn Jahre früher die Wehrmachtssausstellung und die darauf folgenden Forschungen zutage brachten, in welchem Ausmaß die angeblich anständig gebliebene Wehrmacht am Holocaust beteiligt gewesen war. Das Gleiche gilt, erst neuerdings thematisiert, für die gesamte Polizei. Vorausgegangen sind die zu einem hohen Prozentsatz verstrickte Ärzteschaft, die Universitäten, die Finanzverwaltung, die Banken, die Justiz, praktisch alle Sektoren des öffentlichen Lebens. Die Deutschen mussten wissen oder mindestens ahnen, in welchem Ausmaß die Bundesrepublik Deutschland in der rechristianisierten Adenauerzeit und noch Jahrzehnte danach auf einem Fundament des Betrugs ruhte. (Man denke nur an die massenhaft ausgestellten Persilscheine und die allgemeine »Schlussstrich«-Mentalität direkt nach dem Zweiten Weltkrieg.) In den Familien herrschte verhüllendes Schweigen, aber hinter dem gnädigen Schleier des Frageverbots war der feste Boden des Vertrauens untergraben.

Als Psychoanalytiker erfahren wir, mit welchen psychischen Folgen das Ausmaß der Unwahrhaftigkeit noch zwei spätere Generationen vergiftete. Viele Politikwissenschaftler und Historiker diagnostizierten bedauernd, dass dieser gigantische Betrug an der Wahrheit zum Überleben des Gemeinwesens notwendig gewesen sei. Aber er hat, im Gegensatz zur ökonomischen Wiederaufbau- und Firmengründungs- oder Wiedergründungswut, seelische Folgen hinterlassen, die das kollektive Überich beschädigt haben müssen.

Helmut Schmidt, wie eingangs erwähnt, sagte in dem zitierten Statement, Betrüger habe es zu allen Zeiten und Epochen gegeben, da nehme unsere Gegenwart keine Sonderstellung ein. Also wäre nur eine gewachsene und vielleicht sogar daueraufgeregte Sensibilität am Werk, die jedes objektive Urteil verbietet? Oder gibt es doch einen amoralischen Kern, den Alexander Dill als das Trauerspiel der »Täuschgesellschaft« bezeichnet hat?

Teure Wirtschaftsdelikte

> Im Krisenjahr 2009 ist die Zahl der Wirtschaftsdelikte in Deutschland rasant gestiegen. In der Polizeilichen Kriminalstatistik (PKS) wurden 101.340 Fälle von Kredit- und Anlagenbetrug oder von Untreue registriert, wie das Bundeskriminalamt (BKA) mitteilte. Das waren 17.000 Fälle mehr (plus 19,9 Prozent) als 2008. »Der Ende 2008 als Folge der globalen Wirtschafts- und Finanzkrise einsetzende Trend ansteigender Fallzahlen der Wirtschaftskriminalität hat sich fortgesetzt«, sagte BKA-Präsident Jörg Ziercke. Hingegen habe der Schaden mit 3,43 Milliarden Euro auf dem Vorjahresniveau verharrt. Damit verursachten Wirtschaftskriminelle fast die Hälfte des in der Polizeistatistik errechneten Gesamtschadens.[92]

Ich überlasse es dem Leser, ob er aus den erschreckenden Statistiken Folgerungen hinsichtlich einer epochalen Verschlechterung des moralischen Niveaus unserer Gesellschaft ziehen will.

Die Apotheose des Betrugs und ein letztes Beispiel

»Im Sumpf der Wall Street. US-Behörden ermitteln gegen riesiges Netz von Insidern«

> Seit der Pleite der Investmentbank Lehman Brothers hat die Wall Street viele rufschädigende Superlative erlebt: die tiefste Krise, die massivsten Staatshilfen und die üppigsten Bonuszahlungen. All das in nur zwei Jahren. Nun kommt ein weiterer Superlativ hinzu und bringt die Finanzbranche erneut in arge Bedrängnis. Die US-Justiz hat die umfassendsten Ermittlungen wegen Insidergeschäften angestoßen, die es in den USA je gegeben hat. Wie US-Medien berichten, haben die Bundespolizei FBI, die Börsenaufsicht SEC und die Staatsanwaltschaft Manhattan eine Kultur des Betrugs aufgedeckt. Ganze Netzwerke aus Investmentbankern, Spekulanten, Analysten und Unternehmensexperten sollen sich auf den Handel mit

[92] Süddeutsche Zeitung vom 18.11.2010

vertraulichen Informationen spezialisiert und illegal Millionengewinne eingestrichen haben.
Das Ausmaß der Ermittlungen ist gewaltig. In ihrem Mittelpunkt stehen unabhängige Expertenfirmen, die professionelle Anleger wie Hedgefonds mit Fachkenntnissen über einzelne Branchen versorgen. Oft heuern diese Firmen frühere Unternehmensmanager als Berater an, deren Insiderwissen sie besonders wertvoll macht. Erneut stehen Mitarbeiter der Investmentbank Goldman Sachs im Visier der Ermittler. Sie sollen vertrauliche Unterlagen über anstehende Unternehmensfusionen im Gesundheitssektor an Händler weitergereicht haben. Doch die Ermittlungen gehen weit über Goldman hinaus. Der Kreis der Verdächtigen umschließt Mitarbeiter von fast allen namhaften Wall-Street-Häusern. Auch die Deutsche Bank wurde von den Ermittlern aufgefordert, interne E-Mails preiszugeben. Insgesamt sollen drei Dutzend Firmen verwickelt sein.
Die Ermittlungen kamen durch das Verfahren gegen einen Betrügerring um den Hedgefonds-Manager Raj Rajaratnam in Gang. Mehrere Mitarbeiter sind geständig und haben erste Einblicke in die Insider-Kultur an der Wall Street gewährt. Vieles spricht dafür, dass die Strafverfolger eine regelrechte Prozesswelle vorbereiten. Der für Manhattan zuständige Bundesstaatsanwalt Preet Bharara hat die Verfolgung krimineller Geschäftemacher an der Wall Street zu seiner wichtigsten Aufgabe erhoben – und die Banker fürchten seinen Eifer. Bhararas Beamte gehen mit eine Methode vor, die sonst nur gegen Terroristen, Drogendealer und Mafiosi eingesetzt wird: Sie hören systematisch Telefone ab. Ein Lauschangriff auf die Wall Street. Offenbar haben die Behörden genug Material gesammelt, um noch vor Jahresende erste Verdächtige zu verhaften. (…) Der ramponierte Ruf der Wall Street wird unter den neuen Insider-Fällen daher noch weiter leiden. Sie nähren den Verdacht, dass die gesamte Branche von Korruption durchdrungen ist.[93]

Ob hier die ursprünglich auf Individuen gerichtete Psychoanalyse noch greift, ist angesichts einer sozialen Anomie unsicher. Es bräuchte Tiefeninterviews mit den höchsten Exponenten des Betrugssystems, um das zu verstehen, aber man darf bezweifeln, ob sich ein

[93] Süddeutsche Zeitung vom 22.11.2010

solcher einem Psychoanalytiker für einige Stunden stellen würde. Es müsste einer sein, der aus unerfindlichen Gründen eine Art Leidensdruck entwickelte, weil ihm der Schaden, den er anrichtet, unerwarteterweise anschaulich geworden ist. Vielleicht würde man aber auch hier nur auf einen Rollenträger und schlauen Sozialcharakter stoßen, dem ein Unrechtsbewusstsein fehlt. Bei einer gewissen gesellschaftlichen Höhe und einem entsprechenden Vorleben sind hemmende innere Einwände längst beseitigt worden. In bandenhafter Gruppensolidarität würden sich die Beteiligten, wären sie nicht erwischt worden, wahrscheinlich gemeinsam stolz die Hände reiben. Sie würden ihr System nicht nur als intellektuelle Glanztat feiern, sondern auch als Bestätigung einer überlegenen psychischen Disposition.

Weiter so?

Zwar kommen aus der Politik, nach langen Anläufen, neue Instrumente zur Anwendung, die ein Überborden der Spekulation und der betrügerischen Versuchungen erschweren sollen, aber das Bonussystem steht längst in neuer oder alter Blüte, auch in vielen Fällen, bei denen die Vorstände ihre Banken und damit viele Anleger massiv geschädigt oder in den Ruin getrieben haben. Es wird beklagt, dass es kaum eine Zeit des Innehaltens gegeben habe, von verantwortungsvoller Einsicht in die Zwangsläufigkeit der Schäden im unveränderten System ganz abgesehen. Psychologisch gesehen scheint folgende Hypothese plausibel: Die Finanzkrise war für ihre Verursacher eine kollektive narzisstische Kränkung: »Wir haben das System an die Wand gefahren.« Das Erleben des Versagens einer ganzen Gruppe verlangt nach einer raschen Korrektur wegen des vorübergehenden Verlustes des Selbstwert- und des Überlegenheitsgefühls. Die Scharte muss ausgewetzt werden, es geht um eine rasche Reparatur der gemeinsamen Größenphantasien. Nach der Schreckstarre kam statt Reifung und Reflexion der Versuch, die Katastrophe ungeschehen zu machen. Sofort wurden die Mechanismen von Anreiz, Belohnung und Rivalität wieder in Gang gesetzt, als ob nichts geschehen wäre.

Betrug als Lackmustest für Politik und Gesellschaft

Von Guttenbergs wissenschaftlicher Betrug (auch der Anderer) mit seiner anrüchig gefälschten Dissertation ist aus den unterschiedlichsten moralischen Grundhaltungen heraus »gewürdigt« worden. Den Einen war es gar eine »Petitesse« angesichts seiner gewaltigen politischen Potenz und Ausstrahlung, den Anderen ein fast apokalyptisches Verbrechen an der Wahrheit mit drohender Verderbnis für die ganze Wissenschaft. Aber endlich war Betrug persönlich zurechenbar und wieder in einem höchst anschaulichen Subjekt verankert. Die individuelle Überschaubarkeit und Zurechenbarkeit der Verfehlung ließen die allgemeinen Phänomene der »Täuschgesellschaft« vorübergehend in den Hintergrund treten. Der Sünder war erwischt durch kollektive Kontrollanstrengung, und manche auch dem Übeltäter menschenfreundlich gesonnenen Kommentatoren, Politiker und professionelle Moralisten sprachen von unwürdiger Menschenjagd, ihre Gegner warnten vor der Verharmlosung eines schweren, ja strafwürdigen Vergehens. Es gab keinen Konsens in der Beurteilung des Falles, aber die große Mehrheit ließ sich nicht beirren in der Liebe und der Bewunderung des Idols.

Der sich lange hinschleppende Fall des Theodor von Guttenberg war ein Prüfstein für die Reaktion auf Betrug in fast allen Schichten der Deutschen. Der Baron leugnete lange, dass ein Großteil seiner Doktorarbeit ein Plagiat war, und versuchte, den Betrug wochenlang zu verharmlosen, bis ihm die Bayreuther Fakultät eine absichtliche Fälschung nachwies und den Doktortitel aberkannte.

Es wurde nicht nur deutlich, dass wissenschaftliche Korrektheit für einen Großteil der Bevölkerung überhaupt kein Kriterium für

Wohlanständigkeit in öffentlich relevanten Angelegenheiten war. Erst ein gemeinsamer Appell und Aufstand der Wissenschaft, verbunden mit dem Bekenntnis der Forschungsministerin, dass sie sich, anders als die Kanzlerin, schäme für die gewundene Uneinsichtigkeit des Betrügers, führten allmählich zu einem Umschwung in der Bewertung des Delikts.

Die Bundeskanzlerin Angela Merkel versuchte, ihren auf einer einsamen Spitzenposition im monatlichen Ranking befindlichen Minister mit dem absurden Satz zu halten, sie habe keinen Wissenschaftsassistenten angestellt, sondern einen hoch kompetenten Minister. Die Entschuldigung des Freiherrn und der Wunsch für sein Verbleiben im Amt kletterten, von der Bild-Zeitung angefeuert, auf über siebzig Prozent der Deutschen und hielten sich dort lange. Ein großer Teil der Nation wollte ihn an der Spitze halten, Horst Seehofer, CSU, nannte ihn noch lange stolz seine Erfindung. In der CDU brauchte es Monate, bis die zuerst kollektive Solidarität bröckelte. Er schien als Quotenbringer unverzichtbar, seine Verfehlungen, vor allem die qualvoll gewundenen, selbstgerechten Auslassungen, wurden klein geredet. Die Lichtgestalt sollte erhalten werden, auch um den Preis der Hinnahme eines klaren, bis zuletzt geleugneten Betrugs. Alle Maßstäbe gerieten ins Wanken, bis die selbstmitleidigen Lügen unerträglich wurden. Erst als die Bayreuther Fakultät ihr eindeutiges Betrugsurteil sprach, lichtete sich das Feld seiner Anhänger, nachdem er noch großspurig versucht hatte, die Rückgabe des Doktortitels als moralische Heldentat in die eigene Hand zu nehmen.

Immerhin hat sein »Fall« im doppelten Sinn bewirkt, dass die Maßstäbe wieder zurechtgerückt wurden. Die Fakultäten versuchen, Sicherheitsfilter einzubauen, und ein Heer von Plagiatsjägern wurde auch bei anderen Politikern fündig. Die Sehnsucht nach einer glanzvollen Führungspersönlichkeit ohne Fehl und Tadel war übermächtig geworden, erst sein Betrug und der lange Kampf um seine Bewertung machten deutlich, in welchem Maß mit zweierlei Maß gemessen wurde. Fast wäre es geglückt, über seine potentiell auch strafrechtlich relevante Handlungsweise als Kavaliersdelikt hinwegzusehen.

Die juristische Aufarbeitung endete dann so:

> Ex-Verteidigungsminister zu Guttenberg wird wegen seiner Dissertation nicht vor Gericht gestellt. Das Verfahren gegen ihn wurde gegen eine Geldauflage eingestellt. Der wirtschaftliche Schaden des Plagiats sei gering. CSU-Chef Seehofer findet, dass Guttenberg jetzt wieder in die Politik zurückkehren sollte.[94]

Diese Möglichkeit dürfte er sich mit seinem inzwischen erschienenen Buch *Vorerst gescheitert* hoffentlich verscherzt haben. Zu unverändert scheinen seine Charakterschwächen durch, auch wenn er es geschafft hat, der EU als »Internet-Experte« zu Diensten zu sein.

---

94 www.meta.tagesschau.de vom 23.11.2011

Der zweifelhafte Plan eines freiwilligen Verhaltenskodexes der Verbraucherschutzministerin Aigner angesichts der fast universellen Irreführung und des gerade noch nicht justiziablen Konsumentenbetrugs in der Lebensmittelindustrie zeigt, dass der Ernst der Lage auch bei denen, die es wissen müssten, noch nicht begriffen wurde. Aber vielleicht weiß sie ja auch Bescheid und zeigt beruhigenden »Aktionismus«, wie ihre Kritiker meinen. Die Bayerische Verbraucherschutzbehörde hat Berichte veröffentlich, die an Deutlichkeit nichts zu wünschen übrig lassen. Aber vielleicht weiß Aigner, dass ihre Partei nicht wünscht, dass auch nur so genannte »schwarze Schafe« an den Pranger gestellt oder dass empfindliche Strafen vorgesehen würden, die nicht einfach aus der Portokasse zu bezahlen sind.

Die Konzerne, die sich durch Kampagnen »zugunsten des Volkswohls« oder der nicht genug lernbereiten Jugend profilieren wollen und sich einen »grünen« Anstrich geben wollen, würden in jedem Fall versuchen, immer wieder die Grenzen auszuloten, jenseits derer der Skandal beginnt und wachsender, weil aufgeklärter Ärger droht, mit Protesten oder zunehmendem selektivem Einkauf, mit Stigmatisierung oder Strafe. Gesetzlicher Zwang und wirksame Strafandrohung sind nicht beliebt in der Landschaft der Konzerne, und da alle wissen, dass die Kontrollbehörden aus vielen Gründen überfordert und die Überprüfungen eher lasch sind, dürfte die Haltung eher zum kalkulierten Risiko tendieren.

Die wirtschaftsethischen Regeln sind in verschiedenen Branchen so unterschiedlich, dass es schwer ist, einheitliche Standards auszumachen. Dass die Sitten in der Lebensmittelindustrie so verkommen scheinen, mag daran liegen, dass die Unternehmen nicht damit rechnen, dass die Konsumenten das Kleingedruckte lesen oder das Irreführende bemerken und sich wehren. Wenn ein Autokonzern eine Rückrufaktion starten muss, weil mit den Bremsen etwas nicht ganz geheuer ist, leidet unmittelbar der Absatz, und die Bosse müssen auf Good-will-Reise gehen und Besserung geloben. Kaum jemand verdächtigt sie des gezielten Betrugs oder auch nur der groben Irreführung. Meist sei bloß Schlamperei am Werk oder ungenügende Forschung und Erprobung.

In einer Gesellschaft mit enormem Wettbewerbsdruck und dem Aus-dem-Feld-Werfen von Firmen, die nicht schnell genug modernisiert oder sich verschlankt haben; in einer Gesellschaft, deren Innovationskraft sich nicht zuletzt im sich laufend verändernden Raffinement der Werbung zeigt, entstehen ein kollektives Stress-Klima und ein Gehorsamsdruck, die Übertölpelungsstrategien hervorbringen und von den Angestellten auch dann noch ein Höchstmaß von Loyalität verlangen, wenn die Grenzen des Anstands verlorengehen. Die Grauzonen zwischen den Polen Wahrhaftigkeit, Irreführung und justiziablem Betrug sind beträchtlich gewachsen, sie sind wechselnden Einflüssen ausgesetzt, und das Gesetz von *trial and error*, um die Grenzen des gerade noch nicht Justiziablen auszutesten, ist praktisch permanent online. Selbstverpflichtung zur Wahrhaftigkeit angesichts der üblich gewordenen Gewohnheiten und Maßstäben in vielen Sparten und Branchen, angesichts des Gewinndrucks, der auf den Bilanzen liegt, scheint mir fast kindlich-naivem Wunschdenken zu entspringen.

Psychoanalytisch-kriminologisch kann man von einer breit gestreuten Korrumpierung des sozialen Überichs sprechen. Der Bereich des Üblichen in der Irreführung aller gegen alle scheint sich, zum Teil gedeckt durch eine wirtschaftsfreundliche Gesetzgebung, ausgeweitet zu haben. Dill und Bode bieten Beispiele zuhauf für eine staatliche Kollusion mit den Spezialisten der Konsumententäuschung. Das »Vertrauen in den Markt« hat auf vielen Feldern Schiffbruch erlitten.

Die Sozialpsychologie, vor allem die Psychologie der Massen, kennt das Phänomen der Ansteckung: Die reife Verantwortlichkeit der Individuen für korrektes Verhalten geht verloren, »weil es ja alle so machen«. Hysterische Reaktionen der Ansteckung korrumpieren Individuen in der Masse. Vorstände, die neue Maßnahmen ihrer Werbeabteilungen absegnen, handeln nicht hysterisch, sondern mit kühlem Kalkül. Und auch wenn sie erwischt, abgemahnt oder skandalisiert werden, ist der Gewinn vielleicht längst eingefahren, die Verführungskompetenz der Reklamespezialisten wendet sich rasch neuen Varianten subtiler oder auch massiver Überrumpelung zu.

Die Psychoanalyse hat es noch nicht sehr weit gebracht, individuelle moralische Pathologie auf Großgruppen oder gar auch Großräume der Globalisierung anzuwenden. Vielleicht ist sie auch überfordert mit einer Aufgabe, die die Kooperation mehrerer Disziplinen in ausgedehnten zeitaufwändigen Forschungen erfordern würde. Aber mit dem Konzept der Korrumpierbarkeit des Ichs wie des Überichs unter dem Druck von Trieben, von Ehrgeiz, Rivalität, Regression, Angst und Panik, von dramatischen Minderwertigkeitsgefühlen und drängenden Größenphantasien, von infantiler Gier und destruktivem Wettbewerb liefert sie zumindest Kategorien, mit denen die kollektiven Prozesse teilweise erfasst werden könnten.

Und noch etwas aus ihrem Repertoire kommt hinzu: Die Einsicht in die immense Fähigkeit von Individuen und Großkollektiven zum Wegschauen, zum Verdrängen, zur Beschönigung, zum Realitätsverlust, zur Verharmlosung, zur Abspaltung unwillkommener Einsichten und Erfahrungen – und die Scheu vor Veränderung und dem Beharrungsvermögen in trügerisch gewordener Sicherheit. Das Bedürfnis nach psychischer Sicherheit ist zu einem wichtigen Begriff der Psychotherapie geworden. Es äußert sich als ein schwer hinterfragbares Beharrungsvermögen, selbst wenn es sich zum Schaden des Subjekts auswirkt. Hintergrund ist eine Angst vor Veränderung. Sie ist allerdings das Gegenteil dessen, was von den jungen Helden der

Abzocke gefordert wird. Ihre Sicherheit besteht gerade in der Lust an der raschen Veränderung, weil dies Vorteile in der Zeiteinheit bringt. Also ist Beschleunigung Trumpf statt verantwortliches Nachdenken.

Nicht umsonst wählen manche Autoren wie Alexander Dill, Tilo Bode oder Jürgen Roth, neben anderen, nüchterneren Diagnostikern, eine Sprache des Aufrüttelns, der manchmal bedrängenden Warnung, im Extremfall der Panikmache, um ein Bewusstsein der verdrängten Gefahren zu erzeugen.

Der Aufklärungsprozess in einer Psychotherapie verläuft oft quälend langsam. Die aus der Kindheit mitgeschleppten Konflikte, Irrtümer, Vorurteile und Ängste weichen nur widerstrebend und mit der Unterstützung des Therapeuten den inneren Widerständen gegen die oft schmerzliche Aufklärung. Viele gute Intentionen in der Aufklärung der Konsumenten stoßen rasch an Grenzen, weil die Macht der Gewohnheit und die Scheu vor den neuen Anstrengungen der Wachsamkeit viel Widerstandsenergie verbrauchen würden. Aufrüttelnde Filme über abschreckende Methoden der Lebensmittelproduktion haben durch ihren Schock-Charakter schon einiges an kritischer Aufmerksamkeit bewirkt. Aber es braucht den Dauerreiz der Wiederholung, um das Bewusstsein und die Gewohnheiten langsam zu verändern. Es droht die Gefahr bei längerer Beschäftigung mit dem »Betrug als System«, dass man resigniert oder zum eifernden Moralisten wird, während kontinuierliche kühle Analyse mit dosierter Empörung angesagt wäre.

Warum »Betrug als System«?

In der Psychotherapie gibt es eine bedeutende Richtung, die sich »systemische Therapie« nennt. Das bedeutet, dass nicht nur Patient und Therapeut sich als Einzelpersonen gegenüberstehen, sondern dass die ganze Familie, aber auch außerhalb stehende, wichtige Personen wie Lehrer, Chefs, bedeutsame weitere Verwandte, unter Umständen auch längst Verstorbene einbezogen werden. Im Zentrum steht das Geflecht der aufeinander einwirkenden Partner, der Bindungen, Verstrickungen, der bewussten und unbewussten Aufträge, der Abhängigkeiten, der zentripetalen wie der zentrifugalen Tendenzen. Es zählen auch die Familien- oder Systemideologien, die geltenden Normen und Gesetze, die Clan-Biographie und wenn nötig auch die Einbettung der Gruppe in Geschichte und Zeitgeschichte, einschließlich der Geheimnisse und der lang gehegten Tabus dazu.

Auch im »Betrug als System« gibt es Normen und Gesetze, geschriebene und ungeschriebene, aber auch Subkulturen mit ganz unterschiedlichen Gepflogenheiten. Natürlich gilt die banale These, dass in einer kompliziert gewordenen Gesellschaft alles mit allem zusammen hängt, aber die Muster der Interdependenzen sind noch weniger erforscht als in der Psychotherapie. So wie man von einem »Investitionsklima« spricht, könnte man von einem allgemeinen Klima des Betrugs sprechen, wenn eine große Zahl von Wirtschaftsbereichen von Korruption und dem Missbrauch der Allgemeinen Geschäftsbedingungen durchdrungen ist. Und sicher spielen die Wellen der öffentlich gewordenen Skandalfälle, die Intensivierung der allgemeinen Diskussion und die Flut der eilig vorgebrachten Reformvorschläge eine Rolle. Aber es gilt auch das Bonmot: »Morgen wird wieder eine andere Sau durchs Dorf getrieben.« Allzu viele versprechen sich von der Regelmäßigkeit des Abebbens und Aufflammens des Themas immer neue Chancen der Unauffälligkeit der Vergehen. Aber die öffentliche Wachsamkeit hat zugenommen, der Schrei nach mehr Kontrollen wird lauter, aber bald kommt die Ernüchterung: Mehr Kontrollpersonal braucht mehr Geld, und das ist angeblich für solche Zwecke nur in sehr begrenztem Umfang vorhanden.

Es ist noch nicht lange her, dass die Kosten von Bestechung und Korruption zur Gewinnung von Aufträgen, hierzulande und vor allem im Umgang mit Entwicklungs- und Schwellenländern, problemlos von der Steuer abgesetzt werden konnten. Wer keine schwarzen Kassen ansparte, galt als vorgestrig, und die Beträge erreichten mit dem Anfang des neuen Jahrtausends die Milliardengrenze. Da einige andere exportorientierte Länder da noch »großzügiger« denken, erhebt sich für manche Branchen die bange Frage, wie sie dem internationalen Wettbewerb überhaupt gewachsen bleiben werden, wenn die Großeinkäufer in den betroffenen Ländern keine Großschecks mehr in den Angeboten vorfinden. Wird die Korruption in den Untergrund gehen und sich raffinierterer Methoden bedienen oder werden sich die Bräuche langsam ändern?

Wie im intimen zwischenmenschlichen Verkehr nicht nur Worte, sondern auch Gesten und feine körperliche Zeichen eine Rolle spielen, so wird auch bei der Planung neuer Kartelle das berühmte Augenzwinkern weiter eine Rolle spielen, mit dem ein Deal besiegelt werden kann. Auf das Vermeiden von Dokumenten kommt es an. Das Wort Heimlichkeit passt eher interfamiliär und bei kleineren Bandendelikten, im Großraum Wirtschaft und Politik spricht man eher von Diskretion und Verschwiegenheit.

Nicht zu unterschätzen ist das Phänomen der Ansteckung atmosphärischer oder klimatischer Art: Der Ausdruck »es spricht sich rum« gilt nicht nur für die Wanderung von Informationen und Gerüchten, sondern eben auch für die Übermittlung neuer Standards, neuer Gesetzeslücken, neuer Steuertricks. Ein Heer hoch bezahlter, freier oder an Unternehmen gebundener Anwälte mit hohem Insiderwissen ist – fast möchte man sagen: fieberhaft – hinter neuen Grenzsituationen her, die es auszuloten gilt auf Vorteile und Übertölpelungen hin. Es gibt den »Geist einer Epoche«, auch wenn er nicht leicht genauer zu diagnostizieren ist, aber der Bereich des »Üblichen« im grauen Bereich des Betrugs scheint sich auszuweiten, im Wettlauf mit den oft genug unterlegenen Instanzen, die eigentlich kontrollieren und aufhalten sollen.

Überall, wo es Innovationen im Kreditwesen, im Zahlungsverkehr, in den Notierungsbräuchen an den Börsen gibt, in den Verschachtelungspraktiken der Konzernbauer, bei denen Unübersichtlichkeit Trumpf ist, sowie in den sich wandelnden Steuerpraktiken der Fluchtstaaten, lauern die mehr oder weniger gesetzestreuen Lückensucher und halten Ausschau nach neuen Chancen. Anders als im Bereich der Medizin wird man keine Bakterien oder Viren ausmachen können, sondern ganz andere psychologische und soziale Partikel, die zur Ansteckung führen. Das Klima steht auf Betrug als System, vielleicht auch deshalb, weil die Zahl der »Pfadfinder« wächst und weil sich durch die Beschleunigung des sozialen Wandels immer neue Situationen der Versuchung auftun, die nicht zu nutzen fast schon systemwidrig ist.

Eine große Entdeckung in den Neurowissenschaften sind die »Spiegelneuronen«, geheimnisvolle Übermittlungsträger von Botschaften, die Einfühlung in Bruchteilen von Sekunden erlauben. Selbst an Anderen beobachtete Handlungen und Haltungen haben Rückwirkung auf die Stimmung, ja auch auf die Muskelinnervationen des Beobachters. Gefühlsansteckung ist eine treffende Beschreibung dafür. Sie funktioniert auch in der Psychoanalyse, jenseits des Monopolcharakters der Sprache, den Freud ihr in der verbal zu führenden Kur zugewiesen hatte. Somit entspräche den »Worten« in der Psychotherapie in der Wirtschaft und Politik der Gebrauch von Dokumenten. Aber der Betrug verlangt »Mehrsprachigkeit«: vom Augenzwinkern über andere Gesten bis hin zu Bildzeichen und Symbolen, die nur Eingeweihte verstehen. »Du weißt schon, was ich meine!« – wäre die nachträgliche Bestätigung eines Informationsaustauschs, der keine Spuren hinterlassen darf.

Kommt zum »Betrug als System« noch die »Gewalt als System« hinzu, dann landet man bei der Mafia, und da sie mit ihren ungeheuren Gewinnsummen in den regulären, legalen Wirtschaftskreislauf massiv eindringt, geht das wiederum nicht ohne Korruption und

Verschleierung ab. Die Mafia ist, neben ihren realen Gewalttaten, atmosphärisch präsent und leistet ihren Beitrag zum Gesamtsystem Betrug, mit dem wichtigen neuen Mechanismus der Erpressung, da sie auch geheimdiensthaft Informationen über die noch honorigen Partner sammelt, mit denen sie ins Geschäft kommen will. Das Verderben von Charakteren gehört zu ihrem Geschäft, und manches wird so ähnlich auch in der Wirtschaft funktionieren. »Gefügig machen« kann man es auch bei den einen nennen, und bei den anderen enthält die interne Pflege der *corporate identity* Anteile dieser Bestrebungen, wenn gefordert wird, die Firma als »eine große Familie« anzusehen und in deren Diensten alles zu tun, was nötig ist, so zu *sein* wie »gewünscht«.

In Zeiten der permanent gewordenen Bedrohung von Arbeitsplätzen ist ein Anwachsen der Gefügigkeit des Personals geradezu selbstverständlich, und ausreichend Zynismus ist bei vielen sich selbst von der Krise bedroht fühlenden Arbeitgebern sicher vorhanden. Vom »Betrug als System« zu sprechen halte ich schon deshalb für sinnvoll, weil es die Wachsamkeit zu fördern vermag.

Im Schlaraffenland der Börse – Zur Psychologie der neuen Begehrlichkeit oder: Wo wurzelt die Gier?[95]

Telekom, Infineon, T-Online und wieder Telekom, vielfach überzeichnet, große Unternehmen mit magischer Potenz, daraus Milch und Honig fließen in Form von Aktiengewinnen bei Neuemissionen. So auf der Käuferseite. Und auf der anderen Seite: Unternehmen, die Geld brauchen für neue Käufe und neues Wachstum; die dem Bund Geld bringen und seinen Bürgern gleich mit. Also Geld und Reichtum nach allen Seiten.

Fast jubelt die Reklame auf vielen Kanälen und in vielen Zeitungen, fast besorgt die Fragen der eingeweihten Freunde und Bekannten, ob man schon »gezeichnet« habe. Nein, das nicht oder nur zögernd. Und trotzdem ist man gezeichnet, weil die eigene Begehrlichkeit wächst, wo alles vom schnellen Gewinn redet. Staatsbürgerlich wertvoll scheint die Sache auch, denn wir sollen ein Volk der Aktienbesitzer werden, weil das die Verfassungstreue hebt. Der moralische Hochstand derer, die immun geblieben sind gegenüber der Anfechtung, wird immer höher. Bei Gesprächen in Gruppen mit heil Gebliebenen ist man als Süchtiger im Anfangsstadium leicht verdächtig, von einem Virus befallen zu sein, und schuldig, weil man nicht medikamentös dagegen vorgegangen ist. Aber das Ausmaß der Überzeichnung – vom bis zu Zwanzigfachen, so hört man – spricht dafür, dass es sich hier um Schnäppchen aus dem Schlaraffenland handelt, denen nicht nachzulaufen wiederum Schuldgefühle einbrächte wegen der Nicht-Wahrnehmung von Lebenschancen.

---

[95] Tilmann Moser in: Frankfurter Allgemeine Zeitung vom 08.07.2000

Lässt man sich ein auf das Wettrennen, dann beginnt das Fiebern: nach den Prognosen, nach taufrischen Informationen, nach der vorgesehenen Verteilungsform, prozentual oder im Stil einer Lotterie. Man lernt neue Ausdrücke verstehen und scheinbar sachverständig gebrauchen: KGV: Kurs-Gewinn-Verhältnis. Book-building-Phase? Sofortverkauf nach Zuteilung? Spekulationsfrist?

Das Sterntaler-Mädchen aus dem Märchen von Andersen hatte nur ein Hemdchen, um die Goldstücke aufzufangen. Jetzt begreift man, dass man mehrere Konten bei mehreren Banken haben muss, um die Schürze so breit wie möglich aufzuhalten. Unter Eingeweihten ist man stolz auf die ausgespannten Netze; bei den »anständig« gebliebenen Freunden verschweigt man das Ausmaß des eigenen Raffinements und legt Wert auf deren Glauben, dass man sein Geld anständig verdiene im Schweiße des eigenen, nicht der fremden Angesichter. Mag sein, dass ein christliches frühes Gewissen im dunklen Hintergrund der Seele auch dem Berichterstatter schlug. Denn die Gespräche mit dem Bankberater scheinen ihm auf einmal etwas Verschwörerisches zu bekommen: Wie lange soll man warten, bis man zuschlägt, und mit wie hohem Einsatz schlägt man zu? Bis zu welchem Tag kann man sich absichern, und wann erhält man den Schatz, der vielleicht gar keiner ist, wenn der Markt nicht mitspielt? Die Gier ist ausgebrochen und hält einen in Atem. Sie infiltriert das Alltagsbewusstsein. Man überlegt gerade noch, warum man den Tag auf einmal nach dem Rhythmus der Telebörsen-Sendung einrichtet. Von dem verschwiegenen Herr der *day-traider*, die Stunden und oft Tage am Bildschirm verbringen, um mit Jetztzeit-Kursen noch am gleichen Tag auch schon bei geringen Ausschlägen Gewinne zu machen, wollen wir nicht reden. Dass diese süchtig sind, ist leicht gesagt, weil der eigene Zustand davon noch meilenweit entfernt ist. Aber viele Frührentner haben wieder ein fesselndes Hobby. Und Hunderte, ja Tausende von Frauen-Börsen-Clubs wollen es wissen, ob sie den Männern nicht die Charts und die Widerstandslinien reichen können.

Aber wo wurzeln sie, die Seelen verändernde Gier und das Schielen nach den Dax- und Nemax-Werten? Warum bedroht die Gefahr, zu kurz zu kommen und als der Dumme dazustehen, auf einmal den Seelenfrieden? Oder die Gefahr, beschämt, gar verlacht zu werden? Oder gedemütigt durch glücklichere Gierige, die es noch schlauer angestellt haben? Wenn die Zuteilung bei einer verheißungsvollen Neuemission wegen vielfacher Überzeichnung bruchteilweise erfolgt, ist es doch vernünftig, sehr viel zu ordern. Wenn das Los entscheidet, sitzt man vielleicht auf Mengen, die das Konto gar nicht verkraftet. Die Banken sind dazu übergegangen, den Gegenwert des Orderbetrags auf dem Konto zu verlangen. Die Gier in Amerika hat dazu geführt, dass Milliardensummen auf Pump gezeichnet oder gekauft wurden. Nach dem Kursverfall ganzer Sparten ist es zu Katastrophen gekommen. Dem schieben die Behörden jetzt einen Riegel vor.

Obwohl alles ganz »legal« ist, macht man bei sich und anderen neue Charakterzüge aus, vielleicht sogar kleine Charaktermängel, über die man nicht gerne spricht, höchstens unter vertrauenswürdigen Gleichgesinnten. Für wenige Tage ist das Denken – und im Abstand von Wochen und Monaten immer wieder – besessen von den unvorstellbaren Chancen, schnell reich zu werden. Aber um gerecht zu sein: Für viele wäre ein Börsengewinn schlicht ein Zubrot zur knappen Rente und der Eifer also auch ein Zeichen drohender Not und ein Vorgriff auf die viel gepriesene private Vorsorge fürs Alter. »Wir wissen, wie Sie schneller reich werden«, heißt es ungeniert in den einschlägigen Fernsehspots. Obwohl längst klar ist, dass einzelne Neuemissionen vielfach überzeichnet sind, tönt die Werbetrommel immer weiter.

Wo wurzelt die Gier? Es gibt eine Alltagserklärung: Viele Menschen sind bestrebt, zu Geld, Sicherheit, Wohlstand, Reichtum zu kommen. Dafür arbeiten sie viel, machen Überstunden, schreiben saftige Rechnungen, betrügen ein wenig, halten sich Berater, weil das Finanzamt ihnen zu gierig erscheint, und schielen leider allzu oft nach denen, die schon mehr haben. Die Seelenruhe fördert das nicht, eher den Neid oder das Gefühl, schon von Kindesbeinen an zu kurz gekommen zu sein. Da haben wir den Übergang zu dem, was man tiefenpsychologische Erklärungen nennen könnte.

Die Neuemissionen der letzten Jahre haben etwas im Seelenleben der Großgruppe verändert: Geld kann sich über Nacht verdoppeln, wenn man clever und »dabei« ist. Dies bringt bei prinzipienfesten, »redlich« und antispekulativ gesinnten Menschen ein Weltbild durcheinander. Viele Kommentatoren haben über die wirtschaftliche Ahnungslosigkeit der Massen von Ankömmlingen mit den glasigen Augen gespottet, wenn nicht gelästert, auch über die Milch-Mädchen-Phantasien der großen Bereicherung. Aber viele von denen waren ohnehin nicht mehr ganz in der Realität, sondern im Bereich der Magie und des Schlaraffenlandes. Wenn sich Geld über Nacht verdoppeln lässt, ist Zauberei im Spiel, und um dabei zu sein, ist es besser, zu regredieren als zu kontrollieren und sich komplizierte Kenntnisse zu verschaffen. Regression bedeutet einen Rückschritt im Seelen- und Verstandesleben auf kindliche Stufen. Braucht man etwa zu wissen, woher die Fee ihren Reichtum nimmt? Wer dem Halbgott das Füllhorn immer wieder randvoll macht? Warum Quellen in der Wildnis oder gar in der Wüste sprudeln? Nein. Man murmelt die Zaubersprüche mit, die in der Zeitung stehen, und in das Bangen mischt sich Beschwörung, wenn nicht die Bereitschaft zum täglichen Stoßgebet, das steigernde Kurse erheischt.

Rasche Geldvermehrung hatte immer etwas mit der fürstlichen Münzverschlechterung, mit dem Drucken von Falschgeld, mit dem Teufel zu tun. Da es den trotz päpstlicher Versicherung nicht mehr gibt, mag man das jetzt Schicksal nennen, was im Dax oder in dem neuen Markt waltet. Belohnt es mit Gewinnen, dann hat man nicht nur mehr Geld, sondern man ist ein Auserwählter, der für viel tiefere Vorzüge ausgezeichnet und für viel tiefer liegende Demütigungen entschädigt wird.

Ich habe an mir und anderen beobachten können, dass ich auf Gewinne und Verluste an der Börse nicht mit normal-erwachsenem Gemüt reagiere, sondern zum Beispiel so als gehe es um Belohnung oder Bestrafung, um Wert oder Nicht-Wert, um Auszeichnung, um Betrug oder um verdientes Glück. Geldvermehrung über Nacht berührt bei vielen streng Erzogenen das kindliche Gewissen: Es kann etwas nicht ganz in Ordnung sein, oder es geht um meine von Verwandtschaft oder Öffentlichkeit noch gar nicht ausreichend gewürdigten Verdienste. Nur wenn kindliche Demütigungen ausgeglichen oder unbekannte Verdienste belohnt werden durch einen satten Gewinn, kommt die moralische Bilanz wieder in Ordnung. Wer also gewinnt beim Schnäppchenspiel, ist plötzlich nicht mehr ein herumgeschubstes Kind oder ein mittelmäßiger Schüler, sondern ein Erwählter, den die Lostrommel des Schicksals, Fortuna auf dem Glücksrad, auszeichnet. Die Unglücklichen oder Unwürdigen werden auf eine erneute Umdrehung des Rades verwiesen.

Im Glücksrad des Schicksals vereinen sich Zufall und persönlicher Verdienst, weil es, so nimmt man an, von einer milden oder bösen Vorsehung gedreht wird. Viele Neuankömmlinge an der Börse hatten vorher nur eine dunkle Ahnung, dass da Geld verdient wird. Aber es lag für viele Menschen aus der Mittelschicht, den »Anständigen«, ein Tabu über ihr: Dort lungern die Couponschneider und Börsenhengste herum, schauerlich verdorben, arbeitsscheu, gewissenlos bis zur erotischen Verlockung bei Strafe des Untergangs. Jetzt treten viele moralisch unvorbereitet in diesen Sündenpfuhl ein, und um mit der raschen Geldvermehrung oder mit der Gier danach umzugehen, wird sie moralisiert: als Suche nach der verdienten, endlich nahen Auszeichnung: »Ich selbst bin dabei das Schnäppchen, das vom Gewinn aufgesucht wird.« Wenn das wetterwendische Geld erst einmal im Depot liegt, dann schaue ich nur umso öfter in die »Telebörse«, per TV oder Wochenzeitung, weil dort weiter gute und fast todsichere Tipps angeboten werden. Ich beginne zu verstehen, dass das Börsen-Füllhorn in den Vereinigten Staaten gefüllt wird, und ich fange an zu hoffen, dass die amerikanischen Arbeiter nicht zu viel verdienen, weil sonst die Arbeitsmarktzahlen oder die Lohnstückkosten sich wieder niederschlagen in der Schlappheit oder Prallheit des Aktienfüllhorns.

In allen Menschen schlummern kindliche Gefühle, die sich später durchaus ein erwachsenes Gewand zulegen können: Neid, Rivalität, Wünsche nach Anerkennung und Besitz, die heimliche Sehnsucht nach Aufwertung, nach dem »großen Los« und schließlich Gier, die umso stärker im Unbewussten wirkt, je rüder wichtige kindliche Bedürfnisse durch Versagung frustriert wurden. Die Neuemissionen und vor allem ihr publizistischer Begleitlärm haben Zugang gefunden zu diesen fast magischen Sehnsüchten nach Wiedergutmachung und Auszeichnung, nach Trost und Löschung der Gier und der Neides.

Ein früher Begleitgedanke, etwa bei der Ausgabe der VW-Volksaktien zu Anfang der 1960er Jahre, war, die Deutschen am »Volksvermögen« zu beteiligen. Auch bei den Neuemissionen war von der erwünschten breiteren Streuung von Aktien die Rede. Ihr tieferer Sinn war die Verknüpfung von Aktienbesitz und bürgerlicher Loyalität vor allem angesichts der untergründigen seelischen Bedrohung durch die Globalisierung. Aber der Run auf die »Volksaktien« erhielt auch eine Beigabe von moralischem Gift, das sich in der Form von Gier und Habgier zeigte. Millionen sind in diese Rennbahn eingetreten, und die Rufe nach weiterer Anfeuerung sind nicht zu überhören. Wir wissen heute noch nicht, wie dieser Input an Gift in den Seelen weiter wirken wird. Wer sich dagegen immunisieren will, muss fast schon ins andere Extrem gehen: in die moralische Verachtung der Börse. Aber damit ist auch niemandem gedient. Zur allgemeinen Beruhigung boomen die Aktienfonds, bei denen man von der täglichen Aufgeregtheit über die Kurse teilweise befreit wird. In den Fonds kommen das Geld und die Hektik sozusagen zur Ruhe, ebenso das Gefühl, dauernd etwas zu verpassen, im Guten wie im Schlechten. Und mit diesem ruhigen Geld im Fonds kann man sogar weiter seiner Neigung nach Geringschätzung nachgehen: Da soll es doch Zocker oder gar Abzocker geben, die keine Gelegenheit zur Geldvermehrung auslassen und nichts anderes mehr im Kopf haben als den EuroStoxx.

Herr, ich danke dir, dass ich nicht bin wie jene.

Veränderungsmöglichkeiten in der Betrugs- und Täuschgesellschaft?

Es gibt Psychiater, Psychologen und Psychoanalytiker, die nur diagnostizieren: im Strafverfahren, bei Einstellungsprüfungen, Kliniksaufnahmen oder Klinikentlassungen, gelegentlich auch in Zivilprozessen und bei anderen Anlässen, bei denen ein als relativ stabil gedachter Zustand ermittelt werden soll oder wenn es um eine Prognose für zukünftiges Verhalten geht. Anders sind in der Regel die diagnostischen Ermittlungen zu Beginn einer Psychotherapie: Es geht um eine Abschätzung, ob eine seelische Störung insoweit Krankheitswert hat, dass ein Gutachter für die Krankenkassen feststellen kann, ob die Behandlung bezahlt werden soll, weil sie den Richtlinien entspricht und Aussicht auf Erfolg besteht. Und der Psychoanalytiker, der die Behandlung übernehmen will, prüft, ob er sich die Behandlung zutraut, ob ausreichend Sympathie vorhanden ist, ob der potentielle Patient geeignet ist für das psychotherapeutische Verfahren, das der Therapeut anwenden will. Im Vordergrund steht also, die Voraussetzungen festzustellen für eine Unternehmung, die auf Abhilfe, Veränderung oder gar Heilung zielt.

Zwar haben Sigmund Freud und nach ihm andere psychoanalytisch geschulte Anthropologen ganze Volksstämme diagnostiziert oder bei längerer Beobachtung sogar analysiert, auch ganze Völker wurden auf ihre massenhaften Sozialcharaktere hin untersucht. Freud diagnostizierte die europäischen Religionen, vor allem die katholische, als kollektive Zwangsneurose und glaubte voraussehen zu können, dass die Last des Überichs in der modernen Gesellschaft wachsen würde, weil die Kulturentwicklung einen immer größeren Triebverzicht einfordern müsste.

Aber diese Forscher glaubten nicht, dass sie das Leben der Menschen in Großgruppen grundlegend verändern könnten. Immerhin gab und gibt es psychoanalytisch geschulte Konfliktforscher, deren Arbeit von der Hoffnung getragen ist, dass das Verständnis akuter Großkonflikte auch dazu beitragen könnte, das destruktive Potential zu entschärfen, wenn die Erkenntnisse von den herrschenden Politikern oder Clanführern übernommen würden, um über eine massenhafte Beeinflussung auch größerer Gruppen friedensstiftend wirken zu können. Es dürfte jedoch eine illusorische Vision sein, an spannungsgeladene Brandherde in der Welt gerufen zu werden, vergleichbar dem legendären Brandlöscher von brennenden Ölbohrlöchern Red Adair, der von einer Ölbrandkatastrophe zur nächsten flog, um unter den bewundernden Blicken des Weltpublikums die lodernden Feuer zu löschen.

So war die Grundhaltung der meisten Forscher eher eine Suche nach passivem Verstehen ohne einen direkten Willen zum gesellschaftsverändernden Eingriff.

Anders der Psychoanalytiker mit Einzelpatienten oder mit therapeutischen Gruppen: Die Diagnose eröffnet einen erwartbaren Veränderungsprozess. Die Grenzen seiner Aktivität, die freilich viel Geduld erfordert, liegen in der Schwere der Störungen, in seinem professionellen Geschick und im Grad der Hoffnung oder Zuversicht, die er im Patienten zu wecken vermag. Voraussetzung ist meist ein klarer Leidenszustand, ein Leidensdruck und eine Motivation, den unangenehmen oder qualvollen Zustand mit Hilfe des Fachmannes oder eines fachlich geschulten Klinikteams zu überwinden. Die Diagnose ist also zielorientiert, die Ziele lassen sich ungefähr voraussagen oder entwickeln oder verändern sich im Lauf der voranschreitenden Arbeit. Für manche Behandlungen auf Kassenkosten wird sogar verlangt, dass die Ziele so weit wie möglich genauer präzisiert werden, weil es auch um das Verhältnis von Kosten und voraussehbarem Nutzen geht. In aller Regel besteht also für den Psychoanalytiker ein enger Zusammenhang zwischen Diagnose und möglicher Veränderung. Er fühlt sich als professioneller Veränderer von seelischen Zuständen, die als schädlich, schmerzhaft oder selbstdestruktiv erlebt oder auch von öffentlichen Instanzen als sozialschädlich angesehen werden. Bei Delinquenten kann es zu angeordneten oder gesetzlich auferlegten Behandlungen kommen, der Hoffnungsträger auf Veränderung ist dann oft nicht er selbst, sondern im weitesten Sinne die Gesellschaft, vor allem, wenn dem Subjekt ein aktiver Veränderungswille abgeht.

Beim Wiederlesen dieses Buches bei der Vorbereitung zum Druck fiel mir eine Mischung aus aggressiver, bitterer, resignativer, ja sogar larmoyanter Stimmung auf, so als vollzöge sich die Entwicklung des »Betrugs als System« in der heutigen Gesellschaft mit fast naturwüchsiger Zwangsläufigkeit, ohne dass es für den Beobachter direkte Einwirkungsmöglichkeiten gäbe. Natürlich gibt es den Gesetzgeber, auf Abhilfe drängende Verbände, die aufgeklärte oder manchmal empörte öffentliche Meinung, und in der Tat kommen Anstöße zur besseren Kontrolle und Verfolgung von Betrug immer wieder durch legislative Verbesserungen zur Geltung. Aber die sozialen und politischen Prozesse sind langsam, oft kontrovers bis zu Lähmung und werden von gewaltigen Widerständen von Interessengruppen aufgehalten.

Und der Eindruck bei vielen kundigen Zeitgenossen scheint zu sein, dass die professionellen Betrüger der Entwicklung von Kontrolle und Eindämmung immer um einige Nasenlängen voraus sind.

Wenn der Psychoanalytiker sich solchen Großthemen wie dem »Betrug als System« zuwendet, stellt er fest, dass die Verbindung von Diagnose und Veränderung auseinandergerissen ist. Je tiefer er analytisch einzudringen vermag, desto massiver wird sein Gefühl fast hoffnungsloser Ohnmacht, es sei denn, sein mit ins Spiel gebrachter bürgerlicher Optimismus stellt ihm die jeweiligen kleinen oder großen Veränderungen in der sozialen Bilanz der Kontrollmöglichkeiten von Betrug und Täuschung im großen Maßstab immer wieder hoffnungsvoll Augen.

Ausgangspunkt meiner Überlegungen war »Betroffenheit«, sei es aus passiver Betrugserfahrung, sei es aufgrund einer eigenen aktiven Beteiligung am Steuerbetrug oder sei es aus der überwältigenden Fülle von täglichen Informationen über das Ausmaß des alle gesellschaftlichen Bereiche durchdringenden Betrugs mit seiner erstaunlichen Fülle von immer neuen Varianten. Eine tauchte Ende 2011 auf: Der deutsche Bundespräsident Christian Wulff ließ sich sein Wohnhaus mit »privaten Krediten« eines Freundes an der Wirtschaft finanzieren.[96] Eine gewisse Faszination am Ausmaß des Phänomens war nicht zu verkennen, es wurde auch eine Art Jagdfieber spürbar, wenn es um die Beobachtung des Wettlaufs von Raffinesse auf beiden Seiten der Fronten ging: der Verfolgenden wie der innovativen auf Seiten der Betrüger.

Die eigenen staatsbürgerlichen Grundannahmen waren auf dem Prüfstand: Bin ich eher Optimist und vertraue mich einem, wenn auch prekären Fortschrittsglauben an eine eindämmende Entwicklung an oder schlage ich mich eher auf die Seite der Pessimisten oder der am Stammtisch desillusionierten Wortführer, die ohnehin in Politik und Wirtschaft alles für Lug und Trug halten?

Immer wieder schien mir das Märchen vom Hasen und dem Igel bzw. den beiden Igel zu gelten, die dem rasenden Hasen ein dauerndes Schnippchen der Täuschung schlagen. Wenn wieder einmal ein Großbetrüger entlarvt oder gar bestraft wurde, belohnte mich ein Triumphgefühl über das mühsame Walten der irdischen Gerechtigkeit. Wenn aber dann deutlich wurde, dass er die ergaunerten Millionen oder gar Milliarden unwiederbringlich schon seit Jahren auf juristisch unerreichbaren Südseeinseln gebunkert hatte, wollte sich

[96] Frankfurter Allgemeine Zeitung vom 19.12.2011

wieder Resignation breit machen. So glich das Schreiben einer Achterbahnfahrt zwischen Hochs und Tiefs der Stimmung. Der Aufklärungswille war dann zwar nicht gefährdet, doch außer einer intellektuellen Belohnung für die Erforschung von Zusammenhängen blieb manchmal wenig übrig an erbaulichen Erfolgsaussichten. Aber es mag im geneigten Publikum auch einige Leser mit juristischem oder politischem Einfluss geben, die bereit und in der Lage sind, dem »System Betrug« den einen oder anderen Riegel vorzuschieben.

Inzwischen sind im Gefolge der permanenten Weltfinanzkrise mehrere Regierungen in Europa abgetreten. Die finanziellen Dimensionen, um die es nur in Europa zur »Rettung des Euro« geht, gehen in die Billionen. Wir alle werden von unseren Regierungen in Haftung genommen. Holger Steltzner konstatiert auf Seite 1 als Kommentar unter dem Titel »Jetzt die Notenpresse«: »Als Mittel der letzten Wahl wollen die Rettungseuropäer jetzt die Notenpresse anwerfen.«[97]

Dabei werden uns die Zusammenhänge klar vor Augen geführt, es mangelt nicht an deutlichen Worten, gerade auch in der bürgerlichen Presse, wenn auch im Feuilleton. Albert Müller schreibt unter dem Titel »Die Lüge von der Systemrelevanz«:

> Es stimmt nicht, dass die Finanzwirtschaft über Nacht mächtig geworden ist. Die Politik hat ihr in den Sattel geholfen. (...) Die Finanzindustrie hat dem Fiskus immer wieder in die Tasche gegriffen. Die Steuerprivilegien, die Subventionen und die Rettungsschirme für die Spekulanten in den Finanzkasinos haben die Staatsschuldenstände (Schulden in Prozent des Bruttoinlandsprodukts) bei uns und anderswo in die Höhe getrieben. Die Folgen nennen die PR-Strategen »Staatsschuldenkrise«. Das ist nach dem Sprachtrick mit der »Systemrelevanz« aller Banken der zweite große Coup der Strategen der Finanzindustrie und der mit ihnen verbundenen Politik und Medien. »Staatsschuldenkrise« nennen sie das Desaster, das zum größeren Teil von ihnen selbst angerichtet worden ist.[98]

---

[97] Frankfurter Allgemeine Zeitung vom 7.11.2011.

[98] Frankfurter Allgemeine Zeitung vom 23.11.2011.

Wie schlimm es wirklich schon gekommen ist, zeigt, dass Sahra Wagenknecht, immerhin so etwas wie eine »Kommunistin«, fast eine ganze Seite – wieder im Feuilleton – bekommt, um glasklar zu benennen und zu analysieren:

> Die Deregulierung des weltweiten Finanzsektors hat nämlich nicht nur die Basis für gemeingefährliche Zockergeschäfte mit Währungen, Lebensmitteln und Rohstoffen geschaffen. Vor allem hat die Deregulierung den Geldhäusern die Fähigkeit gegeben, das nötige Schmiermittel solcher Geschäfte in nahezu unbegrenztem Umfang selbst zu erzeugen: Kreditgeld. So konnte das Finanzsystem jahrelang ein globales Schuldenwachstum finanzieren, das das reale Wachstum um ein Vielfaches übertraf.[99]

Wie verwirrend die Lage ist, lesen wir dann wiederum auf Seite 1 in großen Lettern: »Politiker befeuern Proteste gegen Banken.«[100] Auch wenn nicht alle Politiker gleich »befeuern«, so steht doch fest, dass auch Konservative in vielen Ländern »Verständnis« für die weltweiten Proteste der Occupy-Bewegung haben, darunter auch – aus welch opportunistischen Motiven auch immer – die deutsche Bundeskanzlerin Angela Merkel. Die aus vielen sozialen Schichten kommenden Demonstranten gegen die Bankenmacht der Wallstreet haben Mitstreiter in Europa bekommen. Die Bewegung hat sich global vernetzt.

Noch sind die »Finanzmärkte« im Vorteil gegenüber den Regierungen, die nur noch reagieren, nicht mehr regieren können, weil sie erpressbar geworden sind. Aus den vielen Versprechungen für eine schärfere Kontrolle ist nicht viel geworden. Einzig eine vordergründige Sparpolitik, die aber das Banken- und Finanzsystem unangetastet lässt, wird EU-weit angestrebt. Doch kann eine Austeritätspolitik eine Abwärtsspirale einläuten und sogar befördern.

---

99 Frankfurter Allgemeine Zeitung vom 8.12.2011.

100 Süddeutsche Zeitung vom 17.10.2011.

Umso mehr finden das weltweite Unbehagen und die Empörung gegenüber den »Finanzmärkten« einen Weg hin zu aktivem Protest. Noch wissen wir nicht, wie wirksam er sich entfalten wird, aber angesichts weiterer Verschuldungen und der staatenübergreifenden Verarmungsaussichten weiter Bevölkerungsschichten, in Aussicht gestellter Rezession und fehlender Wachstumsdynamiken dürfen wir vielleicht einige Hoffnung auf eine internationale Solidaritätsbewegung setzen, die ihre Formen und Inhalte noch weiter entwickeln muss.

Allerdings hofft die Bankenwelt, dass Väterchen Frost die Protestierenden von Occupy bald von den öffentlichen Plätzen vertreiben wird.

LITERATUR

Bode, Tilo: Die Essensfälscher. Was uns die Lebensmittelkonzerne auf den Teller lügen. Frankfurt a. M. 2010

Dejours, Christophe, et al.: Psychopathologien der Arbeit. Klinische Studien. Frankfurt a. M. 2012

Dill, Alexander: Täuschwirtschaft. Wie die Wirtschaft sich selbst und uns alle belügt. München 2010

Fritsch, Susanne/Kohlberg, Lawrence: Das Stufenmodell zur Entwicklung des moralischen Urteilens. Norderstedt 2005

Hafeneger, Benno: Strafen, prügeln, missbrauchen. Frankfurt a. M. 2011

Haug, Wolfgang Fritz: Kritik der Warenästhetik. Frankfurt a. M. 1971

Hetzer, Wolfgang: Finanzmafia. Frankfurt a. M. 2011

Honegger/Neckel/Magnin (Hrsg.): Strukturierte Verantwortungslosigkeit. Berichte aus der Bankenwelt. Frankfurt a. M. 2010

Kohlberg, Lawrence: Die Psychologie der Moralentwicklung. Frankfurt a. M. 1996

Mitscherlich, Alexander: Auf dem Weg zur vaterlosen Gesellschaft. München 1963

Moser, Tilmann: Jugendkriminalität und Gesellschaftsstruktur. Frankfurt a. M. 1970

Richter, Horst Eberhard: Moral in Zeiten der Krise. Frankfurt a. M. 2010

Riesmann, David: Die einsame Masse. Reinbek 1958

Roth, Jürgen: Der Deutschland-Clan. Frankfurt a. M. 2006

Roth, Jürgen: Mafia Deutschland. Frankfurt a. M. 2009

Roth, Jürgen: Gangsterwirtschaft. Frankfurt a. M. 2010

Sennett, Richard: Der flexible Mensch. Berlin 2006

Deutsches Strafgesetzbuch

Stuttgarter Jubiläumsbibel, Ausgabe 1951

Waibl, Elmar: Angewandte Wirtschaftsethik. Wien 2005

Winnicott, Donald W.: Reifungsprozesse und fördernde Umwelt. Stuttgart 1990

Schwarzbuch Straße
Die subventionierte Transportlawine

Andreas Reisinger/Else Rieger

Schwarzbuch Straße

Die subventionierte Transportlawine

Deuticke

Inhalt

Wir bedanken uns bei allen, die zur Entstehung dieses Buches beigetragen haben und die wir nicht namentlich nennen können. Stellvertretend sei unserer Lektorin Afra Margaretha gedankt, die nie den Glauben an dieses Buch verloren hat.

Geleitwort

Die Missachtung gesellschaftlicher, ökonomischer und ethischer Spielregeln im System Straßenverkehr hat lange Tradition, wenngleich das explosionsartige Wuchern der Missstände erst durch das technische Verkehrssystem „Auto“ möglich wurde.

Weder die Nationalstaaten noch die EU haben die Mechanismen dieses Systems begriffen und sind deshalb auch nicht in der Lage, es in die allgemeinen gesellschaftlichen Regeln fairen Zusammenlebens einzugliedern. Das Verkehrssystem bleibt weiterhin von den Regeln der Marktwirtschaft ausgenommen und erzeugt schon allein aus diesem Grund eine Fülle von Missständen.

Nicht nur aus ökologischen und ökonomischen, sondern vor allem auch aus sozialen Gründen wäre zum Beispiel ein europaweites LKW-Nachtfahrverbot längst fällig. Allein der Gedanke an eine solche Lösung lässt bei einschlägigen Verkehrspolitikern die Knie schlottern, weil sie die scheinbare „Macht“ der Transporteure fürchten.

Die „Macht“ der Transporteure ist aber in Wirklichkeit die Macht der Konzerne, die ihre Vorrangstellung gegenüber der lokalen Wirtschaft durch massive Subventionen, gerade im Straßengüterverkehr durch Ausbeutung der Beschäftigten und durch ökologisches und soziales Dumping erreicht und ausgebaut haben.

Das vorliegende Buch behandelt den Bereich der Verkehrsinfrastruktur aus der Sicht der Betroffenen und nicht der Verkehrspolitik. Es zeigt aber in dem wichtigen Feld der Arbeitsbedingungen und geübter Praxis besonders deutlich die heute herrschenden Verhältnisse im Verkehrssektor „motorisierter Straßenverkehr" auf; verkehrspolitisch brisantes Material genug, das es aufzuarbeiten gilt. Schon dabei wird die Spitze eines riesigen Eisberges sichtbar.

Das wahre *Schwarzbuch Straße* wäre noch um Kapitel zur konkreten Planung von Verkehrsanlagen, deren Finanzierung und Erhaltung, die Umschichtung der Kosten auf den Bürger, die Entscheidungsfindung für den Straßenbau und die Praktiken der Bau- und Autolobby, der Erdölindustrie und um den gesamten Bereich der sozialen, kulturellen und ökologischen Aspekte in Debatten mit den Betroffenen in den Städten, auf dem Land und in den Alpen usw. zu ergänzen.

Es wäre eine dankenswerte Aufgabe, dieses Buch als *Schwarzbuch Straße, 1. Teil* zu bezeichnen, und danach noch viele *Schwarzbücher* zu schreiben, um dieses wahrlich düstere Kapitel unserer Gegenwart einer breiteren Schicht von Lesern näher zu bringen.

Univ.Prof. Dipl.-Ing. Dr. Hermann Knoflacher
Wien, im Oktober 2003

Vorwort der Autoren

„Wir sind für die totale Mobilität. Im Kopf."
Verkehrs-Club Schweiz

„Verhaftet! Der Boss der LKW-Mafia", schlagzeilte *Bild am Sonntag* am 3. Februar 2002.[1] Auf zwei Seiten berichtet die Zeitung ausführlich über den von ihr als „Brummi-Pate" bezeichneten Spediteur Karl Kralowetz. Doch mit ihm steht bald eine ganze Branche am Pranger. Nicht genug, dass LKWs die Umwelt schädigen und die Straßen blockieren. Transportunternehmen fälschten europaweit Fahrgenehmigungen, umgingen reguläre Arbeitsverhältnisse, bildeten dubiose Firmennetzwerke und gerieten zunehmend in die Nähe der organisierten Kriminalität. Illegal beschäftigte Fahrer aus Nicht-EU-Ländern würden „wie Sklaven gehalten" – so hätten viele der Kralowetz-Trucker seit Monaten keinen Lohn mehr erhalten und seien „zum Teil buchstäblich ausgehungert".[2]

Was ist dran an diesen Vorwürfen? Gibt es wirklich Unternehmer, die ihre Trucker zwingen, unter derartigen Bedingungen zu arbeiten? Ist eine Angleichung der sozialen Standards im vereinten Europa wirklich so vollkommen unmöglich, wie immer behauptet wird? Wer profitiert von dem unübersehbaren Gewirr an Vorschriften und Tarifen? Warum gehen Politiker immer wieder vor den lautstarken Anhängern der freien Marktwirtschaft in die Knie, statt diesen die Subventionen – die massiv zur Verkehrslawine beitragen – zu kürzen?

Ausgehend von Andreas Reisingers Erfahrungen als Trucker haben wir uns den Straßengüterverkehr in seinen ökonomischen, ökologischen, rechtlichen und (verkehrs-)politischen Zusammenhängen genauer angeschaut. Um in einem überschaubaren Rahmen zu bleiben, haben wir uns dabei auf die deutschsprachigen Länder konzentriert und den Personen- und Individualverkehr in unsere Recherchen nicht mit einbezogen. Die Mobilität des Einzelnen trägt zwar auch zur Verkehrslawine bei, doch sind die rechtlichen, wirtschaftlichen und politischen Hintergründe hier ganz andere.

Andreas Reisinger recherchierte vor Ort. Zwar hatte er nach seiner Diplomarbeit seine Fahrerkarriere eigentlich schon an den Nagel gehängt, doch nun stieg er wieder ins LKW-Führerhaus, lebte noch einmal als Trucker auf Europas Straßen. Von der Romantik Rubber Ducks, des legendären Helden im Hollywood-Klassiker *Convoy*, ist nicht viel übrig geblieben. Reisingers Reportagen über die „Könige der Landstraße" zeigten vielmehr: Betrug ist in diesem Gewerbe alltägliche Praxis, um im Wettbewerb bestehen zu können, und manche Fahrer machen sich nolens volens zu Komplizen der kriminellen Machenschaften ihrer Arbeitgeber.

Um den Blick auf den Straßengüterverkehr zu schärfen, schildern wir kurz einige Meilensteine der europäischen Transportgeschichte, vor allem den Triumph der Schiene über die Straße im 19. Jahrhundert – und die Gründe für den späteren Niedergang des Schienengüterverkehrs.

Die unterschiedlichen Gesichter des heutigen Transportmarktes zeigen wir am Beispiel einiger Firmen, vom jungen österreichischen Provinzunternehmer bis zum etablierten europäischen Marktführer. Wir schauten uns an ihrem Firmensitz um, besuchten sie auf ihren Internet-Seiten – oder vor Gericht. Denn eines haben die fünf vorgestellten Firmen gemeinsam: Für ihre Geschäfte interessierten sich in den letzten Jahren Staatsanwälte, Arbeitnehmervertreter oder ehemalige Trucker ganz besonders intensiv. In zwei Fällen sind Firmenbosse gegen Kaution auf freiem Fuß, in einem einigten sich Unternehmer und Kläger, ohne es zum Prozess kommen zu lassen. In zwei Fällen wurden die beklagten Transportunternehmer rechtskräftig verurteilt.

Ganz entscheidend für uns war die Frage nach den Hintergründen für die Zustände auf den europäischen Straßen. Wir haben recherchiert, welche Schäden der LKW-Verkehr konkret an Mensch und Umwelt verursacht und was es mit der Kostenwahrheit im Straßengüterverkehr auf sich hat. Wir haben uns mit der Rolle der Politik beschäftigt. Umweltschutz, ökologisches Wirtschaften und Kyoto sind in aller Munde. Doch der LKW-Verkehr wächst ungebremst weiter. Wie kommt das? Welche Rolle spielen (Export-)Subventionen der EU für den „LKWahnsinn" (*Der Spiegel*).[3] Warum ist es billiger, Güter dreimal durch den halben Kontinent zu karren, statt sie regional zu vermarkten? Wer sind die Gewinner und Verlierer der Liberalisierung des Transportmarktes in den 90er Jahren?

Wir mussten feststellen, dass illegale Machenschaften im Transportgewerbe durch Deregulierung und Globalisierung möglich wurden, durch politische Entscheidungen, die den Fetisch des „freien Marktes" über den Menschen und seine Umwelt setzen.

Politische Vorgaben sind das eine, das Agieren der Unternehmer ist etwas anderes, könnte man argumentieren. Doch die Tatsache, dass immer wieder Gesetzeslücken entstehen, die findige Unternehmer für die unglaublichsten Konstruktionen auszunutzen wissen, ist auch eine Folge der überstürzt durchgezogenen Liberalisierung des Transportmarktes.

Zwar war ein gemeinsamer Verkehrsmarkt schon in den Römischen Verträgen zur Gründung der EG vorgesehen. Doch jahrzehntelang ist nichts geschehen. Zu stark waren die nationalen Eigeninteressen. Als dann in den 80er Jahren mit der Vereinheitlichung des Marktes begonnen wurde, setzte man Liberalisierung vor Harmonisierung.

So gibt es heute zwar keine Einschränkungen mehr, wer in der EU was wohin zu welchem Preis transportieren darf. Doch die in den einzelnen Ländern der EU zu zahlenden Abgaben, Steuern, Dieselpreise und Lohn(neben)kosten sind alles andere als einheitlich. Internationale Zusammenarbeit bei Ermittlungen gegen verdächtige Unternehmer wird durch unterschiedliche Rechtsauffassungen, einem Gewirr an Zuständigkeiten und inkompatible Kontrollwege so gut wie unmöglich gemacht.

Bei unseren Recherchen über die politischen und unternehmerischen Interessen im Transportgewerbe sind wir auf eine brisante Mischung aus wirtschaftlichem Kalkül, widersinniger Gesetzgebung und blankem Lobbyismus gestoßen. Das Szenario für die Zeit nach der EU-Erweiterung im Mai 2004 lässt Schlimmes befürchten. Der Transportarbeitsmarkt wird noch weiter einbrechen. Allein für Deutschland befürchtet der Bundesverband Güterkraftverkehr, Logistik und Entsorgung (BGL) den Verlust von 100.000 Arbeitsplätzen zwischen 2003 und 2006.[4] Dazu kommt eine Vielfalt an Sonderregelungen, die die schon heute undurchschaubare arbeits-, sozial- und transportrechtliche Situation noch unübersichtlicher machen werden. Außerdem wird der Ausbau des Transeuropäischen Verkehrsnetzes in zukünftigen EU-Mitgliedern unter fragwürdigen Bedingungen vorangetrieben, wie wir am Beispiel des Kresna-Tals in Bulgarien zeigen.

Auch nach den Alternativen zum Straßentransport haben wir gefragt. Journalisten, Autofahrer- und Verkehrsclubs, Wissenschaftler, Verkehrsexperten und Politiker fordern sie in seltener Einmütigkeit, doch keiner wagt sich daran. Stattdessen gibt es immer wieder Meldungen über weitere Marktanteilsverluste der Schiene, die Schifffahrt wird kaum thematisiert. Ist der Traum von den Alternativen Schiff und Bahn also ausgeträumt?

Wenn schon die Politik versagt, was können dann wir, als KonsumentInnen, gegen das ungehemmte Wachstum des Straßenverkehrs unternehmen? Der Transport – so unsere Forderung – muss in die Produktkennzeichnung Eingang finden, um bei der Kaufentscheidung mitbedacht werden zu können.

Zur freien Entscheidung bedarf es der Information. Und diese fordern wir ein. Auch Sie als LeserIn können aktiv werden: Fragen Sie Unternehmen, wie es um den Transport ihrer Produkte und Produktteile bestellt ist. Fragen Sie Ihre Abgeordneten, wie sie es mit der Unterstützung eines europäischen Verkehrsplans halten. Fragen Sie in Brüssel an, wann die effektive Umsetzung sozialer Mindeststandards in Angriff genommen wird. Wir liefern Ihnen Textvorschläge.

Uns geht es nicht um eine Pauschalverurteilung einer Branche oder des Gütertransports als solchem. Transport, auch Straßengütertransport, ist aus unserer Gesellschaft nicht wegzudenken. Und LKW-Fahrer haben einen außerordentlich verantwortungsvollen Beruf, der ihnen wenig Geld und viel Ärger bringt.

Vielmehr wollen wir die wirtschaftspolitischen Zusammenhänge aufzeigen, die dazu geführt haben, dass mancher Unternehmer sich heute vor der Alternative Betrug oder Konkurs sieht, während der Straßengüterverkehr ungebremst weiterwächst und – trotz Maut – nur einen geringen Teil der Kosten zahlt, die er verursacht. Bislang wird die Transportlawine durch unsere Steuergelder gemästet und Transport als Faktor für umweltfreundliche und menschenwürdige Produktion noch viel zu wenig beachtet – wir wollen, dass sich das ändert.

Else Rieger und Andreas Reisinger
Wien/Linz, September 2003

1. Realität und Mythos des Transportwesens

Highway-Reality

Aus Andreas Reisingers Tagebuch[1]

Samstag, 3. 7. 1999

Meine Frau Elisabeth bringt mich nach Lambach, wo ich den Lkw übernehme. Ich werde nach Angaben der Disposition drei Wochen mit diesem Wagen fahren – Urlaubsvertretung. Melde mich noch beim Fahrervertreter. Dieser Mensch ist mittlerweile für vieles zuständig, vor allem für die Lohnabrechnungen. Er hat einen erstaunlichen Werdegang zu verzeichnen. Ursprünglich war er in der Kühlerabteilung, wo er wie jeder andere Kühlerfahrer seine 200.000 bis 240.000 Kilometer pro Jahr herunterspulte. Nach der Lohnsystemumstellung im Betrieb, die Mitte der 90er Jahre eine Ablöse des Tourenlohnsystems brachte, erhielt er die Chance, unter dem Namen „Fahrervertreter" einerseits für die Belange der Fahrer als Anlaufstelle zu fungieren und andererseits die Abrechnung des neuen Lohnsystems direkt zu überwachen. So machten er und ein zweiter Kollege den viel bewunderten Karrieresprung vom Fahrer zum Büroangestellten.

Das führte zur skurrilen Situation, dass ein ehemaliger Kollege plötzlich die Lohnabrechnung kontrolliert. Kein unkluger Schachzug von Seiten der Firmenleitung, denn wer sollte besser wissen, wie es unterwegs bei den Be- und Entladestellen läuft, als ein ehemaliger Fahrer?

Bei der Übernahme des Fahrzeuges erhalte ich eine Erläuterung der neuen Tankverordnung. Nach Erhalt dieser Weisungen übernehme ich das Auto und fahre damit wie immer zu einer befreundeten Firma nach Marchtrenk, wo sich bereits einige Lkws befinden. Hier stelle ich das Auto bis Sonntagabend ab. Dieses Firmengelände ist einer der wenigen Plätze, der zur Zeit in Marchtrenk und Umgebung als Abstellfläche für Lkws benutzt werden kann, ohne dass man sofort mit einer Anzeige zu rechnen hat. Die Gendarmerie legt seit einigen Jahren das Halte- und Parkverbot sehr streng aus, was bedeutet, dass die Lkw-Fahrer praktisch nirgends parken dürfen.

Der Lkw ist für Alba (Italien) vorgeladen. Die Ladung, sechs Rollen Papier, ist mit einem Eintrefftermin versehen. Das bedeutet für mich, dass schon diese erste Tour nur mit Tricks zu fahren ist.

Am Sonntag erreicht mich ein Anruf des fixen Fahrers. Er erklärt mir, wie ich die Firma in Italien finde und einiges mehr. Er ist sehr besorgt um sein Auto und wünscht mir viel Glück.

Sonntag, 4. 7. 1999

Sonntag um 21.00 Uhr bringt mich Elisabeth zum Lkw. Ich fahre somit eine Stunde zu früh weg, denn das Wochenendfahrverbot endet erst um 22.00 Uhr.[2] Das riskiere ich aber gerne, da in Österreich außer auf der Innkreisautobahn bzw. am Grenzübergang Suben um diese Zeit kaum mehr kontrolliert wird. Um 21.25 Uhr bin ich in Sattledt. Mein Weg führt aufgrund des Unfalles im Tauerntunnel nicht über Salzburg und die Tauernautobahn nach Italien. Ich bin gezwungen, die Phyrnautobahn zu benutzen und den Umweg über Friesach und St. Veit zu fahren. Nach meiner Schätzung kostet mich das eine Stunde mehr Fahrzeit. Der Abladeort liegt südöstlich von Turin, das bedeutet für mich ca. 12 Stunden reine Fahrtzeit. Das Ziel meiner ersten Fahrtschicht ist Arnoldstein. An der dortigen Shelltankstelle werde ich den Tank voll machen und mich bis 5.00 oder 6.00 Uhr aufs Ohr hauen. Zu den oben erwähnten Tricks: Sonntag abends fahre ich bei solchen Touren aus Prinzip (und weil es auch indirekt verlangt wird) auf eine zweite Scheibe.

Meine Ausrüstung besteht aus Wäsche für ca. eine Woche, Kochgeschirr mit Gaskocher für Frühstück und kleine Mahlzeiten, 20-Liter Wasserkanister, Bettzeug und natürlich Straßenkarten, denn ein Problem des Aushilfsfahrers ist die Befürchtung der meisten fixen Fahrer, dass ihnen etwas gestohlen werden könnte. Sie nehmen fast alle persönlichen Dinge und auch die Straßenkarten, die eigentlich der Firma gehören, an sich. Das stellte mich immer wieder vor das Problem, ohne Straßenkarten losfahren zu müssen. Um dem entgegenzuwirken, habe ich mir ein eigenes Sortiment von allen Ländern Europas zusammengestellt.

Die Strecke nach Alba muss ich mir aus einer meiner Karten heraussuchen. Ich bin kein Italienspezialist – es ist schon lange her, dass ich in Italien abgeladen oder geladen habe.

Um 22.20 Uhr passiere ich den Bosrucktunnel. Bezahlt wird dieser mit der Euroshellkarte. 1.35 Uhr – ich erreiche Arnoldstein, fahre runter von der Autobahn und parke bei der Shell von Dr. Michor. Kann mich schlafen legen, da die Tankstelle erst um 6.00 Uhr öffnet. Diese Shell ist eine der wenigen Tankstellen, wo wir noch tanken dürfen. In Italien besteht strengstes Tankverbot. Das ist der Grund, warum wir die 800-Liter-Tanks an der Grenze zu Italien noch einmal voll machen müssen. Die Tankverordnung ändert sich permanent – je nach den Dieselpreisen in Europa.

Montag, 5. 7. 1999
5.45 Uhr aufstehen, Zähne putzen am Auto, tanken. Diese Tankstelle ist ziemlich in Ordnung, man bekommt hier die getankte Menge in ein Heftchen eingetragen. Wenn es voll ist, kann man in dem angeschlossenen Wirtshaus essen gehen. Weiters bekommt man einen guten Kaffee gratis – selbstverständlich nur, wenn man tankt. Die Tankung wird auch in den firmeninternen Tanknachweis eingetragen. Obwohl alles schon per EDV abgewickelt wird, hält man noch immer an dieser Methode fest. Nachdem ich hastig den Kaffee getrunken habe, mache ich mich auf den Weg zur Grenze.

Der österreichische Zollplatz ist für mich nicht mehr von Bedeutung, da es sich um einen Export in ein EU-Land handelt. Für diese Fahrt ist die blaue EU-Lizenz mitzuführen. Da ich keine Transitfahrt durch Österreich durchführe, sind keine Ökopunkte erforderlich. Die Papierrollen wurden ja in Österreich geladen. Auf der italienischen Seite warten Lkws aus dem ehemaligen Ostblock und der Türkei auf die Abfertigung. Ich kann an ihnen vorbeifahren. Ich musste mir am Samstag das Ecotag erklären lassen. Dieses Gerät ist für die Abbuchung der Ökopunkte notwendig. Ich stelle es kurz vor der Grenze auf grün (obwohl ich es eigentlich nur beim Eintritt auf österreichisches Zollgebiet drücken muss, gehe ich auf Nummer sicher und betätige es auch bei der Ausreise).

Jetzt wird einmal ein paar Stunden gefahren, bis ich mir die nächste Pause leisten darf. Ich mache sie von meiner Müdigkeit abhängig. Die letzte Nacht habe ich nicht gut geschlafen. Aber das ist immer so, wenn ich nach einer längeren Pause wieder in einen Lkw steigen muss. Auch sind die ersten beiden Wochen meistens sehr anstrengend. Es dauert eben seine Zeit, bis man wieder einen Rhythmus gefunden hat – den Rhythmus der absoluten Unregelmäßigkeit.

Kurz vor Udine wird die Landschaft flach, ich lasse die Berge hinter mir. Ab hier gibt es bis zu meinem Ziel keinen Tunnel mehr. An dieser Stelle – und weil gerade Zeit ist – fallen mir ein paar Dinge ein, die zum normalen Fahrbetrieb passen und in die Rubrik „Behinderungen" gehören. Zur Urlaubszeit etwa die zu schwachen Pkws, die zu schwere Wohnanhänger ziehen; Autofahrer, die immer noch nicht kapiert haben, dass sie beim Auffahren auf eine Autobahn Gas geben müssen und nicht mit ihrem unschlüssigen Verhalten den zügigen Verkehr verunsichern sollen – ein Lkw darf sowieso nur 90 km/h fahren. Solche Situationen erfordern höchste Aufmerksamkeit, und dies wiederum führt zu einer schnelleren Ermüdung des Fernfahrers.

Sehr viele Urlauber befinden sich auf dieser Autobahn in Richtung adriatischer Küste. Es kommt noch zu keinem Stau, aber der Sommerreiseverkehr erschwert das Vorankommen manchmal sehr. Der Urlaubsverkehr ist einer der großen Stressfaktoren im Sommer und mittlerweile auch schon im Winter. Der zweite große Behinderungsfaktor zur Sommerzeit sind die Ferienfahrverbote für Lkws, die von vielen Ländern während der Monate Juli und August in Kraft gesetzt werden. Der Vorteil des Sommers ist natürlich die Witterung – kein Eis und kein Schnee, sehr selten Nebel. Aber dafür herrschen hohe Temperaturen in ganz Südeuropa, die einem das Schlafen in einer solchen Blechkiste manchmal unmöglich machen. Die Unregelmäßigkeit der Arbeitszeit bringt es nicht selten mit sich, dass die Ruhepause tagsüber zu machen ist. Jeder, der schon einmal in Spanien, Griechenland oder Süditalien war, kann wohl nachvollziehen, was es heißt, bei zum Teil 45 Grad in einem Fahrerhaus schlafen zu müssen.

Ich befinde mich kurz vor Mestre und befürchte, dass ich dort in den obligatorischen „Ich-will-auch-nach-Venedig"-Stau hineinkomme. Um 8.15 Uhr meldet sich einer der Disponenten das erste Mal, um zu hören, wo ich bin, bzw. wie es mit einer Retourladung aussehen könnte.

Die italienische Straßenmaut wird mittels VIA-Card bezahlt. Um Mestre natürlich ein Stau, der mich etwa eine halbe Stunde Fahrtzeit kostet. Um

10.45 Uhr mache ich meine erste Pause, befinde mich bei Verona. Nach meiner Schätzung benötige ich nach der Pause noch vier Stunden bis nach Alba. Um 11.30 Uhr ist meine verpflichtende Pause zu Ende. Ich kaufe mir einen Kaffee und wechsle ein paar Worte mit einem anderen Fahrer. Eine fernfahrertypische Konversation: Wo fährst du hin? Wo kommst du her? Und jetzt geht´s weiter.

12.30 Uhr, Außentemperatur 31 Grad, zum Glück hat das Auto eine Klimaanlage, die nicht schlecht funktioniert. Die Außentemperatur steigt und steigt. Meine Ausfahrt in Richtung Alba heißt Asti. Jetzt habe ich noch un gefähr eine halbe Stunde Bundesstraße vor mir. Ich folge den Beschreibungen, die mir mein Kollege am Sonntag noch gegeben hat, aber natürlich verfahre ich mich und verschwende 15 Minuten mit der Suche nach einer Umkehrmöglichkeit. Die Firma befindet sich in der Nähe des Bahnhofs, mitten im Zentrum von Alba. Anmeldung beim Portier, anschließend wird das Auto gewogen. Die Entladung nimmt 45 Minuten in Anspruch. Bei der ersten Rolle zerstört der Staplerfahrer einen Alukeil. Mit diesen Keilen werden die bis zu 5000 Kilo schweren Papierrollen gesichert. Ich bin anschließend damit beschäftigt, die Keile und die Gurte in den dafür vorgesehenen Kasten einzuschlichten. Bei 33 Grad komme ich dabei auch ordentlich ins Schwitzen. Während des Entladevorganges kommt ein weiteres Auto von meiner Firma. Ein Kühltautliner mit einem mir bekannten Fahrer, der sich höchster Leistungen rühmt. Ich kenne ihn von früher und komme natürlich mit ihm ins Gespräch. Jetzt kommt noch ein drittes Auto von uns. Auch dieses wird noch abgeladen.

Wir telefonieren mit unseren Disponenten, um die Weiterfahrt zu klären. Der Fahrer des Kühltautliners bekommt als Erster eine Ladeadresse und zieht gleich davon. Ich warte noch auf den dritten Fahrer. Ich lege um 17.40 Uhr eine neue Scheibe ein. Nach meinen Berechnungen bleibt mir noch eine Stunde Fahrzeit übrig.

Wir suchen nun gemeinsam auf meinem ungenauen Plan unsere Ladeadresse. Nachdem ich bei einem Kollegen einen Blick in seine Straßenkarte geworfen habe, breche ich in Richtung Ladeadresse auf. Treffe um 20.15 Uhr dort ein. Der Pförtner lässt mich im Hof drehen und zeigt mir den Parkplatz, auf dem ich heute Nacht schlafen werde. Morgen um 7.00 Uhr kann ich für die Beladung hineinfahren. Musste einmal fragen, um diese Firma zu finden.

Ich spreche nur ein paar Worte Italienisch, aber es reicht aus, um zumindest die Unternehmen zu finden.

Ich überlege, dass ich mir unbedingt einen Plan von Italien zulegen muss. Wasche mich am Auto und sortiere meine Papiere und Fahrtberichte. Bin seit fast 24 Stunden unterwegs, und langsam reicht es mir für heute. Ich kann nicht einmal mehr ordentlich schreiben. Der Parkplatz ist ein Schotterplatz für ca. 10 – 15 Autos und befindet sich 300 Meter von der Firmeneinfahrt entfernt. Um 21.00 Uhr breche ich auf, um mir im Ort ein Restaurant zu suchen. Vielleicht erwische ich heute noch etwas zu essen. Um 21.50 Uhr bin ich wieder zurück von meiner kleinen Jausentour. Habe nur noch ein warmes Brot mit Käse und Tomaten ergattert. Dazu gönnte ich mir ein kleines Bier. Es gibt hier kein richtiges Restaurant, nur eine kleine Bar. Mittlerweile bin ich streichfähig und freue mich schon aufs Bett. Dieser Parkplatz teilt sich mit vielen Firmenparkplätzen die Eigenschaft, dass es keine WC-Anlagen gibt. Das bedeutet, die Notdurft findet neben oder unter dem Lkw statt.
Bilanz: 23 ½ h Einsatzzeit (davon 4 h Schlaf), 15 ¼ h reine Fahrtzeit

Dienstag, 6. 7. 1999
6.45 Uhr aufstehen, Zähne putzen am Auto, anschließend fahre ich auf das Firmengelände. Wichtig sind jetzt der zuständige Verlademeister und der Staplerfahrer. Um 7.25 Uhr ist der Ladevorgang schon voll im Laufen. Geladen wird von hinten an einer Rampe. 30 Paletten Papierservietten. Ein Mann stellt sie mit dem Stapler vor die Rampe, ein anderer schiebt sie mit dem elektronischen Hubwagen auf den Auflieger. Mein Morgensport besteht darin, 30 Paletten aus dem Korb „herauszuschlichten". Dabei kommt man ganz schön außer Atem, und die ersten paar Mal plagt einen bald ein Muskelkater in der Brustgegend. Eine Europalette hat im Schnitt 25 kg, multipliziert mit 30 bzw. 36 (höchste Anzahl an Euros, die der Korb aufnehmen kann) macht das im schlimmsten Fall 900 kg, die man da so herumschleppt. Ein wichtiger Punkt bei den Euros ist, dass man den Tausch auch bestätigt bekommt, sonst werden die Paletten meiner Firma in Rechnung gestellt. Die Beladung ist um 7.40 Uhr abgeschlossen. Ich muss aber warten, bis die Damen vom Büro um 8.00 Uhr zu arbeiten beginnen.

Ich gehe in der Zwischenzeit frühstücken ins Cafe vor der Firmeneinfahrt. Kaffee und Kipferl um 3000 Lire. Auch die Toilette des Portiers wird von mir in Anspruch genommen. Während ich noch auf die Bürodamen warte, fülle ich einen firmeneigenen CMR aus, denn ich glaube nicht, dass ich hier einen bekommen werde. Um 8.10 Uhr habe ich meine Papiere und fahre vom Gelände, nachdem der Portier noch eine Endkontrolle durchgeführt hat. Sehr freundliche Leute hier, an der Pforte genauso wie im Büro und Lager. Stelle das Auto noch einmal vor der Firma ab, sortiere meine Papiere und informiere meinen Disponenten über meinen Status. Trotz der schönen und vor allem unproblematischen und leichten Ladung wäre mir die Stahlladung doch lieber gewesen, denn da wüsste ich genau, was ich die ganze Woche zu tun hätte.

Alle Telefonate werden in eine Liste eingetragen und als Firmen- oder Privatgespräch gekennzeichnet. Um 8.45 Uhr kaufe ich mir an der großen Kreuzung in Savigliano eine Melone beim Obsthändler. Habe mir vorgenommen, heute nichts mehr zu kaufen. Bin noch immer auf dem Weg Richtung Asti (Bundesstraße). Dieser Weg führt mich durch den berühmten Ort Cinzano, bekannt durch die Firma, die Wermut herstellt.

Obwohl ich kein Italienspezialist bin, traue ich mir zu sagen, dass italienische Bundesstraßen sehr wenig Gelegenheit bieten zu parken, bzw. Restaurants aufweisen, die für Fernfahrer Parkmöglichkeiten besitzen. Ganz anders in Frankreich und Spanien. Es gibt hier wohl Möglichkeiten, aber die muss man wissen. Ich sollte mich noch ein bisschen schlauer machen und einmal ein paar Italienkenner befragen.

Auf dem Weg zur Autobahn begegnet mir einer unserer Lkws, der wahrscheinlich nach Alba unterwegs ist. Zehn Minuten später noch einer. Um Punkt 10.00 Uhr fahre ich auf die Autobahn auf. 1 ½ Stunden Bundesstraße und noch 3 Stunden bis zur Pause um ca. 13.00 Uhr.

Kleiner Stau an der Mautstelle in Piacenza mit Polizeikontrollen. Genau so läuft das auch in Frankreich. Die Polizei nutzt die Ausbuchtungen an den Mautstellen, um Lkws und Pkws zu kontrollieren. Mich erwischt es nicht.

13.00 Uhr, 45 Minuten Pause. Vielleicht gibt es auf dieser Raststation ein warmes Brot. Brot kostet 5000 Lire. Ich rufe auch noch im Lohnbüro an, um ihnen zu sagen, dass ich wieder fahre. Die haben es aber schon vom Disponenten erfahren. So, noch ein Stück Melone, und dann geht es wieder weiter. Gebe zwei Schnitten der Melone an einen slowakischen Fernfahrer mit seinem Sohn ab. Diese armen Schweine können sich im Westen nichts leisten.

Auf der Strecke Mailand–Venedig gibt es immer enormes Verkehrsaufkommen, das leicht an deutsche Verhältnisse herankommt. Man muss um so konzentrierter fahren. Ich schätze, dass ich um spätestens 18.00 Uhr an der Grenze in Arnoldstein ankommen werde. Ich treffe einen Kühltautlinerfahrer, der mit dem gestrigen Fahrer gemeinsam in Ancona geladen hat. Dieser erzählt mir von seinem langen Trip. Dabei ist es unmöglich, die Pausen einzuhalten. Diese verrückten Typen sind wirklich immer mit einem Fuß im Gefängnis. Auf der Grenze wird gewogen – in Richtung Österreich. Für mich aber kein Problem, da ich ja nicht einmal 8000 kg geladen habe. Bei Dr. Michor tanke ich 100 l Diesel dazu, um wieder eine Haustankstelle zu erreichen – entweder in Lambach oder in Rannersdorf. Um 19.00 Uhr verlasse ich die Shell. Habe hier noch den Roland B. und einen weiteren Kühltautlinerfahrer getroffen. Der erste Kollege erzählt mir, dass wir hier nicht mehr tanken dürfen. Diese Verordnung halte ich erst ein, als mir jemand vom Büro die Anweisung gibt. Damit gehen der kostenlose Kaffee und die angesammelten Bonuspunkte verloren. Man darf nur noch bei AS24 in Arnoldstein tanken. AS24 sind für uns Fernfahrer schlechte Tankstellen, reine Tankautomaten, kein Kaffee, oft nicht einmal ein Dach, wo man sich bei Regen unterstellen kann, von einem WC ganz zu schweigen – aber es gibt billigen Diesel.

Roland B., ein Wahnsinniger, war schon in Krefeld diese Woche, und steht jetzt in Arnoldstein in Richtung Italien. Solche Leute machen alles, und die, die es nicht machen, werden unter Druck gesetzt. B. sagt, dass sich die Disponenten endlich daran gewöhnen müssten, dass wir nach Zeit fahren. Klingt aus seinem Munde wie ein schlechter Scherz. Bei diesem Gespräch erfahre ich auch, dass der zweite Kollege vor einigen Wochen in Tirol 500,- ÖS bezahlt hat – für 11 Stunden Fahrtzeit. Die hemmungslosen Zeiten, so scheint es, sind auch in Österreich vorbei. Zumindest muss man sich auch hier langsam darauf einstellen, mit den konventionellen Tricks zu arbeiten. Um 19.10 Uhr gibt es auf der Autobahn in Richtung Villach eine groß angelegte Verkehrskontrolle. Alle Fahrzeuge werden auf einen Parkplatz umgeleitet. Mich erwischt es nicht. Jedes Mal, wenn mich die Polizei überholt, rutscht mir das Herz in die Hose, auch wenn ich sauber bin.

20.15 Uhr. Ich stelle am Packsattel ab, meine Fahrtzeit ist zu Ende. Die Parkplätze sind voll, und daher stelle ich das Auto am Rande der Ausfahrt ab. In Österreich hat man oft das gleiche Problem wie in Deutschland – man fin-

det zum Schlafen keinen Parkplatz mehr. Nach einem längeren Telefonat mit Elisabeth (kein Autotelefon benutzt, da das zu teuer ist) kaufe ich mir noch ein englisches Fernfahrermagazin und eine kleine Dose Bier. Noch ein bisschen lesen und die Katzenwäsche am Auto, dann ab ins Bett. Ich bin zu müde, um mich ins Restaurant zu schleppen.
Bilanz: 14 ½ h Einsatzzeit, 10 ½ h Fahrtzeit

Mittwoch, 7. 7. 1999
5.30 Uhr auf, waschen am Auto, schon vor zwei Stunden hat mich ein Gewitter aus dem Schlaf gerissen. In 15 Minuten geht es weiter, aber vorher noch eine Tasse Tee, zubereitet auf meinem Gaskocher. Bin heute nicht richtig ausgeschlafen – habe noch keinen Rhythmus gefunden. Es dauert einige Zeit, bis man wieder mit ein paar Stunden Schlaf pro Tag auskommt.

Der Packsattel fordert von mir bei Nässe vorsichtiges Fahrverhalten, aber mit diesem Gewicht ist das kein Problem. Um 8.00 Uhr befinde ich mich bei Wiener Neustadt, das Wetter wird jetzt besser, bin neugierig, ob sich der Disponent vor 9.00 Uhr meldet. Wiener Südosttangente, wie immer hohes Verkehrsaufkommen, es kommt aber zu keinen größeren Verzögerungen. 9.00 Uhr – bin in Korneuburg angekommen, die erste Abfahrt hat sich aber als falsch herausgestellt, frage bei einer Tankstelle nach dem Weg, Tankwart gibt mir bereitwillig Auskunft. Ich muss durch die ganze Stadt fahren. Die Suche nach mir unbekannten Firmen ist ein eigenes Kapitel. Es gibt verschiedene Methoden, um an sein Ziel zu gelangen: jedes Mal einen Plan kaufen, an Tankstellen fragen, oder in Pläne schauen und sich den Weg merken.

Um 9.15 Uhr stehe ich schon an der Rampe beim Logistikunternehmen einer Fast-food-Kette. Man darf hier als Fahrer nicht in die Lagerhalle. Die Paletten räume ich aus dem Korb neben den Auflieger und führe noch eine kleine Reparatur am Trailer durch. Einer Stütze ist die Feder für den Fuß abgebrochen; binde ihn mit Draht fest, den ich mir bei Schweißern geliehen habe.

Nach dem Abladen hole ich mir die nächsten Anweisungen der Firma, die mich nach Linz schickt.

Meine Aufgabe für die nächsten zwei Stunden ist, mich über Stockerau und Krems in Richtung Linz zu bewegen. Ich vermeide es durch Wien auf die Westautobahn zu fahren. Nach einer Stunde erreiche ich St. Pölten und ab hier sind es noch 1 ½ Stunden bis Linz. Nachdem ich angewiesen werde, für Italien zu laden, ist der Rest der Woche ziemlich klar. Freitag retour laden für Österreich oder eine Fuhre nach Deutschland.

Jetzt heißt es Tankkarte besorgen, dann tanken und dann laden. 14.15 Uhr – bin jetzt fertig in Lambach, neue Tankkarte, Einweisung in die neue Tankverordnung – AS24; duschen in den firmeneigenen Dusch- und Toiletteräumen, meistens sauber, aber nicht gegen Abend; anschließend Papiere abgeben, in der Werkstatt ersetze ich den zerstörten Alukeil durch einen neuen, auch die Feder für den Auflieger fasse ich neu aus. Das alles geht eigentlich sehr unkompliziert. Getankt habe ich natürlich auch – 460 l. Das Tanken ist Aufgabe des Fahrers. Es gibt einen Tankautomaten, für den man zwei Tankkarten benötigt. Hier wird der Kilometerstand eingegeben. Lasse mir von einem Fahrer noch erklären wie ich zu der Firma in Moncalieri finde, die ich mit Papier beliefern soll.

16.00 Uhr. Bin nach Laakirchen gefahren. Benutzte das falsche Tor. Der Pförtner schickt mich zu der neuen Einfahrt. In dieser Papierfabrik hat sich logistisch einiges getan. Anstatt der Dame, die früher die Frachtpapiere geschrieben hat, steht jetzt ein Computer da, der von den Fahrern selbst bedient werden muss. Man gibt die Ladenummer ein und bestätigt das eigene Kennzeichen, welches vom Disponenten von der Niederlassung in Lambach aus eingewählt wurde.

Standardladung: sechs Rollen Papier, 25 Tonnen, Ladungssicherung erfolgt mittels Keilen und Gurten. Seitlich geladen zu drei Paaren. Man kommt dabei ordentlich ins Schwitzen, wenn man das schon ein Weilchen nicht mehr gemacht hat.

Es geht sich sogar ein Kaffee vom Automaten aus. Irgendwie bin ich nicht gut drauf, denn Italien interessiert mich nicht wirklich. Laakirchen hingegen hebt meine Stimmung. Hier war ich früher mit meinem Vater öfters auf Montageeinsätzen auf der alten Papiermaschine, die das Klopapier produzierte. Das Laden ist ziemlich anstrengend, man muss unzählige Male auf das Auto rauf- und wieder runterspringen, Keile setzen und festschrauben. Aber ansonsten sind diese Ladungen gut, denn sie sind sauber und das Laden dauert meistens nicht sehr lange.

Ich habe noch 3 ½ Stunden Fahrtzeit übrig, die werde ich ausfahren und dann meine Pause machen.

Auf der Fahrt kommt mir noch ein Problem in den Sinn: Baustellen, in deren Auffahrten sich eine Stopptafel befindet. Man beschleunigt mit 40 Tonnen Gesamtgewicht von Null weg in den fließenden Verkehr. Hier kommt es oft zu gefährlichen Situationen, da sich die Pkw-Lenker meistens auch nicht an die Geschwindigkeitsbegrenzungen halten.

16.40 Uhr. Kirchdorf zeigt seine beste Seite – Stau. Um 17.30 Uhr erreiche ich die Mautstelle am Bosrucktunnel. Polizeikontrollen nach der Mautstelle – Radarmessungen. Kurz vor der Ausfahrt Rottenmann demonstrieren die Bewohner des Ortes für den Bau einer Fachhochschule und blockieren dabei die Autobahn, laut Radio mit Genehmigung des Bezirkshauptmannes. Der ganze Verkehr wird auf die Bundesstraße umgeleitet. Hier bricht natürlich alles zusammen. Den ganzen Tag bin noch nicht dazu gekommen, etwas zu essen. Nehme mir vor, die Melone aufzuessen. Der Stau in die Gegenrichtung ist um einiges länger als auf meiner Seite. Diese Blockade kostet mich eine Stunde meiner Fahrtzeit. In Trieben wird der Verkehr wieder auf die Autobahn geleitet.

19.20 Uhr. Befinde mich auf der Bundesstraße in Richtung Friesach. Auf 20 bis 30 Kilometer sehr eng und man muss auf seine Rückspiegel aufpassen. Laut Kollegen werden hier Geschwindigkeitsüberschreitungen sehr streng geahndet. Mir bleiben noch 20 Minuten zu fahren. Stoppe bei einem Gasthaus mit Parkplatz und beschließe, doch noch etwas zu essen. Nehme ein Gulasch und ein Bier. Telefoniere noch mit Elisabeth und dann geht's ins Bett.
Bilanz: 14 ½ h Einsatzzeit, 10 ½ h Fahrtzeit

Donnerstag, 8. 7. 1999
Diese Nacht habe ich gar nicht so schlecht geschlafen. Ich stehe um 4.30 Uhr auf und mache noch Turnübungen, um meinen Kreislauf in Schwung zu bringen. Gesicht waschen und Zähne putzen am Auto. Um 6.10 Uhr erreiche ich wieder die Autobahn, und ab hier haben wir kein Stück Bundesstraße bis Turin. Ein schöner Morgen erwartet mich. Links von mir die Karawanken im Sonnenlicht. Beim Fernfahren lernt man, sich über ganz einfache Dinge zu freuen… Ich bemerke, dass mein Wasservorrat langsam zu Ende geht. Eine kleine Kiste Mineralwasser gehört auch zu meinem Proviant. Auch das Nutz-

wasser gehört nachgefüllt. Um 6.35 Uhr passiere ich zum zweiten Mal diese Woche die Grenze bei Arnoldstein in Richtung Italien (keine Ökopunkte). Um 8.40 Uhr mache ich meine Pause. Nutze die Zeit, um die Toilette aufzusuchen. Frühstück in der Bar – köstlicher Kaffee und ein Crema –, 3300 Lire. Ich mache noch ein paar Turnübungen und säubere die Fußmatte.

Auch für diese Fuhre ist ein Entladetermin angegeben. In Laakirchen ist dieser immer mit nächstem Tag datiert. Oft geht sich das aber mit korrekter Fahrweise nicht aus. Man ist gezwungen zu tricksen. Mestre ist heute kein Problem, gerade einmal 15 Minuten von einer Mautstelle zur anderen. Bei Verona begegnet mir ein Firmenkollege, der von weitem schon die Lichthupe betätigt. Ich sehe noch, wie er zum Funkgerät greift, aber leider ist eine Kommunikation nicht möglich, da ich kein CB-Gerät im Auto habe. Manchmal ganz gut, dem Gequassel auszukommen. Lege mir eine mitgebrachte Kassette ein, denn italienische Musik oder stundenlanger Rosenkranz per Radio sind nicht meine Sache. Bei der Auffahrt einer Raststation kommt es zu einer gefährlichen Situation. Ich muss stark abbremsen, um einen Unfall zu verhindern. Diese kurzen Auffahrten in Italien bergen große Gefahren in sich. Ein paar Stunden später fährt vor meinen Augen ein italienischer Pkw-Fahrer in eine Baustelle und räumt alle Baustellenhüte um. Er hat die Ruhe weg, bleibt nicht einmal stehen.

Um 12.00 Uhr mache ich bei Cremona noch einmal eine halbstündige Pause. Nach einem warmen Brot und dem Besuch der Toilette kaufe ich mir Trinkwasser und fahre anschließend wieder weiter. Nach meiner Schätzung müsste ich das Ziel um ca. 15.00 Uhr erreichen, vorausgesetzt, ich finde die Firma sofort. Frage sicherheitshalber noch einmal an der Mautstation vor Turin, wie ich diese Firma finde. Muss aber trotzdem im Anschluss noch einmal fragen. Fahre im Kreis, aber danach entdecke ich die Firma. Das Auto wird gewogen und ich bekomme vom Portier die weiteren Anweisungen. Stehe jetzt in der Schlange zum Abladen. Wenn man beim Reinfahren gewogen wird, wird man auch beim Rausfahren gewogen – eine Faustregel.

Bereite den Auflieger für die Entladung vor. Der Staplerfahrer gibt mir die Papiere schon zurück, bevor ich überhaupt abgeladen habe. Ich mache mir aber Sorgen, wie ich in diese Halle reinfahren soll. Das Tor ist nur 4 Meter hoch. Ein deutscher Kollege, der so wie ich auf die Entladung wartet, hat mir versprochen, mich einzuweisen. Beim Entladen muss ich die 4 Tonnen schweren Rollen von einer auf die andere Seite rollen, das geht ordentlich in die Arme – es wäre unmöglich, wenn der Staplerfahrer den Auflieger auf einer Seite nicht niederdrücken würde.

Um 16.30 Uhr bin ich mit der Entladung fertig. Das Auto ist zu, Keile und Gurte wieder an ihrem Platz. Per Telefon hat man mir inzwischen schon einen Sammler für morgen Freitag in der Mailänder Gegend in Aussicht gestellt. Zumindest ein Stück in Richtung Heimat und Wochenende. Nach einiger Zeit gibt er mir die Ladeadressen durch, jede wird buchstabiert.

So ein Sammler wirft den ganzen Zeitplan durcheinander. Es wird wahrscheinlich Samstagvormittag, bis ich nach Hause komme. Ich muss einen Kunden nach dem anderen abgrasen und das Zeug aufladen. Der letzte Kunde ist der Spediteur und das kann lange dauern. Denn dort muss ich auch auf das letzte Paket warten, das in Richtung Österreich geht. Korrektes Fahren ist da nicht mehr möglich. Muss mir noch eine Italienkarte kaufen, da ich mich hier nicht recht auskenne, und auf meinem Europaplan ist das nicht alles eingezeichnet. Bezahle mit Kreditkarte, bekomme diese Ausgaben eigentlich immer von der Firma ersetzt.

Die Einholer sind rund um Mailand verstreut, der Spediteur ist in Bergamo. Obwohl meine Fahrtzeit zu Ende ist, fahre ich noch zur ersten Ladestelle, um morgen in guter Position zu liegen. In Deutschland würde ich das nicht machen, aber in Italien nimmt man es nicht so genau mit der Fahrtzeit.

Um 20.20 Uhr stehe ich vor dem Tor der ersten Firma in einem Industriegebiet nördlich von Mailand und bin mit meinen Kräften am Ende, koche mir noch eine scharfe Suppe und Tee, telefoniere mit Elisabeth und dann geht es ab in die Falle.
Bilanz: 15 h Einsatzzeit, 12 h Fahrtzeit

Freitag, 9. 7. 1999
Um 7.00 Uhr wache ich langsam auf. Eine Dame erzählt mir, dass die Leute um 8.00 Uhr zu laden beginnen. Diese Beginnzeiten sind für südeuropäische Länder typisch. Diese Menschen sind nicht so verrückt wie wir, dass sie schon um 6.00 Uhr die Arbeit beginnen. Mache mir Frühstück im Auto. Waschen und Zähne putzen im Hof – mittlerweile stehe ich mit dem Lkw schon drinnen.

Stelle das Auto an die Rampe. Die Ladung besteht aus Satellitenschüsseln, die auf Paletten verpackt aufgeladen werden. Die Beladung dauert etwa 10 Minuten, aber für die Papiere muss ich wieder einmal auf die Dame im Büro warten. Um 8.45 Uhr befinde ich mich schon wieder auf der Autobahn in Richtung Abbiategrasso zum nächsten Beladeort. Die Zwangspause bei der ersten Firma habe ich genutzt, um mich zu rasieren. Halbwegs saubere Waschräume, aber leider keine Duschen.

Höchstes Verkehrsaufkommen auf der Umfahrung Mailands. Alle Spuren sind gesteckt voll und es gibt nach wenigen Minuten kein Weiterkommen mehr. Um die zweite Firma zu finden, bin ich gezwungen, zweimal zu fragen. Hier machen sich die Sprachschwierigkeiten bemerkbar. Suche nur noch die Einfahrt zur Firma. Das Versandbüro gibt mir sofort die Papiere – ich brauche nur noch die Ladung. Das Beladen geht sehr rasch (½ Stunde), die Lagerarbeiter sind sehr freundlich, sie versuchen, mit mir ein Gespräch zu führen, was aber an meiner Unkenntnis der italienischen Sprache scheitert. Materialien zur Schuhsohlenerzeugung werden per Hand aufgeladen.

Ich starte sofort zur nächsten Ladestelle nordwestlich von Mailand. Um 11.50 Uhr gehe ich schnell noch einkaufen. Neben der Hauptstraße befindet sich ein Supermarkt, und ich nütze die Gelegenheit, Wein und Risottoreis zu erstehen. Typisch für die norditalienischen Bundesstraßen sind übrigens die Prostituierten am Wegesrand, darunter viele schwarze. Scheint im katholischen Italien niemanden zu stören.

Kurz vor San Maurizio verfahre ich mich wieder einmal, aber es steht mir sofort die Möglichkeit zum Drehen zur Verfügung. Ich frage nach der Firma und werde zur gesuchten Straße eskortiert. Es handelt sich um ein winziges Unternehmen. Ich bin durch die vielen geparkten Autos nicht in der Lage, rückwärts hineinzuschieben. Nach den Angaben des Nachbarn kommen die Arbeiter erst in einer Stunde wieder zurück, somit muss ich wieder eine Zwangspause einlegen. Um 14.00 Uhr ist die Sache erledigt. Ich musste 8 Paletten selbst nach hinten schieben.

Auf dem Weg zum Spediteur vor Mailand natürlich Stau. Auch nach Mailand Stau. Um 16.00 Uhr treffe ich beim Spediteur in Grassobbio ein. Gebe hier meine Papiere ab, die ich bis jetzt gesammelt habe. Die Damen und Herren im Büro versprechen mir, die Ladeliste in 10 Minuten fertig zu haben. Ein wenig später sagen sie mir, dass es länger dauern wird, da die Ware erst um

19.00 oder 20.00 Uhr hereinkommt. Ich rufe unseren Disponenten an, um ihm das mitzuteilen, er bietet mir an, wegen des Ferienfahrverbotes mit dem Zug von Villach nach Wels zu fahren. Ich lehne aber dankend ab, denn das würde mich mindestens einen halben Tag kosten. Ich sage ihm, dass ich auf der Straße (man sagt auch auf der Achse) heimfahren werde.

Unterhalte mich mit einem Deutschen. Wir vergleichen die beiden Lohnsysteme und die Touren, die wir so fahren. Es wird immer später und ich stehe noch nicht einmal an einer Rampe. Alle Fahrer, ob Österreicher, Deutsche, Spanier oder Engländer, werden zunehmend nervöser. Im Vergleich zu den Spaniern habe ich es noch gut, denn in 9 Stunden bin ich zu Hause, aber sie haben noch mindesten 20 Stunden Fahrtzeit vor sich. Um 20.00 Uhr bekomme ich eine Rampe zugewiesen, das heißt aber nicht, dass ich schon geladen werde. Nutze die Zeit, um zu duschen. Um 21.15 Uhr wird das Auto endlich voll gemacht. Muss mich im Büro melden und erwarte dann die Papiere. Das Warten ist sehr zermürbend, gerade am Freitagabend. Ein sehr spät eintreffender Engländer macht seinem Ärger Luft – die Beschimpfungen kann ich hier nicht wiedergeben. Nehme noch einen Espresso zu mir und dann geht es endlich in Richtung Heimat.

Auf dem Weg zur Grenze lege ich um 1.10 Uhr noch eine Pause ein – Kaffee und Kipferl (15 Minuten). Zwischen Bergamo und Tarvis komme ich an zwei Unfällen vorbei: ein Pkw in einem Tunnel und ein Lkw.

Samstag, 10. 7. 1999

Stelle um 3.00 Uhr bei Dr. Michor ab, 3 Stunden Schlaf sind mir vergönnt. Um 6.00 Uhr aufstehen, waschen, tanken, Kaffee (gratis), endlich nach Hause. Das Wetter ist auf meiner Seite, es regnet wie verrückt. Viel Regen heißt, wenig Kontrolle von Seiten der Polizei, und Kontrollen kann ich heute überhaupt nicht brauchen. Um 8.00 Uhr muss ich unbedingt auf die Toilette; es gibt aber keine, außer der freien Natur. Das ist eine Sache, an die man sich als Fernfahrer gewöhnen muss. Wer hier zu viel Scheu an den Tag legt, ist nichts für diese Arbeit.

Kurz nach Spital am Phyrn findet eine Polizeikontrolle statt. Ein Wagen, der mich, während ich pinkeln war, überholt hatte, wird angehalten. Ich komme an ihm vorbei. Bin mir nicht sicher, was die Beamten kontrollieren – Geschwindigkeit oder Fahrverbot (wahrscheinlich beides).

Ich will nach Hause – ich bleibe sicher nicht in Arnoldstein übers Wochenende stehen. Um 11.00 Uhr gehe ich in mein verdientes Wochenende. Eine „gute" erste Woche: Sonntag weg – Samstag heim.
Bilanz: 28 h Einsatzzeit (davon 3 h geschlafen), 16 h Fahrtzeit

Ich wählte für den Auszug aus dem Protokoll eine ganze Woche, um den Arbeitsablauf vollständig zu dokumentieren. Für einen Fahrer ist die Tour erst dann erledigt, wenn er wieder zurück in sein Heimatland gekommen ist. Eine Woche ist in der Zeitrechnung eines Fernfahrers die übliche Maßeinheit, in der er mit dem „Heimkommen" rechnen kann.

In diesem Auszug sind schon sehr wichtige Dinge, die typisch für diese Berufssparte sind, angesprochen – Manipulation der Tachoscheiben und die damit verbundenen extrem langen Arbeitstage, das Verstauen der Ladung und deren Sicherung als zusätzliche Belastung, Ferienfahrverbote und die damit verbundenen Probleme der Fahrer, mangelnde Hygiene auf den Abstellplätzen für Lkws, Belastungen während des Fahrens, Übermüdung und die gefürchteten Polizeikontrollen.

Lebensadern der Zivilisation. Aus der Geschichte des Gütertransports

Straßen bauen, Verkehrsstaus produzieren – im Zeitalter der Computersimulation lernt das bereits jedes Kind. Eines der beliebten so genannten „Strategiespiele“ für den Heimcomputer entwickelte sich zu einem Dauerbrenner: „Sim City“. Erst durch den Bau einer Straße als Ausgangspunkt einer Infrastruktur, die Kraftwerke und andere wichtige Einrichtungen mit potentiellen Wohn-, Industrie- und Gewerbegebieten verbindet, kann in diesem Computerspiel die Stadt besiedelt werden. Ist die Straße Mittelpunkt jeder menschlichen Zivilisation?

Urbanität und Mobilität, Marktwirtschaft und Verkehr, Gütertransport und Straßenbau sind eng miteinander verwoben. Straßennetze, entstanden aus alten Handelswegen, waren die erste Verbindung von menschlichen Ansiedelungen, sieht man von Fluss- oder Seeverbindungen ab.

Meist waren es militärische Vorhaben, die zum systematischen Ausbau von Straßennetzen führten. Gut ausgebaute Verkehrswege waren für die Verwaltung und militärische Beherrschung der alten Reiche unumgänglich.

Im alten Ägypten, in Babylonien, im Reich der Etrusker und auch im alten Griechenland gab es bereits befestigte Straßennetze. So etwa sollen auf der 2700 km langen Straße von Susa nach Sardes die Boten des Königs Cyrus 17 Kilometer in der Stunde zurückgelegt haben: „Schneller als die Tauben und eiliger als die Kraniche“, hieß es.

Unser heutiges europäisches Straßennetz geht auf die alten Römer zurück. Unter Caesar und den römischen Kaisern wurden Straßen als zentrale Verkehrsadern weit nach Gallien und Germanien ausgeweitet. Auch heute noch finden sich europaweit Hinweise auf so genannte „Römerstraßen“.

Allerdings waren die römischen Straßen nicht dem Militär vorbehalten, sondern durchaus auch für die öffentliche Benützung freigegeben. Wegegelder oder Benutzungsgebühren wurden nicht eingehoben. Um eine zu schnelle Abnützung der Straßen zu verhindern, verbot man jedoch schwerfälligen Ochsenwagen, mehr als fünf Doppelzentner aufzuladen. Die Probleme rund um Straßenerhaltung und das den Straßenzustand beeinträchtigende Gewicht von Gütertransporten sind also kein Novum des 19. und 20. Jahrhunderts, sondern so alt wie die Straße selbst.

Mit dem Niedergang des römischen Reiches verfielen vielerorts die von den Römern angelegten Straßen. Handel und Verkehr stagnierten. Erst um das Jahr 800, unter Karl dem Großen, wurden die alten Verkehrsverbindungen zu Lande teilweise in Stand gesetzt.

Im Mittelalter wurde erstmals das Einheben von Brücken- und Straßengeldern zur Erhaltung der Straßen zugelassen. Da die jeweiligen Grundherrschaften für deren Zustand verantwortlich waren, blühte das Zoll- und Gebührenwesen. Zahlreiche Zollstationen mussten nun von den Händlern passiert werden, was den Transport über weite Entfernungen erheblich verteuerte. Dennoch gab es bereits zu dieser Zeit ein umfassendes Handelsnetzwerk von Europa bis China, das Sklaven, Luxusgüter wie Seide, Gewürze und Bernstein sowie Wein, Tiere, Häute und Pelze zwischen Europa und Asien hin und her bewegte.

Um die Wende vom 12. zum 13. Jahrhundert lag der mitteleuropäische Handel vorwiegend in den Händen Regensburger Kaufleute. Sie können sozusagen als die Begründer des neuzeitlichen Spediteursberufes angesehen werden. Manche bildeten zur Risikobegrenzung Gesellschaften, schlossen mit den jeweiligen Grundherrschaften Vereinbarungen und errichteten im Lauf der

Zeit ein weitverzeigtes Netz von Niederlassungen. Denn die Nachfrage stieg ständig, nicht zuletzt aufgrund des Wachstums der Städte. Erhöhte Produktion und verbesserte Transportbedingungen ermöglichten den Export einheimischer und den Import exotischer Luxusgüter, Textilien und Rohstoffe.

Während sich der Handel in erster Linie den Märkten und Städten zuordnen ließ, waren die Träger des Verkehrs meistens auf dem Lande ansässig. „Vom Verkehr lebten deutlich mehr Menschen als vom Handel. Der Handel wurde im Allgemeinen hauptberuflich, der Verkehr meist nebenberuflich betrieben. Bauern betätigten sich mit ihren Zugtieren im Transportwesen, teils gezwungen im Rahmen von Robotdiensten, teils freiwillig zum Nebenerwerb“,[3] weiß der Wirtschaftshistoriker Roman Sandgruber.

Eine Branche ohne Konflikte waren Handel und Verkehr nie. Zu Beginn der Neuzeit standen die Verkehrsverbindungen im Mittelpunkt unterschiedlichster Interessen. Zum einen konnten und wollten die zahlreichen Lokal- und Regionalfürsten nicht auf ihre Wegegebühren und Mauteinnahmen verzichten, zum anderen pochten die Städte auf das für sie so wichtige Recht, Märkte abzuhalten.

Der deutsche Soziologe Werner Sombart unterschied 1924 in seiner Darstellung des modernen Kapitalismus drei Phasen im Straßenbau der Neuzeit:

Bis in die erste Hälfte des 17. Jahrhunderts sorgten sich die Fürsten vor allem um die Hauptstraßen, nicht zuletzt, um die eigenen Truppen rasch an bestimmten Orten einsetzen zu können. Von 1650 bis 1750 wurden Reformen am Wegesystem in Angriff genommen. Allerdings reichten die technischen Mittel und Kenntnisse noch nicht aus, um ein umfassendes Straßennetz zu schaffen und auch zu erhalten. Um die Mitte des 18. Jahrhunderts beginnt dann die „Epoche der Landstraße“: Allerorts wurden Straßennetze aus- und aufgebaut.

Zu Beginn der Moderne, Ende des 19. Jahrhunderts, war Frankreich das führende Land im Straßenbau. Man schloss eine Anzahl von Mautstellen und stellte Steuermittel zum Bau neuer Straßen zur Verfügung. Doch die Modernisierung hatte ihre Schattenseiten. Rücksichtslos wurden Bauern durch Frondienste zu Wegebauten verpflichtet. Der Landbevölkerung wurden zusätzliche Steuern für den Straßenbau abgeknöpft. Die physische und finanzielle Belastung der Bauern trug massiv zur Erschütterung des Ancien Régime bei: Die Französische Revolution war auch eine Revolution der Sklaven des Straßenbaus.

Nicht nur der Zustand der Straßen, auch das alte Wege- und Transportrecht ließ zu Beginn der Neuzeit zu wünschen übrig. Dennoch dauerte es – von Land zu Land verschieden – fast zwei Jahrhunderte, bis die alten Vorschriften von einheitlichen Regelungen abgelöst wurden.

Noch im 18. Jahrhundert soll es etwa in Frankreich 1600 unterschiedliche Wegeabgaben gegeben haben – eine Zahl, die die aktuellen Klagen über zu uneinheitliche Mautsysteme auf Europas Straßen in einem ganz anderen Licht erscheinen lässt.

In Österreich wurde unter Maria Theresia um 1770 die Verkehrsfreiheit zu einem zentralen politischen Thema. Die Wirtschaftspolitik räumte mit institutionellen Handelshemmnissen auf. Binnenzölle, Preissatzungen, Absatzrayonierungen und für bestimmte Güter reservierte „Widmungsbezirke" wurden abgeschafft. Handelsprivilegien gehörten bald der Vergangenheit an.

Zu dieser Zeit kam es zu einer ersten wichtigen Umstellung des Transportwesens: Waren die Händler bis dahin verpflichtet, für Teilstrecken jeweils bestimmte privilegierte Transporteure einzusetzen, so durften ab Mitte des 18. Jahrhunderts Speditionen die Verfrachtung über die gesamte Strecke selbst besorgen. Das zeitaufreibende oftmalige Umladen entfiel, die Frachtkosten sanken, der Spediteursstand erlebte einen Aufschwung.

Gleichzeitig mit dem ansteigenden Transportvolumen wurden aber auch neue Straßen gebraucht. Doch wer sollte diese finanzieren? Also hielt man sich an Mauten. Auf den Haupthandelswegen traf man durchschnittlich alle 15 bis 20 Kilometer auf eine Mautstelle. 1851 gab es allein in Niederösterreich 51 Straßenmauten, zwanzig Jahre später sogar doppelt so viele. Mautstellen und Drehkreuze kennzeichneten die gebührenpflichtigen Straßen. Die ortsansässige Bevölkerung revoltierte. Der freie Gebrauch der Straße wurde als Grundrecht jedes Bürgers angesehen. Volksaufstände gegen die Einhebung von Straßennutzungsgebühren waren die Folge: „Mauthäuser an den Straßen wurden erstürmt und niedergebrannt, die Drehkreuze wurden zerstört. Und dies wiederholte sich hundert Jahre später in den Vereinigten Staaten in noch kräftigerer Form. Die aufbegehrenden Farmer sprengten die Mauthäuser kurzerhand in die Luft.“[4]

Während das Problem der Straßenfinanzierung sich zuspitzte, florierte das Speditеurswesen zu Beginn des 19. Jahrhunderts. Die beginnende Industrialisierung machte aus verschlafenen Landschaften pulsierende Wirtschaftszentren mit bislang ungeahnten Produktionsraten. Das Transportvolumen schnellte dementsprechend nach oben. Der Gesamtverkehr über den Brenner zum Beispiel stieg innerhalb weniger Jahre von rund 19.000 Tonnen zu Beginn des 19. Jahrhunderts auf 100.000 Tonnen im Jahr 1840.

Die Belastung des Straßennetzes nahm ebenso rasant zu. Zunehmend setzten Kaufleute und Fuhrunternehmer schwere Planwagen ein. So verkehrten etwa zu Beginn des 19. Jahrhunderts zwischen Frankfurt, Mainz und Straßburg Planwagen mit einem Gesamtgewicht von rund 150 Zentnern, die von 16 bis 18 starken Pferden gezogen werden mussten.

„Rollende Waarenhäuser“[5] nannten Zeitgenossen diese Erscheinungen. Das heute gern verwendete Schlagwort von der „Lagerhaltung auf der Straße“ schaut vor diesem Hintergrund ziemlich alt aus.

Das Goldene Zeitalter der Fuhrherren fand allerdings ein jähes Ende. Die Industrialisierung, die ihren Aufschwung begründet hatte, brachte unter zahlreichen Erfindungen auch eine hervor, die bis heute mit dem Straßentransport einen Kampf der ungleichen

Mittel führt: die Eisenbahn. Das Mitte des 19. Jahrhunderts wie ein Wesen aus einer anderen Welt bestaunte „Dampfross" schien eine verkehrs- und transporttechnische Revolution auszulösen. Heinrich Heine schrieb am 5. Mai 1843 aus Paris: „Die Eisenbahnen sind wieder ein solches bestimmendes Ereignis – wie die Erfindung des Pulvers, die Entdeckung Amerikas, die Erfindung der Buchdruckerkunst – : Es beginnt ein neuer Abschnitt in der Weltgeschichte."[6]

In den deutschen Staaten setzte sich die Eisenbahn in der Zeit von 1840 bis 1880 als neues Verkehrsmittel durch, sie löste die großen Überlandtransporte mit sechs und mehr Pferden ab. Neue Industriezweige und Arbeitsmöglichkeiten entstanden. Zahlreiche Unternehmen begannen sich der modernen Transporttechnik zu bedienen.

Zwar hatten anfangs die einzelnen Bahngesellschaften noch ihre eigenen Lokomotiven, Bahnhöfe, Vorschriften und technischen Spezifikationen. Doch mit der Zeit kam es auch hier zu Vereinheitlichungen. Der Ausbau des Schienennetzes schritt zügig voran. Die Gleislänge wuchs beispielsweise im Deutschen Reich von 1880 bis 1913 von rund 20.000 km auf über 60.000 km an.[7]

Diese Glanzzeit der Eisenbahn war ökonomisch überaus erfolgreich. Fast alle europäischen Eisenbahngesellschaften fuhren große Gewinne ein. Dies machte es möglich, repräsentative Bahnhöfe zu bauen, wie etwa in Berlin, Leipzig oder Frankfurt, in Paris, London oder Rom.

Das neue Transportmittel ermöglichte eine bis dahin kaum vorstellbare Mobilität von Menschen und Gütern. Die Eisenbahn brauchte nur steten Nachschub an Wasser und Kohle und das dazugehörige Personal. Ihre Fahrleistung blieb bei jedem Wetter stets die gleiche und dadurch sehr genau berechenbar. Für den Handel war das ein großer Vorteil, für die Spediteure dieser Zeit vor allem lästige Konkurrenz. Den Fuhrherren machte der eiserne Mitbewerber schwer zu schaffen, denn nun verlagerte sich der Verkehr – heute kaum vorstellbar – von der Straße auf die Schiene. Die zunehmende Industrialisierung brachte einen enormen Anstieg

Bahnhof Frankfurt am Main um 1890

der beförderten Gütermengen mit sich, aber mit der Fuhrherrenherrlichkeit war es vorbei. Solang es keine eisernen Konkurrenten gegeben hatte, waren die Fuhrunternehmer die „Herren der Straße" gewesen, angesehene Monopolisten der Beförderung zu Lande. Gegen Ende des 19. Jahrhunderts wurden aus den einstigen „Fuhrherren" mit ihren „Fuhrknechten" einfache „Fuhrunternehmer" mit „Angestellten".

Das 19. Jahrhundert war auch das Jahrhundert der ungebremsten Marktwirtschaft, Ökonomen sprechen von der Blütezeit des Kapitalismus. Investitionen in neue Produktionstechniken machten viele Güter transportfähiger. Besonders die Gefriertechnik nahm ab 1883, als die erste Gefrierfleischfabrik in Argentinien gegründet wurde, einen rasanten Aufschwung.

Die Produktionstechnik wurde ergänzt durch eine verbesserte Transporttechnik, die sich in immer größer werdenden Transportmitteln, in der Zunahme der Zahl von Schiffen, Wagen und Eisenbahnverbindungen und in der Beschleunigung der Transportleistung niederschlug. So etwa beförderten die letzten großen Frachtfuhren vor der Eisenbahn gerade mal 75 Tonnen, während einer der ersten Güterzüge bereits 80 Tonnen transportieren konnte. Bis 1920 wurde das Transportvolumen eines Güterzuges auf rund 1500 Tonnen gesteigert!

Stolz wurden damals die Längen der Eisenbahnnetze miteinander verglichen: 1890 konnte Europa 223.800 Kilometer Schienennetz vorweisen, die USA 268.400. 23 Jahre später hatte Europa 346.200, die USA 411.000 Kilometer verlegte und befahrbare

Schienen. In der gleichen Zeit stieg die pro Kilometer transportierte Gütermenge um das Doppelte.

Die Zunahme der Transportfähigkeit der Güter zusammen mit mehr und größeren Waggons, kombiniert mit einer Steigerung der Geschwindigkeit, ließen Ökonomen in Begeisterungsstürme verfallen: „Gegenstände, die früher überhaupt nicht über weite Strecken transportfähig waren, sind es geworden: lebendes Vieh! Früchte (Bananen!), frische Blumen! Plötzliche Bedarfsdeckung ist ermöglicht!“[8]

Nicht allein durch die Nachfrage nach transportierbaren Gütern, sondern insbesondere durch die Rentabilität des Eisenbahntransportes konnten die Frachtkosten erheblich gesenkt werden, was volkswirtschaftlich von großer Bedeutung war. Die Welt wuchs zusammen.

Und die Straße? Die einstigen Lebensadern eines jahrhundertelang pulsierenden Waren- und Menschenstroms hatten stark an Bedeutung verloren. Zwar hatte sich der Straßenbau weiterentwickelt, Asphalt und Beton wurden bereits im 19. Jahrhundert hierfür eingesetzt, aber die technische Entwicklung der Automobile konzentrierte sich zunächst auf den Individualverkehr. Die ersten Lastwagen konnten in Bezug auf Geschwindigkeit und Transportleistung einfach noch nicht mit der Bahn mithalten. Sie wurden zu jener Zeit gerade mal als bequeme Ergänzung, als „Zubringer“ zur Eisenbahn gesehen. Wohl hatte etwa Preußen 1912 ein „Kunststraßennetz“ von knapp über 100.000 km, doch dessen Bedeutung sah man damals noch ausschließlich darin, „dass es bequeme Zufahrtswege zu den Eisenbahnen geschaffen hat.“[9] Lediglich Brauereien, Ziegeleien, Mühlen und die Landwirtschaft griffen das neue Transportmittel auf.

Dennoch endete die Eisenbahneuphorie kurz vor dem Ersten Weltkrieg – man ist geneigt zu sagen, ebenso rasch, wie sie einst begonnen hatte. Bereits in den Jahren vor 1914 verlangsamte sich die stürmische Entwicklung des Eisenbahngüterverkehrs.

Die Straße errang sehr schnell neue Sympathien. Mit dem Automobil stand dem Menschen ein Gerät zur Verfügung, dass laufend verbessert wurde.

Im Verlauf des Ersten Weltkriegs wurde dieser technische Fortschritt zunehmend auch für LKWs genutzt. Als nach dem Ende des Krieges diese LKWs zum Teil der zivilen Nutzung zugute kamen, verlagerte sich ein Teil des Gütertransports wieder auf die Straße, zumal auch die Entwicklung der Autoreifen vorangeschritten war. Dadurch konnten größere Lasten geladen und die allzu starke Abnutzung der Straßen vermindert werden.

1920 kam es in Deutschland zu entscheidenden Weichenstellungen: Die Länderbahnen wurden zur Reichsbahn zusammengeschlossen, was zu einer Vereinheitlichung technischer Standards führte. Doch bremsten mangelnde Finanzierungsmöglichkeiten und das sinkende Gütertransportvolumen den Ausbau des Schienennetzes.

Die Deutsche Bahn, einst ein gewinnbringendes Unternehmen, bilanzierte negativ. Trotz aller Bemühungen und Innovationen, wie etwa der Schienenzeppelin von Kruckenberg oder die im Liniendienst fahrenden „Fliegenden Hamburger" auf der Strecke Hamburg – Berlin und neuer Schnellzug-Dampflokomotiven kam die Bahn nicht aus der Krise. Gleichzeitig entstand ihr mit dem Aufkommen des Busverkehrs neue Konkurrenz in Sachen Personentransport: Zu Beginn der 30er Jahre beförderte die Deutsche Reichspost mit über 4000 Personenomnibussen auf ca. 2400 Linien rund 88 Millionen Menschen – die Zahl der auf dem Land verkehrenden Postbusse, die neben Post auch Passagiere mitnahmen, ist dabei noch nicht einmal eingerechnet.[10]

Im Güterverkehr setzten sich die motorisierten Gefährte nur langsam durch. Insbesondere auf dem Land bei den kleinen Fuhrwerkunternehmungen herrschte noch immer das Pferdegespann vor. Die Straßen waren noch überwiegend sehr staubig, was nach wie vor zu Schäden am Transportgut führte. Die Verbesserung des Straßenzustandes war demnach eine der großen Herausforderungen der 30er Jahre. (Die „Staubfreimachung" der österreichischen Straßen gehörte dann auch zu den ersten nationalsozialistischen Arbeitsbeschaffungsmaßnahmen nach dem „Anschluss" Österreichs an das Deutsche Reich.)

Nach dem Ende des Zweiten Weltkriegs lag die europäische Wirtschaft danieder, funktionstüchtige LKWs waren Mangelware, große Teile des Schienennetzes zerstört. Dennoch wurden noch zu Beginn der 50er Jahre etwa in Westdeutschland nahezu 62 Prozent der Gütertonnage über die Schiene abgewickelt. Doch bis zum Ende des Jahrzehnts konnte die Schiene ihre Transportleistung nur um rund 30 Prozent steigern. Im selben Zeitraum explodierte der gewerbliche Güterverkehr um insgesamt mehr als 300 Prozent. Der Anteil der Bahn am Gesamtgüterverkehr sank innerhalb weniger Jahre auf unter 48 Prozent.

In den 50er Jahren wurde denn auch das Thema Straße und/oder Schiene zum zentralen verkehrspolitischen Thema. Studien und Einschätzungen, Wegekostenberechnungen und betriebswirtschaftliche Analysen wurden in schier unendlicher Reihenfolge produziert. Wirtschaftsforscher, Verkehrswissenschaftler, Automobilexperten und Politiker hatten vielfach nur ein Thema: Wie ist der Niedergang der Bahn aufzuhalten?

Im kleinen Österreich stellte die Transportgewerkschaft in ihrem Bericht an den Gewerkschaftstag 1954 fest: „Der Kampf zwischen Schiene und Straße macht sich auf allen Gebieten des Transports bemerkbar", und bringt einen Vergleich mit der Eisenbahnperiode: „So wie die Eisenbahn den Transport mit Zugtieren überwunden hat, so überwindet nun das motorisierte Verkehrsmittel die Eisenbahn".[11]

Das Wirtschaftswunder der 50er und 60er Jahre brachte in Westdeutschland und in Österreich eine stürmische Entwicklung der Motorisierung. Das Auto wurde zum Statussymbol Nummer eins. Der eigene Wagen verkörperte gleichermaßen Wohlstand, Modernität und den Wunsch nach individueller Freiheit. „Freie Fahrt für freie Bürger" und die „autogerechte Stadt" wurden zu den Schlagwörtern dieser Zeit.

Für die Wirtschaft brachte das Auto enorme Produktivitätsfortschritte. Die Automobilisierung der Bevölkerung übertraf schnell alle Erwartungen. Der Ausbau der Autobahnen wurde verstärkt vorangetrieben. Einkaufszentren entstanden „auf der grünen Wiese". Es wurde zunehmend selbstverständlich, mit dem Auto zum Einkaufen zu fahren, selbst für Güter des täglichen Bedarfs. Und selbstverständlich mussten diese Einkaufszentren auch beliefert werden – mit LKWs, denn wie sollte die Bahn Gleise zu jedem dieser Zentren bauen?

Allerdings fand diese Entwicklung bald ihre ersten Kritiker. Der nahende Verkehrsinfarkt wird schon Ende der 50er Jahre vorausgesagt. Doch erst ab den 80er Jahren wurden Umweltschutz und Kooperation der verschiedenen Verkehrsträger zu erklärten politischen Zielen. Zu diesem Zweck wurden immer wieder neue Prognosen zur Verkehrsentwicklung erstellt. De facto spiegelten sie jedoch stets eher die jeweiligen politischen Intentionen wider als die Verkehrswirklichkeit. Die tatsächlichen Entwicklungen gingen und gehen regelmäßig derart an den Prognosen vorbei, dass von der „Lebenslüge" der Verkehrspolitik gesprochen wird.

Ende des 20. Jahrhunderts erlebte die europäische Wirtschaft einen tiefgreifenden Strukturwandel. Die Schwer- und Montanindustrie rutschte von einer Krise in die nächste. Der Trend verschob sich zu hochwertigen so genannten „Kaufmannsgütern", halbfertig oder fertig bearbeiteten Waren. Gleichzeitig ermöglichten moderne Medien und Technologien ganz neue Formen von Arbeitsteilung. Viele Unternehmen zerlegen ihre Produktionsvorgänge heute in immer mehr Schritte, die an verschiedenen Standorten ausgeführt werden.

Diese Standorte müssen nicht im selben Land liegen, sie werden vielmehr über den Erdball verteilt, je nachdem, wo etwas am günstigsten herzustellen ist. Zwischen den verschiedenen Produktionsschritten werden die halbfertigen Produktteile zum jeweils nächsten Standort transportiert. Gleichzeitig verringern viele Firmen ihre Lagerbestände. Statt einen gewissen Vorrat an Produktteilen und fertigen Produkten selbst zu lagern, bestellen und produzieren sie je nach Marktlage – und jede Bestellung setzt Transportmittel in Gang.

Internationale Arbeitsteilung bedeutet längere Transportwege. Das lässt sich auch an der Statistik ablesen. So hat zum Beispiel allein der Güterverkehr per Flugzeug in den vergangenen zehn Jahren um satte 140 Prozent zugenommen.[12]

Doch auch Straßengüterverkehr und Globalisierung sind aufs Innigste verflochten. Wenn LKWs wegen der unmenschlichen Arbeitsbedingungen moderner Trucker in Anlehnung an die Produktionsstätten der internationalen Billigfabrikanten „Sweatshops auf Rädern"[13] genannt werden, so darf darüber nicht vergessen werden, dass LKWs auch für die Existenz der ganz realen Sweatshops eine wichtige Rolle spielen.

Möglich wurde diese Entwicklung durch die radikale Verbilligung des Transports. Übermäßig gut bezahlt waren Fernfahrer (oder Seeleute) noch nie. Seit der Öffnung der EU-Transportmärkte können alle Unternehmer darüber hinaus auf Arbeitskräfte jener EU-Länder zugreifen, in denen das Lohnniveau am niedrigsten ist. Ganz zu schweigen von den Folgen, die der Niedergang des früheren Ostblocks auf den gesamteuropäischen Transportmarkt hatte: Plötzlich war es möglich, aus diesen Ländern Fahrer zu engagieren, deren Lohnvorstellungen von denen der westlichen EU-Kollegen Lichtjahre entfernt waren und sind.

Die Beschäftigung von Osteuropäern, auch ohne legaler Grundlage, wurde in der Transportbranche in Teilen gang und gäbe. Wer da nicht mitmachte, wer weiterhin das relativ hohe Lohnniveau westeuropäischer Tarife zahlte, der musste sich aus bestimmten Geschäftsbereichen zurückziehen. Ganze Transportsparten wurden von großen Unternehmen übernommen, die mit Hilfe ihrer internationalen Tochterfirmen „billige" osteuropäische Trucker einsetzen konnten. Der deutsch-spanische Verkehr, der Handel mit gekühlten Waren für Großbritannien – das sind nur einige der Geschäfte, die sich jetzt die wenigen ganz Großen der Branche untereinander ausmachen.[14]

Der Transport auf der Straße kostet weniger als der Unterschied zwischen den Produktionskosten verschiedener Länder. Der Einsatz schlecht bezahlter Trucker aus osteuropäischen Ländern hat das Lohnniveau der Branche neuerlich gedrückt: Westeuropäische Fahrer verdienen heute oft weniger als noch vor 10 Jahren. Nur so können die günstigen Transporttarife aufrecht erhalten werden, die der produzierenden Industrie das Hin- und Herschicken halbfertiger Produktteile ermöglichen. Auch diverse Exportsubventionen tragen dazu bei, das Auslagern der Produktion lohnend zu machen (s. S. 196 ff).

Dazu kommt die viel zitierte fehlende Kostenwahrheit auf der Straße. Errichtung und Erhaltung der Straßen, Schäden an Umwelt, Wirtschaft und Menschen bezahlt weder der Transportunternehmer noch dessen Auftraggeber, sondern der Steuerzahler. Ungefragt und unabhängig davon, wie viel oder wenig er selber von diesem Verkehr profitiert. Die Angaben über die tatsächliche Höhe dieser so genannten externen Kosten differieren (s. S. 155 ff). Doch eins steht fest: Die neu eingeführten Mautgebühren für LKWs dürfen zur Deckung dieser Kosten nicht verwendet werden.[15]

Ein Beispiel: Wenn heute ein Auto aus Teilen zusammengebaut wird, die in verschiedenen Ländern entworfen, entwickelt und gefertigt wurden, ist das deutlich günstiger, als dessen Entwicklun und Produktion in einem einzigen Land. Auch wenn diese Teile immer wieder auf Achse geschickt werden müssen.

Doch die räumliche und technische Aufsplitterung der Produktion betrifft nicht nur komplexe Produkte, deren Herstellung viele Schritte erfordert. Auch viele Lebensmittel sind die reinsten Globetrotter: Schweizer Milch wird nach Italien gefahren, dort verarbeitet und dann wieder in die Schweiz gefahren, um dort verkauft zu werden. (Weitere Beispiele für derartige Unsinnstransporte finden Sie auf Seite 198, 266 ff).

So gesehen sind die nationalen und transnationalen Autobahnen gewissermaßen Teil eines gigantisch langen Fließbandes. Die verschiedenen Produktionsstandorte sind die jeweiligen Arbeitsschritte an diesem Fließband. Ins Stocken gerät es bei jedem Stau; wenn der Verkehr nicht mehr fließt, stockt auch die Produktion.

Auch die Konsumenten der Produkte haben ihren Platz am Fließband. Sie sind das Ziel, dessentwegen das jeweilige Produkt auf seine lange Reise geschickt wird. Sobald ein Produkt verbraucht ist, wird es dann über das Fließband Autobahn wieder seiner Verwertung als Abfall zugeführt. Und auch diese Verwertung findet keineswegs immer im Land des Verbrauchers statt. Abfalltransporte sind bereits ein lukratives internationales Geschäft.

Die Aufteilung von Produktionsschritten ist an sich nichts Neues. Arbeitsteilung ist in unserer Gesellschaft seit dem 19. Jahrhundert ein wichtiger Wirtschaftsfaktor. Neu ist jedoch das Ausmaß und die räumliche Ausbreitung dieser Aufteilung.

Möglich wird das durch die geringen Transportkosten und durch die vielgerühmte Flexibilität des Straßentransports. Die niedrigen Transportpreise und diese „Flexibilität" gehen jedoch zu Lasten vieler Menschen. Zum einen ist die Flexibilität des LKWs immer die Flexibilität der Fahrer. Es ist ihre Zeit, die sie aufwenden müssen, damit die Ladung doch noch zum vorgegebenen Zeitpunkt am Bestimmungsort ankommt.

Auch die Konsumenten, für die die Brummis letztlich unterwegs sind, bekommen die unangenehmen Seiten der internationalen Arbeitsteilung deutlich zu spüren: verstopfte und immer wieder beschädigte Autobahnen, Dauerlärm für die Anwohner und Luft, die mehr aus Abgasen als Sonstigem besteht, werden offenbar heute als ganz selbstverständlich hingenommen.

Natürlich lässt sich Verkehr nicht abschaffen. Und seine Notwendigkeit ist nicht zu leugnen, die Wirtschaft braucht den freien Warenaustausch. Die Notwendigkeit mancher heutiger Wirtschaftsformen darf hingegen durchaus bezweifelt werden. Dass

Verkehr stattfindet und dass moderne Produktion arbeitsteilig abläuft, ist eines. Wie der Verkehr aussieht und wie internationale Arbeitsteilung eingesetzt wird – das ist die andere Seite. Und das ist die entscheidende Seite.

Transportunternehmer argumentieren gerne, es seien die Wünsche der Konsumenten, die letztlich für die Überlastung der Straßen verantwortlich seien. „Bewusst werden die Augen davor verschlossen, dass der LKW nicht die Warenströme erzeugt, sondern als Dienstleister Warenströmen und einer immer vernetzter agierenden Wirtschaft folgt", so schreibt beispielsweise der deutsche Bundesverband Güterverkehr, Logistik und Entsorgung (BGL).[16]

Noch vor ein paar Jahrzehnten wäre in Europa niemand auf die Idee verfallen, das ganze Jahr über Erdbeeren kaufen zu wollen. Derartige Konsumentenwünsche werden erst durch das entsprechende Angebot geschaffen. Dieses Angebot wiederum entsteht vor einem ganz bestimmten wirtschaftspolitischen Hintergrund. Die Beschäftigung von unterbezahlten Truckern aus Ost- und Westeuropa gehört ebenso zu diesem Hintergrund wie die Hungerlöhne in jenen Ländern, die während unseres Winters Erdbeeren ernten. Dass in diesen Ländern oft fruchtbare Anbaugebiete für solche Devisenbringer genutzt werden, statt für die Versorgung der eigenen Bevölkerung, kommt noch hinzu.

Schlachtfeld Straße. Die Machenschaften im Transportgewerbe

Güterverkehr ist eine transnationale Angelegenheit. Er bringt Länder mit unterschiedlichsten Sozial-, Lohn- und Arbeitsrechtsstandards in direkten Kontakt. Und immer wieder geraten einzelne Länder wegen Differenzen über die Regelung der zwischen ihnen fließenden Güterströme aneinander.

Mit dem Fall des Eisernen Vorhangs 1989 und den damit verbundenen Beschränkungen schnellte der Güteraustausch zwischen den Ländern West- und Osteuropas innerhalb kurzer Zeit in schwindelnde Höhen. Plötzlich wurden Gegenden, die bis dahin eher verträumt am Ende der westlichen Welt gelegen hatten, vom Straßenverkehr nahezu überrollt. Gerade Deutschland, Österreich und die Schweiz, alle drei klassische Transitländer, waren vom zunehmenden Verkehr besonders betroffen.

Die Schweiz zog sich elegant aus der Affäre. Sie war und ist nicht Mitglied der EU. So konnte sie die zulässige Tonnage der LKWs auf ihren Straßen beschränken. Aufgrund der Einführung der LSVA, einer leistungsabhängigen Verkehrsabgabe, die für in- und ausländische LKWs gleichermaßen gilt (s. S. 171 ff), musste diese Beschränkung gelockert werden. Doch immerhin konnte man die Zahl der Transitfahrten begrenzen. Dass die Eidgenossen außerdem massiv die Bahn ausbauen, wofür auch ein guter Teil der LSVA eingesetzt werden darf, sei an dieser Stelle auch noch erwähnt.

In Deutschland und Östereich war die Situation ungleich schwieriger. Entlang der österreichischen Transitrouten führte das

Ansteigen der LKW-Lawine schon Ende der 80er Jahre zu massiven Protesten. Bereits Ende 1989 verhängte Österreich ein Nachtfahrverbot für – wie es hieß – „laute LKWs".

Das Alpenland, damals noch nicht Mitglied der Europäischen Gemeinschaft, zog dadurch den Ärger Italiens und besonders Deutschlands auf sich. Der Transportlobby in der Bundesrepublik gelang es, Gegenmaßnahmen durchzusetzen. Deutschland erließ ein Nachtfahrverbot ausschließlich für österreichische LKWs – egal, ob laut oder leise.

In Österreich wurden daraufhin deutschfeindliche Töne laut. So etwa kanzelte das der konservativen Österreichischen Volkspartei nahestehende *Neue Volksblatt* die „Strafmaßnahmen" als „typisch deutsches" Imponiergehabe ab und schrieb: „Faust auf dem Tisch, geschwellte Brust und starke Töne. So nach der Art: ‚Wir werden es den schlappen Ostmark-Brüdern schon zeigen, wer der Herr in Europa ist.'... Mal sehen..."[17]

Ein veritabler „Wirtschaftskrieg" stand bevor. Österreichische Unternehmer sprachen von jährlichen Einkommensverlusten bis zu 220 Millionen Euro. Sie hatten die Wiener Regierung auf ihrer Seite. Nachdem Verhandlungen auf Beamten- und Ministerebene scheiterten, kündigte der damalige Wirtschaftsminister und spätere österreichische Bundeskanzler Wolfgang Schüssel eine Klage Österreichs bei der GATT-Behörde in Genf an. Das deutsche Nachtfahrverbot ausschließlich für österreichische Unternehmer verstoße – so die Österreicher – eklatant gegen die Bestimmung, dass kein Staat schlechter behandelt werden dürfe als ein anderer.

Österreich ist mittlerweile längst Teil der EU. Das exklusive Nachtfahrverbot für österreichische LKWs in Deutschland gehört der Vergangenheit an. Doch internationale und auch deutsch-österreichische Querelen in Sachen Güterverkehr gibt es heute noch.

Nicht nur der europäische Dauerbrenner „Ökopunkte" macht deutlich, wie wenig harmonisch das Verhältnis zwischen den europäischen Ländern ist. Dabei sind die Freund/Feind-Schemata erstaunlich schnell austauschbar. Da heißt es einmal, bayerische

Ermittler würden aus Konkurrenzgründen gegen österreichische Firmen vorgehen, um ihre eigenen Unternehmen zu schützen. Dann wieder drohen österreichische Unternehmen damit, nach Deutschland abzuwandern, wenn die eigenen Gewerkschafter beginnen, ihnen auf die Finger zu sehen.[18] Dem deutschen BGL

Transportleistung Straße und Schiene 1955 bis 2015

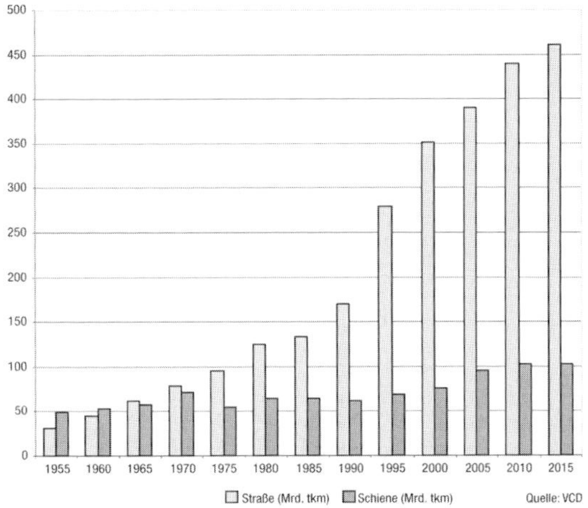

fallen zum Stichwort „Österreichverkehr" Überschriften wie „Spießrutenlaufen" und „Totalkontrolle" ein,[19] und die Politik der besonders ungeliebten Tiroler Landesregierung wird einmal als „Amoklauf" bezeichnet.[20]

Die deutsch-österreichische Feindseligkeit ist nur ein Beispiel für die mehr schlecht als recht funktionierende internationale Kooperation in Sachen Transportmarkt. Jedem Land sind seine eigenen Unternehmer, sein eigener Arbeitsmarkt und seine eigenen Bewohner am nächsten. So wie beispielsweise die Beschränkungen auf der Tiroler Inntalautobahn, Zankapfel par excellence zwischen Österreich und der EU, nur für nicht-österreichische Unternehmer gelten sollten.

In einer von ihrem Wesen her so internationalen Branche wie dem Transportgeschäft kann nationale Engstirnigkeit fatale Folgen haben. Internationale Zusammenarbeit wäre bei der Vereinheitlichung von Vorschriften, Verboten und Abgabenzahlungen ebenso wichtig wie bei Ermittlungen gegen die Kriminalität im Transportgewerbe. Doch auch im heutigen Vereinten Europa hat konstruktive Zusammenarbeit der Länder echten Seltenheitswert.

Nirgendwo ist Europa so europäisch wie auf seinen Straßen. Und der Arbeitsmarkt für den Güterverkehr ist so transnational wie der Verkehr. Gewiefte Transportunternehmer suchen sich heute aus jedem Land Europas die für sie günstigsten Arbeitskräfte und Rechtsvorschriften zusammen, um damit Unternehmen zu betreiben, deren Nationalität nur noch durch dicke (und meist widersprüchliche) Rechtsgutachten herauszufinden ist.

Der Anteil deutscher LKWs am grenzüberschreitenden Verkehr zwischen Deutschland und anderen Ländern beträgt beispielsweise gerade einmal 25 Prozent.[21] Und der internationale Güterverkehr wird weiter zunehmen: Allein im Jahr 2001 stieg die Warenausfuhr aus Deutschland in die Länder Mittel- und Osteuropas um 17,2 Prozent.[22] Der Straßengüterversand von Deutschland nach Russland brachte es gar auf eine Steigerungsrate von 19,8 Prozent.[23]

Diese Entwicklung hinterlässt Spuren. Dabei sind die Spurrinnen auf den Autobahnen die harmlosesten Zeugen des exorbitanten Anstiegs des Straßengüterverkehrs. Die Beteiligung von LKWs am Unfallgeschehen hat in den vergangen Jahren ständig zugenommen.[24] Das österreichische Kuratorium für Verkehrssicherheit hat 2000 eine Studie zum Unfallgeschehen mit LKWs auf Autobahnen durchgeführt. Ergebnis: „Die Anzahl der LKW-Unfälle mit Personenschaden auf Autobahnen stieg von 1987 bis zum Jahr 1999 um rund 67 %.“ Diese Zahl ist erschreckend. Dennoch kommt sie eigentlich nicht überraschend, denn die Fahrleistung der LKWs, also die Anzahl der zurückgelegten Kilometer, ist im selben Zeitraum sogar um 87,5 Prozent gestiegen.[25] Die Wahrscheinlichkeit, bei einem LKW-Unfall getötet zu werden, ist um einiges höher als bei einem Unfall mit anderen Fahrzeugen[26] – besonders, wenn man selbst nicht im LKW sitzt: Die Wahrscheinlichkeit beträgt für den

LKW-Fahrer 27 Prozent, für die Lenker anderer Fahrzeuge 61 Prozent. Das Branchenmagazin *Fahrer* schrieb 1999 zu diesem traurigen Thema: „Jedes fünfte Unfallopfer auf Österreichs Straßen stirbt bei einem LKW-Unfall. Auf den Autobahnen liegt der Anteil jedoch bei 39 %, obwohl der Verkehrsanteil der schweren LKW auf den Autobahnen nur 12 – 14 % beträgt."[27]

Das Kuratorium für Verkehrssicherheit beziffert die volkswirtschaftlichen Kosten, die der Alpenrepublik von 1995 bis 1999 durch LKW-Unfälle mit Personenschaden entstanden sind, auf 203 Millionen Euro.[28]

Bezüglich des Fahrverhaltens der Brummifahrer macht man sich beim Kuratorium wenig Illusionen. Rund 40 Prozent halten sich nicht an den Mindestabstand. Und die zulässige Höchstgeschwindigkeit, so eine Studie der Wiener Verkehrsexperten, ist den meisten Truckern eher vom Überschreiten als vom Einhalten her bekannt: 73 Prozent der Sattelfahrzeuge halten die zulässige Höchstgeschwindigkeit von 80 km/h nicht ein.

Wer sich die Daten dieser Studie mit Blick auf die Nationalitäten der beanstandeten Trucks anschaut, erlebt eine Überraschung. Kaum ein Vorurteil ist quer durch die Pro-und-Kontra-Straßenverkehr-Fronten so weit verbreitet wie der Glaube, LKWs aus dem europäischen Osten seien besonders gefährlich. Die Daten des Kuratoriums für Verkehrssicherheit sprechen eine andere Sprache.

Die auf Österreichs Autobahnen für LKWs zulässige Höchstgeschwindigkeit überschreiten auf dem ersten Fahrstreifen 51,2 Prozent der EU-Fahrzeuge – aber nur 42 Prozent der LKWs aus Osteuropa. Auf dem zweiten Fahrstreifen sind es 69 Prozent der EU-LKWs, aber „nur" 61 Prozent der Ost-Trucks.

Noch deutlicher werden die nationalen Unterschiede, wenn man sich die LKWs ansieht, deren Lenker in Unfälle verwickelt waren. Bei 31 Prozent der EU-Fahrzeuge und bei 55 Prozent der Ost-LKWs waren die Fahrer unschuldig an dem Unfall. Die immer wieder gern aufgestellte Behauptung, Ost-LKWs seien die wahre Gefahr auf Mitteleuropas Straßen, darf damit als Märchen betrachtet werden. Ein Grund für die geringere Risikofreudigkeit von Ost-Truckern könnte nach der EU-Erweiterung und einem damit verbundenen Ansteigen des Lohnniveaus in den neuen EU-Ländern allerdings nach und nach wegfallen: Für heutige osteuropäische Trucker sind die Strafen für zu schnelles Fahren kaum zu zahlen. Ein bulgarischer Fahrer beispielsweise verdient ganze 170 Euro im Monat – bevor jemand seinen halben Monatslohn aufs Spiel setzt, wird er sich das zweimal überlegen. Denn diese Strafen zahlen die Fahrer, nicht die Unternehmer, die ihnen Druck machen.

Was bleibt, ist die Tatsache, dass Verkehr nicht an nationale Grenzen gebunden ist. Das bedeutet auch, dass den Auswirkungen wie den Hintergründen des entfesselten Verkehrswachstums der letzten Jahre nur international begegnet werden kann.

Auf dem Highway ist die Hölle los: Trucker heute

Ob ost- oder westeuropäische Fahrer, die Arbeitsbedingungen sind für beide häufig katastrophal. Zwar gibt es Vorschriften hinsichtlich der Entlohnung, der Fahrt- und Ruhezeiten, doch sie wurden und werden kaum eingehalten. Die Geschichte der Vorschriften im Straßengüterverkehr ist auch die Geschichte ihrer Übertretungen. Das zeigt schon ein Bericht aus dem Jahr 1978. Damals untersuchten bayerische Gewerbeaufsichtsämter die Einhaltung der Sozialvorschriften im Straßenverkehr. Fahrer und Wagen von 3654 Firmen des Güter- und Personenbeförderungsverkehrs wurden kontrolliert.[29]

Das Ergebnis war niederschmetternd. In 73 Prozent der Unternehmungen wurden Beanstandungen festgestellt. „Sehr häufig" wurde – wie es in dem Bericht heißt – „gegen die Bestimmungen verstoßen, die den Dienst am Steuer" betrafen. Meist waren die Lenkzeiten erheblich zu lang, die Lenkzeitunterbrechungen zu kurz und die Tagesruhezeiten, die mindestens acht Stunden hätten betragen müssen, sehr verkürzt.

Was damals vom Bayerischen Staatsministerium für Arbeit und Sozialordnung in Amtsdeutsch der Öffentlichkeit mitgeteilt wurde, hieß schlicht und einfach: Auf der Straße hat der Betrug System.

Kein sehr beruhigendes Bild einer Branche, die sich gerne als das Rückgrat der europäischen Marktwirtschaft darstellt.

Die bayerischen Behörden räumten aber auch ein, dass es sich bei den einschlägigen Sozialvorschriften um „eine schwierige, unübersichtliche Rechtsmaterie" handle. Sowohl bei den Unternehmern wie auch bei den Fahrern herrsche Unsicherheit darüber, wann, wo und für wen die Vorschriften der Europäischen Gemeinschaft oder die des so genannten Europäischen Übereinkommens über die Arbeit des im internationalen Straßenverkehr beschäftigten Fahrpersonals (AETR) gälten. Die AETR-Vorschriften unterschieden sich darüber hinaus von jenen der EG.

Die Fahrer wiederum gaben an, dass die langen Lenkzeiten vom Arbeitgeber gefordert würden.

Und was passiert, wenn es ein Fahrer wagt, sich bei seiner Gewerkschaft oder Interessensvertretung zu beschweren? Ein Experte der steirischen Arbeiterkammer: „Er fliegt hinaus und kommt in der Branche nicht mehr unter."[30]

Empört wiesen österreichische Transportunternehmer die Anschuldigungen zurück. Sie gaben ihren Truckern die Schuld, die trotz Dienstanweisung viel zu lange am Steuer säßen. Der Gesetzgeber müsse vielmehr die Arbeitszeit viel flexibler gestalten, dann wären einige der Probleme vom Tisch, meinten sie. Dass die gewünschte „Flexibilisierung" der Arbeitszeit zu Lasten der Fahrer und letztlich zu Lasten der Sicherheit auf unseren Straßen geht, wurde von den Herren der Branche diskret ausgeklammert.

Doch deren Standesvertretung, die Handelskammer, wusste es besser: „Die Besonderheit dieses Standes erfordert das Einhalten von Terminen."[31] Heißt im Klartext: Lenkzeiten von mehr als 15 Stunden waren schon damals keine Seltenheit. Dazu kamen noch Lade- und Entladearbeiten, die vielfach auf die Fahrer übergewälzt werden.

„Nach 45 Stunden ununterbrochener Fahrt ist ein 30-jähriger Wiener in der Nacht auf Samstag auf der A8 bei Ried im Innkreis angehalten worden ... Laut Auskunft der Gendarmerie wirkte der

Lenker entsprechend übermüdet und unkonzentriert ... Der Lenker gab an, er habe den LKW gemietet und müsse, um die Miet- und alle Nebenkosten für den deutschen 40-Tonner aufbringen zu können, rund um die Uhr unterwegs sein."[32]

Meldungen wie diese lassen in regelmäßigen Abständen die Öffentlichkeit aufschrecken. Sie berichten von Truckern, die wie Kamikaze-Fahrer wirken und sich Europas Autobahnen als bevorzugten Aufenthaltsort gewählt haben.

Immer wieder greifen Kontrollbehörden LKW-Fahrer auf, die tagelang ohne Pausen unterwegs waren. „124 Stunden am Steuer"[33] oder „Kokain gegen den Schlaf und dann Vollgas geben!"[34], so schauen heute Schlagzeilen über LKW-Fahrer aus.

„Ich bin oft 20 Stunden am Stück gefahren. Und ich bin kein Einzelfall. ... Ich hatte oft Halluzinationen", erzählte der ehemalige Trucker Christian S. dem österreichischen Nachrichtenmagazin *News*.[35]

Wie man derartig lang in einer Tour am Steuer sitzen kann? Um die langen Fahrten durchzuhalten, habe er jahrelang Kokain konsumiert – und er sei nicht der einzige Trucker, der auf diese Weise versuche, gegen den Schlaf am Steuer anzukämpfen: „Am besten war Koks, das kann bei einer Straßenkontrolle niemand nachweisen. [...] Ich bin immer durch alle Polizeikontrollen gekommen, obwohl ich zu war wie ein Esel."

Christian S. irrt. Kokain ist mit modernen technischen Geräten sehr wohl nachweisbar.[36] Die Frage ist allerdings, welcher Kontrollbeamte auf die Idee kommt, einen Trucker auf Koks zu testen.

Die Folgen des Kokain-Konsums am Steuer sind in jedem Fall gemeingefährliche Wahrnehmungsveränderungen. Ein Trucker, der auf diese Weise versucht, seine Übermüdung zu überwinden, kann weder sich noch die Umwelt realistisch einschätzen.

Wie sieht der Arbeitsalltag der „Könige der Landstraße" wirklich aus? Sind Aufputschmittel und pausenlose Marathonfahrten der Alltag auf unseren Straßen, oder sind solche verantwortungslosen Gesellen unter den Truckern die Ausnahmen?

Koksende Trucker sind sicher die Ausnahme – doch die Grenzen zwischen „gut“ und „böse“ sind in diesem Metier auf allen Ebenen genau so verschwommen wie jene zwischen legal und illegal. Das betrifft alle Beteiligten, Unternehmer ebenso wie Fahrer.

Auch jene, die bewusst versuchen, bestehende rechtliche Regelungen einzuhalten, können mit Überraschungen rechnen. Man stehe fest auf der Seite von Law and Order. Doch man habe sehr schnell festgestellt, dass Law and Order in diesem Bereich keineswegs so scharf geschnitten sind, wie man das gemeinhin annimmt. Oder wie man sich das so vorstelle. Zu diesem bitteren Resümee kam Dr. Alex Schindler, Vorsitzender des Rechtsausschusses des deutschen BGL, im Mai 2002 auf einer Expertentagung im niedersächsischen Wennigsen.

Truckern geht es da ähnlich. Doch der ganz normale Arbeitsalltag bedeutet für LKW-Fahrer immer wieder eine Gratwanderung. Oft heißt es Anordnungen der Disponenten befolgen, auch wenn diese zur Überschreitung der zulässigen Ladungsmenge, der Höchstgeschwindigkeit, der Arbeitszeiten oder von Fahrverboten führen.

So mancher Trucker musste auch schon ins Führerhaus einsteigen, obwohl das Fahrzeug nach seiner Ansicht technische Mängel aufwies. Die Alternative zum Gehorsam wider besseres Wissen heißt Jobverlust.

Wer sich weigert, eine weitere Fuhre zu übernehmen, weil er schon zu lange unterwegs oder der LKW überladen oder defekt ist, riskiert seine Kündigung. LKW-Fahrer sind leicht zu ersetzen. Da entscheiden sich viele für den Weg des geringsten Widerstandes. Solcher Gehorsam kann lebensgefährlich sein.

Wie brutal der Druck sein kann, mit einem defekten LKW zu fahren, erzählt ein Wiener Trucker in Konrad Hofers Buch *Ausgeliefert. Zum Berufsalltag von LKW- und Busfahrern*: Günther, so der Name des Fahrers, war mit defekten Bremsen und dem Versprechen seines Chefs losgefahren, der LKW werde in zwei Tagen repariert. Er konnte den LKW gerade noch in einen Betonpfeiler manövrieren, nachdem er bemerkt hatte, dass die Bremsen auf abschüssiger Straße keine Wirkung mehr zeigten.

Günther verlangte von seinem Chef, die Bremsen auszutauschen – dieser ließ jedoch nur schnell den durch den Unfall entstandenen Lackschaden ausbeulen und überlackieren. Auf Nachfragen behauptete er, der Mechaniker habe an den Bremsen nichts zu beanstanden gehabt.

Für den Trucker war daraufhin klar: Mit diesem Wagen fuhr er keinen Meter mehr. Als er sich weigerte, die nächste Fuhre zu übernehmen, setzte sich schließlich der Senior-Chef ans Steuer. Er sagte, er wolle sich ein Bild machen, wie es mit der Bremswirkung des Wagens aussehe. Es wurde seine letzte Fahrt. „Er musste in die Steiermark über den Semmering. Bei der Rückfahrt nach Wien verlor er die Herrschaft über den Hängerzug und stürzte bei der Abfahrt vom Semmering vollbeladen die Böschung hinunter. An der Unfallstelle wurden keine Bremsspuren entdeckt.“[37]

Ein unter Fahrern bekanntes und bewährtes Mittel, um den zeitlichen Vorgaben der Disponenten entsprechen zu können, ist das Austricksen der in LKWs eingebauten Geschwindigkeitsbegrenzer. Das Problem bei solchen Manipulationen: Die Tachoscheibe zeichnet die tatsächliche Geschwindigkeit auf. Doch auch vor den heute verwendeten EU-Kontrollgeräten schrecken findige Geister nicht zurück. Diese Kontrollgeräte sollen genau aufzeichnen, wann, wie lange und wie schnell ein LKW gefahren ist. Das ist für den Nachweis eventueller Geschwindigkeitsübertretungen, aber auch in Hinblick auf die Einhaltung der Arbeits-, Lenk- und Ruhevorschriften sowie die korrekte Entlohnung und die dabei anfallenden Sozialabgaben wichtig.

Von manipulierten Aufzeichnungsgeräten können Kontrollbeamte in Österreich wie in Deutschland ein Lied singen. Doch die Manipulationen sind oft ebenso gefinkelt wie die moderne Technik. Sie können nur von Spezialisten erkannt werden.

Für Ermittlungserfolge in Sachen Kontrollgerät-Manipulationen ist branchenintern unter anderem die Bezirksregierung Weser-

Ems bekannt geworden. Bei LKWs einer im Emsland ansässigen Spedition wurden bei Routine-Kontrollen Manipulationen an verplombten Fahrzeugteilen entdeckt. Der Verdacht lag nahe, dass auch die EU-Kontrollgeräte manipuliert worden waren. Daraufhin entschloss man sich, ein eigenes Durchsuchungsteam mit entsprechend ausgebildeten Experten zu bilden.

Zwei Hausdurchsuchungen später waren bereits 16.500 Diagrammscheiben und 25 so genannte „Urlaubsbescheinigungen" beschlagnahmt. Die Analyse des beschlagnahmten Materials fiel recht ergiebig aus: Verdacht von 268 Straftaten bei ermittelten 60 Beschuldigten. Dazu circa 2200 Ordnungswidrigkeiten im Bereich Verstöße gegen Sonntagsfahrverbot und Sozialvorschriften.

Dabei sind die direkt vom Unternehmen begangenen Verstöße noch nicht einmal mitgerechnet, sondern nur jene, die den Fahrern nachgewiesen werden konnten. Die gegen die Trucker zu verhängenden Bußgelder wurden mit ca. 30.000 Euro beziffert – für den Unternehmer gilt der doppelte Satz: 60.000 Euro. Außerdem freute sich die Steuerfahndung über eine Nachzahlung in Höhe von 25.000 bis 50.000 Euro. Die Steuerfahnder hatten gezielt nach Lohnzahlungen gesucht, die zu Unrecht als Spesenzahlungen deklariert worden waren.[38]

So richtig teuer kann es werden, wenn Unternehmer ihre Trucker nicht oder nicht korrekt bei der Sozialversicherung melden. Um so etwas nachweisen zu können, bedienen sich die Ermittler elektronischer Tachoscheibenlesegeräte. Die sind in der Anschaffung nicht ganz billig, weshalb viele Kontrollstellen davor zurückschrecken, eine solche Investition zu tätigen. So manche Behörde kann sich die ca. 13.000 Euro schlicht nicht leisten.

Dabei amortisieren sich die modernen Detektive der Transportbranche sehr schnell. Die Gebietskrankenkasse Niederösterreich beispielsweise beschloss 1998, acht speziell ausgebildete Kontrolleure mit solchen Geräten einzusetzen.[39]

Allein bei einer Schwerpunktuntersuchung im Sommer 2002 bei insgesamt 41 Unternehmen entdeckten die Ermittler, dass diese Herrschaften gut 1,5 Millionen Euro an Sozialversicherungsbeiträgen zu zahlen „vergessen" hatten. Ähnlich erfolgreich waren die Kollegen in der Steiermark: Sie schafften sich 2001 ein solches Tachoscheibenlesegerät an. Nach nur zwei Monaten Arbeit überraschten sie einige Unternehmer mit Nachforderungen in Höhe von 580.000 bis 730.000 Euro.[40] Doch nicht nur die Staatskasse wird von Transportunternehmern in Millionenhöhe geprellt: Die 41 in Niederösterreich nachträglich zur Kasse gebetenen Unternehmen hatten laut Arbeiterkammer auch ihren Arbeitnehmern rund 4 Millionen Euro an Löhnen vorenthalten.[41] Diese Zahlen zeigen die Dimensionen, um die es im Transportgewerbe geht. 41 niederösterreichische Unternehmer steckten 5,5 Millionen Euro ein.

Insgesamt gibt es in Niederösterreich laut Gewerkschaft 1200 Transportunternehmen – man kann sich ausmalen, welche Summen allein in Deutschland und Österreich unterschlagen werden, geschweige denn europaweit.

Dass Fahrer nicht ordnungsgemäß entlohnt werden, ist in der Transportbranche beinahe eine Selbstverständlichkeit. Dass osteuropäische Fahrer für wenig mehr als nichts im Dauereinsatz auf Europas Straßen unterwegs sind, erregt die Öffentlichkeit nur, wenn im Zuge einer Razzia Interna aus den einschlägigen Transportunternehmen bekannt werden.

Doch auch deutschen und österreichischen Fernfahrern wird meist nur ein geringes Grundentgelt gezahlt. Dazu kommen diverse Zulagen, die auf den ersten Blick nach viel Geld aussehen. Diese Zulagen bekommt der Trucker brutto für netto ausgezahlt. Kein schlechtes Geschäft, denkt so mancher. Doch unter dem Strich ergibt diese Kombination weniger als eine korrekte Abrechnung nach Arbeitsstunden.

Im Transportgewerbe sind so hohe Arbeitszeiten üblich, dass die Zahl der mit Zuschlägen zu entlohnenden Überstunden die normale Arbeitszeit immer wieder übersteigt. Doch eine korrekte Auflistung der Arbeitsstunden würde auch offen legen, dass die vorgeschriebenen Pausen nicht eingehalten wurden. Dank pauschal gezahlter „Zulagen" fallen solche Gesetzesübertretungen hingegen nicht weiter auf.[42]

Darüber, wie viele Stunden im Monat ein Trucker wirklich am Steuer seines LKW verbracht hat, gibt nur die Tachoscheibe Auskunft, nicht sein Lohnzettel. Deshalb sind die Tachoscheiben von zentraler Bedeutung, wenn Krankenkasse und Sozialversicherung nachprüfen wollen, wie viel Abgaben aufgrund der tatsächlichen Arbeitsleistung fällig wären. Damit aber bei Überprüfungen der Tachoscheiben die wirkliche Arbeitsleistung nicht bekannt wird, werden viele Tätigkeiten, wie etwa Be- und Entladen, als Ruhezeit statt als Arbeitszeit vermerkt. Die reale Arbeitszeit kennt somit nur der Fahrer – und vermutlich der Arbeitgeber.

Viele Unternehmer zahlen pro forma pauschal die Summe, die nach dem gültigen Kollektiv- bzw. Tarifvertrag als Mindestanmeldungsgrenze gilt. In Wirklichkeit wird jedoch nach Kilometern abgerechnet. Auf diese Weise fahren die Trucker im Akkord. Je mehr, je weiter und je länger, desto mehr Geld gibt es.

Auch wenn die ausgezahlten Löhne bei entsprechend hoher Kilometerleistung nicht schlecht sind – spätestens im Ruhestand steht der Ex-Trucker dann mit der Mindestpension da: Wenn es um Krankengeld oder um die Pension geht, bedeutet dieses Zulagensystem anstelle korrekter Arbeitszeitabrechnung für viele Trucker die Mindestbemessungsgrundlage.

Andreas Reisinger hat für seine Materialsammlung über das Transportgewerbe die Lohnzahlungen, die er während seiner Beobachtungen im Sommer 1999 erhalten hat, vom Österreichischen Gewerkschaftsbund nachprüfen lassen. Er hat genau Buch geführt über seine Tätigkeiten und konnte so jede Stunde Arbeitszeit detailliert belegen.

Seine Lohnzettel werfen ein deutliches Licht auf die Entlohnungs-Usancen in der Branche. Allein für den Monat August 1999 ergibt die Differenz zwischen dem von seinem damaligen Arbeitgeber bezahlten und dem laut gültigem österreichischem Kollektivvertrag (der österreichische Kollektivvertrag entspricht dem deutschen Tarifvertrag) zu zahlenden Bruttolohn 658,21 Euro.

Diese Differenz wird durch die von der Firma absichtlich um 322 Euro zu hoch angesetzten Reisediäten bei weitem nicht wettgemacht.

August 1999	**Lohnauszahlung**	**Kollektivvertrag**
Bruttolohn	1.933,72	2.591,93
Diäten	1.258,78	936,57
Summe	**3.192,5**	**3.528,5**
Normalstunden	176 h	176 h
Überstunden mit 50 Prozent	71 h	128,75 h
Überstunden mit 100 Prozent	23 h	39,75 h

Die aufgelisteten Arbeitszeiten erscheinen astronomisch. 176 normale Arbeitsstunden, zu denen 168,5 Überstunden kommen: Die Gesamtarbeitszeit in diesem Monat beläuft sich auf 344,5 Stunden! Einsatzzeiten bis zu 18 Stunden ohne Pause und ohne adäquate Bezahlung – in welcher anderen Branche wäre so etwas denkbar?

Immer wieder geben Disponenten Truckern Fahrtaufträge, obwohl sie wissen, dass diese nicht unter Einhaltung der Fahrtzeitbegrenzungen ausgeführt werden können. Findige Unternehmer versuchen darüber hinaus, ihre Fahrer beziehungsweise letztlich sich selbst gegen mögliche Kontrollen abzusichern.

Überaus beliebt bei umsatzhungrigen Transportunternehmern sind beispielsweise Urlaubsbescheinigungen: Da wird einem Fahrer von seinem Arbeitgeber ein Schreiben mitgegeben, in dem steht, der Fahrer sei nur für eine Fahrt aushilfsweise angestellt und habe vor Beginn derselben Urlaub gehabt.

In Wirklichkeit hatte der betreffende Fahrer vor Beginn dieser Fahrt keineswegs Urlaub – er saß vielmehr am Steuer eines anderen LKWs.

Auch wenn der Fahrer de facto schon tagelang unterwegs war, erweckt eine solche jeweils für eine bestimmte Fahrt ausgestellte Bescheinigung den Eindruck, es sei dies die erste Fahrt des Truckers nach einem Urlaub. Derartige Bestätigungen werden von manchen Unternehmern in großen Mengen an ihre Fahrer ausgegeben, damit diese so viel fahren können, wie sich die Spediteure das vorstellen – und nicht, wie es der Gesetzgeber im Interesse der Fahrer und der öffentlichen Sicherheit vorsieht.

Andreas Reisinger erhielt eine Urlaubsbescheinigung, als er im Februar 1999 bei einer österreichischen Firma arbeitete. Er hatte am Tag zuvor jedoch einen LKW gelenkt, und zwar genau den, mit dem er nach dem Erhalt dieses Papieres nach Holland fuhr. Zwei Tage später bekam er nochmals eine dieser Bestätigungen überreicht, um die vorgegebenen Disponentenziele erreichen zu können. „Einmal habe ich sogar innerhalb eines Tages zwei Urlaubsscheine ausgefasst: In der Nacht bin ich von Holland gekommen. Hab einen Urlaubsschein bekommen. Dann ging's in die Steiermark. Am Abend hab ich dann den nächsten Schein bekommen – damit ich die Nacht wieder nach Holland fahren kann. Da bist du körperlich am Ende."

Dass derartige Bestätigungen oft das Papier nicht wert sind, auf dem sie stehen, ist branchenintern und bei Kontrollbehörden durchaus bekannt. Doch nur in den seltensten Fällen kann nachgewiesen werden, dass der angebliche Urlaub in Wahrheit hinter dem Steuer verbracht wurde.

Wenn der Trucker das Schweigen bricht, kann der Betrug auffliegen – aber die wenigsten sind bereit, gegen ihren Arbeitgeber auszusagen.

Dabei kann eine solche Aussage einiges in Bewegung bringen: Wegen zu Unrecht ausgestellter Urlaubsbescheinigungen sahen sich im Frühjahr 2003 erstmals ein Geschäftsführer und ein Disponent eines österreichischen Unternehmens zu ihrer großen Überraschung in erster Instanz wegen Urkundenfälschung verurteilt.

Vor dem Grazer Bezirksgericht wurde im Frühjahr 2003 eine ganz normale Arbeitswoche eines Fahrers dieser Firma rekonstruiert: Montag früh um drei Abfahrt aus der Steiermark, Richtung Deutschland. Ein langer Weg – erst um 23 Uhr war der Trucker wieder daheim in der grünen Mark. Dazwischen lagen gerade einmal zwei Stunden Pause. Dienstag dasselbe Szenario, diesmal Abfahrt um sieben Uhr.

Mittwoch wurde es dann brenzlig. Früh um sechs machte der Trucker sich auf den Weg nach Köln. Mit einer Bescheinigung, dass er bis dato in Urlaub gewesen sei. Zum Vorweisen für die deutschen Kontrollbehörden. Denn die gesetzlich vorgeschriebenen Pausen waren längst überschritten.

Am Donnerstag wollte er endlich die vorgeschriebene Pause nachholen. Sein Wunsch stieß auf wenig Gegenliebe. Das interessiere ihn nicht, bekam er von seinem Chef zu hören. Wenig später wurde der renitente Fahrer gefeuert.

Er ging zur Gewerkschaft, die den Fall vor Gericht brachte. Ein heikles Unterfangen: Die Firma gehörte zum fraglichen Zeitpunkt einem hohen österreichischen Wirtschaftskammerfunktionär.

Ihren Lohn müssen sich LKW-Fahrer unter dem doppelten Druck von Seiten der Unternehmer und Disponenten auf der einen und der Kontrollbeamten auf der anderen Seite verdienen. Die Gefahr, kontrolliert und gegebenenfalls zur Kasse gebeten zu werden, schwebt ständig über dem Arbeiter am Steuer. Viele Trucker entwickeln eigene Methoden, um Kontrolleuren ein Schnippchen zu schlagen. Manchmal ist das angesichts mangelnder Qualifikation der Kontrollbeamten auch gar nicht weiter schwierig.

Andreas Reisinger hat während seinen Beobachtungen zum österreichischen Transportmarkt das Kontrollverhalten der Behörden aus der Praxis kennen gelernt: „In Österreich verbessert sich die Situation allmählich, und die Beamten der Straßenwacht sind mittlerweile fähig, eine Tachoscheibe zu lesen. Was noch immer nicht heißt, dass sie die Tricks der Fahrer schon durchschaut haben.“[43]

Tachoscheiben mit belastenden Aufzeichnungen verschwinden zu lassen, wenn eine Kontrolle naht, kann bares Geld wert sein. So wurde Reisinger 1999 von einem Kontrollbeamten angehalten, nachdem er bereits 12 Stunden hinter dem Lenkrad verbracht hatte. Die Tachoscheiben sahen dementsprechend aus – Reisinger zeigte sie dem Beamten also nicht. Seine Ausrede, warum er keine Tachoscheibe vorweisen könne: Er sei Aushilfsfahrer und müsse nur schnell diese eine Ladung nach Wien bringen.

Dem Kontrolleur reichte diese glatte Lüge, er fragte nicht weiter nach. So kam Reisinger mit der Strafe von 21,80 Euro wegen fehlender Schaublätter davon.

Wer so etwas liest, fragt sich, welchen Stellenwert die 49.251 protokollierten Verstöße gegen die EU-Sozialvorschriften im österreichischen Straßenverkehr der Jahre 1997 und 1998 wohl haben – und wie viele Verstöße nie ein Protokoll erfasst hat. Zum Vergleich: In Deutschland wurden im selben Zeitraum fast eine Million Verstöße protokolliert. Die Höhe dieser Zahlen macht deutlich: Viele Transportunternehmen betreiben ihr Geschäft systematisch mit kleineren oder größeren Betrügereien.

Wie aber kann sich ein Fahrer wehren, der von seinem Arbeitgeber immer wieder zu Überschreitungen gesetzlicher Vorschriften gezwungen wird? Betriebsräte sind in der nur schwach gewerkschaftlich organisierten Transportbranche ein Fremdwort. Also bleibt nur die Beschwerde beim Arbeitgeber oder die Kündigung.

Das Bundessozialgericht in Kassel hat 2002 in diesem Zusammenhang eine grundlegende Entscheidung getroffen. Ein Trucker, der kündigen möchte, weil er zum Überschreiten der zulässigen Lenkzeiten genötigt wird, muss sich vorher bei seinem Arbeitgeber beschweren. Andernfalls riskiert er eine Sperrzeit vom Arbeitslosengeld nach seiner Kündigung. Dass die Lenkzeitüberschreitungen dem Arbeitgeber bekannt und im Transportgewerbe üblich seien, befreie den Fahrer nicht von der Pflicht, selbst für eine Bereinigung der Situation zu sorgen, so das Urteil.[44]

Eine riskante Aufforderung: Wer sich solcherart bei seinem Arbeitgeber unbeliebt macht, wird höchstwahrscheinlich bald unter Vorgabe von Gründen entlassen, die ihm ebenfalls eine Sperrfrist und damit drei Monate ohne Geld eintragen. Und außerdem: Wie, wann und wo soll die Beschwerde des Fahrers protokolliert werden? Vom zuständigen Disponenten, im Personalbüro, von einer Sekretärin der Geschäftsleitung?

Man stelle sich vor: Ein Arbeitnehmer schreibt seinem Chef einen Brief, in dem er diesem vorwirft, ihn zu illegalen Praktiken zu verleiten. Wie wird der Chef wohl handeln?

Das Bundessozialgericht nimmt mit seiner Entscheidung den Arbeitnehmer für die Pflichten des Arbeitgebers in die Pflicht – eine seltsame Entscheidung. Darüber hinaus klingt die Argumentation reichlich zynisch.

Sie bestätigt, dass auch an allerhöchster richterlicher Stelle die Zustände im Straßengüterverkehr durchaus bekannt sind – und in Kauf genommen werden.

Betrug – Kavaliersdelikt oder überlebensnotwendig?

Es gibt wohl kaum eine rechtliche Vorschrift im Güterverkehr auf der Straße, die nicht von findigen Unternehmern ausgehebelt wurde. Und sobald sich eine derartige „gute Idee" herumspricht, findet sie zahlreiche Nachahmer.

Da sind zum Beispiel die ebenso heiß umstrittenen wie bei den Betroffenen heiß begehrten österreichischen Ökopunkte (s. S. 174 ff). Jeder LKW, der Österreich als Transitstrecke nutzt, braucht seit 1994 eine gewisse Anzahl dieser Punkte. Die Menge der Punkte richtet sich nach dem Schadstoffausstoß des Fahrzeugs. Die Gesamtanzahl von Ökopunkten wurde jedoch begrenzt – auf diese Weise sollte die Schadstoffbelastung durch LKW-Verkehr in Österreich in halbwegs erträglichen Grenzen gehalten werden.

Mit etwas Einfallsreichtum kamen Brummis freilich auch ohne Ökopunkte durch das Land. Lange Zeit war das „Recyclen" der begehrten Punkte sehr beliebt: Mit Hilfe von Wasserdampf ließen sich bereits verbrauchte und auf das entsprechende Formular aufgeklebte Ökopunkte ablösen und wieder verwenden.

Mittlerweile sind die Klebe-Punkte durch ein elektronisches Erfassungssystem ersetzt worden – doch für findige Unternehmer ist das kein allzu großes Problem. Wer aus dem Ausland kommend eine Ladung quer durch Österreich transportieren möchte, aber keine Ökopunkte für den Transit hat, hilft sich mit neu ausgestellten Frachtpapieren, zum Beispiel für eine Fahrt von Deutschland nach Italien via Österreich. Zuerst schreibt sich das Unternehmen einen Frachtbrief mit Ziel in Österreich, vorzugsweise eine eigene Niederlassung oder ein befreundetes Unternehmen im Alpenstaat. In Österreich angekommen, schreibt man einen neuen Frachtbrief. Diesmal fungiert die österreichische Adresse als Ladeadresse.

So entsteht bei der Einfahrt nach Österreich der Eindruck, der LKW werde nur ins Land fahren, es aber nicht transitieren. Im Land selbst wiederum wird der Anschein erweckt, die Fahrt ginge nur von Österreich nach Italien.

Derartige Praktiken gelten als Selbstverständlichkeit und erregen nur dann Aufsehen, wenn sie allzu ungeniert in der Öffentlichkeit ausgeplaudert werden. „Punktegewinn in Austria", oder „Ohne Ökopunkte durch Tirol", lauteten im Frühling 2002 Schlagzeilen, die für Aufregung im Gewerbe und bei den Behörden sorgten.

Der Hintergrund dieser Meldungen: LKWs, deren Ladung in Österreich – wie es mit dem Fachausdruck heißt – „abgesetzt" wird, sind von der Ökopunkte-Regelung ausgenommen. Wer also Ware nach Österreich transportiert, die im Land selbst verbraucht oder verarbeitet wird, benötigt keine Ökopunkte. Das selbe gilt für Fahrten, bei denen in Österreich geladen wird. Ökopunkte sind nur für reine Transitfahrten durch Österreich, also etwa von Deutschland oder Tschechien nach Italien, fällig.

Eine österreichische Firma machte sich die „Absetz-Regelung" auf ihre Weise zunutze und bot ausländischen Spediteuren einen ganz speziellen Service.

LKWs, die beispielsweise von Deutschland über Österreich nach Italien unterwegs waren, sollten zunächst nach Österreich fahren. Dort würde die Ladung ab- und postwendend auf einen anderen Auflieger aufgeladen. Dieser würde dann wieder an die Zugmaschine angehängt. Und schon stehe der transitfreien Weiterfahrt nach Italien nichts mehr im Wege. Schließlich werde ja die Ladung für den ersten Teil der Fahrt in Österreich abgeladen. Und auch der zweite Teil der Fahrt, von Österreich nach Italien, sei kein Transit. Man benötige lediglich zweierlei Frachtpapiere und die Möglichkeit, auf einen zweiten Auflieger umzuladen. Ein Service, für den die Firma offenbar gerne zur Verfügung stand.

Der für die Transitabwicklung zuständige Beamte bei der Tiroler Gewerbeabteilung ist erbost, denn so sei die Regelung nicht gedacht. Absetzen sei nicht gleich Abladen. Die Ware müsse zum Verbrauch in Österreich bestimmt sein. Die Firma ließ sich von solchen Aussagen freilich wenig beeindrucken und gewährte mit ihrem Statement Richtung Gewerbeabteilung einen Einblick in die Realität der Ökopunkte-Handhabung – das sei seit Jahren gängige Praxis.

Kein Transport ohne Genehmigung – doch auch keine Genehmigungsregelung ohne findige Unternehmer, die sie umgehen. Für das internationale Transportgeschäft mit Ländern außerhalb der EU sind so genannte CEMT-Genehmigungen notwendig. CEMT ist der Name der Europäischen Verkehrsministerkonferenz, einem Zusammenschluss der Verkehrsminister aus insgesamt 43 europäischen und einigen wichtigen nichteuropäischen Ländern. Diese von der CEMT vergebenen Lizenzen berechtigen zum grenzüberschreitenden Verkehr zwischen dem Ausstellungsland und den EU- und Efta-Staaten.

Die CEMT bestimmt die Anzahl der Genehmigungen, die ein Land bekommt. Es bleibt dann den jeweiligen Ländern überlassen, diese Genehmigungen an ihre Spediteure zu verteilen. Die Genehmigungen haben die Aufgabe, den zwischenstaatlichen Frachtverkehr zu regulieren und Wettbewerbsverzerrungen durch fremde Frächter hintanzuhalten. Dennoch gibt es immer wieder Gerüchte, dass sie missbräuchlich innerhalb der EU eingesetzt werden.

Und immer wieder fliegen neue Fälle auf, in denen diese an sich streng kontingentierten Genehmigungen im großen Stil doppelt ausgestellt, gefälscht oder einfach kopiert werden (s. S. 66 ff). Es gebe eine unglaubliche Menge an gefälschten CEMT-Genehmigungen, wissen die Ermittler gegen kriminelle Transporteure im bayerischen Rosenheim.

Im Frühjahr 2003 wurden weitere Einzelheiten in Sachen CEMT-Genehmigungen bekannt. Zunächst beantragte man eine ganz reguläre CEMT-Genehmigung. Dann ging man nochmals zur Behörde und behauptete, dass man für die Ausstellung eines Visums für den Fahrer noch eine brauche. Zur Vorlage bei der Visumbehörde. Die Genehmigungsbehörde stellte prompt noch eine Genehmigung aus – kein Duplikat, sondern wieder ein Original.

Nach der Razzia gegen Willi Betz im März 2003 warfen Ermittler dem Unternehmen vor, Schmiergelder in sechsstelliger Euro-Höhe an hohe Beamte in Aserbaidschan und Georgien gezahlt zu haben, um die begehrten Lizenzen zu erhalten. Die Firma dementierte umgehend. Die gezahlten Gelder seien keine Bestechungsgelder, sondern Zahlungen, die von den Zahlungsempfängern so verlangt worden seien.[45]

Wie die Gesetzgeber mitspielen

Für den grenzüberschreitenden Verkehr in der EU gelten spezielle EU-Lizenzen, doch für den größeren Teil des internationalen Straßengüterverkehrs arbeiten die Transportunternehmer mit bilateralen Genehmigungen. Daneben gibt es noch eine kleinere Anzahl multinationaler Genehmigungen. Einheitliche Regelungen für solche Genehmigungen gibt es nicht.

Nach dem Willen der Politik sollte der internationale Transportmarkt ein großer gemeinsamer Markt mit gleichen Chancen für alle sein. Die Realität sieht anders aus: Die CEMT kommt zu der ernüchternden Feststellung, das System der bilateralen und multinationalen Lizenzen sei „weit entfernt davon, ideal zu sein". Solche Genehmigungen bieten nämlich Raum für zahlreiche Ausnahmen von internationalen Marktregulierungsvorschriften.

Die CEMT spricht in diesem Zusammenhang von „fehlender Transparenz" und kritisiert, diese Ausnahmeregelungen würden dem Gedanken des einheitlichen Markts zuwiderlaufen.[46]

Doch auch die von der CEMT selbst vergebenen Genehmigungen kommen nicht nur wegen der unklaren und uneinheitlichen Vergabepraxis in den verschiedenen Ländern und den zahlreichen

Betrugsmöglichkeiten ins Gerede. 62 Prozent der Unternehmen aus den ost- und südosteuropäischen und 56 Prozent aus den westeuropäischen Ländern sind unzufrieden mit der gegenwärtigen Vergabepraxis. Fast die Hälfte der von der CEMT in einer Studie befragten Unternehmen sehen das System der CEMT-Genehmigungen sogar als Auslöser von Wettbewerbsverzerrungen![47]

Angesichts der unterschiedlichen Handhabung der Vergabe von CEMT-Genehmigungen in den jeweiligen Ländern und der ebenso unterschiedlichen Gebühren für eine solche Lizenz können nur Zyniker von einem gemeinsamen Markt mit gleichen Chancen für alle sprechen. Die Unterschiedlichkeiten haben noch dazu Methode: In den ärmeren Ländern des europäischen Ostens und Südostens sind diese nicht nur viel teurer als im Westen (wo sie in vielen Ländern gar nichts kosten). In 85 Prozent der Länder des ehemaligen Ostblocks wird darüber hinaus eine Mindestgröße der Fahrzeugflotte verlangt, wenn ein Unternehmen um CEMT-Genehmigungen ansucht. Im Westen wird eine solche Minimalgröße nur in acht Prozent der Länder verlangt.[48]

Damit liegen die Anforderungen für eine CEMT-Genehmigung in Osteuropa um einiges höher. Gerecht werden können ihnen in diesen finanzschwachen Ländern nur Firmen, die mit westlichen Unternehmen kooperieren oder von solchen übernommen wurden. Einheimischen Unternehmen dieser Länder wird eine eigenständige Entwicklung in Konkurrenz zu den kapitalstarken Ablegern aus dem Westen so fast unmöglich gemacht.

Gleichzeitig bringt das Ausnutzen der osteuropäischen Arbeitskräfte und der niedrigen örtlichen Lohn-, Abgabe- und Nebenkosten den westeuropäischen Firmen die nötige Größe und Finanzkraft, um die Märkte im Westen wie im Osten aufzurollen.

Wie Transporteure Bestimmungen zurechtbiegen

Profitoptimierung veranlasst viele Transportunternehmer, ihre LKWs „unter fremder Flagge“ (d.h. mit den Kennzeichen anderer Staaten) von den billigsten Arbeitskräften, die der internationale

Arbeitsmarkt jeweils zu bieten hat, fahren zu lassen. Dabei treffen die unternehmerischen Interessen auf zahlreiche Regelwerke: Sozial- und Arbeitsvorschriften, vor allem aber die Ausländergesetzgebungen stehen dem Wunsch der Transportunternehmer nach immer niedrigeren Lohnkosten entgegen. Die wenigen, kaum wirksamen Kontrollen machen deren Umgehen jedoch zu einem Kinderspiel.

Mancher Unternehmer beschäftigt kurz entschlossen Osteuropäer ohne jegliche Arbeits- und Aufenthaltserlaubnis zu den Lohnkonditionen ihrer Heimatländer. Selbst wenn diese illegalen Beschäftigungsverhältnisse bei Kontrollen auffliegen und die Verhaftung der Trucker eine Störung des Arbeitsablaufs darstellt, ist der dadurch entstehende Schaden offenbar gering.

Die meisten Firmen bemühen sich jedoch um mehr oder minder ausgefeilte Konstruktionen, die die Beschäftigung von Osteuropäern zu Dumpingpreisen durch Anwendung von Gummiparagraphen und Gesetzeslücken ermöglichen sollen.

Immer weniger Menschen finden heute einen langfristigen Arbeitsplatz. Immer mehr Menschen arbeiten in befristeten Arbeitsverhältnissen, die nicht in sozialstaatliche Regelungen eingebunden sind. Menschliche Arbeitskraft ist teuer. Oft ist sie zu teuer. Für die moderne Industrie mit ihren über die Erde verstreuten und automatisierten Arbeitsvorgängen ist der erwerbstätige Mensch westlicher Prägung eher ein Stör- als ein Produktionsfaktor.

Im Transportgewerbe kommen nun Faktoren zusammen, die es zu einem der Vorreiter zukünftiger Entwicklungen des Arbeitsmarkts machen. Zum einen ist Straßentransport meist ein internationales Geschäft, zum anderen erfordert er, vom Führerschein abgesehen, von seinen Beschäftigten keine besondere Ausbildung.[49] Damit ist der Weg auf den transnationalen Arbeitsmarkt offen – Niederlassungen in „billigen“ Ländern ermöglichen den mehr oder minder legalen Einsatz von dortigen Arbeitskräften auch im Westen. Weiters profitiert das Transportgewerbe auch von all jenen neuen Arten von Arbeitsverhältnissen, die im Zuge der Liberalisierung und der damit einhergehenden umfassenden Veränderung am Gesamtarbeitsmarkt immer häufiger werden.

Auf Europas Straßen fahren infolgedessen ungezählte Praktikanten, Leiharbeiter, Saisonarbeiter, geringfügig beschäftigte Aushilfsfahrer, Grenzgänger und selbständige Ich-Unternehmer aus aller Herren Länder.

Immer mehr Trucker wandern in die Selbständigkeit ab. Dahinter stehen verschiedenste Modelle und Interessen. Einige träumen davon, ihr eigener Herr zu sein und melden sich deshalb auf eine der zahlreichen Anzeigen, die einschlägige Firmen in Fernfahrer-Magazinen schalten. So werden ehemalige Angestellte zumindest auf dem Papier zu Mitunternehmern. Die Frage, wie selbständig Trucker, die als Mitunternehmer großer Speditionen arbeiten, wirklich sind, beschäftigt immer wieder Staatsanwälte und Rechtsgutachter.

Die Selbständigkeit ist besonders für Fahrer aus Ländern außerhalb der EU reizvoll. Genauer gesagt, für EU-Unternehmer, die solche Fahrer beschäftigen wollen: Selbständige Trucker entgehen, je nach nationaler Gesetzeslage, einigen Vorschriften der Ausländergesetzgebung.

In Deutschland benötigt beispielsweise ein LKW-Fahrer aus einem nicht zur EU gehörenden Land keine Arbeitsgenehmigung, wenn er als Geschäftsführer oder Prokurist eines Unternehmens arbeitet.

Um alle in diesem Zusammenhang relevanten Rechtsvorschriften zu durchschauen, braucht man einen Juristen. Unter dem Strich laufen die Regelungen darauf hinaus, dass osteuropäische Trucker als Geschäftsführer weder Arbeits- noch Aufenthaltserlaubnis brauchen, wenn sie in Deutschland nicht mehr als drei Monate hintereinander arbeiten. Doch diese zeitliche Einschränkung ist so gut wie nicht nachprüfbar.

Manche Unternehmer nützen diese Regelung aus und ernennen ihre osteuropäischen Fahrer kurzerhand zu Geschäftsführern. Also sind in Deutschland mittlerweile Scharen von Geschäftsführern und Prokuristen in LKWs unterwegs – ganz legal. Viele Fahrer wissen nicht einmal, dass sie Geschäftsführer sind. Sie gehen davon aus, dass die Papiere, die ihnen der Chef mitgibt, in Ordnung sind. Was diese Papiere ihnen bescheinigen, erfahren sie oft erst vom Haftrichter.

Bei einer Vernehmung vor dem Amtsgericht Passau gab ein verhafteter ungarischer Trucker zu Protokoll: Sein Chef habe ihm erklärt, dass diese Papiere in Ordnung seien. Dem Chef könne man nicht widersprechen oder mit ihm diskutieren, und da auch Stempel auf den Papieren waren, sei er der Meinung gewesen, dass diese in Ordnung seien.

Nicht selten erleben Fahrer auch, dass sie eine Kontrolle unbeanstandet passieren können, doch bald darauf mit denselben Dokumenten bei einer anderen Kontrolle angezeigt werden. So entsteht zusätzliche Verwirrung. Verwirrung, die nicht nur den betroffenen Fahrern das Leben schwer macht, sondern auch den Juristen und Kontrollbehörden.

So etwa wurden jahrelang slowakische Trucker von einer deutschen Firma ohne Arbeits- und Aufenthaltsgenehmigung beschäftigt, wie die deutsche Ermittler feststellen mussten. Aber zunächst hatten sie keine Möglichkeit, dagegen vorzugehen. Im Laufe der Jahre wurden immer mehr Fahrer aufgegriffen, die Anzeigen wegen Verstoßes gegen das Ausländergesetz häuften sich.

Die Trucker waren zunehmend verunsichert und verlangten einen legalen Anstellungsvertrag. Daraufhin verfiel die Unternehmensleitung zusammen mit dem Firmenanwalt auf die rettende Idee, zukünftig alle Slowaken kurzerhand zu Geschäftsführern zu machen. Bei einer Fahrerversammlung in der Slowakei beruhigte der Firmenchef die versammelten Trucker: Es gebe demnächst ein Gerichtsurteil, das beweise, dass die Beschäftigung von Slowaken auch innerhalb der EU korrekt sei.

Danach schickte der Firmenanwalt ein rechtsgutachterliches Schreiben an zahlreiche mit Anzeigen gegen illegal beschäftigte Fahrer befasste Staatsanwaltschaften in ganz Deutschland. Mit

Erfolg. Mehrere Staatsanwaltschaften stellten nachweislich aufgrund des Schreibens dieses Anwalts Verfahren gegen illegal beschäftigte Fahrer ein.

Aber der Anwalt bekam selbst Probleme, weil ihn sein ehemaliger Mandant belastete und er selbst bei der Staatsanwaltschaft München angezeigt wurde. Das Verfahren ist anhängig.

Das erwähnte Schreiben hatte der Firmenanwalt in Eigenregie verfasst. Er behauptete darin, die Firma, auf deren Fahrzeugen die Trucker angetroffen würden, sei Teil einer internationalen Firmengruppe.

Beigefügt war jeweils ein Auszug aus dem italienischen Firmenregister bei der Kammer für Handel, Industrie, Handwerk und Landwirtschaft für die Provinz Crema, der belegen sollte, dass der Fahrer Geschäftsführer einer Firma in ebenjener italienischen Provinz sei.

Aufgrund dieses Schreibens durften die Trucker ihre Fahrt in vielen Fällen unbeanstandet fortsetzen. Zeigte eine Kontrollbehörde einen Trucker wegen fehlender Aufenthalts- und Arbeitsgenehmigung an, so verfehlte der Hinweis, der Fahrer sei doch Geschäftsführer, seine Wirkung nicht. So wurde beispielsweise im Oktober 2000 der Slowake M. P. vom Amtsgericht im bayerischen Kitzingen freigesprochen, weil er ja Geschäftsführer der Firma in Crema sei.

Den Vorsitzenden Richter plagten dennoch starke Bedenken, was es mit den Geschäften des Slowaken so auf sich habe. In der Urteilsbegründung dokumentierte er ausführlich die Vorbehalte, die er gegenüber dem von ihm soeben verkündeten Freispruch hatte. Zwar deute vieles darauf hin, dass die vom Angeklagten als selbständigen Unternehmer angeblich in Italien gemeldete Transportfirma „frei erfunden" sei, jedoch sei mit den dem Gericht zur Verfügung stehenden Beweismitteln in angemessener Zeit das Gegenteil nicht nachweisbar.

Der Richter zu den Hintergründen dieses Falles: „Derartige Vorfälle häufen sich in letzter Zeit, wobei verschiedene Firmen, teilweise in Ketten, mit ausländischen Sitzen gebildet werden, wobei dann die Fahrer als angebliche Geschäftsführer oder Unternehmer aufgeführt werden.“[50]

Dieses Urteil ist eigentlich eine Bankrott-Erklärung des deutschen Gerichtswesens angesichts der Usancen im Transportgewerbe: Der Richter geht davon aus, dass der Angeklagte schuldig ist – doch er muss ihn freisprechen. Er weist sogar noch darauf hin, dass die illegalen Praktiken in letzter Zeit zugenommen hätten – doch er kann nichts dagegen machen.

Die Zweifel des Richters waren allerdings durchaus berechtigt. Die Ermittlungen gegen den Firmenanwalt brachten es ans Licht: Auf Anweisung ihres Chefs mussten sich die slowakischen Fahrer als Geschäftsführer der Firma in Crema ausweisen – aber diese Firma hat es weder in Italien noch in einem anderen Land jemals gegeben.

Die vorgelegten Bescheinigungen der Handelskammer in Crema stellten sich nach Ermittlungen der Gerichtspolizei Trento als glatte Fälschungen heraus. Kein Wunder also, dass die kontrollierten Trucker auf Befragen der Ermittler angaben, diese Firma nicht zu kennen.

Nicht viel besser verhielt es sich mit den angeblichen belgischen Niederlassungen, als deren Geschäftsführer sich ebenfalls viele Fahrer dieser Firma ausgewiesen hatten.

Das Resümee der Ermittler: Anlässlich des Vollzugs der Rechtshilfeersuchen bei den belgischen, slowakischen und italienischen Firmen und den Vorermittlungen in Trento konnte bewiesen werden, dass die Firma in Crema eine reine Erfindung und alle diesbezüglichen Unterlagen reine Fälschungen seien und kein einziger slowakischer Kraftfahrer in einer der existenten belgischen Briefkastenfirmen der Gruppe als Geschäftsführer eingetragen war.

In Österreich bringt die Selbständigkeit im Gegensatz zu Deutschland nicht nur die Möglichkeit, ohne Arbeits- und Aufenthaltserlaubnis für zumindest drei Monate arbeiten zu dürfen. Wer in Österreich als Selbständiger ein Gewerbe anmeldet, bekommt mit dem Gewerbeschein gleich die Aufenthaltserlaubnis dazu. Die

Gewerbescheine stellen die örtlichen Bezirkshauptmannschaften aus. Die Bezirkshauptmannschaften entsprechen den deutschen Landkreisverwaltungen.

Gewitzte Unternehmer haben sich das zunutze gemacht. Sie haben ihre osteuropäischen Fahrer einfach zur nächsten Bezirkshauptmannschaft gebracht. Im Vernehmungsprotokoll eines Truckers hört sich das dann so an: Er sei mit dem Firmenchef zu einer Adresse in der Nähe von Waidhofen an der Thaya gefahren. Dort habe ihm der Chef gesagt, er müsse nun einen Wohnsitz anmelden. Er habe das gemacht, wisse aber nicht, wo er eigentlich seinen Wohnsitz habe. Dann seien sie zur Polizei gegangen und die hätte ihm ein Visum im Pass eingetragen.

Diesem Fahrer wurde nicht nur ein Visum in den Pass gestempelt, er erhielt auch einen Gewerbeschein. Was darauf stand und dass er jetzt Gewerbetreibender sei, erfuhr der ungarische Trucke allerdings erst vom deutschen Haftrichter. Von seiner Firma wurde ihm nur gesagt, er solle den Schein bei Kontrollen vorzeigen. Um den Inhalt des Dokuments zu verstehen, reichten seine Deutschkenntnisse nicht aus. Der Ungar landete vor einem deutschen Gericht.

So konnten in der österreichischen Provinz aus einfachen Trucker im Handumdrehen Gewerbetreibende werden. Ihr Gewerbe: „Zur Verfügung stellen der eigenen Arbeitskraft zum Führen von Kraftfahrzeugen (LKW und PKW), ausgenommen Taxi und Mietwagen". Schon diese sprachliche Verrenkung macht deutlich, wie absurd ein solches Gewerbe ist: „Zur Verfügung stellen der eigenen Arbeitskraft" – das macht jeder Arbeiter und Angestellte.

Diese Gewerbescheine sorgten in Österreich für reichlich Unmut. Mittels ministerieller Erlässe[51] wurden sie schließlich hochoffiziell für nichtig erklärt.

Die Freuden des liberalisierten Arbeitsmarktes

Praktikanten, Leiharbeiter, Saisonarbeiter, geringfügig beschäftigte Aushilfsfahrer, Grenzgänger und selbständige Trucker mit oder ohne Geschäftsführungsbefugnis: Sie alle haben mindestens drei Dinge gemeinsam.

Erstens haben ihre Arbeitsverhältnisse mit Arbeitsplätzen im herkömmlichen Sinn wenig bis nichts zu tun.

Zweitens lassen sie beim Arbeitgeber die Kasse klingeln. Auch wenn in manchen dieser Arbeitsverhältnisse eine Entlohnung nach den Maßstäben des Landes vorgeschrieben ist, in dem die Arbeit geleistet wird, entziehen sich diese ungesicherten Arbeitsplätze einer Überprüfung. In anderen Fällen ist der Vorteil des Arbeitgebers von vornherein klar: Leiharbeiter beispielsweise dürfen nach den Tarifen ihres Herkunftslandes bezahlt werden.

Drittens sind all diese so genannten „prekären" Beschäftigungsverhältnisse immer wieder juristisch und politisch umstritten – und das offensichtlich mit Recht.

Nationale Gesetzgebungen regeln solche prekären Beschäftigungsverhältnisse. In Frankreich zum Beispiel erlaubt das „Saisonarbeitergesetz" die Beschäftigung von Ausländern als Saisonkräfte für drei Monate ohne Bewilligungen. Wann Saison ist, legt der Arbeitgeber fest.

Die Saisonarbeiterregelung hat in der Landwirtschaft Tradition und dort ist es tatsächlich sinnvoll, von einer Saison zu sprechen. In vielen Ländern gibt es solche oder vergleichbare Regelungen – sei es, dass Ungarn im Burgenland bei der Weinlese helfen oder Polinnen die berühmten Spreewaldgurken ernten.

Was für die Erntezeit eine vernünftige Einrichtung war, um schnell und unbürokratisch an Arbeitskräfte für einen bestimmten Zeitraum zu gelangen, wird heute von anderen Branchen etwas zweckentfremdet in Anspruch genommen.

Nach der Razzia gegen einen großen deutschen Spediteur behaupteten Zeitungen, das Unternehmen hätte die Saisonarbeiterregelung für seine Zwecke genutzt. Als erstes habe man vier Zweigstellen in Frankreich eröffnet. In jeder Niederlassung war drei Monate im Jahr Saison. Die Arbeiter seien im Rhythmus der vier Jahreszeiten in den Niederlassungen beschäftigt gewesen. Auf diese Weise hätten sie jahrelang bewilligungsfrei für dieses Unternehmen arbeiten können.

Nicht überall dürfen Saisonkräfte im Transportgewerbe eingesetzt werden. Doch überall sind prekäre Arbeitsverhältnisse stark im Kommen. Die Befürworter solcher Konstrukte gehören erstaunlich oft zu politischen Kreisen, die sich in der Öffentlichkeit gern als Vertreter einer restriktiven Ausländerpolitik präsentieren.

In Österreich kam im Frühjahr 2000 die Koalition zwischen Volkspartei und Freiheitlicher Partei an die Regierung. Niemand hätte ausgerechnet von dieser Koalition erwartet, dass sie verstärkt ausländische Arbeitskräfte ins Land holen würde. Doch 1999 betrug das Kontingent für Saisonniers in Österreich rund 12.000 Personen. Bis zum Jahr 2001 stieg diese Zahl auf 31.000. Im Gesamtjahr 2001 wurden sogar 51.000 Bewilligungen auf diese 31.000 Kontingentplätze ausgestellt!

Gleichzeitig wurden die Einsatzmöglichkeiten für Saisonniers ausgedehnt: Während es früher Saisonniers nur in den klassischen Saisongeschäften Gastgewerbe und Landwirtschaft gab, herrscht seit 2002 auch im österreichischen Transportgewerbe Hochsaison für Saisonniers; sie dürfen seitdem auch ans Steuer eines LKWs.

Diese Entwicklung ist keine österreichische Besonderheit. Der vermehrte Zugriff auf arbeitswillige ausländische Arbeitskräfte hat Methode. Sie werden in ungesicherten Arbeitsverhältnissen so lange beschäftigt, wie Bedarf besteht. Um umständliche Kündigungsfristen braucht sich kein Arbeitgeber mehr Sorgen machen. Gleichzeitig sinken durch die große Anzahl der Arbeitswilligen die Löhne.

Saisonniers sind nur eines der vielen Gesichter der Arbeit in einer Zeit, in der Arbeitslosigkeit und ungesicherte McJobs zum Normalzustand werden. Ebenfalls beliebt bei den Arbeitgebern sind ausländische Praktikanten, die – angeblich zur Verbesserung ihrer sprachlichen und beruflichen Fähigkeiten – wie Saisonniers für einen gesetzlich vorgeschrieben Zeitraum arbeiten dürfen. Vorgesehen ist, dass sie entsprechend den Maßstäben des Landes bezahlt werden, in dem ihr neuer Arbeitgeber tätig ist. Doch wer will, wer kann das bei einem solchen internationalen Arbeitsverhältnis kontrollieren?

Die Männer sollten bei diesem so genannten „Praktikum" dann ihre Kenntnisse der westeuropäischen Sprachen verbessern – aber es würden immer Dolmetscher gebraucht, wenn einer vernommen würde, sagt ein deutscher Ermittler.[52]

Doch die Bestätigung, dass ein Fahrer als Praktikant beschäftigt werde, bringt für die Praktikanten-Trucker eine Aufenthaltserlaubnis und damit die Möglichkeit, sie international einzusetzen. So zum Beispiel im Fall des Fahrers B. Der hatte in seinem Reisepass eine Aufenthaltserlaubnis der Bezirkshauptmannschaft Linz-Land als Praktikant, als er im Februar 2002 in der Nähe des bayerischen Städtchens Deggendorf von Beamten des Bundesamtes für Güterverkehr gestoppt wurde. Seit Mai 2001 war er für eine österreichische Spedition im Dauereinsatz. Vorher war B. für eine luxemburgische Spedition gefahren – Chef beider Firmen war ein oberösterreichischer Transportunternehmer.

B. war jahrelang auf in Luxemburg zugelassenen LKWs mit seiner Praktikanten-Aufenthaltsgenehmigung quer durch den Kontinent gedüst. Ein Praktikum hatte der junge Mann dabei weder in Luxemburg noch in Österreich gemacht. Er hatte es wohl auch kaum nötig: Der angebliche Praktikant war ausgelernter ungarischer Speditionskaufmann. Bei seiner Vernehmung in Deutschland gab er zu Protokoll: Er wisse, dass sein Arbeitgeber bei den Behörden falsche Angaben über seine eigentliche Tätigkeit gemacht habe. Wäre von Anfang an seine Tätigkeit als Kraftfahrer angegeben worden, so hätte er keine Möglichkeit gehabt, als Kraftfahrer zu arbeiten. Die Aufenthaltsgenehmigung habe er alleine in Linz beantragt, nachdem ihn seine Firma dorthin geschickt hatte. Er sagte auch aus, dass bei der Firma mehrere Personen aufgrund falscher Angaben gegenüber den Behörden eine Aufenthaltserlaubnis erhalten hätten.

B. hatte darauf vertraut, dass seine Aufenthaltserlaubnis als Praktikant überall akzeptiert werden würde. Für seinen Job im Westen war er bereit, weit Überdurchschnittliches zu leisten. Regelmäßig arbeitete der angebliche Praktikant 300 bis 400 Stunden im Monat. Manchmal wurden es auch 500.

300.000 Euro pro Jahr spart ein branchenintern gut bekannter österreichischer Spediteur durch den Einsatz von Praktikanten. Er hat 25 LKWs – und 19 Praktikanten.[53]

Für die Arbeitgeber sind solche Praktikanten eine Goldgrube. Sie verdienen für die gleiche Leistung ja weit weniger als ein angestellter Fahrer. Auf Nachfragen, wie denn die Arbeitsbedingungen ausländischer Praktikanten in Österreich kontrolliert werden, war vom zuständigen österreichischen Arbeitsmarktservice nur zu erfahren: „So lange sich niemand bei uns bezüglich Entlohnung beschwert, werden wir auch nicht kontrollieren."[54]

Diese Strategie dürfte dem Arbeitsmarktservice viel Arbeit und der Unternehmerschaft viel Ärger sparen. Denn dass sich ein ungarischer Praktikant, der heilfroh ist, in Österreich einen Arbeitsplatz gefunden zu haben, über seinen Arbeitgeber beschweren wird, ist kaum anzunehmen.

Egal, ob Praktikanten, Leiharbeiter, Saisonarbeiter, geringfügig beschäftigte Aushilfsfahrer, Grenzgänger oder selbständige Trucke – mit all diesen Beschäftigungsmodellen macht sich das Transportgewerbe zum Vorreiter der neoliberalen Arbeitsgesellschaft. Dabei stoßen arbeitsrechtliche Regelungen, die teils eine Tradition haben, wie der Einsatz von Saisonniers in der Landwirtschaft, teils neue Entwicklungen darstellen, wie der verstärkte Auftritt von Ich-Unternehmern am Steuer, auf eine Branche, in der so mancher jede rechtliche Regelung als Aufforderung zum systematischen Betrug versteht.

Das Problem für Transportunternehmer sind nicht die – allerdings viel zu divergierenden – rechtlichen Regulierungsversuche. Das Problem der Branche sind vielmehr jene Unternehmer, die diese Regulierungen auszuhebeln wissen und mit Dumpinglöhnen und -preisen alle anderen im Wettbewerb auf der Straße verdrängen.

Der Mythos von der Freiheit auf Rädern

Aus Andreas Reisingers Aufzeichnungen

Wer kennt nicht das Poster mit dem Truck, der am Horizont in der Abendsonne verschwindet? Wer denkt nicht beim Anblick des schwarzen Bullen auf der Rückseite eines Lkws, den man eigentlich schon seit 5 Minuten überholen möchte, unwillkürlich an den letzten Urlaub in Spanien?

Der Mythos des Helden der Landstraße entstand im ehemaligen Truckerparadies USA. In den 70er Jahren schwappte er nach Europa über und treibt seither einige erstaunliche Blüten.

Als Teil des frühen US-amerikanischen Kulturimperialismus hielt der Truckerkult Einzug in die Geschäfte an Tankstellen (speziell in den Shops auf Lkw-Rasthöfen). Fernfahrermagazine wagten sich mit größeren Auflagen auf den Markt, und das Fernsehen entdeckte mit Manfred Krug den deutschen Paradetrucker für die Serie *Auf Achse*. Innerhalb weniger Jahre verwandelte sich der Fernfahrer zum Highway-Helden und Abenteurer, der mehr damit beschäftigt ist, kriminelle Machenschaften aufzudecken, als seinen Transportauftrag auszuführen. Mit Manfred Krug versuchte das deutsche Fernsehen, den fernfahrenden Abenteurer als Gegenstück zum „trucking cowboy" zu etablieren. Was durchaus als gelungen angesehen werden kann und nebstbei ganz neue Geschäftsfelder eröffnete.

Die Country- und Westernmusikindustrie entwickelte einen eigenen Zweig, der ausschließlich die Klischees der Trucker zum Inhalt hat. In den Texten dieser Songs findet all das Platz, was wir mit dem Highway-Helden in Verbindung bringen.

Der Trucker als Outlaw wurde zum beliebten Motiv, welches positive und negative Eigenschaften der Mythenfigur transportiert. Die Fahrer werden entweder als gesetzlose Gesellen, die keine Gnade kennen, dargestellt oder als solche, die sich nicht an spießige Wertvorstellungen halten und es sich auf Grund ihres Nomadenlebens auch leisten können, Regeln zu brechen und dabei doch die „Guten" zu sein, die vom „bösen Sheriff" gejagt werden. Gerade der Aspekt des liebenswürdigen Outlaws weckt bei vielen oft eine geheime Sehnsucht, dem Alltag zu entfliehen, alles hinter sich zu lassen und dem Sonnenuntergang entgegenzufahren.

Was früher als „Zigeunerromantik" verherrlicht wurde, entwickelte sich in den letzten 25 Jahren im deutschsprachigen Raum (vorwiegend Deutschland und Schweiz) zur modernen Variante der Mystifizierung eines fahrenden Volkes – anziehend und doch suspekt.

Der vermutete abwechslungsreiche Arbeitsalltag, weitab von der Büroroutine eines Angestellten, untermauert die Vorstellung des coolen, die Konventionen brechenden Outlaws. Wie es sich für richtige Outlaws gehört, beschwören sie allerorts die Konfrontation mit dem Gesetz herauf. So zeigt der Film *Convoy*, ein Klassiker der Filmgeschichte, den Konflikt zwischen dem Gesetz – vorwiegend der Straßenverkehrsordnung –, verkörpert durch Sheriff Wallace, und dem legendären Trucker namens „Rubber Duck" (Kris Kristofferson). Der Erfolg des Filmes basiert vor allem darauf, dass der Regisseur, Sam Peckinpah, eigentlich im Westerngenre beheimatet ist und mit *Convoy* einen Gegenwartswestern schuf, der bis heute seinesgleichen sucht. Die Trucker sind die Cowboys unserer Zeit, ihre riesigen und unzweifelhaft schönen Lkws der Ersatz für die Pferde und Gespanne (übrigens ein in der Transportbranche durchaus gängige Bezeichnung für einen Lkw mit Anhänger oder Sattelauflieger) der Vergangenheit.

Rubber Duck bringt vielerlei Ambivalenzen zum Ausdruck, die auch heute einerseits dem Klischee und andererseits durchaus der Wirklichkeit entsprechen. Zu Beginn des Filmes betont der Held vor seinem Widersacher Sheriff Wallace seine Individualität und Unabhängigkeit von der Gewerkschaft. Zum Schluss steht aber die spektakuläre Befreiung eines schwarzen Kollegen aus einem Südstaatengefängnis für die zum Teil auch in der Wirklichkeit gelebte Solidarität – „they do not sacrifice the individual".

Auf der anderen Seite, der Seite der „Bösen", stehen die Sheriffs, die ihrerseits mit Klischees und Vorurteilen beladen sind. So meldet sich ein Polizist aus einem benachbarten Bundesstaat bei Sheriff Wallace zum Dienst mit dem Ausspruch: „My name is Bob Bucking and I hate truckers!"

Was macht nun Rubber Duck zum Helden? Warum lässt dieser zweifellos gut aussehende Fernfahrer so manche Frau schmachtend vor dem Fernseher zurück? Warum möchte so mancher Mann – und sei es auch nur für kurze Zeit – mit dem Helden tauschen?

Helden sind attraktiv, zeichnen sich durch die schon im Mittelalter geschätzten Tugenden Beständigkeit, festes Beharren im Minnedienst und Beschützen der Schwachen aus, legen Mäßigkeit und ehrenhafte Haltung an den Tag. Der Besitz eines Schlachtrosses und eines Schwertes runden unser Heldenklischee ab. Mit diesen Eigenschaften kann auch unser Held aus *Convoy* aufwarten. Der Frauenschwarm Rubber Duck entspricht diesem strahlenden Bild, nur das Schlachtross wurde durch einen Lkw ersetzt.

Der Minnedienst wird heute mit „In jeder Stadt eine andere Geliebte" ersetzt, was in *Convoy* nur teilweise zum Ausdruck kommt. Frauenhelden sind in amerikanischen Medien nur in Maßen gerne gesehen.

Viele Lieder sind Zeugen dafür, dass es auch den treuen und in Sehnsucht nach seinem Mädchen zerfließenden Trucker gibt. Hier werden zwei verschiedene Bilder projiziert. Einerseits der unkonventionelle Charmeur, dem keine widerstehen kann, und andererseits der Held ohne Furcht und Tadel, der sich nach seinem Mädchen und in wenigen Fällen sogar nach seiner Familie sehnt. Somit ist hier für jeden etwas dabei.

Von der Realität ist der Mythos der Freiheit des Truckers oder Lkw-Fahrers weit entfernt. Der Trucker ändert zwar täglich, nein stündlich, sein geografisches Umfeld. Er ist heute in Hamburg oder Bukarest und morgen schon in Stockholm oder Istanbul. Ganz im Gegensatz zur werktätigen Bevölkerung, die örtlich stark gebunden ist, bewegt sich der Trucker abgekoppelt vom Firmensitz, der oft nur für die Zulassung des Fahrzeuges von Bedeutung ist, durch viele Länder.

Bilder aus der Werbung stellen Freiheit gerne mit einem Lkw dar, der auf einer einsamen, schnurgeraden Landstraße in Richtung Sonnenunter- oder -aufgang dahinrollt. Wir erfahren nie, wohin dieser Truck unterwegs ist. Die Bilder erzählen auch nicht woher er kommt. Aber sie suggerieren grenzenlose Freiheit.

Dieser Teil des Mythos bedient die Vorstellung von Freiheit und Einsamkeit. Ein Trucker bezahlt aber seine Freiheit, wie die Cowboys im Wilden Westen, oft mit bitterer Einsamkeit.

Wenn der Truckermythos in der Werbung eingesetzt wird, hat man eigentlich nie das Gefühl, als wäre tatsächlich Arbeit mit im Spiel. So passt es auch nicht zum Klischee des Truckers, in einer Gewerkschaft organisiert zu sein. Der Trucker im Fernsehen oder auf der Kinoleinwand ist gewerkschaftlich unabhängig. Er ist ein Einzelgänger, der sich die Dinge schon irgendwie selbst richtet. Rubber Duck verkündet stolz: „I am independent!".

Eine gewagte These wäre, dass der übermächtige Mythos des Truckers, Freiheit-Einsamkeit-Unabhängigkeit, es unmöglich macht, die Berufsgruppe der Lkw- und Busfahrer in einem durchschnittlichen Ausmaß gewerkschaftlich zu organisieren. Die Vorstellung von Freiheit und Unabhängigkeit ist entgegen den realen Verhältnissen so tief in den Fahrern verankert, dass sie sich selbst eher als selbständige Unternehmer, nicht als weisungsgebundene Lohnempfänger verstehen – was aber bekanntlich ganz und gar nicht der Realität entspricht.

Und noch etwas darf an dieser Stelle nicht fehlen – das Klischee des Mannes mit der harten Schale und dem weichen Kern. Diese beiden Eigenschaften finden sich nicht nur im Klischeeraster dieser Berufsgruppe, sondern überall, wo Stärke und Männlichkeit zum Bild einer (Berufs-)Gruppe gehören. Der Countrymusic wird zugestanden, die Vorstellung des wohltätigen und sich aufopfernden Truckers zu transportieren.

Ein weiterer Aspekt des Fernfahrermythos ist der Truck – das „Schlachtross" des modernen Cowboys – und das Verhältnis zwischen Fahrer und Maschine. Liebt der Fahrer sein Fahrzeug oder ist es nur ein Arbeitsgerät, wie zum Beispiel die Mischmaschine für den Maurer? Ist es möglich, dass ein Maurer eine persönliche Beziehung zu seiner Mischmaschine aufbaut?

Das Verhältnis Fahrer – Truck ist oft von Liebe und Achtung geprägt und zeichnet sich in jedem Fall durch den enormen Respekt des Fahrers für seine Maschine aus. Beinahe jeder, der selbst ein Kraftfahrzeug besitzt, wird jetzt in sich gehen und sein persönliches Verhältnis zu seinem Pkw oder Motorrad überprüfen. Und so mancher wird feststellen, dass es ein inniges ist. Es steht mir nicht zu, diese Phänomene zu bewerten. Ich möchte einfach nur aufzeigen, dass der Truckermythos auch diese Aspekte beinhaltet und dass die Beziehung Fahrzeug – Mensch in unserer Gesellschaft viel Raum einnimmt.

Bei Berufsfahrern äußert sich diese Beziehung unter anderem darin, dass sie ihre Lkws mit nicht unwesentlichem finanziellen Aufwand ausschmükken. Im Gegensatz zu jenen Männern und Frauen, die ihren privaten Pkw mit den allerorts erhältlichen Accessoires ausstatten, um ihn nur einfach zu verschönern, sieht der Fernfahrer es in viel höherem Maße als Notwendigkeit an, seinen Wohn-, Arbeits- und Lebensbereich nach seinem Geschmack und seinen Bedürfnissen zu verändern. Kuhfänger, verchromte Auspuffrohre, Airbrushlackierungen und Windschutzscheibenverzierungen aus aller Herren Länder dienen dem Outfit. Kühlschrank, Kaffeemaschine, Fernseher und Videogerät erhöhen den Komfort und die Behaglichkeit.

Neben diesen großteils pragmatischen Änderungen gibt es auch das Phänomen der Personifizierung des Trucks. So wie die Waffen der klassischen Helden einen Namen trugen – was wären Arthus ohne Excalibur oder Siegfried ohne Balmung –, geben die modernen Helden ihren Fahrzeugen Namen. Es gibt sogar ein Unternehmen, das diesen Mythos ganz bewusst aufgreift. Eddie Stobart, der größte Fuhrunternehmer Großbritanniens, lässt jede Zugmaschine seines Imperiums mit einem Frauennamen versehen, welcher an der Frontseite des Lkws platziert wird. Kein Name wird zweimal verwendet. So bekommt jedes Fahrzeug seiner Flotte eine eigene Persönlichkeit.

Beliebt sind auch Aufkleber, die dem Fahrzeug menschliche Eigenschaften und ein Eigenleben zugestehen. Einer der bekanntesten ist wohl:

Mein LKW lebt:
ER säuft und raucht
und manchmal
bummst ER auch!

Nicht nur Country- und Westernmusik, auch die dazu gehörige Ausstattung prägt den Truckermythos. Ein Blick in das Geschäft von Toni Strohofers Truckstop in Geiselwind bietet einen atemberaubenden Überblick über das Outfit des Truckers. Cowboyhüte und -stiefel, Ledermäntel im Westernlook, T-Shirts mit Wolfs- und Indianermotiven und selbstverständlich eine große Auswahl an Holzpantoffeln, die nicht direkt dem Country- und Westernmilieu zuzuschreiben sind, aber dennoch zum Trucker gehören wie neuerdings der „Leatherman" an seinem Gürtel.

Dieser Autohof (Autobahn A3 zwischen Nürnberg und Würzburg) ist grundsätzlich ein guter Tipp für Leute, die Einblick in den Mythos und in die Wirklichkeit des Truckerlebens gewinnen wollen. Hier treffen sich Fahrer aus aller Herren Länder – auch wenn das sich in Zukunft wahrscheinlich ein wenig ändern wird, da mittlerweile für die Benutzung der Duschen ein Obolus zu leisten ist. Diese Tatsache wird wohl viele Fahrer aus dem Osten in Zukunft davon abhalten, in Geiselwind ihre Pause zu machen.

Der Autohof in Geiselwind wird alljährlich zum Schauplatz eines der größten Trucker- und Countryfestivals (abgesehen vom Truck Grand Prix, dem größten Countrymusic-Festival, das der ADAC jedes Jahr am Nürburgring veranstaltet) in Mitteleuropa. Einmal im Jahr, zu Pfingsten, wird hier der Mythos zur Wirklichkeit. Bei Brot (zumeist flüssig), Spielen und viel Musik haben eingefleischte Trucker wie auch szenefremde Greenhorns die Möglichkeit, in diese Subkultur einzutauchen. Truckertreffen in dieser Größenordnung finden bis heute nur in Deutschland und in der Schweiz statt. Die Tatsache, dass sich die Truckerkultur noch nicht im selben Ausmaß in Österreich breit machen konnte, lässt dort so manchen Autohofmanager zögern, selbst solche Events zu veranstalten.

Toni Strohofer, Inhaber des Autohofes, ist vielen Fahrern als „König von Geiselwind" ein Begriff. Einerseits erkannte er die Bedürfnisse der Fahrer schon frühzeitig, andererseits wusste er auch die Mythen der Subkultur in bare Münze zu verwandeln. Der gestandene Franke sieht eigentlich nicht wie ein Trucker aus, doch er versteht es, den Mythos in Gang zu halten. Selbst an einfachen Werktagen könnte man glauben, dass in Geiselwind täglich ein Truckertreffen abgehalten wird. Ununterbrochen rollen 40-Tonner von der Autobahn in Richtung Autohof. Ganz besonders stark wird der Zustrom gegen Abend, wenn die Fahrer für eine längere Fahrtunterbrechung das Gelände ansteuern. Die Unternehmensphilosophie entspricht der eines amerikanischen Truckstopps mit deutschem Einschlag. Mittlerweile gibt es neben den herkömmlichen Einrichtungen eines Autohofes wie Tankstelle und Restaurant auch einen Burger King mit speziellem Lkw-Drive-In, Lkw-Waschanlagen, Lkw-Werkstätte, Grillplatz, Spielhalle, Music-Hall und Motel inklusive Tagungsräumen. 600 Lkw-Parkplätze, der Truckershop und der „Fernfahrerteller" sind aber immer noch das Hauptmerkmal des Autohofes Geiselwind.

Ähnlich bunt wie der durchschnittliche Werktag gestaltet sich Strohofers inzwischen auch zur Legende gewordenes Country- und Truckerfestival. Unter dem Motto „Der Mythos lebt!" werden seit 1981 – anfangs nur alle zwei Jahre, aber mittlerweile jährlich – Truckertreffen organisiert. Bei diesen Veranstaltungen steht natürlich die Pflege des Kultes im Mittelpunkt. Das letzte Festival wartete mit über ein Dutzend Country- und Westernbands auf, die für vier Tage Geiselwind – eigentlich ein unbedeutendes Nest im Nirgendwo – zum Zentrum der deutschen Truckerszene werden ließen.

Im Mittelpunkt solcher Treffen stehen Trucks, deren Outfit mit Pokalen, Sach- und Geldpreisen prämiert wird. Die Begutachtung und Bewertung der Fahrzeuge wird von einer fachkundigen Jury organisiert und durchgeführt und bezieht sich natürlich nicht nur auf die Transportleistung. Mehrere Hundert Trucks werden mit System in Stellung gebracht.

Um überhaupt in den engeren Kreis der potenziellen Sieger zu kommen, muss der Lkw mittels Airbrush einer mehr oder weniger kunstvollen Bearbeitung unterzogen worden sein. In der Regel werden nur die Zugmaschinen oder Motorwagen bemalt, aber manchmal sieht man ganze Gespanne, die zu einem Gesamtkunstwerk hochgestylt wurden. Dies ist meist dann der Fall, wenn Lenker und Besitzer des Fahrzeuges ein und dieselbe Person sind. Manchmal nutzen auch Markenfirmen Teile ihres eigenen oder ausgelagerten Fuhrparks, um ihn zu Werbeflächen umzufunktionieren. Eines der bekanntesten Beispiele ist wohl der Multi Coca-Cola, der seine Showtrucks sogar in den Fernsehspots zur Weihnachtszeit ins Bild bringt.

Doch weitaus interessanter sind Lackierungen abseits der reinen Marketingstrategie. Hier geht es um Selbstdarstellung und das Zurschaustellen einer Lebenseinstellung. Ein zentrales Thema sind natürlich Frauen. Das reicht von der Verehrung der Jungfrau Maria bis zu Abbildungen, die normalerweise nur pornographische Magazine zieren.

Populär sind seit einigen Jahren auch Science Fiction-Helden. Alle nur vorstellbaren Charaktere aus *Star Trek* oder *Star Wars* zieren die Trucks. Darüber hinaus finden sich Charaktere der Rubrik Fantasy – zur Zeit hoch im Kurs sind Figuren aus der *Herr-der-Ringe*-Trilogie. Die Themenkreise Sport und Cowboyromantik sind natürlich Dauerbrenner unter den zumindest von mir beobachteten Airbrushmotiven.

An erster Stelle steht jedoch Erotik. In der Sehnsucht nach dem weiblichen Geschlecht, nach Geborgenheit und Überwindung der Einsamkeit trifft sich der Mythos mit der Realität. Der Wunsch nach Freiheit und das Bild des einsamen Wolfes stehen in natürlicher Konkurrenz zur funktionierenden Beziehung zu einer Frau. Viele der weiblichen Motive lassen allerdings darauf schließen, dass der Trucker sich nicht so sehr zum Bild der treusorgenden biederen Hausfrau und Mutter, sondern mehr zu dem der „willigen Schlampe" hingezogen fühlt. Truckersongs jedoch besingen hauptsächlich den nach seinem Mädchen schmachtenden oder den grundsätzlich einsamen Fernfahrer, auf den auch zu Hause niemand wartet. Die Heerscharen aufreizender Mädchen bleiben den Phantasien und den flinken Händen des Airbrushers vorbehalten, haben aber in der Musik nichts verloren. Prostitution oder – wie oben schon erwähnt – Promiskuität passen offiziell nicht zur Trucker- und Countryszene.

Neben der entsprechenden Musik und den Trucks gehört noch einiges mehr zu einem gelungenen Truckertreffen. Die oft von weither anreisenden Freizeit-Cowboys und -Cowgirls wollen natürlich auf ihre Kosten kommen, bringen in den meisten Fällen Eventerfahrung mit und stellen hohe Ansprüche an die Veranstalter. „Artgerechte" Verpflegung etwa – vom Planenwagen herunter servierter Bohneneintopf oder deftige Westernsteaks vom Holzkohlegrill – gehört schon zum Standardrepertoire.

Neben einschlägiger Gastronomie dürfen die Anbieter unterschiedlichster Cowboy- und Westernaccessoires nicht fehlen. Westernstiefel, Lederjacken, Indianerschmuck, Hüte, Schilder, Fahnen und Geschirr sind nur ein kleiner Teil des riesigen Angebots. Mittlerweile nicht mehr wegzudenken ist der Elektro-Bulle, auf dem die Asphalt-Cowboys ihre Reitkünste vorführen können. Trotz der gesundheitlichen Risiken finden sich genug Wagemutige, die den Eisenkoloss bezwingen wollen. Zum Glück bleibt wenigstens das „Tier" dabei immer unverletzt.

Abseits des reinen Entertainments nutzen Fahrzeughersteller natürlich die Chance, ihre neuen Produkte einem einschlägigen Publikum vorzuführen. Truckertreffen sind nicht nur für die Fahrer (die beim Fahrzeugkauf in der Regel kein Mitspracherecht haben) von Interesse. So mancher Firmeninhaber rückt mit seiner Fahrercrew aus, um mit seiner Belegschaft einen draufzumachen. So kommen auch potenzielle Käufer zu diesen Events. Obwohl Lkw-Hersteller und Zubehörproduzenten nicht direkt Teil der Subkultur sind, erkennen auch sie verstärkt die verkaufsfördernde Wirkung ihrer Präsenz bei solchen Veranstaltungen.

Doch nicht nur der Boss findet seinen Weg zum Truckertreffen. Viele Trucker und Greenhorns haben heute ihre ganze Verwandtschaft im Schlepptau. Auf den seriöseren Veranstaltungen sind vermehrt Kinder und Jugendliche anzutreffen, die ihre Väter oder Onkel begleiten. Diese Tatsache stellt die Organisatoren vor neue Aufgaben. Nur wenige Truckertreffen kommen noch ohne die obligatorischen Hüpfburgen und Kinderrutschen aus. Der Nachwuchs will auch unterhalten werden. Die Idee, Truckerfestivals zu veranstalten, hat sich in Hinblick auf die Ausweitung der Zielgruppe zum Familienevent gewandelt. Die Beobachtung dieses Trends soll aber nicht bedeuten, dass die althergebrachten Traditionen einschlägiger Trucker- und Motorradtreffen verschwunden sind. Neben kleinen Bands, Fakiren und Elvis-Imitatoren finden „Sexy-Shows" immer Anklang. Die Stripeinlagen der strammen Girls bringen zur späten Stunde sogar die gestandensten Fernfahrer gehörig ins Schwitzen, wie etwa beim Festival in Hannut (Belgien). Shows für Männer in einer Männerwelt. Bei der spätabendlichen Stripshow erwacht das vollbusige Airbrushmotiv zum Leben und so mancher Zuseher fühlt sich wie Rubber Duck – heldenhaft und unwiderstehlich.

Abschließend sei noch ein besonderes Phänomen der Truckerszene abseits der Festivals erwähnt – die Truckerhochzeit. Der in der Subkultur mehr und mehr akzeptierter Brauch räumt dem Truck bei den Feierlichkeiten die Bedeutung eines Hochzeitsgastes ein. Je nach Geschmack bringt das Brautpaar den Lkw in Szene. Vor der Kirche, vor dem Standesamt, als Schauplatz des Hochzeitsmahles auf dem Auflieger – der geliebte Lkw ist immer dabei.

Über den Mythos Trucker und dessen Umfeld ließen sich mit Sicherheit ganze Bücher mit mehr oder weniger ernsthaftem Inhalt füllen. Der vorliegende Abriss über eine ganz besondere Subkultur, die sich auf europäischen Autobahnen und Landstraßen breitgemacht hat, soll Mythos und Realität dieser Berufsgruppe ein wenig beleuchten. Jeder Trucker ist ein Lkw-Fahrer, aber nicht jeder Lkw-Fahrer ist ein Trucker.

Ein Prachtexemplar!

Meine Absicht ist es nicht, mittels einer etwas ironischen Beschreibung der Auswüchse der Truckerszene meine Kollegen lächerlich zu machen. Ich selbst nehme gelegentlich an Motorradevents teil und verstehe das Bedürfnis nach Zusammengehörigkeitsgefühl, nach dem Hauch von Abenteuer und Freiheit. Zum Problem werden die Erscheinungsformen der Truckersubkultur aber dann, wenn von der Gesellschaft nur diese Phänomene wahrgenommen und die tatsächlichen Lebens- und Arbeitsbedingungen der Fernfahrer durch diese Romantisierung verklärt werden. Denn diese Veranstaltungen, die in vielen Fällen gut besucht sind, verleiten zu der Annahme, dass es sich bei den Truckern um eine homogene und solidarisch agierende Berufsgruppe handelt. Das ist Vorspiegelung einer falschen Tatsache, ein Vorwurf, den man den Trägern und Inszenierern dieser Subkultur nicht ersparen kann.

2. Fünf Firmenporträts der etwas anderen Art

Eine deutsche Erfolgsgeschichte. Das Imperium des Willi Betz

Deutschland, Sommer 1945. Weite Teile Deutschlands sind ein Trümmerfeld, über 400 Millionen Kubikmeter Schutt müssen weggeräumt werden. Die Infrastruktur ist weitgehend zerstört. Die Hälfte aller Verkehrswege ist nahezu unbefahrbar, die Warenströme sind faktisch unterbunden. Die alliierten Besatzungstruppen haben das Sagen, die Verwaltungstrukturen liegen noch brach.

Aufbauarbeit ist angesagt. Einfache Arbeitskraft ist ebenso gefragt wie das Know-how ehemaliger (manchmal auch nicht ganz ehrenwerter) Manager. Deren Kinder werden zwanzig Jahre später den Aufstand proben, weil sie die Verbundenheit ihrer Elterngeneration mit dem Nationalsozialismus nicht hinnehmen wollen.

Doch zwischen den 68ern und ihren Eltern steht eine Generation. Eine Generation zu jung, um für die NS-Gräuel verantwortlich gemacht zu werden, und zu alt, um 1968 auf die Barrikaden zu gehen. Jahrgänge, deren Kindheit vom Krieg überschattet wurde und deren Jugend an der Front stattfand.

Statt in Schul- und Berufsausbildung werden diese Jahrgänge in den täglichen Überlebenskampf gedrängt. Sie leben in einer gefährlich brüchigen Welt. Nach dem Kriegsende stehen sie vor dem Nichts. Dafür bekommen sie eine Riesenchance: Sie sollen das neu entstehende Deutschland mit aufbauen. Wer fähig ist, einfach zuzupacken, der kann in dieser Aufbruchssituation sein Glück machen. Was man Jahrzehnte später, auf die New Economy beschränkt, als Start-up-Unternehmen bezeichnet, ist nach dem Zusammenbruch Hitlerdeutschlands branchenübergreifend anzutreffen. Die Unsicherheit der Zeit nutzt so mancher geschickt aus. Dazu gehört auch einer, der in diesen Monaten den Grundstein für eine beispiellose Erfolgsgeschichte in der Transportbranche legt.

Ein Unternehmer der „Stunde Null"

Laut offizieller Firmengeschichte[1] ist Willi Betz noch nicht einmal volljährig, als er ein Fuhrunternehmen auf der Schwäbischen Alb gründet. Betz, Jahrgang 1927, beschafft sich in den Monaten nach Kriegsende einen ausrangierten Armeelastwagen, Arbeitsaufträge der örtlichen Kreisverwaltung und einen Führerschein. In dieser Reihenfolge, denn 18 wird er erst im Dezember 1945. Jahrzehnte später sagt der Firmenchef über sich: „Ich wusste, dass es die richtige Zeit war, meine Ideen in die Tat umzusetzen."[2]

Zu transportieren gibt es in dieser Zeit mehr als genug: Trümmer, Baumaterial, Kohlen, aber auch Lebensmittel für den Wiederaufbau einer ganzen Nation. Teilweise werden wieder Zugtiere für die Güterbeförderung eingesetzt, denn LKWs sind rar und die wenigen verbliebenen Modelle alles andere als leistungsfähig.

Der erste Willi-Betz-LKW wurde mit einem Holzvergaser betrieben. Eine Füllung Holz reichte gerade mal für zwei bis drei Stunden Fahrt mit geringer Leistung. Dennoch sind diese Wagen von großer volkswirtschaftlicher Bedeutung, denn viele Schienenwege sind noch zerstört. Die wenigen Züge befördern die wichtigsten Güter in großen Mengen über längere Strecken, doch LKWs sind für die Versorgung der Bevölkerung flexibler einsetzbar.

Trotz der gesicherten Auftragslage für Transporte aller Art ist die Situation, in der der Jungunternehmer auf der Schwäbischen Alb sein Geschäft betreibt, extrem schwierig. Die deutsche Industrie leidet schwer unter den Kriegsfolgen, die Produktion ist vom Willen der Besatzungsmächte abhängig. Die Wirtschaft kämpft auch noch mit den desolaten Währungsverhältnissen. Erst 1948 bereitet die Währungsreform diesem Zustand ein Ende.

Bis zur Währungsreform boomt nur eine Branche, der Schwarzmarkt. Zu kaufen oder zu tauschen gibt es alles. Butter gegen Gold,

Anzüge gegen Tabak, Fotoapparate gegen seidene Damenwäsche. Doch die nötigen Tauschmittel haben nur wenige. Für die meisten Deutschen geht es ums Überleben, um einen Sack Kartoffeln oder Kohlen. Manchmal verschwinden ganze Zugladungen im schwarzen Loch des Schleichhandels.

Willi Betz gelingt es in dieser schwierigen Zeit, seinen ersten neuen LKW zu erwerben; der tatkräftige junge Firmengründer hat schon weitreichende Pläne. Er setzt sich selbst ans Steuer und fährt auf Expansionskurs. Fünf LKWs will er sich erarbeiten, dann erst wird er sich ins Büro zurückziehen und andere für sich fahren lassen.

Der Weg dahin führt erst einmal in die weite Welt. 23 Jahre ist Willi Betz, als der erste Betz-LKW sich ins internationale Speditionsgeschäft aufmacht. 1953 ist es dann so weit: Willi Betz besitzt eine Flotte von fünf LKWs.

Das Wohnzimmer im heimatlichen Undingen wird als Dispositionsbüro bald zu klein. Man beschließt, in die benachbarte Stadt Reutlingen auf ein neues, großes Firmenareal zu ziehen. Von hier aus wird in den kommenden Jahrzehnten das Netz für ein unaufhaltsam wachsendes Firmenimperium geknüpft.

Die 50er Jahre sind für ein Fuhrunternehmen in Deutschland keine leichte Zeit. Gab es bis 1950 kaum Beschränkungen für die wenigen LKWs, die überhaupt auf deutschen Straßen fuhren, so wird der Schwerverkehr nun zunehmend Reglementierungen unterworfen. Die so genannten Seebohm-Gesetze – benannt nach dem damaligen Bundesverkehrsminister – machen der Branche das Leben schwer: Das zulässige Gesamtgewicht eines Gefährts wird von 40 auf 24 Tonnen herabgesetzt, die zulässige Länge von 22 auf 14 Meter. Der Einsatz der LKW-Prototypen, die nach diesen Vorgaben gebaut sind, ist nicht gerade zukunftsträchtig – 1960 werden die Werte wieder nach oben korrigiert.[3]

In der Firma des umtriebigen Reutlingers scheinen solche Schwierigkeiten keine Spuren zu hinterlassen. Schon 1957 wird in Saarbrücken die erste Willi-Betz-Niederlassung gegründet. Der

Firmenchef beweist einmal mehr Erfindungsreichtum, als er seinen Standort an der deutsch-französischen Grenze für Transporte der ganz besonderen Art zu nutzen weiß: Willi Betz wird zum Weinimporteur. Auf Pritschen montierte Tanks bringen das begehrte Gut aus Frankreich und Italien in die junge Bundesrepublik.

Die edlen Tropfen kommen in ein Deutschland, das langsam wieder an Kaufkraft gewinnt. Betz hat die Zeichen der Zeit auch diesmal richtig gedeutet, und er wird es weiter tun. Als in Berlin im August 1961 die Mauer gebaut und die größte deutsche Stadt in zwei Teile zerschnitten wird, geht Willi Betz mitten hinein an die Front des Kalten Krieges. Berlin muss versorgt werden. Das Geschäft mit so genannten „Korridortransporten" blüht. Betz kauft 1961 eine Spedition in Berlin.

Die Weintanks auf den Pritschen werden binnen kurzer Zeit ausgetauscht gegen Lebensmitteltanklastzüge. Willi Betz ist nicht nur überaus erfolgreich, er ist einfach nicht mehr zu halten. Er gründet in der Folge Tochterfirmen in Österreich, Italien, Frankreich, England und den Niederlanden. Europa wird für ihn zu einem einzigen Markt, Jahrzehnte bevor der einheitliche europäische Wirtschaftsraum politische und wirtschaftliche Realität werden soll. Die Firmengeschichte strotzt vor Selbstbewusstsein: „Willi Betz sorgt dafür, dass die europäische Binnenwirtschaft in Schwung kommt."[4]

Als in Deutschland Ende der 60er Jahre die Jugend rebellisch wird, hat Willi Betz ganz andere Sorgen.

Seine Pläne beziehen sich nicht nur auf die europäische Binnenwirtschaft. Betz beweist einmal mehr seinen Weitblick und die Fähigkeit, aus unsicheren politischen und wirtschaftlichen Gegebenheiten ein Maximum an Profit zu erwirtschaften.

1969 beginnt Betz eine auf den ersten Blick absurde Kooperation. Sein Partner ist SOMAT, das staatliche Transportunternehmen des kommunistischen Bulgarien. Zwanzig Jahre vor dem Fall des Eisernen Vorhangs baut sich Betz ein solides Standbein mitten im Ostblock.

Während des Abflauens des Kalten Krieges werden diese Geschäfte, unterstützt durch politische Entwicklungen, immer interessanter.

„Kein Weg zu weit" – dieses Motto begleitet die Firma auf ihrem Erfolgskurs. Ende der 60er Jahre fahren die ersten Willi-Betz-LKWs schon nach Afghanistan, Pakistan und nach Teheran. Im Auftrag des Reutlinger Unternehmers übernimmt SOMAT das Tagesgeschäft in den Nahen Osten. Die Geschäftspartner werden gemeinsam Marktführer im Nahostverkehr.

In Teheran, Jeddah und Bagdad lässt Betz Vertretungen errichten. Nichts, was transportiert werden kann, entgeht Willi Betz. In das in den 70er Jahren prosperierende Saudi-Arabien werden Baumaterialien geschickt – per LKW bis Triest, dann mit dem Schiff und letztlich wieder mit eigenen Fahrzeugen bis vor Ort. 1985 führt der Weg des Unternehmens wieder in bislang unbetretene Gefilde: Im afrikanischen Zaire, der heutigen Demokratischen Republik Kongo, wird das Tochterunternehmen Cotrazal gegründet.[5]

Als im Jahr 1989 der Eiserne Vorhang fällt, ist die Spedition Willi Betz in rund 40 Jahren zu einem profitablen internationalen Großunternehmen herangewachsen. In diesem Jahr geht auch im Heimatland des langjährigen Partners SOMAT die kommunistische Alleinherrschaft zu Ende. Am 10. November 1989 wird Staats- und Parteichef Todor Shivkov gestürzt, im Juni 1990 gibt es die ersten freien Wahlen.

Im Mai 1992 beschließt die bulgarische Regierung ein Privatisierungsgesetz. Alle Staatsbetriebe sollen verkauft und in privatwirtschaftliche Unternehmen umgewandelt werden. Die komplizierten rechtlichen und wirtschaftlichen Vorbereitungen für die Privatisierung brauchen oftmals Jahre. Für viele Betriebe gibt es kaum Interessenten.

Am 15. April 1994 wird offiziell bekannt gegeben, dass SOMAT nach Verhandlungen mit potenziellen Interessenten verkauft werden soll. Noch im gleichen Jahr übernimmt Willi Betz 55 Prozent seines ehemaligen Geschäftspartners.

Das bulgarische Unternehmen wird zu dieser Zeit einer umfassenden Umstrukturierung unterzogen – mit Erfolg. Bereits der Jahresabschluss 1995 fällt sehr erfreulich aus. Die Angestellten haben die Möglichkeit, Anteile zu Vorzugskonditionen zu erwerben. 3,5 Prozent gehen daraufhin an die Arbeitnehmerschaft. Sie sind ein Grund mehr, bei diesem blühenden Unternehmen zu arbeiten, währen das Land um das wirtschaftliche Überleben ringt.

Auch sonst übt sich SOMAT in sehr westlichen, neoliberalen Arbeitsstrukturen. 1000 LKWs werden an Fahrer geleast. Die ehemaligen Arbeitnehmer werden somit zu Ein-Mann-Unternehmen.[6]

Dank der historischen Entwicklung ist Willi Betz ein ganz großer Coup gelungen. Während andere westliche Unternehmer erst mühsam Verbindungen in die osteuropäischen Staaten knüpfen müssen, kann er auf jahrzehntelange Geschäftsbeziehungen aufbauen. In Bulgarien wird Betz zum ganz großen Mann. Jetzt kommt er auch entscheidend in einem Spezialgebiet seines Unternehmens weiter, dem Autotransport.

Geschäftliche Verbindungen zum ebenfalls in Baden-Württemberg beheimateten Mercedes-Benz-Konzern gab es ja schon länger. Die Flotte des Willi Betz besteht aus Tausenden von Mercedes-LKWs. Nach der 55-prozentigen Übernahme durch Betz wird bei SOMAT sofort ein Drittel des vorhandenen Fuhrparks gegen moderne Mercedes ausgetauscht, weitere Austausche folgen. Betz fährt jetzt nicht nur mit und für den schwäbischen Konzern, er wird auch Mercedes-Importeur in Bulgarien.

Das Imperium Willi Betz

Das Imperium des Willi Betz umfasst immer mehr Unternehmen in immer mehr Branchen in immer mehr Ländern. Bereits 1995 setzt man die ersten Satellitenkommunikationseinheiten in der Willi-Betz-Flotte ein. Die satellitengesteuerte Logistik wird schnell als wichtiges Instrument der Zukunft erkannt und auf alle Trucks ausgedehnt. So kann jeder LKW überall und immer lokalisiert und sein Einsatz optimiert werden. Satellitenbasierte Kommunikation ermöglicht es, Zugmaschinen, LKW-Anhänger und Fahrer als Teile eines Systems zu begreifen, das beständig neu zusammengesetzt werden kann. Je nach den Erfordernissen der Kunden werden Menschen und Maschinen in pausenloser Arbeitsbereitschaft neu kombiniert.

Betz gründet ein eigenes Logistikunternehmen. Das Transportgeschäft hat schon seit langem Kunden mit klingenden Namen wie Ikea, Procter und Gamble, Daimler-Benz u.a. Die Logistiksparte kann sich bald über Kunden wie Kodak oder Unilever und eine Zusammenarbeit mit Hewlett Packard und AT&T freuen.

Das Erfolgsgeheimnis des Willi Betz liegt am Ende des 20. Jahrhunderts jedoch nicht nur in dieser Verbindung von modernster Technologie und über Jahrzehnten geschaffenen internationalen Wirtschaftsbeziehungen. Die Geldquelle, die in den 90er Jahren dem mittlerweile ins Seniorenalter gekommenen Willi Betz und seinem Sohn Thomas ihren ungebremsten Expansionskurs finanziert, ist die Verbindung von Konzernstrukturen mit einem Humankapital der besonderen Art.

Betz hat beim Kauf von SOMAT eine Arbeitsplatzgarantie für 4000 Beschäftigte unterschrieben. Solche Deals sind bei Privatisierungen nicht unüblich. Sie sollen verhindern, dass private Investoren ehemalige staatliche Firmen aufkaufen und dann nach kurzer Zeit radikal verkleinern oder schließen. Arbeitsplatzgarantien machen Unternehmen für die potenziellen Kunden meistens unattraktiver, helfen aber, soziale Folgen der Privatisierung vor Ort abzufedern.

Für Betz jedoch sind die bulgarischen Arbeitsplatzgarantien alles andere als unattraktiv. Ab sofort arbeiten 4000 Bulgaren für ihn. Das sind 4000 Arbeitskräfte, die bereit sind, weit unter den in Westeuropa üblichen Lohnkonditionen zu arbeiten. 4000 Arbeitskräfte, die im Vergleich zu den Zuständen in Bulgarien ein ziemlich großes Los gezogen haben. 4000 Arbeitskräfte, für die dieser Arbeitsplatz die Chance ihres Lebens ist. 4000 Arbeitskräfte zum absoluten Niedrigpreis für Willi Betz.

Zusammen mit modernster Technik und den jahrzehntelang aufgebauten Geschäften ergibt das eine unschlagbare Kombination. Auf der Website des Unternehmens wehen in 19 Ländern bunte Fähnchen. Sie stehen für die offiziellen Repräsentanzen der Internationalen Spedition Willi Betz GmbH & Co. KG. Doch wie viele Niederlassungen und Tochterunternehmen letztlich zu Betz' Imperium gehören, wissen wohl nur die, die darin arbeiten.

Wer denkt schon an Willi Betz, wenn er einen Firmennamen wie beispielsweise „VHO Holding GmbH" hört? Geschäftsführer dieser Firma ist Thomas Willi Betz.[7]

Beheimatet ist sie, wie auch die ebenfalls Betz gehörenden Vienna Transportges.m.b.H. und die DEMAND Transport- und Handelsges.m.b.H. in der Walfischgasse 10 im Ersten Wiener Gemeindebezirk.

Willi Betz hat eine Firmengruppe geschaffen, die ihresgleichen sucht. Das Unternehmen preist sein dichtes Filialnetz, die optimale Ausnutzung der eigenen Infrastruktur und die Möglichkeit, beim Transit durch Länder Osteuropas und des Nahen Ostens Einreise- oder Verzollungsschwierigkeiten „zeitnah und unbürokratisch" lösen zu können.[8]

Wer will, kann daraus Kompetenz und Zuverlässigkeit ableiten. Wer will, kann daraus auch eine sehr enge Zusammenarbeit mit Behörden in Ländern ersehen, in denen demokratische Verhaltensweisen nicht immer gängig sind. Wer will, kann hinter der „optimierten Ausnutzung der Infrastruktur" auch das Ausnutzen menschlicher Arbeitskraft sehen. Wer will, kann in dieser Selbstdarstellung des Unternehmens auch ein Spiel mit wirtschaftlichen und politischen Strukturen sehen. Ein Spiel mit dem Ziel des höchstmöglichen Profits.

Länder wie Deutschland oder Frankreich sind für Willi Betz nur Regionen auf der großen Landkarte des Willi-Betz-Reiches. Lokale Politiker machen dem Unternehmen gern ihre Aufwartung. So wie etwa der FDP-Promoter Dr. Helmut Haussmann im Zuge des Bundestagswahlkampf 2002 nicht vergisst, sich beim angeregten

Vor-Ort-Gespräch mit Juniorchef Thomas Willi Betz in Reutlingen ablichten zu lassen.

Doch das Betz'sche Imperium hat nicht nur den Transportmarkt aufgerollt und wirtschaftliche und arbeitsrechtliche Gepflogenheiten in vielen Ländern durch neue Standards ersetzt. Das Betz'sche Imperium unterhält – fern des Medieninteresses – auch seine eigenen sozialen Einrichtungen.

Wie viele derartige Einrichtungen Betz unterhält, ist nicht bekannt. Sicher ist, dass Ost-Trucker in West-Kliniken behandelt werden. Bulgarische und russische Fahrer nehmen kranke Kollegen auf Fahrten in den Westen zur Behandlung mit und holen sie nach der Behandlung wieder ab.

Man ist versucht, an Industriebosse des 19. Jahrhunderts zu denken, wenn man diese Strukturen sieht. Mancher ließ für seine Arbeiter ganze Siedlungen errichten. Andere ließen ihre Arbeiterschaft unter menschenunwürdigen Bedingungen darben.

Allen gemeinsam war, dass sie in ihrem Tun und Lassen nicht auf die arbeits- und sozialrechtlichen Vorgaben des im 20. Jahrhunderts entstehenden Sozialstaates Rücksicht nehmen mussten. Dessen Bestimmungen hinsichtlich Lohnnebenkosten, Arbeitszeitbeschränkungen, Ausländergesetzen und Ähnlichem sind für Unternehmen lästige Hindernisse auf dem Weg zur Profitsteigerung.

Wenn an den Gerüchten, manche der bulgarischen wie der deutschen Willi-Betz-Fahrer verehrten ihren Chef fast wie einen Halbgott, auch nur halbwegs etwas dran ist, dann führt das Imperium des Willi Betz zu einem seltsamen Paradox. Das Paradebeispiel eines – buchstäblich – mobilen Arbeitsplatzes unter liberalisierten Bedingungen verbindet vollständige Ersetzbarkeit jedes einzelnen Teils der Wertschöpfungskette mit einer starken persönlichen Bindung des Arbeitnehmers an seinen Arbeitsplatz.

Für die einen mag es die Zugehörigkeit zu einem „Familienunternehmen" schon in der zweiten oder dritten Generation sein, für die anderen die bloße Tatsache, einen Arbeitsplatz zu haben, der ihnen das Überleben sichert: Sie alle sind nicht einfach nur in der

Transportbranche beschäftigt. Sie sind Teil des Imperiums des Willi Betz.

Zur Jahrtausendwende kann Willi Betz zufrieden auf sein Lebenswerk zurückschauen. Er ist in seinem Geschäft vom kleinen Fahrer zu Europas Größtem aufgestiegen. Die Zeiten waren nicht einfach – aber er hat alle Schwierigkeiten bezwungen. Im Jahr 2000 erwirtschaftet sein Unternehmen 720 Millionen Euro Jahresumsatz.[9]

Dennoch fällt der Lebensabend von Willi Betz nicht so entspannt aus, wie er sich das wahrscheinlich vorgestellt hat. Betz hat sich mit seinem Firmenimperium nicht nur Freunde geschaffen.

Dass sich das Jonglieren mit Wirtschaft und Politik auch gegen die eigene Person wenden kann, erlebt Betz am Himmelfahrtstag 1995. An diesem Tag wird er bei einem Mordversuch von fünf Schüssen schwer verletzt. Seitdem ist er an den Rollstuhl gefesselt. Vom dingfest gemachten Täter, dem gebürtigen Rumänen Georghe V., wird behauptet, er sei vom früheren rumänischen Geheimdienst Securitate als Kampfschütze ausgebildet worden. Er wird 1997 wegen versuchten Mordes an Willi Betz zu lebenslanger Freiheitsstrafe verurteilt. Die Hintergründe für den Anschlag sollen im persönlichen Bereich liegen.

Und dann ist da die Geschichte mit der Erpressung. Der Reutlinger Unternehmer erhielt drei Briefe, unterschrieben von einem gewissen Bogdan.[10] Bogdan bemüht sich bei den Telefonaten mit der Firma stets gebrochen Deutsch zu sprechen – Sachverständige des Bundeskriminalamtes sind sich allerdings sicher: Wer auch immer Bogdan ist, er spricht von klein auf Deutsch.

Bogdans Drohung jedenfalls lässt nichts an Klarheit zu wünschen übrig. LKWs und Lager der Firma Willi Betz würden in die Luft gesprengt, wenn seine Forderung von 1,75 Millionen DM nicht erfüllt wird. Die Geldübergabe wird für die Nacht vom 7. auf den 8. Juli 2000 vereinbart.

Der Disponent des Unternehmens macht sich persönlich auf den Weg. Verdeckt folgen ihm Beamte des Mobilen Einsatzkommandos der Landespolizeidirektion Tübingen. Zunächst geht es zur

Autobahnraststätte Hardtwald in der Nähe von Darmstadt. Dann auf einen Grasweg in der Nähe der Autobahnraststätte Bergstraße.

Dann bleibt das Auto des Geldboten im aufgeweichten Morast stecken: Ausgerechnet in dieser Nacht tobt ein außergewöhnlich heftiges Unwetter über dem Gebiet. Die Spezialkräfte der Polizei irren orientierungslos umher. Der Disponent findet den Übergabeort nicht. Die Aktion wird als gescheitert abgeblasen. Von Bogdan ist fortan nichts mehr zu hören. Einige Monate später verhaftet die Polizei ein Trio aus Hessen, das hinter dem missglückte Erpressungsversuch gesteckt haben soll.

Doch nicht nur im Bereich der mehr oder minder gut organisierten Kriminalität hat sich Willi Betz auf seine alten Tage Feinde geschaffen. Nach dem Ankauf von SOMAT tauchen auf Westeuropas Autobahnen plötzlich Scharen von Willi-Betz-LKWs mit bulgarischen Fahrern auf. Sie sind einfach überall – aber nirgendwo gern gesehen. Trucker-Kollegen wie Unternehmer und Politiker werden zunehmend unruhiger ob dieses Phänomens. Doch das Unternehmen Willi Betz ist nicht zu bremsen.

Während Gräuelgeschichten über technische Mängel an LKWs und übermüdeten Fahrern im pausenlosen Dauereinsatz die Runde machen, genießt Willi Betz bei Kontrolleuren den Ruf eines Saubermanns. Willi-Betz-LKWs sind meist blitzsauber und technisch bestens in Schuss. Aber Bulgaren, unterwegs für Willi Betz in Westeuropa, darf das sein?

Dr. Alexander Schindler, Leiter der Abteilung Rechts- und Versicherungsfragen des deutschen BGL, erinnert sich, wie das berühmte Unternehmen mit den vier Buchstaben den Markt aufrollte, mit bemerkenswerten Preisen, mit einer Zwei-Fahrer-Besatzung und blütenweißen Tachoscheiben – aber eben mit anderssprachigen Fahrern im Führerhaus. Viele hätten sich damals gefragt, ob das denn erlaubt und wer denn eigentlich für die Kontrolle zuständig sei.[11]

Was Schindler „bemerkenswerte Preise“ nennt, hat den deutschen Transportmarkt umgekrempelt. Betz bietet seinen Kunden nicht nur günstige Preise. Im Langstreckenverkehr ist bei dem Billiganbieter aus Reutlingen eine Zwei-Fahrer-Besatzung inkludiert. Das bringt einen enormen Vorteil, da die Fahrer abwechselnd am Steuer sitzen und der LKW so durchgehend auf Achse sein kann. Diesen Service kann sich jedoch nur ein Unternehmer leisten, der den Kostenfaktor Mensch minimiert.

Betz' günstige Konditionen ließen der Konkurrenz nur wenig Möglichkeiten. Mithalten konnten die wenigsten. Was blieb war: Marktnischen suchen, in denen der Preisverfall nicht ganz so dramatisch war, oder sich als Zulieferer für Betz zu etablieren.

Viele Unternehmen mussten sich aus angestammten Geschäftsbereichen, wie beispielsweise dem Spanienverkehr, zurückziehen. Denn diese Geschäfte übernahmen Bulgaren mit Auftrag aus Reutlingen. Modernste Technologie, „billige" Fahrer und somit niedrigste Preise bei garantierter Bestleistung – Betz setzte mit dieser Kombination neue Maßstäbe auf dem deutschen Transportmarkt. Wer nicht mithalten konnte, trat die Fahrt in Richtung Konkurs an.

Vom Imperium zum System Willi Betz

Nicht alle drücken sich so höflich aus wie Dr. Schindler, wenn es um die so genannte Sofia-Connection geht. Die *Zeit* spricht von einer unschlagbaren „Kombination aus Logistik und Sozialdumping",[12] das Südwest-Fernsehen informiert über „Die Dumpingmethoden von Europas größten (sic!) Spediteur"[13] und die Gewerkschaft ver.di kommt auf Willi Betz unter der deutlich formulierten Überschrift „Schweinereien" zu sprechen.[14]

Das alles klingt allerdings noch recht harmlos im Vergleich zu den medialen Wellen, die die Methoden des Willi Betz im Nachbarland Frankreich schlagen. „Willi Betz, le roi du dumping social",[15] also der König des Sozialdumpings, „Les méthodes de la pieuvre Willi Betz",[16] „pieuvre" ist ein Krake, Sinnbild des unersättlich alles Verschlingenden.

Auch die französischen Kollegen aus der Branche sparen nicht mit Kritik. „Außerordentliche Verschlagenheit" attestiert ihm

Jacques-Henri Garban, Generaldirektor der französischen Vereinigung international tätiger Spediteure.[17]

Für die einen steht Willi Betz für die gelungene Anpassung an die Bedingungen einer globalisierten Wirtschaftswelt, die es nachzuahmen gilt. Für die anderen steht das Unternehmen für Wettbewerbsverzerrung, für wieder andere für massives Ausbeuten von Arbeitskräften.

Der Conseil National des Transports (CNT), eine französische Expertengruppe aus Politik und Wirtschaft, hat 1999 ein umfangreiches Gutachten über das Vorgehen der Willi-Betz-Gruppe erstellt. Ins Visier des CNT war Willi Betz wegen seiner französischen Niederlassung geraten. In Frankreich wurde bekannt, dass Willi Betz France im großen Stil fabriksneue LKWs kaufte und sie dann mit französischen Papieren und Transportgenehmigungen der bulgarischen SOMAT zur Verfügung stellte. Diese Vorgehensweise erschien vielen rätselhaft.

Der CNT bescheinigt dem Reutlinger Unternehmen, alle denkbaren Strategien des modernen Transportgewerbes bestens zu nutzen: Optimierter Gebrauch des Fuhrparks, Flexibilität des Angebots und Kostenreduktion. Dank Satellitenüberwachung der Wagen, Zentralverwaltung, einem dichten Filialnetz auch in Billiglohnländern des europäischen Ostens und dem Einsatz zweier Fahrer, die im selben Fahrzeug abwechselnd arbeiten und ruhen, kann Willi Betz als Musterknabe des Spediteursgewerbe auf dem Weg ins 21. Jahrhundert gelten.

Doch die Art und Weise, wie Willi Betz diese Kriterien für ein erfolgreiches Speditionsunternehmen erfüllte, weckte bei den Franzosen Zweifel an der Integrität des Unternehmens.

Der Sprecher von Willi Betz France sagte gegenüber der CNT, er wisse nicht, welchen Umfang der eigene Verkehr in Frankreich habe. Das Unternehmen sei hauptsächlich kommissarisch tätig – das heißt, es befrachte Fahrzeuge einer anderen Niederlassung der Willi-Betz-Gruppe. Alle Aufträge für alle Filialen würden von Reutlingen aus gegeben.

Wenn Willi Betz France die Anfrage eines Kunden erhalte, werde diese an Reutlingen weitervermittelt. Dort werde das Fahrzeug bestimmt, das den Auftrag ausführen soll. Aus der gesamten Flotte der Gruppe werde in Reutlingen jener LKW bestimmt, der zu diesem Zeitpunkt der Anfrage am optimalsten entsprechen könne. Willi Betz France habe dann die Aufgabe, mit jener Betz-Niederlassung einen Vertrag über den Beförderungsauftrag des französischen Kunden zu machen, der diesem Fahrzeug zugeordnet ist. 90 Prozent der Aufträge würden von der Willi-Betz-Gruppe „intern" abgewickelt. Gelegentlich würden aber auch andere Spediteure beauftragt.

Diese Abläufe klingen einigermaßen kompliziert, aber nicht nach illegalen Geschäftspraktiken. Ebenso verhält es sich mit der kostenlosen Vermittlung von LKWs an die bulgarische SOMAT. Man ist versucht, an eine Art konzerninterner Hilfestellung für eine Niederlassung in kapitalschwachen Regionen zu denken. Der Conseil National des Transports CNT sieht das nicht so harmlos und hakt nach.

Laut CNT arbeitete Willi Betz France vor allem mit CEMT- und EU-Genehmigungen. Im Sommer 1999 hatte Willi Betz France 338 EU-Genehmigungen und 230 CEMT-Genehmigungen. In Frankreich waren 298 LKWs angemeldet. Wenige Monate später waren es 338. Doch nur in 15 dieser LKWs saßen französische Trucker am Steuer, monierte der CNT. Die übrigen Fahrzeuge wurden inklusive in Frankreich ausgestellter Transportgenehmigungen SOMAT zur Verfügung gestellt.

Das Vorgehen von Willi Betz France ermöglichte es SOMAT, ohne eigene Investitionskosten fabrikneue LKWs einzusetzen. SOMAT kam dadurch in die privilegierte Lage, niedrige Lohnkosten mit erweiterten Verkehrsmöglichkeiten (französische Genehmigungen) zu verbinden. Das brachte SOMAT einen klaren Wettbewerbsvorteil gegenüber EU-Spediteuren, die sehr viel höhere Lohnkosten zu tragen hatten.

Dies jedoch widerspricht, so der CNT, eindeutig dem grundlegenden Prinzip der EU, dass Nicht-EU-Unternehmen gegenüber EU-Unternehmen nicht begünstigt werden dürfen.

Darüber hinaus würden dadurch Kontingentierungen bei den Transportgenehmigungen umgangen. Die in Frankreich ausgestellten Papiere sind entsprechend den französischen Kontingenten und Bedingungen ausgestellt. Sie sind dafür gedacht, von französischen Unternehmern entsprechend den Gegebenheiten des französischen Transportmarktes eingesetzt zu werden. Nicht dafür, dass Unternehmen aus Nicht-EU-Ländern von Beförderungsgenehmigungen profitieren, die auf Quoten in der EU ausgestellt wurden.

Letztlich führt dieses Vorgehen zur Wettbewerbsverzerrung auch innerhalb der EU. Laut CNT hatte SOMAT nicht mehr Verfügung über die ihr kostenlos überlassenen französischen LKWs und die mitgelieferten Genehmigungen als Willi Betz France, die sie den Bulgaren abgetreten hatte. Denn allein Reutlingen erteilte alle Aufträge. Somit profitierte letzten Endes die deutsche Konkurrenz in Reutlingen von französischen Genehmigungen.

Die Untersuchung des CNT macht deutlich, wie schwierig es ist, den Machenschaften im Transportgewerbe rechtlich beizukommen. Das Gutachten zeigt die Unfähigkeit der Gesetzgeber, Vorschriften zu erlassen, die den zweifelhaften Usancen moderner Speditionskonzerne wirkungsvoll entgegentreten. Bei vielen Rechtsvorschriften muss erst abgeklärt werden, ob sie wirklich die passende Handhabe für die komplizierten Fälle bieten. Und für manche Vorgehensweisen ist bislang einfach keine Regelung vorgesehen. Diese Problematik ist so symptomatisch für die Schwierigkeiten, der Transportbranche mit Rechtsvorschriften beizukommen, wie das Phänomen Willi Betz symptomatisch für die Transportbranche ist.

Die französischen Experten stellten drei grundlegende Fragen:

- Transportrechtlich: Wie konnte ein bulgarisches Unternehmen mit französischen Transportpapieren ausgestattet sein?

- Arbeitsrechtlich: Wie stand es mit der arbeitsrechtlichen Genehmigungspflicht der bulgarischen Fahrer?
- Welche Rolle spielte die französische Niederlassung des deutschen Speditionskönigs in diesem System?

Vom multilateralen Transportrecht her schien die Sachlage vorerst klar: Wenn eine Firma LKWs einem Unternehmen in einem anderen Land vermietet, dürfen die eventuell dazugehörigen CEMT-Genehmigungen nicht mitvermietet werden. Auch dann nicht, wenn sie die Wagen an eine Niederlassung der eigenen Firmengruppe vermietet.

Doch Willi Betz France hatte ihre LKWs nicht vermietet, sondern der bulgarischen Firma von Willi Betz nur „zur Verfügung gestellt". Kostenlos, als „Aufbauhilfe Osteuropa" sozusagen. Und bei der „Zur-Verfügung-Stellung" der Trucks wurden die entsprechenden Genehmigungen gleich mit „zur Verfügung gestellt", konstatierte der CNT.[18]

Die Aufgabe von Willi Betz France liege darin, so der CNT, die begehrten CEMT- und EU-Genehmigungen vom französischen Staat zu erhalten. Es sei davon auszugehen, dass die Einrichtung einer Filiale in Frankreich kein anderes Ziel gehabt habe, als dem deutschen Unternehmen französische Genehmigungen zu beschaffen.

Willi Betz France machte es möglich, die Vorteile einer EU-Niederlassung mit denen des Personalrekrutierens in den Billiglohnländern des Ostens zu verbinden. So wurden teure LKW mit EU- und CEMT-Fahrtgenehmigungen mit „billigen" Ostfahrern zum Wohle des Unternehmens optimal kombiniert.

Die französische Transportbranche ist über dieses Vorgehen der deutschen Konkurrenz nicht sehr erfreut. Und nicht nur Kollegen aus der Branche beginnen sich zunehmend für die Geschäftspraktiken des Schwaben zu interessieren. Willi Betz wird in Frankreichs Medienwelt eine bekannte Figur.

In Frankreich wird auch der Ausdruck „das System Betz" geprägt. Dieser Ausdruck macht Karriere: Der deutsch-französische Fernsehsender ARTE macht daraus das „Willi-Betz-Syndrom“[19]. Die *Zeit* spricht vom „Betz-Modell“[20]. Im Ministerrat der Europäischen Konferenz der Transportminister (CEMT/ECMT) erörtert man im April 2002, unter dem Tagungsordnungspunkt Social Dumping in the ECMT Area, „The Willy Betz phenomenon“.[21]

All diese Ausdrücke meinen dasselbe. Das Unternehmen nützt systematisch bestehende rechtliche Regelungen aus. Darüber hinaus sucht es nach Lücken im Dickicht der Vorschriften – Fallgestaltungen, an die kein Gesetzgeber bislang gedacht hat. Konstrukte, von denen kein Ermittler, kein Staatsanwalt und kein Minister je geträumt hat. Dadurch schafft sich Betz seine eigene globale Welt. Eine Welt, aufgebaut und getragen vom Ausnützen unterschiedlicher Rechtsvorschriften, länderspezifischer Gesetzeslücke und der Unterschiede bei Lohnkosten, Steuern und Abgabesätzen.

Das „System Willi Betz“ ist ein Symptom der wirtschaftlichen und politischen Entwicklung der letzten Jahrzehnte. Ein Symptom für Marktwirtschaft im Zeichen zunehmender Liberalisierung und Globalisierung. Das „System Willi Betz“ steht für eine Häufung derartiger Symptome. Willi Betz ist nicht der einzige in der europäischen Transportbranche, der mit solchen Mitteln arbeitet – aber er ist der größte. Und er ist der, dessen Name international zum Programm wird.

Längst greifen andere Unternehmen das „System Betz“ auf – die Errichtung eines größtmöglichen Fillialnetzes zur Erzielung des größtmöglichen Profits durch die Kombination einer größtmöglichen Anzahl verschiedener Standortvorteile und anderer Unternehmen –, variieren es und führen es auf ihre Weise weiter. Das Schlagwort vom „System Willi Betz“ steht nicht nur für Geschäftsideen von Willi Betz. Andere Firmen haben gleiche oder ähnliche Strukturen geschaffen.

Sie mögen nicht so groß sein, aber die gleichen Ziele stehen allemal dahinter. Ihr Vorgehen: im wahrsten Sinn des Wortes grenzenloses Kombinieren von Know-how, Arbeitskräften, Produktionsmitteln, Technologie und den in der Branche so wichtigen

Transportgenehmigungen. Ihr Ziel: maximaler Profit. Ihre Gemeinsamkeit: Aufspüren und Ausnutzen von Gesetzeslücken und Grauzonen. Das Resultat: Internationaler Kapitalismus pur.

Dem Erfindungsreichtum von Unternehmern, Anwälten und Steuerberatern scheint kaum eine Grenze gesetzt. Welches Land welche Vorteile bietet, die in Kombination mit welchen Vorteilen anderer Länder wiederum ganz besonders vorteilhafte „Synergieeffekte" in Sachen Profitoptimierung erzielen, wechselt von Fall zu Fall.

Eines steht jedoch fest: Jeder LKW, der von einem Unternehmen aus Deutschland in ein anderes Land abgezogen wird, verursacht der deutschen Staatskasse nach Schätzungen des BGL einen Schaden von 75.000 Euro durch entgangene Steuereinnahmen und zusätzliche Sozialausgaben. Jährlich.[22]

Doch in der Branche werden nicht nur einzelne LKWs abgezogen, hier werden Abertausende LKWs mit Auftrag aus Deutschland – aber mit den Zulassungspapieren eines anderen Landes – über die Straßen geschickt.

Die Geschäftspraktiken der Transportbranche haben System – das zeigt auch die Statistik der aktenkundig gewordenen Transportunternehmer.

Allein die bayerische Ermittlungs- und Koordinationsstelle zur Bekämpfung der Wirtschaftskriminalität im Bereich der illegalen Kabotage beim Hauptzollamt Rosenheim hat in den Jahren ihres Bestehens von 1999 bis 2001 gegen die Verantwortlichen von über 40 international tätigen Speditionsfirmen ermittelt.

Etwa 40 Geschäftsführer fanden sich unversehens auf der Liste der per Haftbefehl gesuchten Personen wieder. Über 30 von ihnen wurden zu insgesamt mehr als 70 Jahren Freiheitsstrafe und weit über 2 Millionen Euro Geldstrafe verurteilt. Die Einzahlung nicht geleisteter Sozialabgaben ist dabei nicht mitgerechnet.

Als ein saarländischer Transportunternehmer ins Visier der Ermittler gerät, wendet sich das System Betz gegen seine Erfinder. Wie der *Spiegel* berichtet, finden Ermittler unter den brisanten Unterlagen des Saarländers auch eine Anleitung zum Ausflaggen nach Osteuropa. In der Kopfzeile trägt sie den Namen des Reutlinger Riesen.

Im Oktober 2002 beginnt die Sonderkommission „Transit" beim Landeskriminalamt Stuttgart ihre Ermittlungen gegen Willi Betz. Ganz besonders interessieren sich die Fahnder für die spezielle Art der „Aufbauhilfe Ost", die Betz nach Georgien und nach Aserbaidschan fließen ließ. Wie der *Spiegel* weiter ausführt, habe Betz ganz erhebliche Summen an hohe Beamte dieser Länder gezahlt. Im Gegenzug für diese Zahlungen habe es für Betz die begehrten CEMT-Lizenzen gleich im Multipack gegeben: von den 400 im Jahr 2000 in Georgien erteilten Lizenzen seien 236 an Betz gegangen; in Aserbaidschan habe die Ausbeute sogar bei 328 Genehmigungen für den Schwaben gelegen.[23]

Am 26. März 2003 ist es dann soweit. Das Reutlinger Unternehmen bekommt ungebetenen Besuch. 400 Beamte durchkämmen das Stammhaus. Noch während des Einsatzes verbreitet sich die Nachricht von der Durchsuchung bei Europas größtem Transportunternehmer wie ein Lauffeuer in Deutschland und darüber hinaus. „Eigentlich haben wir einen Pressesprecher", sagt die Empfangsdame auf die Frage der neugierigen Journalisten, „aber heute ist alles anders. Hier laufen überall Polizisten herum."[24]

So recht geglaubt hatte ja niemand, dass es dem Branchenriesen doch einmal an den Kragen gehen könnte. Doch an diesem Frühlingsmittwoch bekommt das Image des Aufsteigers von der Schwäbischen Alb einen gehörigen Knacks. Zahllose Medien berichten von der Durchsuchungsaktion und von den Verdachtsmomenten gegen Willi Betz & Co: Bestechung ausländischer Behörden, Hinterziehung von Sozialabgaben in Millionenhöhe und illegale Beschäftigung von Ausländern.[25]

Weitere 400 Ermittler durchsuchen insgesamt 20 Niederlassungen und Tochterunternehmen des Konzerns in Deutschland, Österreich und Spanien. Sie brauchen teilweise bis in die Abendstunden, um alle möglicherweise belastenden Dokumente abzutransportieren. In polizeieigenen LKWs verlassen Papiere und

Computer palettenweise die Betz-Niederlassungen. Insgesamt 70 Tonnen Materialien warten darauf, von den Ermittlern ausgewertet zu werden.

Thomas Willi Betz, amtierender Geschäftsführer des Unternehmens, kommt am Mittwoch Abend in Untersuchungshaft. Erst Tage später darf er gegen eine Kaution in Millionenhöhe die unwirtliche Unterkunft wieder verlassen. Bis alle Materialien ausgewertet sind und der Prozess eröffnet werden kann, werden Monate vergehen. Die Ermittler rechnen mit einem Prozessbeginn nicht vor Herbst 2004.

„Heute gehen sicher in so mancher Spedition, die sich schon lange über die Praktiken vom Betz ärgert, die Sektkorken hoch", sagt ein Konkurrent aus der Stuttgarter Gegend und bringt damit auf den Punkt, wie die Branche zu ihrem größten Unternehmer steht.[26]

Die Spedition Willi Betz selbst braucht etwas Zeit, bis sich jemand für eine Stellungnahme bereit findet. Dann räumt Firmensprecher Hans-Ulrich Mosch ein, es habe tatsächlich Zahlungen an hohe Behördenvertreter in Georgien und Aserbaidschan gegeben. Das seien aber keinesfalls Bestechungsgelder gewesen, sondern diese Zahlungen seien „nach Maßgabe der Anforderungen der Zahlungsempfänger für Transportgenehmigungen" erfolgt.[27]

Zu Deutsch: Die, die das Geld bekamen, hätten es vorher gefordert.

Juristisch mag es von Bedeutung sein, ob jemand eine Zahlung gefordert hat oder nicht. Doch warum wurden, wenn es sich denn um reguläre Zahlungen handelte, höhere Summen gezahlt, als für CEMT-Genehmigungen eigentlich notwendig sind?[28] Und warum, fragt das gut informierte deutsche Nachrichtenmagazin *Der Spiegel* weiter, gingen diese Zahlungen auf deutsche Konten?

Georgische CEMT-Lizenzen waren demnach zahlbar auf ein Konto bei der Deutschen Bank in Heidelberg. Die finanzielle Gegenleistung für aserbaidschanische Genehmigungen ging umgehend bei der HypoVereinsbank München ein.

Das Heidelberger Konto, so das Magazin, habe einer Verwandten des zuständigen Herrn im georgischen Verkehrsministerium gehört, das Münchner einer Eslay Ltd. Mit Sitz in Aserbaidschan. Wollte niemand der Betroffenen die angeblich korrekten Zahlungen allzu direkt im eigenen Land gebucht wissen?

Aktion Scharf. Karl Kralowetz im Visier der Ermittler

Dienstag, 22. Januar 2002. Es ist punkt 9.30 Uhr. Eine der größten Polizeiaktionen Europas beginnt: Rund 250 Polizisten, Steuerfahnder und Zollbeamte schlagen zeitgleich in acht Ländern zu. Die Aktion ist von langer Hand vorbereitet und breit angelegt. Die Staatsanwaltschaft München II koordiniert die europaweiten Ermittlungen.

Die Aufgabe der Ermittler: Hausdurchsuchungen in rund 30 Firmenniederlassungen, Wohnräumen und Steuerkanzleien. Auf der Suche nach belastendem Material werden in Österreich, Deutschland, Belgien, Frankreich, Luxemburg, Spanien, Tschechien und der Slowakei Tausende von Aktenordnern und Datenträgern beschlagnahmt.

Doch die Ermittler haben nicht nur Firmenunterlagen im Visier. Eine Sondergruppe hat eine ganz spezielle Aufgabe: Die Drahtzieher der illegalen Geschäfte, um die es der Staatsanwaltschaft geht, sollen verhaftet werden.

So wird eine kleine Gemeinde im äußersten Osten Baden Württembergs unversehens zum Aufmarschplatz einer bewaffneten Sondereinsatzgruppe der bayerischen Polizei. Die Lokalpresse nennt den spektakulären Einsatz später eine „filmreife Aktion“: Während um diese Jahreszeit sonst nur die Mitglieder der örtlichen Faschingsgilde auf der Hauptstraße ihr närrisches Wesen treiben, verhaften an diesem Morgen maskierte Männer mit Maschinenpistolen im Arm den 44-jährigen S. Er ist bereits seit Längerem polizeilich observiert worden. Während er sich im ländlichen

Baden-Württemberg in Sicherheit wiegte, lag bereits ein Haftbefehl gegen ihn vor. Seine Verhaftung auf dem Weg ins Büro gleicht einem Handstreich.

Die geschockte Bevölkerung glaubt angesichts des massiven Polizeiaufgebots und des Polizeihubschraubers, es gehe um Terroristenbekämpfung. Weit gefehlt. S. ist Geschäftsführer einer Spedition. Er ist ins Fadenkreuz der Ermittler geraten, weil er mit einem der ganz Großen in der Transportbranche zusammenarbeitet. S. soll, so die Staatsanwaltschaft, für eine der Firmen des Österreichers Karl Kralowetz gearbeitet haben.

Während S. an diesem Januarmorgen die Handschellen klicken hört, stellen europaweit Hunderte Ermittlungsbeamten zwei Dutzend Firmen auf den Kopf. Allen diesen Unternehmen ist eines gemeinsam: Die Staatsanwaltschaft München II ist auf ihre Geschäfte in Zusammenhang mit Ermittlungen zu den Firmen von Karl Kralowetz gestoßen.

Der Name Kralowetz wird in den folgenden Tagen zu einem Synonym für Wirtschaftskriminalität in der Transportbranche. In Österreich sprechen die Medien von einem „Frächterskandal". Öffentlichkeit und Politik sind gleichermaßen erregt, die Wogen der Empörung schlagen hoch. In Deutschland titelt *Bild am Sonntag* „Der Boss der LKW-Mafia" und nennt Karl Kralowetz einen „Brummi-Paten".

Die Zeitung zitiert Major Karl Kuhn, den Sonderkommissionsleiter der Kriminalabteilung Niederösterreich, mit der Aussage: „Das erinnert stark an die Mafia."[29]

Ein aufstrebendes Unternehmen

Der Mitvierziger Karl Kralowetz stammt aus einer Spediteursfamilie. Zusammen mit seinen drei Brüdern hat er die Firma seines Vaters geerbt. Martin, Othmar, Rainer und Karl Kralowetz halten je 25 Prozent an der Kralowetz Ges.m.b.H. Diese Firma ist im niederösterreichischen Mostviertel beheimatet. Der Firmensitz liegt in der kleinen Marktgemeinde Blindenmarkt, eine Niederlassung in der Nachbargemeinde St. Georgen am Ybbsfeld.

Die Kralowetz Ges.m.b.H beginnt als typisches Kleinunternehmen. Karl Kralowetz sen. gründet 1955 einen Betrieb zum Transport von Baumaterial für den Autobahn- und Kraftwerksbau. 1968 steigt er mit einem ersten Tankwagen in den Mineralöltransport ein. Der Zeitpunkt ist schlecht gewählt: Die Ölkrise zu Beginn der 70er Jahre lässt das Geschäft mit dem Öltransport unattraktiv erscheinen. So wird die Krise zum Anstoß, mit einem neuen speziellen Tankwagen in den Lebensmitteltransport einzusteigen.

Die Weiterentwicklung erfolgt stetig, doch in überschaubarem Rahmen. Das Unternehmen ist bereits 25 Jahre alt, als man sich im Jahr 1980 entschließt, zusätzlich zum Tankwagengeschäft einen ersten so genannten „Planenauflieger" zu kaufen. Er ermöglicht den Einstieg in das Geschäft mit Planenfahrzeugen.

Nun geht es rasant aufwärts. Innerhalb weniger Jahre entsteht, was die Ermittler im Januar 2002 „ein Firmenimperium" nennen. Aus der ursprünglich kleinen Firma in Niederösterreich gehen in den 80er und 90er Jahren zahlreiche Unternehmen in verschiedenen europäischen Ländern hervor.

Die Website der Kralowetz Ges.m.b.H stellt diese Entwicklung in zwei Sätzen dar: „1984 wurde in Luxembourg eine Gesellschaft gegründet, um ein Standbein in der Europäischen Union zu haben und am gemeinsamen Markt teilnehmen zu können. Die Kralowetz-Gruppe wurde bis heute zu einem Unternehmen ausgebaut, das in vielen europäischen Ländern mit eigenen Niederlassungen vertreten ist, um die jeweiligen Märkte besser bearbeiten zu können."[30]

Das allein würde die Kralowetz-Brüder in einschlägigen Wirtschaftsgazetten als „Aufsteiger des Jahres" oder als „besonders innovative Manager" ausweisen. Doch für die Methoden des Karl Kralowetz interessiert sich im Januar 2002 die Staatsanwaltschaft, die nun zusammen mit Zollfahndung und Steuerbehörden das „Kralowetz-Imperium" zu durchleuchten versucht.

In den Tagen nach der Razzia vom 22. Januar 2002 versuchen die Kralowetz-Brüder, Schadensbegrenzung zu betreiben. Sie argumentieren, die einzelnen Firmen hätten völlig getrennte Agenden.

Insbesondere Rainer Kralowetz betont, dass sein Bruder Karl von der Kralowetz Ges.m.b.H. streng getrennte Geschäfte unterhalten habe. Dass eine Firma seines Bruders im Gebäude der Kralowetz Ges.m.b.H. anzutreffen ist und dass die Firmen der vier Brüder eine gemeinsame Website unterhalten, sei, so Rainer Kralowetz, genauso bedeutungslos, wie die Tatsache, dass Karl 25 Prozent der Kralowetz Ges.m.b.H. gehören. Dass auf der gemeinsamen Website die Rede von einer „Kralowetz-Gruppe" ist, erscheint in diesem Zusammenhang reichlich eigenartig. Dass die LKWs der U.C.L. von Karl Kralowetz auch den Schriftzug der österreichischen Kralowetz Ges.m.b.H. tragen, kommentiert Rainer Kralowetz gegenüber der österreichischen Tageszeitung *Kurier* mit den Worten: „Das ist halt der Familienname, warum nicht?"[31]

Der für Außenstehende undurchsichtige Firmenkomplex führt in den folgenden Tagen und Wochen immer wieder zu Verwirrungen. Bald tauchen Gerüchte auf, de facto seien die Fahrer der Luxemburger U.C.L. in Österreich bezahlt worden. Diese Bezahlung sei jedoch nur ein wahrer Hungerlohn gewesen. Die Fahrer hätten ohne Aufenthalts- und Arbeitsgenehmigungen unglaubliche Fahrleistungen erbringen müssen. Dafür seien im großen Stil Sozial- und Arbeitsgesetze ignoriert worden. Doch diese Machenschaften seien nicht auf die Luxemburger Firma beschränkt gewesen. Karl Kralowetz sei vielmehr der Kopf eines mit illegalen Methoden agierenden Firmenimperiums, dessen administrativer und operativer Mittelpunkt in Niederösterreich zu finden sei. Die Tochterunternehmen seien für unterschiedliche Teilbereiche im Speditions-, Logistik- und Transportgeschäft zuständig gewesen. Auch um das Anwerben billiger osteuropäischer Fahrer hätten sich einzelne Niederlassungen gekümmert.

Die Kralowetz-Brüder, allen voran Rainer Kralowetz, wehren sich vehement gegen solche Darstellungen: Die Luxemburger und die österreichischen Geschäfte hätten rein gar nichts miteinander zu tun.

Die Erklärung, was seinen Bruder Karl nach Luxemburg gezogen habe, liefert Rainer Kralowetz gleich mit: Neben liberalerer

Gesetzgebung und niedrigeren Lohnnebenkosten und Steuern ging es, so Rainer Kralowetz, vor allem darum, dass man in Luxemburg „wesentlich leichter Arbeitsgenehmigungen für osteuropäische Fahrer“ bekomme.[32] So sieht also die Realität dessen aus, was auf der Website des Unternehmens als „Standbein in der europäischen Union“ bezeichnet wird, mit dem man am gemeinsamen Markt teilnehmen wolle.

Internationale Verbindungen

Die Konten der luxemburgischen Firma U.C.L. werden noch am Tag der Großrazzia, an jenem 22. Januar 2002, gesperrt. Im Zuge der Durchsuchung der Firmenniederlassungen sind in Deutschland und Österreich über dreißig LKW-Fahrer ohne gültige Papiere festgenommen worden. Karl Kralowetz, den die Ermittler als Drahtzieher illegaler Machenschaften per Haftbefehl suchen, befindet sich jedoch immer noch auf freiem Fuß.

Es dauert genau zwei Tage, bis für Karl Kralowetz das Dasein als freier Geschäftsmann ein vorläufiges Ende hat. Am 24. Januar wird er morgens früh um 10 Uhr in Luxemburg verhaftet.

Wenig später stoßen die Fahnder auf einen verlassenen PKW. In der Nähe des Flughafens im französischen Reims steht der Mercedes SL500 von Karl Kralowetz, mit einem falschen Kennzeichen. Die noble Karosse birgt eine ganz besondere Ladung. Neben Kleidung für einen Mann und eine Frau, einem nicht in Umlauf gegebenen Ersatzführerschein, Bargeld und einem slowakischen Reisepass finden sich Unterlagen über Firmen in so illustren Steuerparadiesen wie Belize und den Jungferninseln.[33]

Für die bayerischen Ermittler nicht minder wertvoll ist der Sattelschlepper, der ein paar Tage später ebenfalls in Frankreich sichergestellt wird. Er ist beladen mit Kralowetz betreffenden Unterlagen, die von Niederösterreich nach Luxemburg gebracht worden waren.

Alles deutet auf eine gescheiterte Flucht hin. Bald schon werden Gerüchte laut, Karl Kralowetz hätte in seinem Wagen auch gefälschte Dokumente, Ausweise, Zulassungen und Fahrzeugpapiere sowie einen erklecklichen Vorrat an Kreditkarten hinterlegt. Wollte Karl Kralowetz sich derart mit dem Wichtigsten versorgen und ins Ausland absetzen? Wer aber hätte den Geschäftsmann dazu veranlasst, derartige Vorkehrungen zu treffen? Wusste er von dem laufenden Haftbefehl gegen ihn? Hatte ihn jemand vor einer drohenden Verhaftung gewarnt?

Die Ermittler in Deutschland verfolgen jede Spur. Dabei stoßen sie auf Hinweise, dass Kralowetz von Mitarbeitern luxemburgischer Ministerien gewarnt wurde. Damit nicht genug: Auch nach Wien führen die Kanäle, die die Fahnder in mühevoller Kleinarbeit nachzuvollziehen beginnen. Wurde Kralowetz von hoher bis höchster Stelle aus seinem Heimatland über den gegen ihn vorliegenden Haftbefehl informiert?

Gestrandet in Tucquegnieux

Ende Januar 2002 sitzt Karl Kralowetz also in Untersuchungshaft. Seine luxemburgische Firma U.C.L. muss auf Gerichtsbeschluss ihre Geschäfte einstellen. Währenddessen rücken unversehens 164 Menschen ins Rampenlicht der Medienwelt, die wahrscheinlich überall anders auf der Welt lieber wären als dort, wo sie sind. Ihre Lage ist denkbar unangenehm. Sie alle waren als Fahrer für Karl Kralowetz tätig.

Sie kommen aus Ländern jenseits der östlichen EU-Grenze, die meisten aus der Slowakei. Sie haben soeben ihren Job verloren. Eine Versicherung, die für sie aufkommen könnte, gibt es nicht. Lohnzahlungen haben einige schon seit Monaten nicht mehr bekommen. Wer noch etwas Geld hatte, der musste seine Reserven in diesen Tagen aufbrauchen. Jetzt sind sie, fern ihrer Familien, ohne Geld und ohne Arbeit endgültig am Ende.

Die 164 sind ein Teil jener Kralowetz-Fahrer, die nicht einfach ihren LKW stehen gelassen und sich aus dem Staub gemacht haben, als ihr Boss ins Gefängnis ging. Es ist unbekannt, wie viele ihre Wagen einfach stehen ließen. Sei es aus Geldmangel, aus Frustration angesichts des verlorenen Jobs oder der schieren Unmöglichkeit, überhaupt noch Diesel für den LKW zu bekommen. Denn die

Tankkarten ihres Arbeitgebers waren auf richterliche Anweisung gesperrt worden. Mancher Kralowetz-LKW soll in diesen Tagen auch gegen Bares den Besitzer gewechselt haben – es wird vermutet, einzelne Fahrer hätten sich auf diese Weise ihren ausstehenden Lohn besorgt.

Die 164 Trucker, zum Symbol skandalöser Zustände im Transportgewerbe geworden, hatten sich anders entschieden. Im französischen Dorf Tucquegnieux arbeitete ein Disponent des Unternehmens. Er hatte nach der Großrazzia kurzerhand Fahrer in die kleine Gemeinde nahe der Luxemburger Grenze und nahe der Kralowetz'schen Niederlassung in Esch sur Alzette beordert. Die Lastwagenkolonne überrollte den Ort regelrecht. Der Bürgermeister sprach von „modernen Sklaven" und mobilisierte im benachbarten Luxemburg Hilfe für die in seiner Gemeinde Gestrandeten.

Luxemburger Gewerkschafter organisieren Notunterkünfte für Fahrer und Abstellmöglichkeiten für ihre LKWs. Alle in Tucquegnieux gelandeten Fahrer werden nach Luxemburg umdirigiert. Rotes Kreuz, Caritas, Luxemburgs Arbeiterkammer und Gewerkschaft kümmern sich darum, dass die Fahrer ein Dach über den Kopf, Duschen und vor allem etwas zu essen bekommen. Schnell funktioniert man den Autobahnparkplatz Luxemburg-Süd zum LKW-Abstellplatz um. Er wird auch zum Auffanglager für jene Ex-Kralowetz-Trucker, die aus Angst um „ihren" LKW trotz Eiseskälte lieber in ihrem Wagen als in den angebotenen Notbetten übernachten wollen.

Während die soeben arbeitslos Gewordenen ratlos neben ihren LKWs stehen und in der fahlen Wintersonne frieren, suchen in aller Eile politische Gremien und Entscheidungsträger nach einer Lösung für die sich abzeichnende humanitäre Tragödie. Was soll Luxemburg mit diesen Menschen machen, die ohne Arbeits- und Aufenthaltserlaubnis, aber mit Lohnforderungen an ihren soeben inhaftierten Ex-Arbeitgeber dastehen? Sie haben nicht einmal Geld für die Rückreise in ihre Heimatländer.

Erste Zahlen werden bekannt: Nur 25 Arbeitnehmer der U.C.L. waren sozialversichert. Der Stundenlohn als Kralowetz-Fahrer betrug für viele wenig mehr als einen Euro. So sie denn überhaupt nach Stunden bezahlt wurden. Viele erhielten ihr Geld nach Kilometern berechnet. Pro Kilometer acht bis neun Cent. Das ergibt einen Monatslohn von durchschnittlich 700 Euro.[34] Die Arbeitsverhältnisse waren jedoch nur auf der Arbeitnehmerseite unrentabel: Die Staatsanwaltschaft München II geht von insgesamt mehreren Milliarden Euro an Steuern und Abgaben aus, um die Kralowetz durch illegale Beschäftigungskonstruktionen den Fiskus in insgesamt acht europäischen Ländern geprellt haben soll. Dass die Fahrer trotz der florierenden Geschäftslage ihres Bosses oft monatelang auf ihren kärglichen Lohn warten mussten, hatte, so die deutschen Ermittler, durchaus Methode. Woche für Woche wurden bei Kontrollen immer wieder Kralowetz-Fahrer ohne gültige Arbeits- und Aufenthaltspapiere erwischt. Sie wurden sofort abgeschoben – ihren ausstehenden Lohn behielt die Firma.

Unter den 164 in Luxemburg Gestrandeten grassiert Verzweiflung und Angst. Mittlerweile belagern Journalisten den Parkplatz Luxemburg-Süd. Das Medieninteresse ist groß. Ihre Misere wird zum Stoff von Interviews, ihre Situation zum Symbol dafür, dass in der Transportbranche illegale und menschenverachtende Praktiken um sich greifen.

Zögerlich geben sie Auskunft über ihr Leben als Kralowetz-Fahrer. Ja, erzählt ein Ungar, er sei wirklich sehr viel gefahren, rund 1000 Kilometer pro Tag. Wenn man so ohne Pause fahre, werde man öfters mal müde. Aber das Risiko gehe man halt ein für den Job.[35] Schließlich seien Löhne in Höhe von einigen Hundert Euro im Vergleich zum Lohnniveau der Heimat sehr verlockend.

Ihren vollständigen Namen wollen nur wenige den Journalisten nennen. Sie haben Angst: Angst „vor der Mafia“. Immer wieder fällt diese Bezeichnung für die in ihren Augen weitreichenden Verbindungen ihres Arbeitgebers. Dass der von *Bild am Sonntag* zum „Paten“ ernannte Karl Kralowetz in Haft ist, scheint sie nicht zu beruhigen. „Auch wenn der Kralowetz im Häfn [ein österreichischer Ausdruck für Knast] ist: Der kennt genug so Leute.“ Der Fahrer, der zwei Journalisten auf ihre Fragen nach seinem Namen diese

Antwort gibt, erklärt auch, warum er solche Angst hat: Kralowetz habe Fahrern, die Fragen gestellt hätten, Eindeutiges angedroht. Mit seinem Daumen habe er vielsagend quer über seinen Kehlkopf gestrichen.[36]

Die Lage sieht für den Fahrer, der sich von den Journalisten „Mickey Maus" nennen lässt, und seine Kollegen sehr einfach aus: Entweder alles akzeptieren, was der Arbeitgeber verlangt – oder keine Arbeit. Unter den Fahrern der internationalen Transportbranche kursieren viele derartige Erzählungen. Ihre Hauptakteure tragen klingende Namen der westeuropäischen Wirtschaft.

Auch nach Aufenthaltsbewilligungen fragen die Journalisten. Sie bekommen Verträge vor die Kamera gehalten, deren Inhalt jenen, auf die die Verträge ausgestellt sind, unverständlich ist. Die Papiere sind auf Deutsch abgefasst – eine Sprache, derer die meisten der 164 kaum mächtig sind. „Wir wissen oft gar nicht, was wir da für Papiere bei uns haben", gesteht ein Fahrer dem österreichischen Magazin *Format*.[37] Von ihrem Arbeitgeber sei ihnen immer wieder versichert worden, dass sie gültige Arbeits- und Aufenthaltsbewilligungen hätten. So manchem kamen allerdings Zweifel, wenn er immer wieder bei Konsulaten unterschiedlichster Länder um neue Papiere ansuchen musste.

Viele Fahrer haben trotz dieser Zweifel darauf vertraut, dass ihr Boss schon wisse, welches das richtige Papier sei. Oder sie versuchen sich ihren Reim auf die seltsamen Arbeitsverhältnisse zu machen. So meint einer: „Ich habe alle zwei Monate einen neuen Vertrag bekommen, damit ich immer in die Probezeit falle und somit sofort kündbar bin."[38]

In der Nacht vom 29. auf den 30. Januar will eine Abordnung der Abteilung Transport der luxemburgischen Gewerkschaft sich ein Bild von der Lage machen und gerät in unerwartetes geschäftiges Tun: Die nächtliche Ruhe über den abgestellten insgesamt 50.000 PS ist dahin, die Brummis rollen wieder. Ein Fahrer einer Transportfirma aus Esch sur Alzette ist damit beschäftigt, LKWs mitsamt beladenen Anhängern auf den Weg nach Frankreich zu bringen. Drei andere Männer verladen Zugmaschinen auf den Tieflader einer österreichischen Spedition. Zur Rede gestellt, geben sie an, Vertreter einer Leasingfirma zu sein, die die Rückgabe der seit einer Woche in Luxemburg geparkten LKWs fordere. Den Gewerkschaftern kommen diese Herren seltsam vor. Dass sie tatsächlich von Seiten der Justiz grünes Licht haben, die Zugmaschinen abzutransportieren, können sie nicht beweisen. Aber genauso wenig kann ihnen das Gegenteil bewiesen werden. Ein Vertreter der Leasing-Firma drückt Mathias Waldbillig, dem stellvertretenden luxemburgischen Gewerkschaftsvorsitzenden, einen 1000-Euro-Schein in die Hand.

Der gibt das Geld umgehend an das Rote Kreuz weiter. Auf diese Weise erhält die Hilfsorganisation wenigstens eine Spende, um einen Teil der entstandenen Kosten abzudecken.

Um die Situation nicht eskalieren zu lassen, wird innerhalb weniger Tage eine politische Entscheidung getroffen: Zwei Flugzeuge, eines nach Bratislava, eines nach Sofia, werden die arbeitslosen Trucker in ihre Heimat bringen. Auf Sichtvermerke im Pass werde man verzichten, sichern die Behörden zu. Jeder erhält pauschal 1000 Euro Taschengeld – für viele ein Bruchteil dessen, was sie an ausstehenden Lohnforderungen haben. Dennoch wird ihnen auch diese Summe und die entgegenkommende Behandlung durch die Luxemburger Behörden von manchen Kollegen nicht gegönnt. So mancher hätte den arbeitslosen Ex-Kralowetz-Fahrern lieber ein Einreiseverbot als das Taschengeld mitgegeben. Zu groß ist die Angst, sie würden bald wieder im Westen auftauchen und mit ihren sehr bescheidenen Lohnvorstellungen das ohnehin miserable Lohnniveau weiter drücken.

Vor dem Heimflug müssen die Männer die LKW-Schlüssel an die Polizei abliefern. Was sie zu Hause erwartet, ist das Nichts. Ein 38-jähriger Tscheche erzählt den Journalisten, er habe nicht einmal eine Wohnung. Wozu auch? Sein Zuhause war der LKW.[39]

Karl Kralowetz und seine Brüder

Die Berichte über die verzweifelte Lage der Fahrer auf dem Parkplatz Luxemburg-Süd rufen in Deutschland und Österreich Empörung hervor. Wie konnte es zu solchen Verhältnissen kommen? Es wird mehrfach betont, dass die Zustände im Transportgewerbe katastrophal und der Wettbewerb mörderisch, ein Vorgehen wie das des Karl Kralowetz jedoch die Ausnahme sei.

Unversehens gerät nun auch die Kralowetz Ges.m.b.H. im österreichischen Blindenmarkt ins Kreuzfeuer der Kritik. Zu den Vorwürfen, die insbesondere in Österreich für Aufsehen sorgen, gehört auch der Verdacht, die Fahrer der luxemburgischen U.C.L. seien administrativ und finanziell von Niederösterreich aus betreut worden.

Rainer Kralowetz sieht darin einen, wie er sagt, ungerechtfertigten und unerklärlichen Vernichtungsfeldzug. Allen Journalisten, die sich nach Blindenmarkt aufmachen, um vor Ort zu recherchieren, beteuert er, was er schon immer gegenüber den Medien gesagt hatte: Die von ihm geführte österreichische Kralowetz Ges.m.b.H. und seines Bruders luxemburgische U.C.L. hätten ihre Geschäfte völlig unabhängig voneinander geführt.

Ein Firmenprofil der luxemburgischen Firma Condorlux, das nach der Verhaftung von Karl Kralowetz der Presse zugespielt wird, lässt jedoch Fragen nach einer engeren Verbindung zwischen den Kralowetz-Brüdern zu. Ausgestellt hat es die Luxemburger Dependance von Dun & Bradstreet, dem, laut Selbstbeschreibung, weltweit führenden Anbieter von Wirtschaftsinformationen.

Dun & Bradstreet zählt zum Management von Condorlux Karl Kralowetz und Partnern auch Karls Bruder Martin Kralowetz.[40] Martin Kralowetz dementiert umgehend und verweist auf seinen Anwalt Farid Rifaat.

Der vertritt praktischerweise auch Martins Brüder Karl und Rainer. Rifaat weiß um keinerlei Verbindungen von Martin Kralowetz zur Firma Condorlux und spricht gegenüber dem *Wirtschaftsblatt* davon, dass sein Mandant vielleicht etwas „verdrängt" habe.[41]

Die Frage, ob „Verdrängung" die Grundlage einiger Aussagen aus Kralowetz'schem Munde ist, lässt auch ein Auszug aus dem Luxemburger Handelsregister aufkommen. Dieser berichtet von einer außergewöhnlichen Generalversammlung der im luxemburgischen

Esch sur Alzette beheimateten Firma Soteco S.á.r.l. Am 13. März 1997 kamen einige Damen und Herren zusammen, um sich zu administrativen Geschäftsführern der Karl Kralowetz gehörenden Firma ernennen zu lassen. Sie bekommen je zwei Anteile an dem Unternehmen übertragen.

Sehr viel mehr Anteile als diese neuernannten Geschäftsführer, nämlich 50 Stück, hält aber ein gewisser Rainer Kralowetz.

Offensichtlich handelt es sich dabei um jenen Rainer Kralowetz, der stets betont, dass es zwischen den österreichischen und den Luxemburger Kralowetz-Geschäften keinerlei Verbindungen gibt. Der Handelsregistereintrag in Luxemburg bestätigt ihm allerdings einen Wohnsitz in Esch sur Alzette, dem Geschäftsort seines Bruders. Wenn die Luxemburger und die österreichischen Geschäfte tatsächlich voneinander so unabhängig waren, wie Rainer Kralowetz sagte, so mutet es seltsam an, dass die Hausbank und die Versicherung der Luxemburger Soteco S.á.r.l. nicht im Banken- und Versicherungsdomizil Luxemburg, sondern im niederösterreichischen Provinznest Blindenmarkt zu finden sind.

Rainer Kralowetz ist in Österreich Mitglied des Rings Freiheitlicher Wirtschaftstreibender. Diese Vereinigung steht der zusammen mit der Österreichischen Volkspartei regierenden Freiheitlichen Partei (FPÖ) Jörg Haiders nahe. Kein Wunder, dass sich in den Wochen nach der Großrazzia vom 22. Januar 2002 im Parlament in Wien Opposition und Regierungsparteien über mögliche Verbindungen Kralowetz' zu österreichischen Politikern gehörig in die Haare geraten. In heftigsten Auseinandersetzungen wird der „Fall Kralowetz" stundenlang diskutiert, ein Entschließungsantrag folgt auf den anderen. Die Frage, ob die Geschäfte des Karl Kralowetz auch in Österreich verwurzelt sind und ob der Wirtschaftsfunktionär Rainer Kralowetz vielleicht doch mehr von diesen Geschäften gewusst hat, als er in diesen Tagen gewusst haben will, wird zum Politikum.

Die FPÖ betont, zwischen den Geschäften des Kammerfunktionärs Rainer Kralowetz und jenen seines Bruders Karl gebe es keinerlei Zusammenhang. Die Opposition, insbesondere die Grünen, bezweifeln dies. Sie verweisen auf die gemeinsame Website der Kralowetz-Gruppe, die gemeinsamen Bankverbindungen und die gemeinsame Versicherung: Alles haben die Unternehmen der Kralowetz-Brüder gemeinsam, und dann sollen sie keine gemeinsamen Geschäfte betreiben?

Doch nicht genug der Aufregung: Eine Kralowetz-Connection scheint es nicht nur zwischen Luxemburg und Österreich zu geben. Eine Spur führt nach Deutschland, in den Osten Baden-Württembergs. „Am Johanniterschloß 4, D-86720 Nördlingen-Kleinerdingen" lautet die Anschrift der Firma BVM Spedition & Logistik. Schriftverkehr, so verkündet es das firmeneigene Briefpapier, erbitte man an ein Postfach im Nachbarort.

Auf dem Briefpapier der Firma BVM wurde am 2. Mai 2001 ein Brief ins benachbarte Österreich geschrieben, adressiert an das Bundesministerium für Wirtschaft u. Arbeit, z. Hd. Herrn Dr. Martin Bartenstein, Stubenring 1, A-1010 Wien.

Dass das Schreiben tatsächlich für den amtierenden österreichischen Wirtschaftsminister persönlich bestimmt ist, macht gleich der erste Satz deutlich.

Sehr geehrter Herr Dr. Bartenstein, heißt es da, wie im letzten Telefongespräch mit einem Ministerialbeamten besprochen, wenden wir uns nunmehr mit unserem Anliegen direkt an Sie. Der genannte Beamte ist im Ministerium in der „Abt. II/7 Ausländerbeschäftigung, bilaterale Abkommen" tätig.

Der Brief setzt fort mit einer kurzen Vorstellung der Firmengruppe BVM, Kralowetz und U.C.L. Die Unterzeichner dieses Schreibens aus Nördlingen lassen keine Zweifel daran aufkommen, dass sie international tätig sind: Die Gruppe verfüge über Betriebe in Österreich, Deutschland, Luxemburg, Frankreich, Spanien, Portugal, Tschechien, Slowakei, Ungarn, Bosnien, Jugoslawien, Albanien und in Rumänien mit ca. 550 LKW-Zügen und ca. 800 Beschäftigten.

Unterzeichnet ist der Brief von zwei Firmen, der BVM Spedition und Logistik GmbH und der Firma Kralowetz Ges.m.b.H. In diesem Schreiben bezeichnet sich die österreichische Firma Kralowetz Ges.m.b.H. also als Teil einer Gruppe, zu der offensichtlich auch die deutsche BVM und die Luxemburger U.C.L. des Karl Kralowetz gehören. Die Frage nach einer Zusammenarbeit der U.C.L. und der Kralowetz Ges.m.b.H. hat Rainer Kralowetz noch Monate nach dem Absendedatum dieses Briefes stets verneint und betont, die beiden Firmen hätten streng getrennte Geschäfte verfolgt.

Während also der verbale Schlagabtausch zum Thema: „Was hat welcher Kralowetz-Bruder wann gewusst und was wann nicht?" in Österreich Parlament und Öffentlichkeit beschäftigt, liegt im Ministerium für Wirtschaft und Arbeit seit Monaten ein Brief, der von der BVM und der Kralowetz Ges.m.b.H. gemeinsam unterzeichnet ist.

Von diesem Brief ist bis zum heutigen Tag nichts an die breite Öffentlichkeit gedrungen.

Und damit nicht genug: Nicht nur im Wirtschaftsministerium am Wiener Stubenring war die Firmengruppe BVM, Kralowetz Ges.m.b.H.und U.C.L. bekannt. Der Brief dieser Firmengruppe erwähnt namentlich auch zwei Mitarbeiter des Innen- und des Verkehrsministeriums, mit denen sie ständig im Gespräch sei, da bislang weder vom Verkehrs- noch vom Wirtschafts- oder Innenministerium verschiedene Anfragen klar und eindeutig beantwortet worden seien.

Als die Frage nach möglichen Verbindungen der Kralowetz Ges.m.b.H. und der U.C.L. zu einer auch von den politischen Parteien heiß diskutierten Debatte wird, hält es keines der drei verantwortlichen Ministerien für notwendig, sein Wissen der Öffentlichkeit zur Verfügung zu stellen.

Es wäre damals ein Leichtes gewesen, von den Ministerbüros aus entsprechende Recherchen durchzuführen.

Das Aufsehen um die 164 auf dem Parkplatz Luxemburg-Süd gestrandeten Ex-Trucker und die Frage nach den dafür Verantwortlichen ruft Politiker, Gewerkschafter, Ermittler, Experten aus Wirtschaft, Finanz- und Verkehrswelt gleichermaßen auf den Plan.

Die Kralowetz-Trucker seien gehalten worden wie moderne Sklaven, heißt es.[42] Und nicht nur Karl Kralowetz habe Fahrer zu Hungerlöhnen ohne Arbeits- und Aufenthaltsbewilligung über die Straßen Europas gehetzt: 80 Prozent der österreichischen Unternehmen in der Transportbranche hielten sich nicht an die Gesetze, klagt die österreichische Gewerkschaft.

Es mehren sich die Stimmen, die darauf hinweisen, dass die U.C.L. kein Einzelfall gewesen sei. Da gebe es, so der Fachverbandsvorsteher der Güterbeförderung in der österreichischen Wirtschaftskammer „einige andere Firmen in Österreich". Das Schlimmste an der ganzen Sache sei jedoch, so erfahren es die Leser des *Wirtschaftsblattes*, dass davon die „Bezirkshauptmannschaft genauso gewusst haben soll wie Krankenkasse, Gewerkschaft und Finanzbehörden."[43]

Die Kausa Kralowetz scheint also die Spitze eines Eisberges. Vorwürfe und Verdächtigungen reißen nicht ab. Über 100 Millionen Euro sollen von Karl Kralowetz an der Finanz vorbeigeschmuggelt worden sein.[44]

Dann kommen, dank der Unterlagen aus dem Kralowetz'schen Mercedes, Aktien und Verträge zweier Offshore-Firmen ins Spiel. Die Spur führt in die Karibik, ins Paradies all jener, die größere Geldbeträge zu verschieben haben. Eine Limited in Belize, ihr „Sole Director" heißt Karl Kralowetz, gerät neben einer Investment-Corporation auf den britischen Jungferninseln ins Visier der deutschen Fahnder.

Und dann ist da die Aussage von V., einem ehemaligen Kralowetz-Fahrer. Im Januar 2002 wird er festgenommen, ohne Aufenthaltserlaubnis, ohne Arbeitserlaubnis. Aber mit einem Gewerbeschein. Der ist in Niederösterreich ausgestellt und gilt für ein Gewerbe mit folgender Bezeichnung: „Zur-Verfügung-Stellen der eigenen Arbeitskraft zum Lenken von Kraftfahrzeugen".

Was V. bei seiner Vernehmung in Rosenheim zu Protokoll gibt, lässt die Ermittler aufhorchen. Als er sich um einen Job als LKW-Fahrer beworben habe, sei ihm aus Luxemburg mitgeteilt worden, er solle sich bei der Firma Kralowetz in Blindenmarkt vorstellen. Er sei damals und auch heute noch davon ausgegangen, dass die Firmen U.C.L. in Luxemburg und Kralowetz in Niederösterreich ein und dieselbe Firma seien. Auch seinen Lohn habe er abwechselnd in Blindenmarkt oder in Luxemburg erhalten, stets in bar, gegen Unterschrift. Wo die Entlohnung erfolgen würde, sei ihm jeweils per Fax mitgeteilt worden. Disponiert habe man ihn ebenfalls von Österreich wie von Luxemburg aus.

Der Sozialversicherung war V. nirgendwo gemeldet, dennoch wurden ihm von seinem Lohn Sozialversicherungsbeiträge abgezogen. Als die Ermittler ihn auf seinen Gewerbeschein ansprechen, stellt sich heraus, dass V. nicht weiß, dass er Gewerbetreibender ist.

Das Dokument habe ihm Christian Kralowetz verschafft, er sollte es bei Kontrollen vorzeigen. Den Inhalt des Papieres versteht V. nicht. Seine Deutschkenntnisse sind nicht besonders gut und niemand hat ihn darüber aufgeklärt, was es aussagt.

Je mehr Vorwürfe im Zuge des so genannten Frächterskandals laut werden, desto heftiger wehren sich die Kralowetz-Brüder. Die Vorwürfe seien, so Rainer Kralowetz, „lauter Blödheiten“ und „Hirngespinste“. Der Luxemburger Gewerkschaftsvorsitzende Johan Castegnaro erklärt, nach dem 22. Januar 2002 seien ehemaligen Kralowetz-Fahrern über Mittelsmänner bis zu 3000 Euro Schweigegeld und Ersatzjobs bei einer anderen österreichischen Spedition angeboten worden. Sie sollten darauf verzichten, gegen ihren Ex-Boss Anzeige zu erstatten.

Die deutschen Behörden würden Aussagen von Fahrern erpressen, kontert Karl Kralowetz, als er in Luxemburg vor Gericht steht. Seine ehemaligen Trucker hätten die Vernehmungsprotokolle nicht freiwillig unterschrieben. Ähnlich deutschfeindliche Sprüche hatte schon sein Bruder Rainer losgelassen. Er verglich bayerische Beamte mit Nationalsozialisten: Das Vorgehen der deutschen Ermittlungsbehörden erinnere ihn an die Verhältnisse „vor 50 Jahren“.[45] Diese Zeitangabe lässt auf mangelhafte historische Kenntnisse schließen. Wen und was Rainer Kralowetz meinte, liegt gleichwohl auf der Hand.

Der Untersuchungshäftling Karl Kralowetz ist den Justizbehörden in Luxemburg nicht unbekannt. Im Sommer 1999 war er zu einer Geldstrafe verurteilt worden, nachdem bei Kontrollen in U.C.L.-LKWs gefälschte Urlaubsbescheinigungen und Fahrtenschreiberscheiben entdeckt worden waren. Kralowetz legte damals gegen das Urteil Berufung ein. Das hätte er besser nicht getan: Das Berufungsgericht bestätigte und erhöhte die Strafe auf zwei Monate Haft und 10.000 Euro. Kralowetz' Eingabe verwirft der Luxemburger Kassationsgerichtshof im Mai 2001.[46]

Ein Monat später, der nächste Prozess. Vier Tage wird verhandelt, dann ist Sommerpause – und der Prozess wird nicht weitergeführt. Doch dann mutiert Karl Kralowetz vom Großunternehmer zum Häftling. Anfang März 2002 muss der Untersuchungshäftling Karl Kralowetz sich wegen Verstößen gegen die Sozialgesetzgebung in 14 Fällen aus den Jahren 1998 bis 2000 vor Gericht verantworten. Jene Vorwürfe, die zu seiner Verhaftung geführt haben, werden in diesem Prozess allerdings noch nicht verhandelt.

Ehemalige Angestellte der U.C.L. belasten ihn schwer. Sie sagen aus, bei Kralowetz hätten Fahrer aus Bulgarien, der Slowakei und aus Ungarn weder Urlaubs- noch Krankengeld erhalten. Außerdem hätten sie Lohnabzüge wegen Pannen, nicht selbst verschuldeter Unfälle und dienstlicher Anrufe vom Handy aus hinnehmen müssen.

„Ein Frächter, unschuldig in allen Punkten", so sieht der Ex-Spediteur sich selbst. Die Richter sehen das anders: „Das Fortbestehen, die Erweiterung und die Finanzierung des Firmenimperiums KRALOWETZ gründet auf rechtswidrige Handlungen und illegale Strategien", so liest man in der Urteilsbegründung.

„Die mangelnde Transparenz der Unternehmensgruppe KRALOWETZ [...] erschwert den zuständigen Kontrollbehörden eine wirksame Kontrolle und verleitet die Transportunternehmer zu einer wiederholten und aus rechtlicher Sicht teilweise auch durchaus legalen Umgehung der Sozialgesetzgebungsvorschriften und anderweitiger Bestimmungen."[47]

Diese mangelnde Transparenz, die die Unternehmer zu ihren Umgehungshandlungen „verleitet“, wurde durch die Unternehmer selbst geschaffen.

Brigitte Konz, Vizepräsidentin des Bezirksgerichts Luxemburg, verkündet am 18. April 2002 das mit Spannung erwartete Urteil: Sechs Monate Haft und eine Geldstrafe von 9900 Euro für den ehemaligen Firmenboss Karl Kralowetz.

Acht Tage später wird Kralowetz aufgrund eines Antrags der deutschen Behörden nach Deutschland ausgeliefert. Der Ermittlungsrichter verkündet ihm den Haftbefehl. Zu diesem Zeitpunkt liegt auch in Österreich bereits eine Anzeige gegen ihn vor: Die Sparkasse Niederösterreich-Mitte West AG erstattet Anzeige wegen des Verdachts der Veruntreuung mit einem mutmaßlichen Schaden in Höhe von 2,5 Millionen Euro.

In deutscher Untersuchungshaft muss Kralowetz darauf warten, dass das bei der Polizeiaktion im Januar 2002 sichergestellte Material ausgewertet und die Anklageschrift vorbereitet wird. Angesichts des Umfangs der Ermittlungen im Fall Karl Kralowetz dauert die Aufbereitung dieses Materials ziemlich lang.

Dem Untersuchungshäftling Karl Kralowetz dauert es zu lang. Wie *Format*[48] berichtet, erhält Ende August 2002 der österreichische Justizminister Dieter Böhmdorfer einen Brief. Absender ist einer seiner Vorgänger: Der ehemalige Justizminister und amtierende Justizsprecher der FPÖ, Harald Ofner, bittet in seiner Eigenschaft als Anwalt den von seiner Partei nominierten Böhmdorfer um einen Freundschaftsdienst.

„Sehr geehrter Herr Bundesminister“, schreibt der Ex-Minister, einer seiner Mandanten sitze in Deutschland in Haft und werde von der Staatsanwaltschaft schlecht behandelt. Sein Name: Karl Kralowetz. Ofner abschließend: „Ich darf Ihnen, sehr geehrter Herr Bundesminister, die gegenständliche Problematik mit der Bitte unterbreiten, zu prüfen bzw. prüfen zu lassen, auf welchem Wege dem österreichischen Staatsbürger Karl Kralowetz im gegenständlichen Zusammenhang geholfen werden kann.“

Die Bitte um Hilfe für Karl Kralowetz stößt offensichtlich auf Verständnis. Nur wenige Tage später, am 2. September, erreicht ein weiteres Schreiben Ofners den Justizminister. „Bezugnehmend auf das Gespräch, das ich [...] vorige Woche mit Ihnen führen habe dürfen“, führt der freiheitliche Justizsprecher zusätzliche Erläuterungen zur Kausa Kralowetz an.

Böhmdorfer prüft sehr schnell, wie er Karl Kralowetz helfen kann. Er hat stets betont, dass er in laufende Verfahren nicht eingreife. Am 3. September 2002 formuliert er einen Brief, den das Justizministerium auf Nachfragen als „lediglich eine Weiterleitung“ bezeichnet.

Böhmdorfer schreibt in der Angelegenheit Karl Kralowetz persönlich an einen Kollegen. Adressat des Briefes: Manfred Weiß, damals Justizminister des Freistaates Bayern: „Sehr geehrter Herr Staatsminister“, beginnt Böhmdorfer, „erlauben Sie mir, dass ich in folgender Angelegenheit an Sie herantrete. Herr Rechtsanwalt Dr. Harald Ofner, Bundesminister a.D., vertritt den österreichischen Staatsbürger Karl Kralowetz.“ Böhmdorfer weist darauf hin, ein Schreiben Ofners an die zuständige Staatsanwaltschaft mit dem Ersuchen um eine Besuchsmöglichkeit sei bisher unbeantwortet geblieben.

Er schließt: „Ich erlaube mir, Ihnen die beiden an mich gerichteten Schreiben des Herrn Dr. Ofner zu Ihrer Information zu übermitteln und darf Sie um Prüfung der darin aufgezeigten Problematik ersuchen.“

Was Böhmdorfers Schreiben verschweigt: Ofners Besuchsantrag ist zu diesem Zeitpunkt kaum zwei Wochen alt. Es ist der normale Aktengang, der seine Zeit braucht und dafür verantwortlich ist, dass innerhalb so kurzer Frist keine Genehmigung in Wien eingetroffen ist. Der Antrag wird – wie zu erwarten – wenig später genehmigt. Weiß erhält die insgesamt elf Seiten langen, ausführlichen Schilderungen der misslichen Lage Kralowetz’ mit dem Begleitschreiben seines österreichischen Ministerkollegen nur kurz bevor Ofner die offizielle Besuchserlaubnis bei seinem Mandanten erteilt wird.

Dass Ofner nicht nur Anwalt und Minister a. D. ist, sondern auch Justizsprecher der FPÖ, bleibt unerwähnt. Genau so wenig wird darauf Bezug genommen, dass nicht nur Ofner Karl Kralowetz vertritt. In den Tagen und Wochen nach seiner Verhaftung hatte stets der Wiener Staranwalt Farid Rifaat für ihn gesprochen.

Und noch ein Detail wird dem bayerischen Justizminister vorenthalten. Die Briefe Ofners an Böhmdorfer sind im hochoffiziösen Stil abgefasst – doch Ofner und Böhmdorfer sind uralte Freunde und auch im offiziellen beruflichen Umgang mit einander per Du.

Das Verfahren

Am 20. Dezember 2002 sind die ersten Ermittlungen gegen Karl Kralowetz abgeschlossen. Beim Landgericht München II reicht Staatsanwalt Hödl die Anklageschrift ein. Sie lautet auf 146 Fälle von gewerbsmäßiger und bandenmäßiger Einschleusung von Ausländern. Das ist die juristische Formulierung für den Verdacht, Karl Kralowetz habe Trucker aus dem Nicht-EU-Bereich ohne die notwendigen Papiere in Deutschland fahren und Waren auf- und abladen lassen.

Es bleibt nicht bei diesen 146 Fällen. Es tauchen weitere Verdachtsmomente auf, das Verfahren weitet sich aus: Mitte Januar 2003 erhält Karl Kralowetz einen zweiten Haftbefehl zugestellt, die Vorwürfe gegen ihn werden auf 3953 Fälle ausgedehnt. Im Februar 2003 wird dann ein dritter Haftbefehl auf den im bayerischen Straubing einsitzenden Ex-Unternehmer ausgestellt: Verdacht der Schlepperei in weiteren 22.000 Fällen.

Im Juni 2003 wird Karl Kralowetz vor der 5. Strafkammer des Landgerichts München II der Prozess gemacht. Der Ex-Unternehmer hat sich mittlerweile dazu durchgerungen, vor Gericht eine Erklärung abzugeben, die als strafmildernd gewertet werden kann. Kralowetz' Anwalt Andreas Köninger spricht von einem „nicht entschuldbaren Rechtsirrtum", den sein Mandant zugebe.[49]

Die Erklärung des Niederösterreichers macht sich bezahlt, der Prozess ist kurz, die verhängte Strafe ebenfalls. Drei Jahre und acht

Monate muss Karl Kralowetz hinter Gittern verbringen. Angesichts der ihm zu Last gelegten Taten hätten es auch zehn Jahre werden können.

Die 17 Monate U-Haft, die Kralowetz zu diesem Zeitpunkt bereits hinter sich hat, werden ihm angerechnet. Im Winter 2003 darf der Niederösterreicher vermutlich in seine Heimat zurück. Er wird nach Österreich abgeschoben werden. Dass es eine freudige Heimkehr wird, darf bezweifelt werden. Beim Landesgericht St. Pölten wartet schon eine Strafanzeige wegen Steuerhinterziehung in Millionenhöhe.[50]

Westöstliche Zugmaschinen. Outsourcen als Goldgrube

Es gibt Dauerbrenner unter den zwecks Profitoptimierung nach dem Motto „Legal, illegal, scheißegal“ geschaffenen Geschäftsstrukturen im internationalen Transportwesen. Doch immer wieder stoßen Ermittler auf neue Konstruktionen, die selbst den gewieftesten unter ihnen Kopfzerbrechen bereiten. Allein schon die Unübersichtlichkeit der Firmen mit ihren Filialen und Geschäftspartnern in aller Welt erschwert eine Überprüfung der behaupteten oder auch tatsächlichen Geschäftsvorgänge.

Bis alle notwendigen Auskünfte eingeholt und ausgewertet sind, sind sie schon nicht mehr aktuell. Viele Unternehmen verfolgen mehrere Strategien gleichzeitig und legen ein beachtliches Ausmaß an Flexibilität an den Tag, wenn es darum geht, sich neuen rechtlichen Regelungen oder verschärften Kontrollbedingungen anzupassen.

Die Vorteile der Globalisierung

Westeuropäische Zugmaschine, dazugehörende Transportgenehmigung, osteuropäischer Anhänger, Fahrer aus einem weiteren osteuropäischen Land, unterwegs für eine osteuropäische Firma, die die Zugmaschine von einer westlichen Firma gemietet und den Transportauftrag aus einem weiteren westeuropäischen Land vermittelt bekommen hat. Die Disposition erfolgt aus dem selben westeuropäischen Land – oder es wird alles umgedreht.

Der westeuropäische Geschäftsstandort ist rechtlich bedenklich? Bitte schön – warum nicht die Disposition nach Aserbaidschan outsourcen, wenn das Vorteile bringt? Oder sie zumindest auf dem Papier nach Aserbaidschan verlagern? Wenn die notwendige Ausrüstung für satellitengestützte Kommunikation vorhanden ist, lässt sich problemlos von überall aus disponieren.

Wem sind auf der Autobahn nicht schon LKW-Züge mit den Kennzeichen eines fernen Landes auf den Zugmaschinen und den Nummerntafeln eines noch ferneren Landes auf den Anhängern aufgefallen? Die Kennzeichen-Vielfalt bei den Trucks wirkt auf den ersten Blick verwirrend und beliebig – aber sie hat durchaus Methode. Denn das Weitergeben von Zugmaschinen und ganzen LKWs erfreut sich in der Branche großer Beliebtheit. Nicht wenige Firmen vermieten ihre LKWs quer durch Europa. Vorausgesetzt, sie verfügen über die notwendigen Tochterunternehmen und das notwendige Kapital, um LKWs zum Weitergeben einzukaufen.

„Da legt Ihnen jemand einen Mietvertrag vor. Die Zugmaschine ist vermietet an irgendeine ausländische Firma. Da fährt, sagen wir, ein slowakischer Fahrer auf einer in Belgien zugelassenen Zugmaschine. Diese in Belgien zugelassene Zugmaschine ist über ein deutsches Unternehmen an eine Firma in der Slowakei vermietet. Laut Mietvertrag verfügt eine slowakische Firma über das Fahrzeug. Diese Konstellation wäre also als slowakischer Fahrer auf slowakischer Zugmaschine anzusehen. Wenn Sie solche Mietverträge sehen, dann wissen Sie sofort: Anfangsverdacht. Der Mietvertrag existiert nur auf dem Papier.

Warum? Wenn das Fahrzeug rechtmäßig in die Slowakei übergeführt würde, müsste es verzollt und versteuert werden. Das Fahrzeug müsste, wie es auf Amtsdeutsch heißt, in den Zollverkehr der Slowakei überführt werden. Da käme man auf ca. 35 Prozent Abgaben. Der slowakische Zoll hat eigene Listen mit Gebrauchswerten von LKWs, nach denen sich die Höhe der Abgaben bemisst. Das würde niemand machen.

Das Fahrzeug ist nur auf dem Papier vermietet. Die Abgaben, die bei einer solchen Vermietung rechtmäßigerweise zu bezahlen wären, zahlt kein Unternehmer. In diesem Beispiel mit der über eine deutsche Firma vermieteten Zugmaschine können Sie davon ausgehen, dass das Fahrzeug nicht als slowakisches, sondern als deutsches Fahrzeug anzusehen ist."[51]

Das sagt ein Fachmann. Einer, der die Branche und ihre Methoden aus der täglichen Praxis kennt. Einer, den mittlerweile auch die Branche sehr gut kennt. Manche Spediteure kennen ihn sogar um einiges besser, als ihnen lieb ist. Er und seine Kollegen haben dafür gesorgt, dass sie das Unternehmerdasein mit jenen recht beschränkten Aussichten vertauschen mussten, die sich aus vergitterten Fenstern bieten.

Die Mitarbeiter der Ermittlungs- und Koordinationsstelle zur Bekämpfung der Wirtschaftskriminalität im Bereich der illegalen Kabotage beim Hauptzollamt Rosenheim kennen die Hintergründe solcher Mietregelungen sehr genau. Da geht es nicht nur um billiges Personal und zusätzliche Transportgenehmigungen, die die Zulassung der Fahrzeuge in einem osteuropäischen Land mit sich bringt. Da geht es darüber hinaus darum, den deutschen Staat, letztlich die Steuerzahler, abzuzocken. In Milliardenhöhe. Ein Beamter zu den Hintergründen solcher Regelungen:

„Die slowakische Firma stellt Rechnungen über das Ziehen der LKW-Anhänger an die deutsche Firma, von der sie die Zugmaschinen zu ebendiesen Anhängern gemietet hat. Die sehe ich nicht bei der Kontrolle. Da sehe ich nur die Mietverträge. Die Mietverträge müssen mit Mehrwertsteuer ausgestellt werden. Die Rechnungen für das Ziehen der Anhänger werden hingegen ohne Mehrwertsteuer ausgestellt – wegen der so genannten Nullregelung im Umsatzsteuergesetz. Die soll verhindern, dass für ein- und denselben Geschäftsvorgang in zwei Ländern Umsatzsteuern gezahlt werden.

Für die slowakische Firma gibt es keine Möglichkeit, in den Genuss des Vorsteuerabzuges zu kommen. Aber sie hat die Möglichkeit, sich von Deutschland die Mehrwertsteuer der Mietkosten zurückerstatten zu lassen. Sie muss nur an das Bundesamt für Finanzen einen Antrag auf Rückerstattung der Mehrwertsteuer laut Mietvertrag stellen. Dem Bundesamt für Finanzen reicht der Mietvertrag zwischen einer deutschen und einer ausländischen Filiale derselben Unternehmensgruppe. Weiter wird nicht groß nachgeforscht, was es mit den dahinterstehenden Geschäften auf sich hat. Solch ein Antrag auf Rückerstattung der Mehrwertsteuer wird dann recht schnell bearbeitet und das Geld überwiesen.

In dem Beispiel mit dem deutsch-slowakischen Mietvertrag wurde es auf das Konto eines deutschen Privatmannes überwiesen. Das hatte der dann in der Tasche. Dieses Geld zahlt das Bundesamt für Finanzen einfach nur aufgrund der Vertragsgestaltung, ohne zu überprüfen, wie die tatsächlichen Geschäfte liefen."[52]

Ob das im Mietvertrag ausgewiesene Entgelt je geflossen ist und falls ja, von wem wohin und wohin von dort weiter – das im Detail zu überprüfen ist nicht Sache des Bundesamts für Finanzen. Man kann der Behörde nicht einmal einen Vorwurf machen, denn sie erledigt mit diesen Zahlungen einfach nur ihre Aufgabe. Das Problem liegt vielmehr auf der politischen Seite, die es verabsäumt, die Aufgaben der Verwaltung so einzurichten, dass die Möglichkeiten zum Betrug auch unter komplexen globalisierten Wirtschaftsbedingungen möglichst gering bleiben.

Die Ermittlungs- und Koordinationsstelle in Rosenheim machte es sich zur Aufgabe, die Hintergründe derartiger „Rückerstattungen" zu recherchieren. Der Verdacht, dass viele Zugmaschinen von ihren Besitzern nicht nur deshalb vermietet wurden, um mit Hilfe der – zumindest auf dem Papier – in Osteuropa zugelassenen LKWs an billige Fahrer und Transportgenehmigungen aus diesen Ländern zu kommen, bewahrheitete sich schnell. Deutschland hat auf Antrag ausländischer Filialen deutscher Unternehmen Gelder „rückerstattet", die nie gezahlt wurden. Ein Mitarbeiter der bayerischen Ermittlungsstelle versuchte persönlich, beim Bundesamt für Finanzen eine Klärung des Sachverhaltes zu erreichen.

„Ich war selbst dort beim Bundesamt. Zuerst haben die mich abblitzen lassen. Ich bin wiedergekommen. Dann haben die gesagt – ja, wir haben uns schon gewundert, warum wir in den letzten Jahren so hohe Mehrwertsteuerausgleichsbeträge an Oststaaten gezahlt haben! Das waren damals an die 30 Milliarden DM.

Also rund 15 Milliarden Euro. 15 Milliarden Euro, die nur aufgrund der Vertragsgestaltung zwischen zwei Filialen ein und desselben Unternehmens gezahlt wurden! Ohne Kontrolle, ob das, was in diesen Verträgen steht, irgendetwas mit der Realität zu tun hat.

Das ist eindeutig wirtschaftsschädigend. Das Verfahren, durch das wir auf den Verdacht in Sachen Steuerrückerstattung gekommen sind, haben wir im Oktober 2001 abgeschlossen. Inzwischen haben wir in jedem Verfahren gegen Speditionen genau diesen Tatbestand festgestellt. In jedem. Ohne Ausnahme. Das machen alle.“[53]

Bei der Durchsuchung der Steuerberatungskanzlei der mittlerweile verurteilten Unternehmer fiel den Ermittlern ein Flipchart in die Hände, auf dem genau aufgezeichnet war, wie diese Mehrwertsteuerrückerstattung funktioniert. Die Firmen werden also auch schon in dieser Richtung beraten. Diese Kanzlei gehörte eindeutig zu jenen, die nicht davor zurückschrecken, ihren Kunden auch Machenschaften ans Herz zu legen, die nicht astrein sind. Sie steht damit nicht allein. Die Mehrzahl der „glorreichen“ Geschäftsideen, die Spediteuren Geld ersparen und deren Profite wachsen lassen, wurde von Steuerberatungskanzleien ersonnen. Nur selten jedoch müssen die, wie in diesem Fall, damit rechnen, dass sie für ihre Empfehlungen zur Verantwortung gezogen werden.

Die Regelung zur Umsatzsteuerrückerstattung dürfte nicht nur Transportunternehmen zu zweifelhaften Finanztransaktionen zwischen Filialen in verschiedenen Ländern anregen. Betrügerische Umsatzsteuerrückerstattungen sind, so die deutschen Ermittler, nicht auf die Transportbranche beschränkt. In der produzierenden Industrie machen unternehmensinterne Zahlungen einen Großteil der Finanztransaktionen aus: Die moderne Form der globalen Arbeitsteilung erzeugt weit verzweigte Produktionsketten, in denen Rechnungen von einem Tochterunternehmen an das nächste gestellt werden, deren Richtigkeit kaum jemand überprüfen kann. Der Dreh mit der Mehrwertsteuerrückerstattung dürfte auch in diesen Kreisen wohl bekannt sein.

Ein Spezialist für Transporte in Länder der ehemaligen Sowjetunion

Was hinter so manchem Filial- oder Partnerunternehmen eines deutschen Spediteurs steht, erfuhren Beamte des Hauptzollamtes Saarlouis, als sie in einem der größten Speditionsunternehmen Europas ermittelten.

In den Morgenstunden des 20. Juni 2001 marschierten an die 200 Steuerfahnder, Zöllner, Grenzschützer und Kripobeamte in einer kleinen saarländischen Gemeinde auf und umstellten das Firmengelände der Spedition. Kurz nach halb acht besetzte die Truppe das Unternehmen. Die Beamten konfiszierten sämtliche Unterlagen und durchsuchten die Fahrzeugflotte.

Dreieinhalb Monate später fanden sich die Inhaber in Untersuchungshaft wieder. Die Vorwürfe der Ermittler: ein drei- bis vierstelliger Millionenbetrag sei von dem Unternehmen aus dem Saarland jährlich Finanzbehörden und Sozialkassen vorenthalten worden.

Das Unternehmen war als Spezialist für Transporte in Länder der ehemaligen Sowjetunion tätig gewesen. In diesen Ländern gründeten die Spediteure Joint-Venture-Unternehmen, die von der deutschen Mutterfirma Trucks geleast bekamen.

Wenn Ermittlungsbehörden sich für die Partnerfirmen deutscher Unternehmer interessieren, stoßen sie auf mancherlei Überraschung. Bei der Informationszentrale Ausland des Bundesamts für Finanzen fragten sie nach Daten zweier Geschäftspartner einer deutschen Spedition in Georgien und Aserbaidschan.

Die Antwort: An der Georgian Road Transport LLC im georgischen Tbilisi sei das deutsche Unternehmen zu 70 Prozent beteiligt – eine Meldung über seine Auslandsbeteiligung an dieser Firma an die deutschen Finanzbehörden hatte es allerdings nie gemacht.

Die zweite Firma, für die sich die Ermittler interessierten, die Caspian Swift Ltd in Baku, konnte das Bundesamt für Finanzen gar nicht finden. Die Ermittlungsbeamten bekamen auf ihre Anfrage eine erstaunliche Antwort:

In dieser Angelegenheit weiche man von der sonst üblichen Form der Auskunftserteilung ab und berichte, dass trotz größter Bemühungen seitens des ausländischen Geschäftspartners es nicht gelungen sei, obige Firma mit obiger Anschrift ausfindig zu machen. In den lokalen Nachschlagewerken konnte keine entsprechende Eintragung festgestellt werden, auch nicht in Referenzbüchern oder Handelsverzeichnissen. Gemäß den Recherchen der Geschäftspartner hätte der Telefonanschluss der Angefragten 994 12 916643 lauten müssen. Es melde sich jedoch niemals jemand.

Deutlicher kann man kaum ausdrücken, dass es sich um eine Briefkastenfirma handelt.

Auch wenn in Baku „niemals jemand" zu erreichen und die Firma trotz aller Bemühungen nicht zu finden war – sie erfüllte ihren Zweck: Die Niederlassung in Aserbaidschan wurde im großen Stil genutzt, um in Aserbaidschan LKWs anzumelden. Zu dortigen finanziellen Bedingungen und mit dortigen Genehmigungen. Über 400 Stück fabrikneuer LKW wurden von einer deutschen Niederlassung des Fahrzeugherstellers direkt an die deutsche Spedition geliefert. Den Rechnungen und sonstigen Papieren zufolge wurden sie allerdings an die Niederlassung im nahen Luxemburg verkauft.

Noch bevor die Fahrzeuge ausgeliefert, manchmal sogar bevor sie produziert worden waren, besorgte einer der Geschäftsführer in Georgien oder Aserbaidschan Zulassungen. Dafür war vor Ort lediglich ein kleines Entgelt notwendig. Mit Zulassungspapieren, Transportgenehmigungen und entsprechenden Kennzeichen im Gepäck ging es dann nach Deutschland zurück. Dort wurden die aserbaidschanischen Kennzeichen an die nagelneuen LKWs geschraubt. Die Fahrzeuge hatten bis zu diesem Zeitpunkt Deutschland nie verlassen. Sie wurden in Aserbaidschan zugelassen, ohne das Land je gesehen zu haben.

Auf diese Zulassungspraktiken wurden die Ermittler unter anderem aufmerksam, als sie im Oktober 2000 einen solchen „in Aserbaidschan zugelassenen" LKW anhielten. Im Führerhaus fanden sie ein Übergabeprotokoll für die Zugmaschine, ausgestellt von der deutschen Spedition an den Fahrer. Laut diesem Protokoll vom 10. Oktober 2000 wies der Tachograph der in Aserbaidschan zugelassenen Zugmaschine bei der Erstübergabe an den Fahrer einen Kilometerstand von 200 km auf. Reichlich wenig für einen LKW, der schon den weiten Weg von Aserbaidschan nach Deutschland hinter sich haben sollte!

Derartige Zulassungen sind illegal. Das hat die Firma jedoch nicht gehindert, sie im großen Stil einzusetzen, um auf diese Weise niedrigste Abgaben, Versicherungs- und Lohnkosten sowie aserbaidschanische und georgische CEMT-Genehmigungen zu kombinieren – und damit auch in Westeuropa die Straßen unsicher zu machen.

West-Ost-Geschäfte sind offenbar sehr rentabel. Um aus der Untersuchungshaft freizukommen, zahlten die beiden saarländischen Unternehmer eine der höchsten Kautionen, die je in Deutschland hinterlegt wurden: 11,5 Millionen Euro.[54] Das Verfahren wurde außer Vollzug gesetzt, nachdem sie Abgaben und Steuern in Millionenhöhe nachgezahlt hatten.

In ihrem Unternehmen hatten inzwischen jedoch zwei Insolvenzverwalter das Sagen. Die beauftragten als erstes die renommierte Wirtschaftsprüfungsgesellschaft PriceWaterhouseCoopers, ein Gutachten über mögliche neue Geschäftsstrukturen zu erstellen. Die Herren Steuerberater legten ein 90-seitiges Kompendium vor, in dem sie zum Wohl ihrer Auftraggeber diverse mögliche Geschäftsstrukturen auf die einschlägigen Vorschriften überprüften: Arbeits- und Sozialversicherungsrecht, Visa und Arbeitserlaubnisse, Steuern und transportrechtliche Genehmigungen.

Die Grundstruktur dabei ist eine altbekannte. Westeuropäische Firmen verleihen LKWs an osteuropäische, die ihnen wiederum Rechnungen über das Ziehen der Anhänger schicken. Über all dem steht eine deutsche Firma, die Transportaufträge entgegennimmt und ihrerseits die westeuropäischen Unternehmen mit deren Durchführung betraut. Fraglich ist nur, wie weit die deutsche Mutterfirma als tatsächliche Drahtzieherin auftritt. Die Gutachter empfehlen schließlich, das Flottenmanagement und die fahrerbezogenen Teile der Abfertigung nach Osteuropa auszulagern. Nur so könne man sich das Entstehen von Arbeitsverhältnissen in Deutschland und somit Lohnnebenkosten und Steuern sparen.

Der vorgesehene Lohn lässt sich mit deutschen Verhältnissen tatsächlich schlecht vereinbaren. Veranschlagter monatlicher Grundlohn: etwa 75 Euro; variables Entgeld: etwa 500 Euro. Das allerdings werde, so PriceWaterhouseCoopers, regelmäßig reduziert durch Sanktionen von Verstößen der Fahrer laut einem detaillierten Punktekatalog. Dieser Katalog von „Verstößen" enthält zum Beispiel den Verbrauch von mehr Diesel, als von der Zentrale für eine bestimmte Strecke vorgesehen ist.

Derartige Strafen mit radikalem Lohnkürzungseffekt sind nicht unüblich in diesem Gewerbe. So mancher Trucker muss sogar für den von ihm verursachten Bremsverschleiß zahlen: Wer häufiger bremst, bekommt weniger Lohn. Welche Folgen das für die Bremsfreudigkeit der Fahrer und damit für die Sicherheit im Straßenverkehr hat, kann man sich leicht ausmalen.

Ein pikantes Detail am Rande: Die Herren von PriceWaterhouseCoopers erörtern unter anderem auch die Möglichkeit, Trucker als Selbständige per Werkvertrag zu beschäftigen.

Das Gutachten spricht ganz ungeniert davon, es sei zu prüfen, ob eine so genannte „Arbeitnehmerüberlassung" in Form eines Scheinwerkvertrages oder ein echter Werkvertrag in Betracht komme.

Dass ein Scheinwerkvertrag in jedem Fall illegal ist, schien die Herren nicht zu stören.

Markt-Lücken. Ein Transportunternehmer vor Gericht

Die Staatsanwältin hat sichtlich Probleme, alle 115 Namen gleich im ersten Anlauf richtig auszusprechen. Die junge Frau kämpft sich an diesem Morgen im Landgericht des oberbayerischen Traunstein durch die insgesamt 38 Seiten Anklageschrift. 30 davon enthalten nichts anderes als eine Liste mit den Namen litauischer und ungarischer Staatsangehöriger.

Der Angeklagte, der Tiroler Unternehmer Günter M., hatte sie als billige Arbeitskräfte an deutsche, österreichische und italienische Geschäftspartner vermittelt.

Leiharbeit ist heute gang und gäbe, aus dem marktwirtschaftlichen Geschehen kaum noch wegzudenken. Doch was hier in Traunstein, unweit der deutsch-österreichischen Grenze, verhandelt wird, ist ein Lehrstück aus der Grauzone zwischen Arbeitsvermittlung und Menschenhandel im Transportgewerbe.

Ahnungslose Unternehmer

Die aufgelisteten 115 LKW-Fahrer hatten weder eine Aufenthalts- noch eine Arbeitserlaubnis. Die Litauer wurden in ihrem Heimatland von Dolmetschern für den Einsatz in der EU angeworben. Günter M. übergab ihnen namens seiner im liechtensteinischen Triesenberg angesiedelten Firma DLS GmbH Werkverträge.

Diese Werkverträge wiesen die litauischen Fahrer als selbständige Unternehmer aus. So wurde auf dem Papier aus 115 billigen und, wie der Angeklagte und sein Anwalt hinzufügen, auch „willigen" Arbeitskräften 115 selbständige Unternehmer.

Die Realität sah anders aus, wie die ermittelnde Staatsanwältin weiß: Die Fahrer waren nichts anderes als billige Arbeitnehmer jener Speditionen, an die M. sie vermittelte. Keine Rede von Selbständigkeit, von eigener Disposition, von eigenem Rechnungswesen und all dem, was eben heute Selbständigkeit für Trucker ausmacht.

Die Anklageschrift drückt diese Tatsache in typischem Juristendeutsch so aus: „Tatsächlich wurden die litauischen und ungarischen Kraftfahrer zu Arbeitnehmern der Entleihfirmen, deren Geschäftsführer von der unrechtmäßigen Handlungsweise des Angeschuldigten profitierten.“[55]

Am 12. Juli 2000 erlässt das Amtsgericht Rosenheim den Haftbefehl gegen Günter M. Im Juni waren bereits zwei seiner wichtigsten Geschäftsfreunde festgenommen worden. Markus H. und Gasparavicius V. hatten mit M. eng zusammengearbeitet. Markus H. fungierte als Geschäftsführer einer Firma mit dem klangvollen Namen Eurosped Transport und Logistik GmbH. In diese Firma war M.s Tochterunternehmen, die DLS-Online GmbH mit Sitz im bayerischen Kiefersfelden, „organisatorisch eingebunden“. Herr V. wiederum hatte sich bei der Anwerbung litauischer Arbeitskräfte besonders engagiert.

Das österreichische Büro von Günter M. führte zunächst die Geschäfte der beiden Inhaftierten fort. In Deutschland wurde M. wegen Sozialbetrugs gesucht. In Österreich gibt es diesen Straftatbestand nicht. Ein Vorgehen wie das von Günter M. wird hier nur als so genanntes „Verwaltungsdelikt“ gesehen. Wer erwischt wird, bekommt maximal eine Geldstrafe. Deprimiertes Statement eines Gewerkschafters: „Was in Deutschland als Sozialbetrug geahndet wird, sieht man in Österreich vielfach als Kavaliersdelikt – wer sich solcher Praktiken nicht bedient, gilt als selbst schuld.“[56]

M. tat denn auch nach der Verhaftung seiner Geschäftspartner gut daran, sein Heimatland Österreich nicht zu verlassen. Das Alpenland liefert wegen dieses Delikts gesuchte Österreicher nicht aus. Bis zu M.s Festnahme sollten somit noch eineinhalb Jahre vergehen.

Sport kann gefährlich sein

Im Dezember 2001 unterläuft Günter M. ein schwerwiegender Fehler. Der Skifan will sich das Abfahrtsrennen im Südtiroler Gröden nicht entgehen lassen. Die Italiener schlagen zu. M. findet sich in Auslieferungshaft in Bozen wieder. Anders als Österreich liefert Italien den Gesuchten an Deutschland aus.

Sein Anwalt seufzt vor der Verhandlungseröffnung: „Wer kann denn schon wissen, dass der Blödmann nach Italien fahren muss zum Skifahren." Er ist einer der beliebtesten – und prominentesten – Anwälte Deutschlands, wenn wieder einmal ein Spediteur die Handschellen klicken hört.

Der Anwalt weiß, dass er in der Angelegenheit Günter M. kein leichtes Spiel hat. Die Sachlage ist eindeutig. Und die Staatsanwälte in Traunstein sind in den letzten Jahren zu Experten geworden, wenn es um Delikte in der Speditionsbranche geht.

Seine Taktik: Umfassendes Geständnis des Angeklagten, denn nur das kann die Straffolgen noch mildern. Und er sieht sich bestätigt: An diesem ersten Verhandlungstag, es ist Montag, der 7. Oktober 2002, steht das Urteil bereits so gut wie fest. Angesichts der M. nachgewiesenen Taten können Anwalt und Angeklagter damit mehr als zufrieden sein.

Die Ermittler konnten nachweisen, dass die in Litauen angeworbenen Fahrer arbeitsrechtlich nicht anders als Arbeitnehmer behandelt wurden. Mit einem Unterschied: Für sie wurden keine Abgaben gezahlt. Die Sozialversicherungen gingen leer aus.

Weder M. noch jene Unternehmen, in welche die Fahrer verliehen wurden, zahlten jemals Beiträge für die Sozialversicherung. Und das, obwohl die Fahrer tun mussten, was die Firmen wollten. Sie waren keine „selbständigen" Unternehmer, sie waren kleine Angestellte. Doch darüber wurde Stillschweigen bewahrt.

M. stellte etwa der Firma Eurosped nur die von den Litauern gefahrenen Kilometer in Rechnung. Mit zehn Prozent Aufschlag, versteht sich. So wurden pro gefahrenen Kilometer für einen entliehenen Litauer ungefähr zehn Cent in Rechnung gestellt. Selbstverständlich zahlte Markus H., an den die Rechnungen gingen, für die Fahrer keinen Cent Sozialversicherung. Günter M. ebenso wenig. Das Gericht konstatierte „Sozialbetrug“. Die nicht gezahlten Sozialabgaben rechnete die Staatsanwaltschaft auf Mark und Pfennig aus: 224.041,54 DM, mehr als 100.000 Euro.

M. sitzt auch wegen Verstößen gegen das Ausländerrecht in Traunstein auf der Anklagebank. Er ist für insgesamt 760 Einreisen von Nicht-EU-Bürgern nach Deutschland verantwortlich, ohne dass diese Menschen über die notwendigen Papiere verfügten.

Das sind die penibel dokumentierten Fälle, die die Staatsanwältin den im Gerichtssaal Versammelten vorlesen muss: Name der betreffenden Person, Name der Firma, die sie von M. geliehen hatte, Datum und Ort des Aufenthalts.

Schwarz auf weiß ist hier zusammengetragen, wer Kunde bei Günter M. war. Darunter ist nicht nur die Firma von Markus H., der im Februar 2001 zu zwei Jahren Knast auf Bewährung plus Geldstrafe verurteilt wurde, darunter sind auch bislang unbescholtene Unternehmen. Ein Unternehmen trägt den Namen eines in der Tiroler Wirtschaftskammer sehr aktiven Geschäftsmannes.

Deutsche Kunden von Günter M. haben sich zu diesem Zeitpunkt bereits aus eigenem Antrieb den Behörden gestellt. Sie zahlten die unterschlagenen Sozialabgaben und konnten so der Strafverfolgung entgehen.

In Tiroler Wirtschaftskreisen sieht man die Sache offensichtlich anders. Es ist schon fast eine Tradition, dass von dieser Seite gegen die „bösen deutschen Ermittlungsbehörden“ gewettert wird, die überall Gespenster sehen und unschuldige Unternehmer hinter Gitter bringen wollen.

„Gewerbsmäßiges Einschleusen von Ausländern“ nennt das deutsche Recht, was Günter M. getan hat. Für den Laien klingt das nach Schlepperbanden, die ausländische Staatsangehörige gegen horrende Bezahlung und mit falschen Versprechungen über die grüne Grenze lotsen. Doch Günter M. gehört keiner Schlepperbande an. Die Ausländer haben ihn nicht bezahlt. Aber er hat sie – als angebliche Selbständige – zu Hungerlöhnen für sich arbeiten lassen.

Nachzukontrollieren sind solche Vorgänge gerade in der Transportbranche nur sehr schwer – die Polizei ist bei Straßenkontrollen oft schon bei der Frage überfordert, was denn da überhaupt auf den fremdsprachigen, nicht selten kyrillisch verfassten Dokumenten steht, die ihr vorgelegt werden.

Ist M. die moderne Variante des international tätigen Wirtschaftskriminellen? Der 34-Jährige mit der rosa-grau gestreiften Krawatte vermittelt vor Gericht den Eindruck eher begrenzter Management-Fähigkeiten.

Auf die Frage des Richters, wie er denn auf die Idee gekommen sei, die DLS zu gründen, meint M. zur Erheiterung der im Gerichtssaal Anwesenden: „Mir ham uns halt denkt, des isch a Marktlücke“. Angesprochen auf seine Einträge im österreichischem Strafregister, sagt er, das seien „halt so Jugendsünden“ gewesen. Der letzte Eintrag datiert aus 1998. Da war Günter M. 30 Jahre alt. Überhaupt hat M. ein sehr weites Verständnis von „Jugendsünden“. Für ihn gehören in diese Kategorie Delikte wie Diebstahl mit Waffen, Betrug, Urkundenunterdrückung, falsche Aussage vor Gericht oder auch versuchte Nötigung und fahrlässige Körperverletzung.

Das Bild, das hier entsteht, ist nicht das eines großen Fisches, eines gerissenen Wirtschaftskriminellen, der sich ein kompliziertes internationales Firmengeflecht ausdenkt. Der junge Mann, der an diesem herbstlichen Oktobermorgen in Traunstein vor Gericht steht, war ganz offensichtlich nur ein kleines Rädchen in einer Branche, die täglich Milliarden Euro umsetzt und Gesetzeslücken für sich zu nutzen weiß.

Die wirklich „großen Fische“ in dieser Branche haben oft eine blütenreine Weste, weiß man bei den deutschen Ermittlern. Bei den „kleinen Fischen“ hingegen sind häufig Vorstrafen zu finden – der Rekord liegt bei 35 Einträgen im Strafregister.

Eine günstige Sozialprognose könne er nicht stellen, sagt der Richter bei der Urteilsverkündung genau eine Woche nach dem ersten Verhandlungstag. Er sehe sich außer Stande, die Strafe auf

Bewährung auszusetzen. Und dann wird Günter M. verkündet, was er ohnehin schon weiß: Die nächsten 22 Monate wird er hinter Gittern verbringen. Außerdem erwarten ihn 10.000 Euro Geldstrafe und die Kosten des Prozesses.

Der Richter nimmt die Urteilsbegründung zum Anlass, M.s Vorgehen grundsätzlich zu erörtern. Die Scheinwerkverträge habe M. „inszeniert", um die Fahrer als rechtmäßig Selbständige auftreten zu lassen. Er sagt es direkt: „Die Fahrer wurden ausgebeutet auf immense Art und Weise."[57] M. habe einen branchenunüblichen hohen Gewinn eingestrichen, während die Fahrer keine andere Chance hatten, als sich weiterhin von M. an seine Geschäftsfreunde vermitteln zu lassen. Einigen wurden sogar von ihren PKWs die Nummerntafeln abmontiert, um sie daran zu hindern, nach Hause zu fahren.

Der Richter nennt den Schaden für den deutschen Arbeitsmarkt „erheblich". Er vergisst auch nicht zu erwähnen, dass diese LKW-Fahrer durch ihre miese Entlohnung gezwungen wurden, die Lenkzeiten zu überschreiten. Um bei Kontrollen ungeschoren davonzukommen, hatten sie Anweisung, die Tachoscheiben nach vier Stunden wegzuwerfen, weil die Fahrtzeitüberschreitungen sonst leicht nachzuweisen gewesen wären.

Die Litauer und Ungarn, die M. vermittelte, erwiesen sich als außerordentlich fleißige Arbeitskräfte: Sie fuhren doppelt so viel wie ordnungsgemäß agierende Fahrer in der gleichen Zeit. Und wurden damit zu einer enormen Sicherheitsgefährdung auf der Straße.

Der Richter macht klar, dass M.s Vorgehen in Traunstein kein Pardon findet: Von „hoher krimineller Energie" ist die Rede, und davon, dass einzig das Geständnis des Angeklagten ihn vor einem sehr viel weniger glimpflichen Prozessausgang bewahrt hat: „Ich weiß nicht, was herausgekommen wäre, aber es wären mit Sicherheit einige Jahre gewesen."[58]

Für einen 34-jährigen, der darauf angewiesen ist, dass seine Freunde draußen ihm einen Platz zum Wiedereinstieg ins Geschäftsleben bieten, wenn er aus dem Knast kommt, wäre das eine verdammt lange Zeit.

Eine stille Gesellschaft. Karl Augustin, ein deutsch-österreichischer Erfolgsspediteur

„So groß, so wuchtig, irgendwie war das eine Liebe", so hat der Transportunternehmer Karl Augustin vor ein paar Jahren einer Reporterin der *Salzburger Nachrichten* beschrieben, was ihn als Kind immer schon an LKWs faszinierte. Groß, am besten immer größer werden, das wollte auch er.

Nach der Speditionslehre wurde der ehemalige Postjunge aus der Salzburger Vorstadt Disponent. Bald kaufte er den ersten eigenen Wagen. Disponiert wurde der über die Firma, in der Augustin arbeitete, „keiner hat gewusst, dass der LKW dem Augustin gehört", sagt ein ehemaliger Kollege.[59] Bald macht sich Augustin zusammen mit einem Mitarbeiter und seiner Frau Gerlinde selbständig. Das ist 1974, mitten in Zeiten des Ölschocks. Die Firma, für die Augustin als Disponent gearbeitet hatte, geht in Konkurs.

Augustin ist hingegen auf Erfolgskurs. Die Geschäftsidee des jungen Unternehmerpaares geht auf. Nach nur drei Jahren steht ein eigener Firmensitz in Eugendorf im Salzburger Land. 1991 wird er in die kleine Gemeinde Straßwalchen verlegt. Anrainerproteste halten den Firmeninhaber nicht ab. Fast 300.000 Euro blätterte er laut *Salzburger Nachrichten* einem Bauern für die Zufahrt zu seinem neuen, 96.000 m^2 großen Firmengelände hin. Dort stehen jetzt vor einem blau-gelben Verwaltungsgebäude zwei gigantische Steinlöwen mit gefletschten Zähnen. Groß und wuchtig sind sie und nicht sehr einladend.

Die steinernen Wächter symbolisieren zu Recht Macht und Erfolg: Das Unternehmen blüht und gedeiht. In Zeiten, in denen die Preise im Fuhrgewerbe verfallen wie noch nie und eine Konkurswelle das Transportgewerbe überrollt, scheint Augustin ganz oben auf zu schwimmen. Auf der Website der LKW Augustin GmbH ist nachzulesen, dass der Umsatz zwischen 1994 und 2001 von 40 Millionen Euro auf 196 Millionen gestiegen ist.[60]

Bei diesen Zahlen scheinen die 58.000 Euro Strafe, zu denen der tatkräftige Unternehmer 2002 nach einem Aufsehen erregenden Prozess wegen angeblich illegal eingesetzter Fahrer verurteilt wurde, recht wenig Geld. Trotzdem wehrt er sich – mit Erfolg: Die Strafe wird wegen Verfahrensmängeln aufgehoben.

Karl Augustin ist der Salzburger Erfolgsspediteur schlechthin. Auch in der österreichischen Politik hat er schon kräftig mitgemischt: So etwa war er Berater der ehemaligen österreichischen Verkehrsministerin Monika Forstinger (FPÖ). Und er ist Mitglied des Rings Freiheitlicher Wirtschaftstreibender. Manche halten Augustin für Österreichs größten Fuhrunternehmer. Aber das ist in dieser Branche schwer festzustellen.

Das Mitunternehmer-Modell

Die LKW Augustin GmbH ist nicht nur in Österreich beheimatet, sondern auch in Deutschland. In Bayern und im Ruhrgebiet gibt es Niederlassungen des Erfolgsunternehmens. Doch das Einverständnis zwischen Deutschen und Österreichern ist, wie so oft, auch hier nicht immer das beste. Vor allem die Filiale der LKW-Augustin GmbH in Salzburgs bayerischer Nachbarstadt Freilassing hat in den letzten Jahren für Aufregung gesorgt. Der Grund: die so genannten „stillen Gesellschafter" der Firma.

Wer will, kann von Augustin als selbständiger Fahrer einen Truck mieten; auch mit Frachtaufträgen versorgt Augustin seine frischgebackenen Gesellschafter. Solche Mitunternehmermodelle sind im Transportgewerbe nicht unüblich. Mehrfach schon gab es Rechtsstreitigkeiten zwischen Firmen, die derartige Modelle anbieten und jenen, die auf diese Modelle eingestiegen waren.

Fahrer gehen diesen Weg in die Selbständigkeit oft aus dem Wunsch heraus, ihr eigener Herr zu werden; auch für die Unternehmer bringen selbständige Trucker Vorteile: Für Arbeitnehmer sind Lohnsteuer und andere rechtlich vorgeschriebene Arbeitgeber-Abgaben zu zahlen, auch sind Arbeitnehmer durch diverse Rechtsvorschriften (Arbeitszeit, Arbeitsschutz etc.) geschützt. Das alles kostet viel Geld. Wer Trucker jedoch zu Gesellschaftern macht, statt sie anzustellen, kann sich einiges an Abgaben ersparen.

In Österreich sind die Möglichkeiten, jemanden zum Gesellschafter zu machen, jedoch um einiges begrenzter als im benachbarten Deutschland. So müssen auch alle Österreicher, die Mitunternehmer bei Augustin werden wollen, einen Vertrag mit der LKW Augustin GmbH im bayerischen Freilassing schließen.

Die Möglichkeit, bei der deutschen Augustin-Firma Mitunternehmer zu werden, gibt es seit ein paar Jahren. In einschlägigen Fernfahrermagazinen wurde und wird sie beworben. „Vom Fernfahrer zum Mitunternehmer", heißt es in entsprechenden Anzeigen. Als Kontaktadresse für Interessierte wird Freilassing genannt, mit dazugehöriger Telefonnummer. „Seriöse Gewinnmöglichkeiten" werden versprochen, wenn man sich als Gesellschafter „an einem der erfolgreichsten Transportunternehmen Europas" beteilige.

Von Fahrern, die Augustins Anzeigen gefolgt sind, soll im Folgenden die Rede sein. Von ihnen haben sich einige zusammengefunden und es wurden ständig mehr, nachdem das Fachmagazin *Fernfahrer* und das ZDF im Herbst 2002 über Erfahrungen von Augustin-Mitunternehmern berichteten. Ihr Ziel: Recht zu bekommen gegen einen Unternehmer, dessen Geschäftsidee für manche von ihnen mit einem Privatkonkurs endete.

„Ich hab da immer diese Anzeigen gesehen – der Wagen, neben dem steht: ‚Dieser Zug kann Ihnen gehören', aber denen hab ich nicht getraut. Aber als dann die Anzeigen vom Augustin kamen, hab ich mir gedacht – na ja, den Augustin kenn ich ja. Ich weiß zwar, wie er ist – aber wenn er so groß geworden ist, hab ich mir gedacht, bietet das ja auch soziale Sicherheit", so ein Ex-Gesellschafter.

Von sozialer Sicherheit konnte E. Lang[61] nach seinem Mitunternehmertum bei Augustin nur träumen. Die Realität hieß für ihn

Privatkonkurs und Zwangsversteigerung. Knapp ein Jahr lang war er Mitunternehmer bei Augustin – dann kam das Aus. Und er ist kein Einzelfall. Vermutlich zwischen 150 und 300 Trucker haben in den vergangen Jahren einen Vertrag als stiller Gesellschafter des deutsch-österreichischen Erfolgsunternehmers unterzeichnet. Rund ein Dutzend ehemaliger Mitunternehmer schlossen sich 2002 zu einem Interessensverband zusammen, um ihre Forderungen gegen Augustin gemeinsam durchzusetzen.

Die ehemaligen Mitunternehmer sind sich einig: Die Zeit als „Selbstfahrer“ bei Augustin war für sie eine einzige Katastrophe, geblieben sind ihnen Schulden – und Wut. Augustin habe ihnen nur Abrechnungen vorgelegt, keine Belege über die von ihnen erwirtschafteten Beträge. Die Zahlen, die auf den Abrechnungen standen, mussten sie akzeptieren.

Anfangs glaubten alle, ihre Fahrleistung sei zu schwach. An jedem Monatsersten schworen sie sich, noch mehr zu fahren. Soviel zu fahren, bis endlich die Kasse stimmt. Die meisten waren ab dem zweiten Monat ständig auf Achse. Erholung gab es keine, dafür eine 100-Stunden-Woche nach der anderen.

Jeden Morgen meldeten sie sich bei der Disposition der Firma Augustin. Jedes Mal hofften sie auf eine „gute“ Fuhre, eine Fahrt, die einen guten Preis erzielt. Umso größer meist die Enttäuschung. Doch wehe, wenn jemand eine angebotene Fuhre ablehnte. Das machte man nur einmal, sagen ehemalige Mitunternehmer. Ihren Erfahrungen nach gab es dann gar keine Fuhren mehr: Der teure Leih-LKW stand leer und ungenutzt, verschlang Miete und Versicherungsgebühren, und erwirtschaftet wurde dabei kein Cent.

Dagegen schien nur eines zu helfen: Fahren, fahren bis zum Umfallen, fahren, bis die Reifen qualmen. Bis dann bei einigen der Eindruck immer stärker wurde, dass auch mit einer Steigerung der Kilometerleistung der ausbezahlte Betrag nicht unbedingt zunahm. Dass die Preise für Fahrten, die ihnen angeboten wurden, immer schlechter wurden.

Erste Zweifel kamen auf. Nachfragen half nicht viel. Einmal ließ allerdings der zuständige „Gewinnverrechner“ einem Fahrer gegenüber durchblicken, dass bei den Abrechnungen eigentlich sehr viel mehr für die Fahrer übrig bleiben müsste. Die Rede war gar vom Vierfachen. Wenig später wurde dieser „Mitunternehmer-Abrechner" in die Firmenleitung zum „persönlichen Gespräch" gebeten: Er wurde gekündigt.[62]

Jeder der Fahrer versuchte sich durchzubeißen, so lange es irgendwie ging. So lange, bis dann Abrechnungen kamen, wie die, die U. K. im Winter 1997[63] erhielt. Er war in diesem Monat 13.000 Kilometer mit seinem LKW unterwegs gewesen. Als er seine Abrechnung in den Händen hielt, staunte er nicht schlecht: Statt eines schönen Gewinns stand da schwarz auf weiß „minus 853,01 DM".

Das war kein Schreibfehler. U.K. musste dafür zahlen, dass er den ganzen Monat unterwegs gewesen war – weil er nach Ansicht der Firmenleitung zuviel Treibstoff verbraucht hatte.

Der größte Haken an den Abrechnungen fand sich unter der Bezeichnung „Treibstoff über 28 Prozent" und „Telefonkosten über 230 DM". Von der Firma Augustin wurde im Vorhinein festgelegt, dass der Dieselverbrauch nicht über 28 Prozent des Umsatzes liegen dürfe. In bergigem Gelände, und von diesem gibt es bekanntlich in Österreich und den angrenzenden Ländern recht viel, wird dieser Wert jedoch schnell einmal überschritten. Und jede Überschreitung wurde den Fahrern abgezogen – nachdem sich Augustin seinen prozentuellen Anteil an den Umsätzen bereits gesichert hatte.

Im Klartext: Die Firma verdiente immer an den Umsätzen ihrer stillen Gesellschafter. Auch wenn die leer ausgingen oder sogar draufzahlen mussten. Denn die Firma sicherte sich nicht nur an jeder Fahrt 10 Prozent der Dispositionsgebühr. Sie zog den Fahrern darüber hinaus ihren „Gewinnanteil" von einer Summe ab, die gar nicht wirklich der Gewinn war. Denn der Gewinn stand natürlich erst nach Abzug aller Kosten fest. Abgezogen wurde aber zuerst nur ein Teil der Kosten, dann der „Gewinnanteil" Augustins und dann die restlichen Kosten.

Doch damit nicht genug. Ein verbitterter Ex-Fahrer: „Wir sollten immer an bestimmten Tankstellen tanken. Die Abrechnung lief dann über Augustin. Gezahlt hab ich immer den Normalpreis. Aber Augustin hat als Großabnehmer sicher dicke Prozente gekriegt. Da haben wir ihm seinen Rabatt finanziert! Aber an uns wurde das nicht weitergegeben."[64] Die Frage des Tankens sieht aus Augustins Perspektive allerdings etwas anders aus, siehe unten.

Dann flatterte manchem Mitunternehmer der Augustin-Gruppe ein Brief von der Steuerfahndung ins Haus. Das Finanzamt interessierte sich für die Verträge der stillen Gesellschafter der Firma Augustin. Sehr geehrter Herr, stand da zu lesen, da die Staatsanwaltschaft davon ausgeht, dass die vorliegenden Vertragskonstellationen der Verschleierung eines Arbeitsverhältnisses dienen, bitten wir Sie, den beigefügten Fragebogen schriftlich zu beantworten.

Nicht die als Mitunternehmer tätigen Fahrer waren ins Visier der Steuerfahndung geraten, sondern die Firma Augustin selbst. Die reagierte denn auch sofort. In einem eilig verfassten, mehrseitigen Schreiben fanden die Fahrer passende Antworten. Und um ja keine Verunsicherung aufkommen zu lassen, bestätigte die Firma ihren stillen Gesellschaftern einmal mehr, dass das Vertragsverhältnis rechtlich abgesichert und legitim sei. Schließlich – so die Firmenleitung – könne doch jeder Mitunternehmer jederzeit eine Fuhre oder Fahrt ablehnen.

Die eierlegende Wollmilchsau

Im September 2002 macht das Magazin *Fernfahrer* die „Akte Augustin" zur Coverstory und berichtet von Truckern, für die das Augustin'sche Mitunternehmermodell zum direkten Weg in den Privatkonkurs wurde. Das Fahrerjournal nannte es „eine eierlegende Wollmilchsau" – für den Firmenchef, versteht sich. Das ZDF-Magazin *Frontal 21* greift die Geschichte auf und bringt sie in Millionen deutscher Wohnzimmer. Damit nicht genug: In der folgenden Ausgabe des *Fernfahrers* ist dann die Rede von „äußerst fragwürdigen Geschäftspraktiken".

Das Unternehmen wird mit einer Klage der Salzburger Arbeiterkammer und der Gewerkschaft Handel Transport Verkehr konfrontiert, denen so manche der Aktivitäten des Salzburger Unternehmers ein Dorn im Auge waren. Arbeiterkammer und Gewerkschaft vermuteten hinter der Einrichtung der stillen Gesellschafter eine Umgehung österreichischen Arbeitnehmervorschriften. Rechtsanwalt Dr. Klaus Perner analysierte in einem Gutachten die juristische Situation der still beteiligten Gesellschafter bei Augustin. Ergebnis: Die vorgelegten Mitunternehmerverträge täuschten Selbständigkeit nur vor. Ja, Perner geht sogar noch weiter: Es lägen, so das Gutachten, sämtliche Merkmale vor, die „typischer Weise für die Annahme eines Arbeitsverhältnisses sprechen." Einziger Unterschied: Die Mindeststandards, die im Arbeitsrecht für Arbeitsverträge vorgeschrieben sind, würden nicht eingehalten.[65]

Wer also bei Augustin als so genannter Mitunternehmer fahre, den erwarte genauso wenig Selbständigkeit wie einen Angestellten. Der einzige Unterschied liege darin, dass er schlechter gestellt sei als ein Angestellter. Arbeiterkammer und Gewerkschaft errechneten, Augustin habe 11 ehemalige Mitunternehmer, die ihre Unterlagen vorlegten, um mehr als 170.000 Euro geprellt, die ihnen bei gleicher Leistung zugestanden hätten, wären sie als Angestellte unterwegs gewesen.[66]

Augustins Antwort lässt nicht lange auf sich warten. Auf der Website des Unternehmens erscheint ein von 60 stillen Gesellschaftern unterzeichneter offener Brief, in dem die zitierten Ex-Gesellschafter als „nicht repräsentativ" und „verschwindender Prozentsatz" bezeichnet werden – von „positiver Zusammenarbeit" ist die Rede und von einer gern genutzten Alternative zum Angestelltendasein. Daneben findet sich ein vier Seiten langer Brief an das ZDF, unterzeichnet von Karl Augustin persönlich: Der Bericht in *Frontal 21* sei schlampig recherchiert und vernachlässige wichtige Fakten. Unter anderem liest man hier, einer der dargestellten Fahrer habe mit der Tankkreditkarte von Augustin andere Fahrzeuge betankt und deshalb in der entsprechenden Abrechnung hohe Abzüge für überdurchschnittlichen Dieselverbrauch hinnehmen müssen.

Karl Augustin sieht sein Unternehmen zu Unrecht in Misskredit geraten. Er klagt die Salzburger Kammer und Gewerkschaft wegen Rufschädigung. Die Möglichkeit, seine Sicht der Dinge darzulegen, erhält er auch vom Magazin *Trucker*, neben dem *Fernfahrer* die zweite große Fahrer-Zeitschrift in Deutschland. Im Gegensatz zum *Fernfahrer* will man sich hier nicht auf den umstrittenen Unternehmer einschießen. Augustins Inserate erscheinen weiter im *Trucker*, während man sie im *Fernfahrer* vergeblich sucht.

Der *Trucker* bittet zum Runden Tisch: Fernfahrer, Betroffene und den Firmenchef persönlich, zusammen mit einigen stillen Gesellschaftern, die berichten, dass sie mit ihrem Dasein durchaus zufrieden sind. Mangels Erscheinen von Kritikern endet das Gespräch mit einem klaren Punktesieg für Augustin.[67]

Der siegreiche Unternehmer zeigt sich von seiner einsichtigen Seite. Jene Fahrer, von denen Augustin Gewerbesteuer einbehalten hatte, obwohl ihre Gewinne unter der Grenze lagen, ab der sie anfällt, erhalten für die Jahre 2001 und 2002 die von Augustin einbehaltenen Steuergelder zurück.[68] Der Reporter des *Fernfahrers* erhält eine Einladung nach Straßwalchen, wo ihm Firmenboss Karl Augustin und Mitgesellschafter-Betreuer Schmücker drei Stunden lang das Mitunternehmermodell erklären.

Anfang Oktober 2003 wird ein Vergleich unterschrieben. Die Straßwalchener Firma zahlt 85.000 Euro an elf ihrer ehemaligen Mitunternehmer, die sich der Klage der österreichischen Arbeitnehmervertreter angeschlossen hatten und verpflichtet sich, in Hinkunft die Geschäfte der „Stillen“ nur noch in Deutschland abzuwickeln. Sämtliche in dieser Sache anhängigen Gerichtsverfahren sind damit beendet.

3. Verpasste Chancen – Glorreiche Zukunft?

Die schmutzigen Seiten des Verkehrs

Das erklärte Ziel des liberalisierten europäischen Transportmarkts ist der freie Warenfluss. Die Vorstellung eines ungehindert strömenden Warenverkehrs vernachlässigt allerdings zwei entscheidende Faktoren: die Menschen, die diesen Warenfluss begleiten und die Umwelt, in der er stattfindet.

Waren fließen nicht von allein. Und ihr „Fluss" findet nicht im luftleeren, unbewohnten Raum statt. Zum einen sind da die Menschen, die den Warenverkehr fließen lassen, etwa die LKW-Fahrer. Zum anderen sind da die Menschen, die mit dem Warenverkehr zu tun haben, ohne dass sie das unbedingt wollen: die Anrainer der Straßen, auf die sich der Verkehrsstrom ergießt.

Diese Menschen bekommen am deutlichsten zu spüren, was Verkehr mit sich bringt. Sie müssen Abgase einatmen, ihr Leben ist bestimmt vom Lärmpegel der Straße, ihre Umwelt von verkehrsbedingten Schäden an der Vegetation.

Während die Bekenntnisse zu nachhaltiger Verkehrsentwicklun und umweltfreundlichen Fahrzeugen zum Standardrepertoire jedes Entscheidungsträgers aus Wirtschaft und Politik geworden sind, müssen viele Menschen die schmutzigen Seiten des Verkehrs einfach hinnehmen:

Schäden am Menschen

Eine aktuelle Studie des Robert-Koch-Instituts im Auftrag des Bundesumweltamtes hat 1700 Bewohner der deutschen Bundeshauptstadt Berlin mit Blick auf ihre persönliche Lärmsituation untersucht. Besonderes Augenmerk wurde dabei auf den nächtlichen Lärmpegel vor dem Schlafzimmerfenster gerichtet.

Das Ergebnis der Studie: Jene Großstädter, deren Schlaf von 55 Dezibel Lärm (oder mehr) begleitet wurde, hatten ein fast doppelt so hohes Bluthochdruck-Risiko als jene, deren Schlaf von weniger als 50 Dezibel gestört wurde. Das Umweltbundesamt bringt die Untersuchung auf den Punkt: „Mehr Verkehrslärm – höherer Blutdruck".[1]

Wer jedoch glaubt, gesundheitsschädigender Verkehrslärm sei nur ein Problem stressgeplagter Großstädter, geht fehl. Ähnliche und sogar noch höhere Werte als in der deutschen Hauptstadt werden entlang der großen Transitrouten auch in einst idyllischen Bergtälern gemessen, deren Bewohner zu den Verlierern der europäischen Mobilisierung geworden sind. Vor ihren Fenstern quälen sich unzählige Schwerfahrzeuge über die Alpen.

Wissenschaftler von der Pittsburger Carnegie Mellon Universität legten im Sommer 2001 im angesehen Wissenschaftsmagazin *Science* eine Studie vor: Sie hatten den Zusammenhang zwischen Emissionen des Straßenverkehrs und den Sterblichkeitsraten in New York, Mexiko City, Santiago de Chile und São Paulo untersucht. Die Kernaussage ihrer Untersuchung: An den Folgen verkehrsbedingter Luftverschmutzung sterben weltweit mehr Menschen als durch Verkehrsunfälle.[2]

Mithilfe bereits bekannter Methoden könnte die Situation durchaus verbessert werden: Allein in den vier untersuchten Städten könnten innerhalb der nächsten 20 Jahre 64.000 Menschenleben gerettet werden, wenn gängige Methoden der Abgasminderung umfassend angewendet würden. Die Zahl der betrieblichen Krankheitstage könnte um 37 Millionen gesenkt werden – ein Traum für Unternehmer und Politiker. Auch für Deutschland gibt es vergleichbare Studien: Das Heidelberger Umwelt- und Prognose-Institut UPI hat errechnet, dass in der Bundesrepublik „über 25.000 Menschen pro Jahr durch die Emissionen des Verkehrs getötet werden."[3]

Die Weltgesundheitsorganisation WHO geht davon aus, dass weltweit von 2000 bis zum Jahr 2020 rund acht Millionen Menschen an den Folgen der Verbrennung fossiler Energieträger sterben werden.[4] Das ist so viel wie die gesamte Bevölkerung des aufgrund seiner geografischen Lage unter dem Schwerverkehr besonders leidenden Alpenstaats Österreich.

Die Frage, ob Dieselabgase Gesundheitsschäden auslösen können, war lange umstritten. Im Juli 2003 gab das Berliner Umweltbundesamt dann Ergebnisse einer Studie bekannt, der zufolge jährlich 14.000 Menschen in Deutschland an den Auswirkungen von Dieselruß sterben.[5] Bereits 1998 hatte das Heidelberger Umwelt- und Prognose-Institut jährlich 8000 verkehrsbedingte Lungenkrebserkrankungen errechnet.[6] Ein Großteil der Dieselabgase stammen vom LKW-Verkehr.

Die in Deutschland zugelassenen Brummis produzieren übrigens in einem Jahr fast fünfmal so viel Ruß und zweieinhalb mal so viele Stickstoffoxide wie alle 42 Millionen deutschen PKWs zusammen.

Schäden an der Infrastruktur

Die Zunahme des LKW-Verkehrs in den letzten Jahren und die prognostizierten weiteren Wachstumsraten haben viele „schmutzige" Ursachen, etwa Lohndumping und Verstöße gegen gesetzliche Regelungen. Sie haben den exorbitanten Siegeszug des LKWs auf Europas Straßen mit ermöglicht. Viele Folgen dieser Zunahme sind – im wörtlichen Sinn – nicht minder schmutzig. Und sie sind außerordentlich vielfältig. Zunahme des LKW-Verkehrs bedeutet unter anderem:

- Zunahme von Energieverbrauch, Lärm- und Schadstoffemissionen

- Schäden am Straßennetz, an Gebäuden durch Abgase, an Kanalsystemen und Brücken durch Erschütterung

- Mehr Unfälle mit LKW-Beteiligung

- Bedarf an zusätzlichen Straßenbauten, dadurch Oberflächenversiegelung, Zerschneidung von Ökosystemen und Auswirkungen auf das Landschaftsbild

- Zunehmende Staus und zunehmende Staukosten für die Allgemeinheit wie für die Wirtschaft

- Wertverlust an Liegenschaften entlang Straßen

- Wertverlust von Wirtschaftsbetrieben jenseits der großen „Rennstrecken"

- Ansiedelungsverbot für Industriebetriebe in der Nähe von Autobahnen infolge bereits zu hoher Schadstoffwerte in einer Region (so geschehen im Tiroler Inntal)

- Zunehmende Beeinflussung des Klimas durch den Verkehr („Treibhauseffekt")

„Der Verkehr ist somit ein Hauptverursacher von Umweltproblemen auf lokaler, nationaler wie auch globaler Ebene", urteilt der Verkehrswissenschaftler Max Herry.[7] Schwerverkehr ist dabei um einiges schädlicher als PKW-Verkehr.

Eine Studie der Universität Cambridge belegt: Während seiner gesamten Einsatzdauer verursacht ein LKW so viel Straßenschäden wie 163.840 PKWs.[8] Die schweren Brummer zerstören die Asphaltdecke und damit auch den so genannten „Flüsterasphalt", der ihren Lärm ein wenig erträglicher machen soll. Und das ist nur ein kleiner Teil der schädlichen Folgen der LKW-Lawine.

Die Überlastung des Straßennetzes lässt den Stau auf der Autobahn heute fast zum Normalzustand werden. Für viele wird täglich aus dem Traum von der Mobilität der Alptraum des Gefangenseins in oft kilometerlangen Blechkolonnen.

Und jeder Stau ist ein volkswirtschaftlicher Schädling ersten Rangs. Der Vorsitzende des Bundestagsausschusses für Verkehr, Bau- und Wohnungswesen, Eduard Oswald von der CSU, schätzte 1999 die jährlichen Kosten, die der deutschen Volkswirtschaft allein durch Staus und ihre Folgeschäden (verspätete Auslieferungen, Zeitverluste, unnötiger Kraftstoffverbrauch) entstehen, auf über 100 Milliarden Euro.

Seltene Einigkeit über die Parteigrenzen hinweg: „Der Schaden für das Bruttosozialprodukt geht in die Milliarden", konstatierte zur gleichen Zeit die Umweltexpertin der SPD im Europaparlament, Dagmar Roth-Behrend. Sie legte noch eins drauf: „Es ist unvertretbar, dass die Kosten des Wahnsinns von der Gesellschaft gezahlt werden müssen."[9]

Sieht man sich die Statistiken zu den Transportleistungen auf dem Gebiet der Bundesrepublik an, so wird deutlich: Seitdem im Jahr 1999 diese Aussagen getroffen wurden, geht es steil bergauf. Mit den Verkehrsleistungen. Und mit den dadurch entstehenden Kosten.

Jede einzelne Tonne Fracht, die ein LKW über einen Kilometer transportiert, verursacht allein in ökologischer Hinsicht Schäden in Höhe von etwa 14 Cent.[10]

Ein mit 25 Tonnen Fracht voll beladener LKW verursacht nach dieser Rechnung auf der etwa 1000 Kilometer langen Strecke von Wien nach Hamburg ökologische Schäden in Höhe von 3500 Euro.

Zerstörte Straßen, zerrüttete Fundamente und Kanalsysteme, Umweltschäden, schwere Unfälle und Dauerstau auf allen Routen – wie diese und andere externe Kosten des Straßengüterverkehrs genau zu berechnen sind, ist unter Experten umstritten. Wie soll man Lärmbelastungen, wie den Einfluss der Autoabgase auf die Klimaerwärmung in Geld umrechnen?

Eine Studie aus dem Jahr 2000 beziffert die externen Kosten des Verkehrs auf deutschen Straßen im Jahr 1995 mit rund 120 Milliarden Euro.[11]

Externe Kosten im Güterverkehr in Österreich
Globalrechnung – absolute externe Kosten

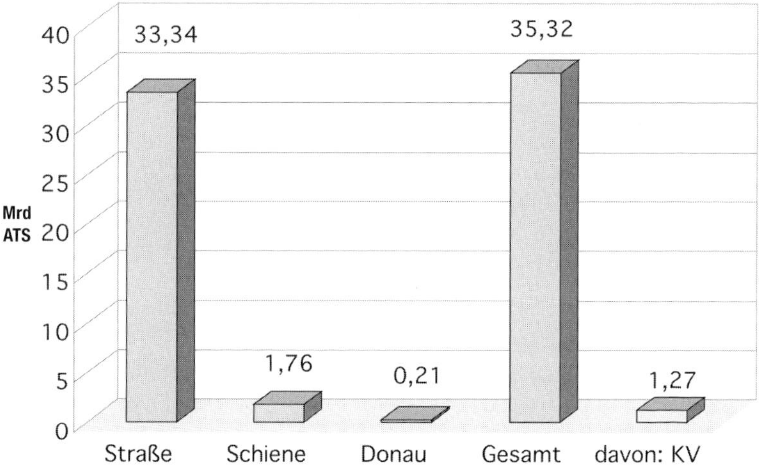

Quelle: Harry/Trafico

Zum Vergleich: Das österreichische Bruttoinlandsprodukt des Jahres 1998 betrug 189,94 Milliarden Euro. Damit sind die externen Kosten des Verkehrs auf deutschen Straßen fast drei Viertel so hoch wie das gesamte Bruttoinlandsprodukt der Republik Österreich. Und diese Kosten sind nicht nur eine theoretische Berechnung. Sie bezeichnen vielmehr ganz reale Kosten, die jedes Jahr aufs Neue der Öffentlichkeit aufgebürdet werden.

Schäden an der Umwelt

Rücksicht auf die Umwelt ist heute eine selbstverständliche Angelegenheit. Zumindest auf dem Papier. Und in Absichtsbekundungen von Politikern aller Couleurs.

Dass Verkehr nicht nur positive Seiten hat, sondern auch massive Schäden an Mensch und Umwelt verursacht, bestreitet heute wohl kaum jemand. Seit einigen Jahren macht das Wort von der „Nachhaltigkeit“ auch unter Verkehrsexperten und den mit Mobilität befassten Entscheidungsträgern in Wirtschaft und Politik die Runde. Was dieser gern zitierte Ausdruck genau bedeuten soll, wissen allerdings die wenigsten. Oft wird er in sehr allgemeinem Sinn einfach anstelle von Begriffen wie „Verantwortungsbewusstsein" verwendet, verleiht dem Gesagten aber einen Öko-Touch. Wer von „nachhaltigen" Verbesserungen spricht, meint oft wenig mehr als lang anhaltende Verbesserungen.

Fahrzeuge sind die größte Quelle für gefährliche Luftschadstoffe wie CO_2, und NO_x. In Städten kommt dazu die Belastung durch kleine Partikel. Im smoggeplagten London beispielsweise verursachen Dieselfahrzeuge nicht nur 32 Prozent aller Stickstoffoxide, sondern auch 92 Prozent aller Ruß-Schadstoffemissionen.[12] Doch spätestens seit der ersten Umweltkonferenz in Rio de Janeiro im Sommer 1992 führt „Nachhaltigkeit" die Hitliste der beliebtesten Schlagworte in Politik und Wirtschaft an.

Ein Schritt vor und zwei zurück

Das Märchen vom technischen Fortschritt

Im Sommer 1998 legte die EU den Rahmen für die Einbeziehung der Umweltbelange und der nachhaltigen Entwicklung in die Verkehrspolitik fest. Die von der EU definierten Ziele beinhalten verschiedene wirtschaftliche, soziale und ökologische Aspekte, von der Effektivität des Verkehrssystems bis hin zur Beschränkung des Flächenverbaus für neue Straßen oder Reduzierung der Schadstoff- und Lärmemissionen.[13] Viele dieser Vorgaben wirken angesichts der Realität auf Europas Straßen wie fromme Wünsche.

Etwas kritischer als in diesem EU-Papier sieht man die Lage offenbar im Kreis der Konferenz der Europäischen Verkehrsminister. Jack Short, der Generalsekretär der CEMT, ließ 1997 verlauten, die Einbeziehung der externen (also auch und gerade der Umwelt-)Kosten des Straßenverkehrs sei ein wichtiges politisches Ziel, das es schnellstmöglich zu verfolgen gelte. Die derzeitige Steuer- und Preispolitik setze hingegen in vielen Fällen falsche Zeichen, die mit Zielen des Umweltschutzes unvereinbar seien.

Viele Länder hätten sich, so Short, mit der Schadstoffproblematik noch nicht systematisch beschäftigt und es gebe viel zu wenig Wissen um die Möglichkeiten, CO_2-Emmissionen durch gezielte Maßnahmen der Verkehrspolitik zu reduzieren.[14]

Das grundlegende Problem des Verkehrs sprach die CEMT schon damals deutlich aus. Alle Anstrengungen, Verkehr umweltfreundlicher zu gestalten, können von der beständigen Zunahme des Verkehrs zunichte gemacht werden. Dennoch will niemand aktiv Maßnahmen zur Einschränkung der Mobilität ergreifen. Gleichzeitig scheinen die Verlagerung des Verkehrs von der Straße auf andere Netze oder die Beschränkung des Verkehrs in Städten immer mehr zur Utopie zu werden.

Im Januar 2002 entschlossen sich dann die Minister der CEMT zu einer offiziellen Stellungnahme zum Problembereich Transport und Umwelt. Sie gaben ihrer Erklärung den dramatischen Titel „Eine konzertierte Aktion für die Zukunft der Erde."

Der Inhalt dieser Erklärung breitet in acht Punkten ein düsteres Zukunftsszenario aus: Luftverschmutzung und Treibhauseffekt würden durch das beständig wachsende Verkehrsaufkommen in den kommenden Jahren noch schlimmer. Verkehr sei einer der Hauptursachen für Abgase und Klimawandel. Verstärkte globale Anstrengungen in Sachen Umweltschutz im Transportsektor seien daher für die Zukunft der Erde und der menschlichen Spezies dringend notwendig.[15]

Aber Mobilität ist die heilige Kuh der Moderne, sei es die Mobilität einzelner Menschen oder der „frei fließende" Warenverkehr. Jede Maßnahme, die auch nur den Verdacht nahe legt, diese Mobilität einzuschränken, stößt auf den Widerstand verschiedenster Interessensgruppen, vom Pendler bis zu den Wirtschaftsgurus des freien Markts – man denke etwa an die Einführung der Öko-Steuer in Deutschland!

Einfacher als Einschränkungen durchzuboxen ist es, Verbesserungen von der Autoindustrie zu fordern. Neuentwicklungen, die den Sexappeal des technischen Fortschritts mit messbaren Entlastungen für die Umwelt verbinden. Ein Beispiel: In Europa wurden 1991 Schadstoff-Grenzwertstufen für Motoren beschlossen.

Die Abgasnormen sind in fünf Stufen gegliedert, Euro I bis V. Die Werte des Jahres 1990 wurden Euro-0-Stufe genannt. Die zu diesem Zeitpunkt üblichen Emissionen wurden als Bezugspunkt für die verbesserten Motoren verwendet: Alle Abgaswerte von 1990 gelten als 100 Prozent. Die folgenden Stufen sollen entsprechend weniger Schadstoffe in die Umwelt blasen. Beispielsweise wird Motoren der 2007 in Kraft tretenden Euro-V-Stufe nur noch 12,7 Prozent der Menge an Stickstoffoxiden zugestanden, die ein Motor im Jahr 1990 produziert hat.

Viele LKWs, die heute in Westeuropa unterwegs sind, haben Motoren der so genannten Euro-II-Stufe. Diese Stufe gilt seit 1. Oktober 1995 für neue Motortypen und seit 1. Oktober 1996 für alle Motoren. Seit 1. Oktober 2000 gilt für alle neuen Motoren die Grenzwertstufe Euro-III, deshalb werden heute keine Euro-II-Motoren mehr produziert.

Um den Kauf von neuen Modellen seitens der Transportbranche anzukurbeln, gibt es steuerliche Begünstigungen für modernere Motoren. Je höher die Euro-Stufe, desto höher der Steuervorteil.[16]

Die Reduzierungen des Schadstoffaustoßes zwischen den einzelnen Stufen klingt jeweils recht beachtlich. So darf ein Euro-II-Motor nicht mehr wie sein Vorgänger 9 Gramm des Umweltschädlings Stickstoffoxid pro Kilowattstunde freisetzen, sondern nur noch 7. Das entspricht einer Verschärfung der Abgaswerte für Stickstoffoxid um 22,2 Prozent.

Um so größer war die Verwunderung, als sich der erwartete Erfolg in Form verbesserter Luftqualität nicht und nicht einstellen wollte. Im Gegenteil, seit ungefähr 1998 werden in der Bundesrepublik vor allem an den Autobahnen höhere Stickstoffoxid-Werte gemessen, als es die Berechnungen aufgrund der Emissionswerte vorhergesagt hatten. Statt wie erwartet eine Senkung der Stickstoffoxid-Werte festzustellen, verharrten sie mit nur minimalen Veränderungen auf dem Wert von 1998.

Angesichts der Zunahme an Euro-II-Fahrzeugen schienen diese Ergebnisse unerklärlich. Noch dazu war gleichzeitig mit den verbesserten LKW-Motoren auch bei PKWs eine Senkung der Abgasgrenzwerte erreicht worden: PKWs produzieren sogar bis zu 70 Prozent weniger Stickstoffoxide.[17]

Vier Jahre lang untersuchten Experten aus Deutschland, Österreich, der Schweiz und den Niederlanden das Phänomen der gleichbleibenden Stickstoffoxidemissionen auf ihren Autobahnen. Im Rahmen einer internationalen Zusammenarbeit wurden zahllose Motoren der Euro-II-Stufe getestet; die Untersuchungsergebnisse wurden an der Technischen Universität Graz ausgewertet.

Von dort kamen auch die ersten Hinweise, die zur Lösung des Rätsels um die Stickstoffoxid-Werte führten: Euro-II-Motoren emittieren im Praxistest nicht, wie erwartet, weniger Stickstoffoxid als ihre Vorgänger der Euro-I-Stufe, sondern sogar mehr. Was in der Theorie ein Schritt in Richtung Umweltschutz sein sollte, stellte sich in der Praxis als noch größere Umweltbelastung heraus.

Im Februar 2003 platzte dann die Bombe: „LKW-Hersteller sorgen für dicke Luft. Stickstoffoxid-Emissionen bei schweren Lastwagen durch gezielte Manipulationen der Hersteller höher als zugesagt", titelte ein Papier des deutschen Umweltministeriums.[18] Die Anschuldigungen aus dem Hause Trittin: LKW-Hersteller hätten „mit Hilfe moderner elektronischer Motorregelung die Messvorschriften der Euro-II-Normen systematisch umgangen. Dadurch halten Euro-II-LKWs zwar im vorgeschriebenen Test die Grenzwertvorgaben ein, nicht aber im Praxisbetrieb auf der Straße."

Die Erklärung: Die Grenzwerte für Abgase werden in einem festgelegten Verfahren ermittelt. Dabei misst man Emissionen nicht im gesamten möglichen Bereich, sondern nur nach vorgegebenen Punkten der Motorleistung. Auf der Straße hingegen fährt der LKW natürlich auch außerhalb der für die Prüfverfahren vorgesehenen Bereiche.

Dazu kommt, dass es dank moderner Elektronik möglich ist, Euro-II-Motoren in verschiedenen Leistungsbereichen auf einen jeweils optimierten Dieselverbrauch zu programmieren. Die Einsparungen an Kraftstoff, die sich durch den optimierten Dieselverbrauch ergeben, sind minimal. Doch über die gesamte Lebensdauer eines Motors gerechnet, ergeben sie für Transportunternehmer einen erheblichen wirtschaftlichen Anreiz. Aber die solcherart erzeugte Optimierung des Verbrauchs geht einher mit deutlich erhöhten Stickstoffoxid-Emissionen. Bei den geprüften Motoren traten in den nun erstmals getesteten Bereichen zwischen den vorgeschriebenen Prüfpunkten stark erhöhte Emissionen auf.

In jenem Bereich, der nach den Vorschriften üblicherweise kontrolliert wurde, war alles in Ordnung und die niedrigeren Schadstoffwerte wurden eingehalten. Doch jenseits dieser Punkte er wiesen sich die vorgeblich umweltfreundlichen Maschinen als wahre Dreckschleudern.

In der Praxis stoßen Euro-II-Motoren nach diesen Untersuchungen um bis zu 20 Prozent mehr Stickstoffoxide aus als die älteren Euro-I-Motoren. Eigentlich sollten sie jedoch fast ein Viertel weniger emittieren als ihre Vorgänger. Damit liegt das Emissionsniveau von Euro-II-Motoren um gut 30 Prozent höher als erwartet. Aufgrund dieser Ergebnisse errechnete das deutsche Umweltministerium allein für das Jahr 2002 eine um mehr als 150.000 Tonnen höhere Stickstoffoxid-Belastung als ursprünglich angenommen.

Das Märchen von der Rücksicht auf die Alpen

Die Vorstellung eines Verkehrs ohne Grenzen ist ein Wunschtraum. Die Alpen stellten schon Hannibal mit seinen Elefanten vor große Probleme auf dem Weg nach Norden.

Die „Lasttiere“ des heutigen alpenquerenden Verkehrs sehen anders aus – aber die Alpen sind die gleichen geblieben. Dieser Gebirgszug stellt auch heute noch eine natürliche Barriere für Verkehr jeder Art dar. Sicher, es gibt heute bessere Straßen und es gibt Tunnels. Doch die Anzahl der Verkehrsverbindungen über die Alpen ist beschränkt. Straßen können nur durch Täler am Fuße der Berge führen. Und diese Täler sind schmal. Der Verkehr mag zunehmen, die Breite der Täler bleibt gleich.

Durch diese schmalen Täler und die dazugehörenden Tunnels rollen dank der Zunahme des Güterkraftverkehrs immer mehr LKWs.

Die meisten der großen Alpen-Tunnels haben in den letzten Jahren Schlagzeilen geschrieben. Tauern-Tunnel, Gotthard-Tunnel, Montblanc-Tunnel: In ihnen starben Dutzende Menschen bei schweren Unfällen.

Nirgendwo zeigt sich die Überlastung der Infrastruktur und der Umwelt durch den rasant wachsenden Verkehr so deutlich wie in den Bergen. Wo der Lebensraum von Natur aus sehr beschränkt ist, etwa in engen Tälern, hat die immer größer werdende Blechlawine viel stärkere Auswirkungen als im flachen Land.

Das hängt zum einen mit geologischen Besonderheiten zusammen. Touristen mögen sich an dem Phänomen des Echos freuen, das jedes Geräusch auch über große Entfernungen an Bergwänden sozusagen „zurückprallen" lässt. Es ist ihnen zu wünschen, dass sie ihren Bergurlaub weit weg von befahrenen Straßen verbringen. Denn in den Bergen schallt auch der Lärm der Straßen aus den Tälern wieder.

Vergleicht man beispielsweise die Lärmpegel im klassischen Alpentransitgebiet Tirol mit der Lärmbelastung in Berlin, deren Auswirkungen die Robert-Koch-Stiftung untersucht hat, dann ergibt sich ein erschreckendes Bild. Die angeblich heile Gebirgswelt hat rund um die Uhr Lärmpegel zu bieten, die die als gesundheitsschädlich eingestuften Werte noch deutlich überschreiten.

Im Südtiroler Eisacktal beispielsweise wurde in Siedlungen entlang der viel befahrenen Brennerautobahn ein Dauerschallpegel von 69 Dezibel gemessen.

Berge behindern nicht nur den Verkehr, sie hindern auch Schallwellen daran, in die Breite zu gehen und damit immer schwächer zu werden. In der Ebene wird Lärm umso leiser wahrgenommen, je größer der Abstand von der Lärmquelle ist. In Tälern bleibt der Straßenlärm allgegenwärtig. Im Eisacktal wurde der Grenzwert für nächtliche Lärmbelastung noch in 850 Metern Entfernung von der Autobahn überschritten. Dieser Grenzwert liegt bereits sehr hoch: 55 Dezibel – genau jener Wert, den die Deutschen schon als gesundheitsschädigend einschätzen.[19]

Lärmausbreitung in Tälern

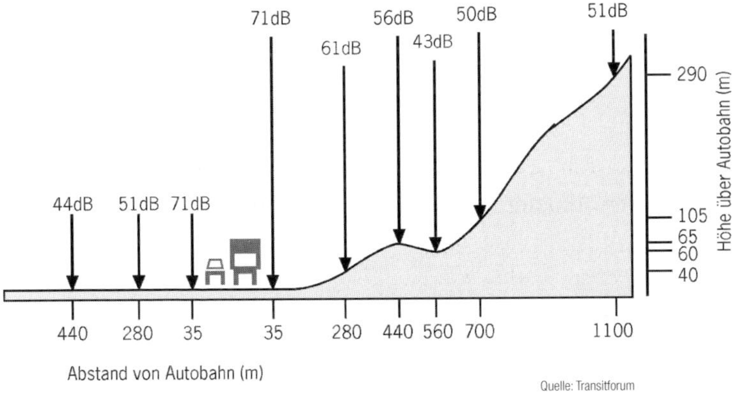

Quelle: Transitforum

Noch schlimmer: Lärm fließt auch Talflanken hinauf. Das hat den Effekt, dass mit zunehmender Entfernung von der Straße der Lärm aus den Tälern in den Bergen bis zu einer gewissen Höhe nicht leiser, sondern wieder lauter wahrgenommen wird.

Bereits 1989 wurde deshalb ein Nachtfahrverbot für so genannte nicht-lärmarme LKWs auf österreichischen Transitrouten erlassen, um der lärmgeplagten Bevölkerung wenigstens ruhigere Nächte zu ermöglichen. Von diesem Verbot gibt es jedoch zahllose Ausnahmen, z.B. für Lebensmittel, und die Frage, was ein lärmarmer LKW ist, wird nach dem für die Typen ermittelten Geräuschpegel beantwortet. Auf ansteigenden Strecken werden diese Werte jedoch häufig überschritten.

Dazu kommt, dass bereits in den ersten Jahren nach der Einführung des Nachtfahrverbots für die lauten Brummis am 1. Dezember 1989 der Nachtverkehr insgesamt explodiert ist. Bis Ende 1994 hatte der nächtliche Verkehr beispielsweise auf der Inntal- und der Brennerautobahn schon um satte 240 Prozent zugenommen. Die Brenner-Maut ist seit einiger Zeit nachts empfindlich teurer als am Tag, weshalb die Strecke von vielen Unternehmen in der Nacht gemieden wird. Doch insgesamt setzt sich der Trend fort, heute wird viel mehr nachts gefahren, weil tagsüber die Autobahnen verstopft sind.

Das Heer an LKWs zerstört auch den Flüsterasphalt, der ihren Lärm reduzieren soll. So verwundert es nicht, dass die nächtliche Lärmbelastung vor allem auf der Strecke Kufstein–Brenner heute nicht niedriger, sondern sogar höher ist als vor der Einführung des Nachtfahrverbots.[20]

In Österreich sind es nicht die alpenquerenden Straßen, über die der stärkste Verkehr rollt. Auf der „Südosttangente" genannten Stadtautobahn im Südosten der Millionenstadt Wien machen sich an einem durchschnittlichen Tag 167.000 PKWs sowie 39.000 Lieferwagen, LKWs und Busse auf den Weg in den Stau. An der bayerisch-tirolerischen Grenze bei Kufstein sind es dagegen „nur" 30.500 PKW nebst 14.000 Lieferwagen, LKWs und Bussen. Im Herzen Tirols, im Örtchen Matrei am Nationalpark Hohe Tauern, teilen sich jeden Tag 21.000 PKWs mit 12.500 Lieferwagen, LKWs und Bussen die Brennerautobahn.[21]

Dennoch sind die Auswirkungen des Verkehrs in den Bergen ungleich verheerender. Nicht nur die verkehrsbedingte Lärmbelastung ist im Gebirge besonders hoch. Ähnlich der geänderten Ausbreitung von Schallwellen gegenüber jener im flachen Land, haben auch die Abgase des Straßenverkehrs in den Alpen besonders schwerwiegende Auswirkungen.

Das liegt insbesondere an den so genannten Inversionswetterlagen. Diese Ausdruck bedeutet nichts anderes, als dass Schadstoffe, die sich in der Ebene verbreiten oder in die Atmosphäre aufsteigen würden, in Tälern wie unter einer Glasglocke gefangen bleiben.

Dass die Alpen ein besonders sensibles Ökosystem sind, zeigt sich deutlich an den Rückständen, die der Schwerverkehr in den Bergen hinterlässt: Die Immissionsbelastung durch einen LKW ist wegen der besonderen meteorologischen Verhältnisse in den Alpen beispielsweise an der Gotthard-Transitachse dreimal höher als im Schweizer Mittelland. Die externen Kosten des Verkehrs betragen im Alpenraum deshalb 4000 Schweizer Franken pro Einwohner und Jahr. Das ist in etwa viermal so viel wie in den übrigen Teilen des Landes.[22]

Die Alpen gelten als das „grüne Herz" Europas. Doch wo einst blühende Landschaften erholungssuchenden Menschen die Schönheit der Natur vor Augen führten, blühen heute häufig nur noch die Schadstoffwerte. Kein Wunder, dass der Tourismus auf der Strecke Kufstein–Innsbruck–Brenner in einem 20-Jahres-Vergleich Rückgänge von 34 bis 55 Prozent verzeichnet. „Die Gäste kommen nicht zum LKW-Zählen nach Tirol und in die Alpen", meint Fritz Gurgiser vom Verein Transitforum Austria-Tirol.[23]

Touristen können der Verkehrslawine leicht ausweichen, sie suchen sich ein anderes Feriendomizil. Doch die Menschen, die an den Rennstrecken des europäischen Nord-Südtransits wohnen, können und wollen nicht einfach wegziehen, weil ihre Heimat sich von einer ländlichen Idylle in ein tristes Stück Erde verwandelt hat, auf dem das Einatmen bereits ein Gesundheitsrisiko darstellt.

Die Berichte über Schadstoff-Emissionen und Immissionen im „grünen Herzen" des Kontinents klingen ganz und gar nicht nach heiler Bergwelt und gesunder Höhenluft: 1999 wurde an drei Messstellen in Tirol insgesamt neunmal der innerhalb einer halben Stunde zulässige Stickstoffdioxid-Grenzwert zum Schutz des Menschen überschritten.[24] Außerdem kam es zu Überschreitungen des über das ganze Jahr erlaubten Mittelwertes zum Schutz des Menschen sowie zur Überschreitung des in einer EU-Richtlinie festgelegten Jahresmittelwertes von Stickstoffoxiden zum Schutz der Vegetation. Ein Bericht des Transitforums erläutert: „Dieser für ein Gebirgsland besonders wichtige Grenzwert wurde mit Ausnahme der Messstelle Innsbruck/Nordkette auf 1900 m Seehöhe an allen Orten z.T. um das Mehrfache überschritten."[25]

In der Schweiz gibt es ähnliche Probleme mit Schadstoffen aus dem Straßenverkehr: Am Gotthard beispielsweise ist die NO_2-Belastung aufgrund von Inversionswetter besonders hoch. So wird auf dem überwiegenden Teil des Talbodens im Urner Reusstal der NO_2-Jahresmittel-Grenzwert überschritten.[26]

Die hohen Stickstoffwerte schlagen sich in der Natur nieder. Stickstoffeinträge erreichten 1999 in Tirol Werte bis zu 30 Kilo pro Hektar und Jahr. Das entspricht einer künstlichen Überdüngung von enormem Ausmaß. Als kritisch für Nadelwälder gelten bereits Werte zwischen 10 und 12 Kilo pro Hektar und Jahr. Bei Werten über 15 Kilo pro Hektar und Jahr geht man von einer Artenverschiebung in der Kraut- und Strauchschicht von Laubwäldern aus.

In Tirol lassen sich neben Stickstoffoxiden alle bekannten Schadstoffe des Straßenverkehrs vermehrt feststellen. Die Ozonbelastung ist beispielsweise in ganz Tirol erhöht. Die zum Schutz der menschlichen Gesundheit gesetzlich festgelegten Höchstwerte werden bei allen Messstellen immer wieder überschritten. Der von der Österreichischen Akademie der Wissenschaften zum Schutz der Vegetation veranschlagte Höchstwert für bodennahes Ozon wird sogar noch häufiger überschritten.

In Tälern an 160 bis 220 Tagen im Jahr, in Hochlagen praktisch das ganze Jahr über.[27]

Das Jahr 2002 wurde von der EU zum internationalen Jahr der Berge ausgerufen. In Tirol hat man das mit gemischten Gefühlen wahrgenommen. Der Schutz der Berge als Programm von oben verordnet – das lässt die Frage aufkommen, ob der Schutz der Bergtäler und ihrer Bewohner bereits ad acta gelegt ist.

„Die Berge schützen – die Täler zerstören", so das bittere Resümee des Transitforums. Der Versuch, beides zu verwirklichen, sei gescheitert.[28]

Das Jahr der Berge hat den Forderungen nach Schutz der Alpentäler und ihrer Bewohner Unterstützung von ungewohnter Seite gebracht. Heiner Geißler, deutscher Bundesminister a.D., hat in der Zeitschrift *Berge* deutliche Worte gefunden:

„Pervers bis zum Irrsinn ist der Transit in den Alpen. Ex und Hopp: Belgien exportiert über 300.000 Schweine zur Schlachtung in die italienische Po-Ebene, wo sie mit Milch, die aus Deutschland in Tankwagen angeliefert wird, gemästet und dann als Parmaschinken, wiederum per LKW, nach Norden exportiert werden."

Der deutsche Ex-Minister lässt die Lebensmittel Revue passieren, die kreuz und quer über den Kontinent expediert werden.

Kartoffeln beispielsweise: 255.000 Tonnen werden Jahr für Jahr aus den Beneluxländern und Deutschland nach Italien verschickt. Im Gegenverkehr fahren über 235.000 Tonnen aus Italien Richtung Norden. Die reisenden Knollengewächse werden am Ziel ihrer Touren einer Prozedur unterzogen, die sich „Veredeln" nennt: Waschen, Schneiden, Verpacken.

Geißler nimmt zum Jahr der Berge kein Blatt vor den Mund. Was die Anwohner der Alpentäler jeden Tag vor ihren Haustüren hören und sehen müssen, nennt er „kriminellen Unsinn". Dem „politischen Gewissen" bescheinigt er weltweit zunehmende „Verrohung und Abstumpfung [...] gegenüber der Natur."

Sein Fazit: „Wie Parasiten können wir den Wirt, auf dem wir leben, die Erde, zerstören. Aber im Gegensatz zu anderen Parasiten können wir unsere Kinder nicht zu einem anderen Wirt schikken, wenn der jetzige stirbt..."[29]

Regelungsmodelle für den Alpentransit: die Schweiz

Der Verkehr durch die Alpen unterliegt weitaus mehr Beschränkungen als der sonstige europäische Verkehr. In der Schweiz gilt seit dem Jahr 1934 ein Nachtfahrverbot für LKW. 1.400.000 LKWs durchqueren derzeit jedes Jahr die Schweizer Alpen, die Hälfte davon im reinen Transit.

Im Vergleich zu anderen Ländern sieht die Verkehrspolitik der Schweiz ziemlich erfreulich aus. Die Alpeninitiative (s. S. 270) hat in den 90er Jahren erreicht, dass in die Schweizer Verfassung der so genannte „Transitartikel" aufgenommen wurde. Dieser beinhaltet die Forderung, den Transitverkehr in der Schweiz über die Schiene zu führen.

Die Schweiz versucht dementsprechend, dem LKW-Ansturm durch verbesserte Schieneninfrastruktur zu begegnen. Im Rahmen des Projekts Neue Eisenbahn-Alpentransversalen (NEAT) werden unter anderem am Gotthard und am Lötschberg neue Tunnels gebaut. Das Ziel: Die Zahl der LKWs auf Schweizer Straßen soll nach der für 2008 vorgesehenen Eröffnung des Lötschbergtunnels auf pro Jahr 650.000 reduziert werden.[30]

Bis vor kurzem war in der Eidgenossenschaft auch das zulässige Höchstgewicht von LKWs mit 28 Tonnen deutlich niedriger als im Rest Europas mit 40 Tonnen. Diese Beschränkung wird allerdings bis zum Jahr 2005 aufgehoben, und schon jetzt gibt es jedes Jahr Kontingente für schwere Brummer.

Gleichzeitig wird jedoch seit 2001 in der Schweiz schrittweise die Leistungsabhängige Schwerverkehrsabgabe (LSVA) eingeführt. Die genaue Höhe dieser Abgabe bemisst sich nach der Anzahl der in der Schweiz zurückgelegten Kilometer, dem zulässigen Gesamtgewicht des Fahrzeuges und seinen Emissionswerten.

Nach der Eröffnung des Lötschbergtunnels ist die volle Höhe der derzeit stufenweise eingeführten Abgabe zu zahlen. Für die Strecke Basel–Chiasso müssen LKWs dann um die 330 Schweizer Franken hinblättern, ältere Fahrzeuge mit schlechteren Abgaswerten zahlen bis zu 380 Franken. Das ist acht- bis zehnmal so viel wie ein 28-Tonner früher gezahlt hat: Pro Transitfahrt waren bis zur Einführung der Leistungsabhängigen Schwerverkehrsabgabe pauschal nur 40 Franken zu entrichten.[31]

Die Angaben, wie viele Kilometer in der Schweiz zurückgelegt werden und wie hoch das zulässige Maximalgewicht ist, muss der Fahrer machen. Offensichtlich haben es einige Trucker in den ersten beiden Jahren, sei es aus Eigeninitiative oder auf Anweisung ihres Unternehmens, bei diesen Angaben mit der Wahrheit nicht allzu genau genommen: „Immer wieder kommt es vor, dass bei der zurückgelegten Distanz oder den Anhängerdaten falsche Angaben gemacht werden“, klagte die Eidgenössische Zollverwaltung, die die Zahlungen einhebt, im Frühjahr 2003.

Um Falschangaben bezüglich des Gewichts oder der in der Schweiz gefahrenen Kilometer durch die Fahrer vorzubeugen bzw. auf die Schliche zu kommen, hat die Schweizer Zollverwaltung im April 2003 die Installation von 21 hochmodernen Kontrollanlagen auf Schweizer Autobahnen beschlossen. Mittels Laserscanner und Infrarotkameras werden die Kennzeichen durchfahrender LKWs erfasst und elektronisch in eine Kontrollzentrale in Bern übermittelt.

Dort werden alle Daten miteinander verglichen und überprüft. Kostenpunkt der Kontrollanlagen: 25 Millionen Franken.[32]

Hightech-Überwachungsgeräte und konsequenter Schienenausbau sind eine der möglichen Antworten auf die Zunahme des Transitverkehrs durch die Alpen. Allerdings eine Antwort, die ein gut funktionierendes Schienennetz, Kapitalkraft, Souveränität gegenüber der EU und vor allem den politischen Willen voraussetzt, den LKW-Verkehr tatsächlich einzuschränken.

Die ursprünglich von Schweizer Seite aus vorgesehen Abgabenhöhe für LKWs lag bei 600 Franken. Im Rahmen der Verhandlungen zum so genannten „Landverkehrsabkommen" zwischen der EU und der Schweiz hat sich die Schweiz auf wenig mehr als die Hälfte herunterhandeln lassen.[33] Dennoch kann sich das Ergebnis sehen lassen. In die Leistungsabhängige Schwerverkehrsabgabe fließen nicht nur die anteiligen Kosten für Straßenbau und Straßenerhaltung, LKWs im Schweiztransit müssen auch für die externen Kosten aufkommen, die sie verursachen.[34]

Pro Kilometer muss ein LKW in der Schweiz infolge der Leistungsabhängigen Schwerverkehrsabgabe bis zu 68 Cent zahlen[35] – in Deutschland und Österreich sorgten im Rahmen der Maut-Debatten Bruchteile dieser Summe für wilden Aufruhr in der Transportbranche. Und ein derart starker Ausbau der Schiene wie in der Schweiz ist in anderen Ländern reine Utopie.

Regelungsmodelle für den Alpentransit: Österreich

Bereits ab den 70er Jahren bemühte sich Österreich, damals noch nicht Mitglied der EG, um die Anerkennung als „Transitland". Anfangs war das Ziel dieser Bemühungen, sich von der EWG den Bau von Transitrouten bezuschussen zu lassen, um die Finanzierung des Straßenbaus zu sichern.

Der Innsbrucker Europarechtler Waldemar Hummer: „Erst später setzte sich die Erkenntnis durch, dass solche von der EWG mitfinanzierten Alpenübergänge an sich nur dem ‚innergemeinschaftlichen Transitverkehr' zugute kommen und noch dazu die sensible Umwelt des Alpenraums über Gebühr belasten."[36]

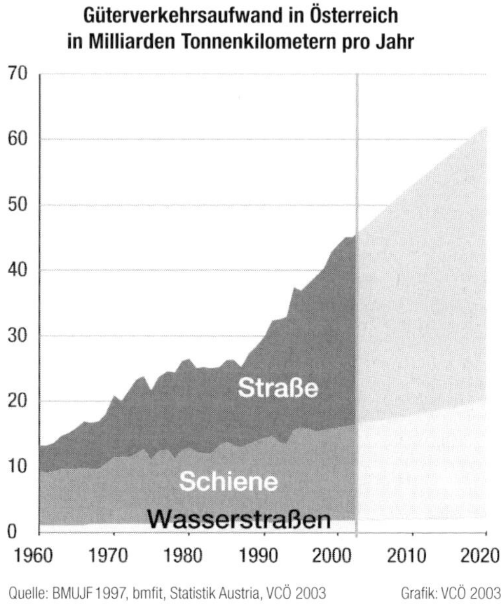

Trotz Ökopunkte-Regelung ist der LKW-Verkehr in Österreich nach dem EU-Beitritt rasant angestiegen

Im Jahr 1992, in einer Phase, in der sich Österreich bereits sehr stark an die Europäische Gemeinschaft angenähert hatte, wurde der so genannte Transitvertrag EWG-Österreich unterzeichnet. Dieses Vertragswerk führte die Ökopunkte-Regelung ein: Um die verkehrsbedingten Schadstoffemissionen in Österreich mittelfristig zu reduzieren, sind für Transitfahrten durch die Alpenrepublik eine dem offiziellen NO_x-Ausstoß der LKWs entsprechende Menge an Ökopunkten zu entrichten.

Ein Ökopunkt entspricht einer Emission von einem Gramm NO_x pro Kilowattstunde. Die Gesamtmenge an Ökopunkten ist begrenzt, jeder Transportunternehmer muss um eine Zuteilung ansuchen. Zusätzlich wurde eine Obergrenze für die Gesamtzahl an Transitfahrten durch Österreich festgelegt.

Mit dem Beitritt Österreichs zur EU verlor der Transitvertrag seine Gültigkeit und wurde durch in der Beitrittsakte zur EU festgelegten Regelungen ersetzt. Diese Regelungen übernahmen weitgehend das Ökopunktesystem. Im selben Zeitraum vervielfachte sich der Straßengüterverkehr in Österreich.

Ökopunkte wurden schnell zum begehrten Gut unter Europas Transportunternehmern. So mancher fuhr allerdings auch einfach ohne: Als 1997/98 nach dem In-Kraft-Treten des Schengener Abkommens und dem Abbau der deutsch-österreichischen Grenzstationen keine Grenzkontrollen mehr anfielen, verringerte sich die Anzahl der von den Transportunternehmen verbrauchten Ökopunkte plötzlich drastisch. Statt wie im Jahr zuvor 383.000, verbrauchte die Branche von April bis August 1998 nur noch 284.000 Ökopunkte.

„Nach einschlägigen Schätzungen fuhren vom 1. Januar bis zum 30. September 1998 ca. 215.000 ‚Geister-LKW' ohne Ökopunkte durch Österreich", so Waldemar Hummer. Die Erklärung ist denkbar einfach. Ökopunkte wurden damals als Aufkleber geliefert, der Fahrer hatte die entsprechende Menge auf eine Kontrollkarte aufzukleben. Was früher an der Zollstation bei der Einfahrt nach Österreich erledigt wurde, geschah jetzt nur noch, wenn die Fahrer „unterwegs einer Kontrollstreife ansichtig wurden".[37]

Kein Wunder also, dass die Anzahl der verbrauchten Ökopunkte so stark abgenommen hatte. Angesichts der pro Jahr vertraglich festgelegten Zahl von ca. 1.600.000 Transitfahrten insgesamt, stellen 215.000 „Geister-LKW" eine beachtliche Menge an erschwindelten zusätzlichen Transitfahrten dar. Fahrten, die das Ökopunktekonto der Unternehmer nicht belasteten, aber genauso auf Kosten der Bevölkerung und der Umwelt gingen wie jede andere LKW-Transitfahrt auch.

Dem Klebe-Schwindel wurde durch ein elektronisches Abbuchungssystem Einhalt geboten. Dennoch werden immer wieder Transitfahrten ohne Ökopunkte durchgeführt. Allein von Januar bis September 2000 beispielsweise wurden 61.328 festgestellt, die Mehrzahl unter ihnen österreichische und deutsche.

Die Ökopunkte-Regelung hat vor allem in den letzten Jahren auch international für Aufsehen gesorgt, weil sie zum Dauerstreitthema zwischen Österreich und der Europäischen Union geworden ist. Im Jahr 1999 wurde erstmals die zulässige Obergrenze für die Gesamtzahl an Transitfahrten überschritten. Eigentlich sollten daraufhin im folgenden Jahr weniger Ökopunkte vergeben werden.

Doch die Europäische Kommission legte stattdessen ein Neuberechnungsmodell der Ökopunkte vor und verlangte, die Obergrenze für Transitfahrten im Jahr 2000 überhaupt auszusetzen. In der Folge zog die Republik Österreich vor den Europäischen Gerichtshof. Im Jahr 2001 kam der nächste Tiefschlag in Sachen Ökopunkte: In Brüssel zweifelte man an der Richtigkeit der Ökopunktestatistik als solcher. Die „österreichischen Zahlen" der Ökopunktestatistik seien falsch und könnten nicht als Berechnungsgrundlage verwendet werden. Diese Statistik wird allerdings nach Vorgaben der EU erstellt. Beanstandungen hatte es seit ihrer Begründung im Jahr 1993 noch nie gegeben.

Seit dem Jahr 2000 ist der Deutsche Heinz Hilbrecht Direktor der Generaldirektion Landverkehr der Europäischen Kommission. Er dürfte so manchem seiner Zuhörer die in Österreich verbreiteten Vorbehalte gegen die EU und gegen die oft als überheblich empfundenen Nachbarn aus dem Norden bestätigt haben, als er im Sommer 2002 anlässlich einer Verkehrsexperten-Konferenz in Wien auf die Frage nach der Ökopunktestatistik antwortete, dass die österreichischen Kollegen erst im letzten Jahr das System der Firma Kapsch kapiert hätten.[38]

Österreicher, so die Botschaft aus Brüssel, sind zu dumm zum LKW-Zählen. Kein Wunder, dass die Wogen beim Thema Transit in Österreich innenpolitisch wie außenpolitisch hochgehen.

Die Einführung der Ökopunkte hatte als Ziel die Reduzierung der NO_x-Belastung um 60 Prozent. Diese Vorgabe klingt eindeutig und nachvollziehbar – ob das Ziel erreicht worden ist oder nicht, sollte doch feststellbar sein.

Doch auch in dieser für die Natur und die Menschen in den Alpen lebenswichtigen Frage gibt es sehr unterschiedliche Ansichten. In Brüssel errechnet man die Stickstoffoxid-Belastung in den österreichischen Bergen auf Basis der Emissionswerte der internationalen LKW-Flotten. Grundlage sind die offiziell angegebenen Typenwerte der Euro-Stufen, wie z.B. die im Frühjahr 2003 wegen überhöhtem NO_x-Ausstoß ins Gerede gekommene Euro-II-Stufe. Anhand der Anteile von LKWs mit den verschiedenen Euro-Stufen in den internationalen LKW-Beständen wird dann errechnet, wie viele Schadstoffe diese Fuhrparks ausstoßen.

In ihrem Bericht an den Rat hat die Europäische Kommission im November 2000 auch Daten zur tatsächlich gemessenen Schadstoffbelastung in Tälern an den österreichischen Transitrouten festgehalten. Doch das vorgelegte Ergebnis basiert nur auf einer Modellrechnung anhand der technischen Angaben zum Schadstoffausstoß der LKWs: Die Kommission stellte in diesem Bericht angesichts der Zusammensetzung der internationalen Brummiflotten fest, dass sich seit Beginn der Ökopunkte-Regelung eine Verbesserung des Schadstoffausstoßes der LKWs von 55,7 Prozent ergeben habe. Nach diesen theoretischen Berechnungen ist also die Zielvorgabe einer Verringerung des NO_x-Emission um 60 Prozent bereits so gut wie erreicht.

Vor Ort sieht man das anders. In Tirol hat man nicht nur die technischen Angaben zu Schadstoffemissionen, sondern auch die entlang der Transitrouten tatsächlich gemessenen Schadstoffwerte angeschaut. Und dann ergibt sich ein ganz anderes Bild.

„Es ist zwar richtig, dass die internationale LKW-Transitflotte heute wesentlich weniger Schadstoffe ausstößt als noch vor 10 oder 12 Jahren [...], profitiert hat davon vor allem die Autoindustrie durch die schnelle Umrüstung der Flotte“, so das Transitforum.[39]

„Die Zuwächse des Transitverkehrs haben diese technische Verbesserungen teilweise wieder zunichte gemacht“, weiß Reinhold Deussner vom Österreichischen Institut für Raumplanung.[40] Allein an Sonn- und Feiertagen hat der LKW-Verkehr auf der Inntalautobahn in den Jahren 1993 bis 1999 um 180 Prozent zugenommen.[41]

Das Transitforum hat aufgrund der Messdaten im Bericht der Europäischen Kommission die NO_x-Belastung im Inntal errechnet. Von einer Reduzierung der Stickstoffoxid-Belastung ist dort nichts zu spüren. Vielmehr zeigen die Messergebnisse eine Zunahme der NO_x-Belastung bis zu 16 Prozent. Tendenz weiter steigend.

Auch angesichts der 2003 bekannt gewordenen Abweichungen der NO_x-Emissionen bei LKWs der Euro-II-Stufe von den offiziellen Angaben verwundert dieses Ergebnis nicht. Den Menschen und der Umwelt im Inntal nützt es allerdings wenig, im Nachhinein zu erfahren, dass die offiziellen Angaben zur Schadstoffemission von Euro-II-LKWs in der Praxis weit übertreten wurden. Denn diese Praxis hat vor ihren Häusern stattgefunden. Und sie hat ihre unmittelbare Umgebung nachhaltig geschädigt.

Die gesetzlichen Regelungen des Alpentransits werden genauso umgangen, wie jene zur Beschäftigungspolitik und alle anderen Bestimmungen des Transportgewerbes. Sie werden offenbar immer wieder als Aufforderung zum Betrug verstanden.

Das Transitforum hat eine weitere Variante des unternehmerischen Einfallsreichtums in Sachen Alpentransit dokumentiert: Für alle europäischen Länder, die nicht in der EU sind und somit nicht der Ökopunkteregelung unterliegen, gibt es für den Transit durch Österreich bilaterale Bewilligungen. Mit so einer Bewilligung kann beispielsweise ein russischer LKW im Transit durch Österreich fahren.

Die streitbaren Tiroler vom Transitforum haben sich die mit derartigen Bewilligungen zu führenden Berichtshefte genauer angeschaut. Diese Berichtshefte müssen bei Kontrollen vorgelegt werden. Doch manchmal sollen sie die Kontrolleure wohl für dumm verkaufen: So verzeichnete das Berichtsheft zu einer einzigen tschechischen Transitbewilligung innerhalb von vier Werktagen knapp 19.000 Kilometer und 20 Transitfahrten. Jede dieser Transitfahrten war von einer an der Tiroler Grenze ansässigen Spedition abgestempelt und somit bestätigt worden.

Natürlich ist es unmöglich, mit einem einzelnen LKW eine derartige Fahrleistung zu erbringen. Kaum zwei dieser Fahrten wurden mit dem selben LWK durchgeführt. Die Fahrer hinterlegten Heft und Genehmigung bei einer Tiroler Spedition an der Grenze zu Italien bzw. Deutschland. Der nächste LKW holte sie sich bei seiner Einreise und hinterlegte sie seinerseits nach erfolgtem Transit.

Das gleiche Spielchen mit hinterlegten Genehmigungen zur freien Bedienung ließ sich auch mit CEMT-Genehmigungen nachweisen. Die müssen laut Vorschrift während der gesamten Fahrtdauer an Bord mitgeführt werden. Doch das interessiert offenbar weder ihre Besitzer noch die Tiroler Grenzspeditionen, die den professionellen Genehmigungspendelverkehr ermöglicht haben.[42]

Ökopunkte, Leistungsabhängige Schwerverkehrsabgabe oder Transitbewilligungen – die Versuche, die LKW-Lawine in den Alpen in den Griff zu bekommen, sind vielfältig. Vielfältig sind auch die Probleme, die sich dabei ergeben. Ökopunktebetrug mit System, Streitigkeiten mit der EU über die richtige Art, LKWs zu zählen, während die Verkehrslawine weiter zunimmt und den sensibelsten Ökobereich des Kontinents zerstört – diese Aussichten sind bedrohlich.

Der Frage, wie die Verkehrsentwicklung in den Alpen in den kommenden Jahren aussehen wird, versuchen international zahlreiche Wissenschaftler und Politiker auf den Grund zu gehen. Das Ergebnis: Die Experten in Sachen Verkehrsentwicklung können sich nur darauf einigen, dass sie sich nicht einigen können.

Unter dem Titel „Mangel an Übereinstimmung in Vorhersagen zum Verkehrswachstum – Der Fall des Alpen-Verkehrs“ hat sich der Ministerrat der CEMT im Mai 2001 mit einer Übersicht über die Verkehrsentwicklung in den Alpen befasst. Auf 89 Seiten legt der Bericht detailliert dar, dass niemand weiß, wie es weiter geht mit dem Verkehr im grünen Herzen Europas und dass die vorhandenen Daten zum Großteil unbrauchbar sind.

Sämtliche Datenquellen, einschließlich der CEMT-internen, so die Studie, weisen erhebliche Mängel auf.[43] Der Mangel an gesicherten statistischen Daten verleite wiederum viele Länder dazu, Modellrechnungen anzustellen, deren Ergebnisse den Eindruck erweckten, es gebe brauchbare Daten, wo es in Wirklichkeit gar keine gibt.[44]

Die Ergebnisse der in den letzten Jahren international durchgeführten Modellstudien zur weiteren Entwicklung des alpinen Verkehrs können nur, so die CEMT, als widersprüchlich beschrieben werden. Nur in einem sind sich alle einig: Alle Untersuchungen gehen von einer Zunahme des Verkehrs durch die Alpen aus.[45]

Doch wie stark dieser Zuwachs wirklich ausfallen wird und welchen Anteil Schiene und Straße am Verkehr der Zukunft haben werden, dazu gehen die Angaben weit auseinander.

Papier ist geduldig, Daten sind es auch. Die Daten zu Verkehrsvorhersagen werden jedoch auch als Grundlage für politische Grundsatzentscheidungen verwendet. Für die Zukunft der Umwelt und der Menschen an den alpinen Rennstrecken lässt das wenig Gutes erwarten.

Schöne Aussichten: das bulgarische Kresna-Tal

Das Kresna-Tal ist eine schmale Schlucht südlich der bulgarischen Hauptstadt Sofia. Die Struma hat sich hier ihr Bett zwischen den Bergen im äußersten Südwesten des Landes gesucht, bevor sie Bulgarien in Richtung Griechenland verlässt, um in die Ägäis zu münden. Von den Hängen der Pirin-Berge fließen unzählige Bäche ins Tal und in die Struma: Wasser gehört zu den Naturschätzen dieser Gegend. Mehrere natürliche Mineralquellen finden sich hier.

Das Kresna-Tal ist nur 17 Kilometer lang, doch es ist ein landschaftliches Kleinod. Es wurde schon von den Römern als Handelsstraße benutzt und beherbergt eine unglaubliche Vielfalt an Pflanzen und Tieren.

Das im Kresna-Tal gelegene Tissata-Naturschutzgebiet gilt weltweit als außerordentlich bedeutend und ist außerdem international als Vogelschutzgebiet anerkannt. Das Tal beherbergt eine Fülle von bedrohten Tieren.

Bulgarien hat Teile des Tals als CORINE-Biotop deklariert, dessen Schutz von besonderer Bedeutung für die Erhaltung des europäischen Naturerbes ist. Außerdem soll das Kresna-Tal nach dem Beitritt Bulgariens zur EU Teil des NATURA-2000-Programms werden. Im Rahmen dieses Programms benennen alle beitrittswilligen Länder besonders schützenwerte Landschaften, die nach dem Beitritt des jeweiligen Landes zur EU Teil des europäischen NATURA-2000-Netzwerks werden.

Seinen Namen hat das Gebiet von dem Ort Kresna am Südende des Tales. Die Menschen hier leben traditionell von Landwirtschaft und Handel entlang der einzigen Straße, die durch das Tal führt. Doch damit lässt sich heute nicht viel Geld verdienen. Die große Hoffnung für die Zukunft heißt im Kresna-Tal Öko-Tourismus.

Eine Hoffnung, die ein Traum bleiben wird. Denn die Realität sieht anders aus. Die Zukunft des Kresna-Tales gehört nicht den Bären, Schildkröten und Öko-Touristen. Denn in Sofia und Brüssel hat man große Pläne mit dem kleinen Tal. Der Transeuropäische Korridor Nr. 4 führt geradewegs durch das Kresna-Tal. Der gehört zum so genanten Transeuropäischen Netz, kurz TEN. Dieses Transeuropäische Netz soll die europäischen Fernstraßen zu einem Geflecht durchgehender hochrangiger Verkehrsverbindungen in alle Himmelsrichtungen ausbauen.

Anfang der 90er Jahre wurde im Vertrag von Maastricht der Bau bzw. Ausbau dieses Netzes als Aufgabe der Gemeinschaft festgelegt. TEN Nr. 4 soll Dresden über Prag und Sofia mit Istanbul verbinden. Per Autobahn, versteht sich.

Die EU-Kommission und die Regierungen der beitrittswerbenden Länder haben den Ausbau der TEN-Strecken zur Priorität in diesen Ländern gemacht. Mit großzügigen Finanzhilfen in Milliardenhöhe aus den Töpfen der EU und der Europäischen Investitionsbank werden in den ehemals kommunistischen Ländern Autobahnen in die Landschaft geklotzt.

Ihre Planung scheint nur ein Ziel zu verfolgen – den Kontinent in jede Richtung mit einem Netz an Straßen zu überziehen, ohne Rücksicht auf Verluste. So etwas wie das Kresna-Tal ist für das TEN nur eines: eine Engstelle und ein Hindernis, das es zu beseitigen gilt.

Bei der Planung und Ausführung der TEN im ehemaligen Ostblock verbindet sich Brüsseler Bürokratie mit dem Nachholbedarf an Infrastruktur in den ex-kommunistischen Ländern. Das Ergebnis lässt ein Europa der Betonburgen und Asphaltbahnen befürchten, in dem westliche und östliche Profiteure unter dem Deckmantel des Fortschritts ihren Schnitt machen.

Die Geschichte des TEN Nr. 4 im Kresna-Tal spricht für sich.[46] Bulgarien erhielt für das Projekt die stolze Summe von 3.342.459 Euro, finanziert durch das EU-Programm PHARE zur Förderung grenzüberschreitender Verkehrsprojekte. 1997 wurden zwei bulgarische Firmen beauftragt, mögliche Straßenverläufe für jenen Abschnitt zu entwerfen, der durch das Gebiet von Kresna führt. Der Auftrag beinhaltete weder Hinweise auf Schutzgebiete, noch die Frage nach alternativen Straßenverläufen.

Bulgarische und internationale Umweltschutzaktivisten brachten den Fall an die Öffentlichkeit und informierten die Europäische Kommission über die drohende Gefahr für das Kresna-Tal. Diese forderte daraufhin doch die Ausarbeitung von Alternativen und machte dafür zusätzliche 394.000 Euro locker.

Bereits drei Tage später lag die von den EU-Bürgern teuer bezahlte „Alternative" vor: zwei Seiten Papier und ein paar Grafiken. Die offenbar übers Wochenende erstellte „Studie" sollte beweisen, dass es keine Alternative zur straßenbaulichen Zerstörung des Tales gebe. NATURA 2000 war wohl ad acta gelegt.

Das Kresna-Tal geht einer ungewissen Zukunft entgegen. Der Ausbau der Straße durch das enge Tal ist Teil eines jener Verkehrsprojekte, die im Sommer 2003 als „vorrangig" eingestuft wurden: Unter allen europäischen Infrastruktur-Bauvorhaben erhielten nur 22 diese Prioritätsstufe. Sie sollen zwischen 2010 und 2020 durchgeführt werden.

Die derzeitige, mit 9 Metern Breite verhältnismäßig beschauliche Straße im Kresna-Tal wird dann zum Superhighway von 25-29 Metern ausgebaut. Dafür wird der fruchtbarste Boden der Region entlang der Struma in eine Autowüste verwandelt. Landwirtschaft ist jedoch nach den Plänen aus Brüssel und Sofia im Kresna-Tal sowieso nicht mehr vorgesehen: Eine zweite Straße durch die enge Schlucht gibt es nicht. Derzeit nutzt die örtliche Bevölkerung die vorhandene Straße mit Traktoren und Pferdegespannen – doch für die wird auf einer Autobahn kein Platz mehr sein.

Die vorgesehenen Routen für die ausgebaute Superstraße verlaufen am Boden der engen Schlucht, direkt durch das 3500-Einwohner-Städtchen Kresna oder wahlweise etwas außerhalb, 30 Meter von der örtlichen Schule entfernt.

Mittlerweile haben zwei bulgarische Firmen im Auftrag von Umweltschutzgruppen Alternativrouten für den TEN Nr. 4 im Bereich des Kresna-Tals entwickelt. Diese Strecken wurden nicht am Talboden geplant, sondern auf etwa 500 Meter Seehöhe und damit außerhalb der meisten der im Kresna-Tal zu findenden Ansiedelungen, außerhalb der fruchtbaren Zone, in Gebieten, in denen sich nur wenige Tiere aufhalten. So könnte die bestehende Straße entlastet werden und gleichzeitig den örtlichen Nahverkehr sicherstellen. Die Verlagerung des Durchzugsverkehrs auf eine etwas höher gelegene Trasse wäre somit für alle – menschliche wie tierische – Bewohner des Kresna-Tales eine vertretbare Lösung.

Mehrere nationale und internationale Umweltschutzorganisationen, darunter der WWF (World Wide Fund for Nature) haben den Fall Kresna durch eine Medienkampagne im Sommer 2002 auch in Westeuropa bekannt gemacht. Es bleibt zu hoffen, dass sie sich mit ihren Forderungen doch noch durchsetzen können. Seit Sommer 2003 läuft eine weitere Kampagne mit dem Ziel, das Kresna-Tal zum Naturschutzgebiet zu erklären.

Was die bulgarische Straßenbauagentur ihrerseits von Umweltschutz hält, hat ihr Geschäftsführer Pavel Dikovski deutlich gemacht: Die Tissata-Naturschutzzone innerhalb des Tales beherberge ja eine große Artenvielfalt, doch zusätzliche Naturschutzgebiete seien genauso überflüssig wie alternative Planungen zum Straßenverlauf. Schließlich habe schon die alte Römerstraße durchs Tal geführt und man könne ja die zukünftig als Autobahn ausgebaute Straße und den Fluss aus einem Naturschutzgebiet „Kresna-Tal" ausnehmen.[47]

Dass die alten Römer mit deutlich weniger PS und ohne den Schadstoffausstoß, den Lärm und die Folgeschäden des heutigen

Straßenverkehrs durch das Kresna-Tal zogen, scheint dem Geschäftsführer der bulgarischen Straßenbauagentur genauso wenig erwähnenswert wie die Tatsache, dass Luft und Wasser sich nicht an Straßengrenzen halten.

Wie auch immer der zukünftige TEN Nr. 4 aussieht: Millionen von EU-Euros wurden bereits mit Blick auf angebliche verkehrspolitische Notwendigkeiten ohne die geringste Rücksicht auf Landschafts-, Natur- und Umweltschutz verpulvert. Das Beispiel des Kresna-Tals zeigt deutlich, dass Straßenbau immer noch ein nationales Prestigeprojekt darstellt. Ökologische Bedenken spielen dabei oft keine Rolle. Es ist zu befürchten, dass auch von anderen Beitrittsländern unter Brüsseler Ägide bei der Ausführung des TEN-Netzes ähnliche Asphaltschneisen rücksichtslos in die Landschaft geplant und auch gebaut werden.

Europäische Verkehrspolitik – Auf dem Weg ins Chaos?

Der Ort hätte kaum symbolträchtiger gewählt werden können: Ende April 2003 traf sich in Athen europäische Politprominenz zu einem historischen Akt: Es galt die Erweiterung der EU um zehn neue Länder zu besiegeln.

Insgesamt 4500 Seiten dick ist der Beitrittsvertrag, der Polen, Tschechien, die Slowakei, Ungarn, Estland, Litauen, Lettland, Slowenien, Malta und Zypern zu Mitgliedern der EU macht. Ab 1. Mai 2004 umfasst die Europäische Union 25 Länder – eine Dimension, die vor einigen Jahren noch undenkbar schien.

Die feierliche Zeremonie in der griechischen Metropole dauerte drei Stunden. An diesem Tag falle die Berliner Mauer endgültig, jetzt sei das Ende der Teilung des Kontinents gekommen, so war zu hören.

Der deutsche Kanzler Gerhard Schröder beschwor ein „Europa der Wertegemeinschaft", das sich durch sein friedliches und soziales Gesellschaftssystem auszeichne.[48]

Doch all die Feierlichkeiten können über die Differenzen zwischen den einzelnen Ländern, über deren nationale Egoismen nicht hinwegtäuschen. Europa rückt immer enger zusammen – und wird dabei immer unübersichtlicher.

Vor der Feier zur so genannten „Osterweiterung" der EU hatten die beteiligten 25 Länder einmal mehr über die geplante Europäische Verfassung diskutiert.

Doch mit solch einer großen Runde umzugehen, das müssen die alten wie die neuen Europäer erst lernen. „Wiederholungen, Danksagungen und keine Diskussion mehr möglich", so schilderte ein Teilnehmer dem Nachrichtenmagazin *Spiegel* seine Eindrücke.[49]

Diese Schwerfälligkeit angesichts der unterschiedlichen Interessen der 25 Staaten und die Brüchigkeit des Projekts Europa ist umso erschreckender, wenn man sich die Probleme ansieht, die der Europäischen Union nach ihrer Erweiterung ins Haus stehen. Ursprünglich war die EWG, aus der die EG und später die EU hervorging, als reine Wirtschaftsgemeinschaft angelegt.

Das politische Fundament der Europäischen Union seit dem Vertrag von Maastricht ist nun die Wirtschafts- und Währungsunion. Dieser Vertrag besiegelte die Einführung des europäischen Binnenmarktes. Seitdem haben in der EU der Abbau staatlicher Marktbeschränkungen und die Schaffung eines einheitlichen großen EU-Marktes höchste Priorität. Auch der Ausbau des TEN wurde im Vertrag von Maastricht festgelegt. Themen wie Beschäftigung, Umweltschutz und sozialpolitische Maßnahmen wurden in der Europäischen Union hingegen bis zum Frühjahr 2000 den wirtschaftspolitischen Zielsetzungen grundsätzlich untergeordnet.

Im März 2000 befassten sich die europäischen Staats- und Regierungschefs in Lissabon erstmals mit der Frage, wie Wirtschaftswachstum mit Arbeitsplatzsicherheit und sozialer Stabilität vereinbart werden könnte.

Die „Strategie von Lissabon" formulierte ein ehrgeiziges Ziel: Bis 2010 soll die Europäische Union „zum wettbewerbsfähigsten und dynamischsten wissensbasierten Wirtschaftsraum der Welt [werden], einem Wirtschaftsraum, der fähig ist, ein dauerhaftes Wirtschaftswachstum mit mehr und besseren Arbeitsplätzen und einen größeren sozialen Zusammenhalt zu erzielen."[50]

Um diesem Anspruch gerecht zu werden, wurden in Lissabon länderübergreifende Strategien festgelegt, Ziele in zahlreichen Politikbereichen formuliert und Koordinierung eingefordert.

Wirtschaftspolitisch enthält die globale Strategie keine wesentlichen Überraschungen: Es geht um bessere Nutzung der Informations- und Kommunikationstechnologien, Vollendung des Binnenmarktes, makroökonomische Koordinierung, Förderung des

Finanzsektors, Modernisierung der Sozialsysteme, Schaffung eines europäischen Raums der Forschung und Innovation, Beschäftigung und Bildung.

Als 1957 die Europäischen Wirtschaftsgemeinschaft EWG gegründet wurde, war bereits eine gemeinsame Verkehrspolitik der Mitgliedstaaten vorgesehen. Zur Präzisierung dieses Ziels enthalten die Römischen Verträge zur Gründung der EWG spezielle Vorschriften über den Verkehr. So wurde der Rat ermächtigt,

a) Vorschriften für den internationalen Verkehr,
b) für die Zulassung von Verkehrsunternehmen zum Verkehr innerhalb eines Mitgliedsstaates, in dem sie nicht ansässig sind,
c) und sonstige zweckdienliche Vorschriften zu erlassen.

Die Kompetenzen des Rats waren sehr weitgehend. Und damals, Ende der 50er Jahre, war die Gemeinschaft bei weitem nicht so stark, wie wir es heute erleben.

Sachlich umfasste der Bereich Verkehr vor allem den Eisenbahn-, Straßen und Binnenschifffahrtsverkehr. Konkret wurden darunter Maßnahmen im Bereich des gewerblichen Güterverkehrs, des Personenverkehrs, des kombinierten Verkehrs, der Tarifpolitik, der Verkehrsinfrastruktur, der Harmonisierung von Wettbewerbsvorschriften technischer und fiskalischer Art sowie der Sozialvorschriften verstanden. Die gemeinsame Verkehrspolitik sollte dazu beitragen, die Ziele des EWG-Vertrages zu verwirklichen.

Doch während die gemeinsame Agrarpolitik, die ebenfalls in den Römischen Verträgen festgeschrieben wurde, in den folgenden Jahrzehnten zum wichtigsten wirtschaftspolitischen Grundpfeiler der EWG und später der EG wurde, blieb der Verkehrsmarkt weiterhin Spielwiese nationaler Interessen. Die Forderung nach einer gemeinsamen Verkehrspolitik blieb Jahrzehnte lang unerfüllt, da die Interessen der einzelnen Staaten zu unterschiedlich waren.

Deutschland beispielsweise versuchte, den Transport auf der Schiene attraktiver zu machen. Andere Länder waren weniger am

Schutz einzelner Transportmittel interessiert.[51] Die europäische Verkehrspolitik blieb, was sie zur Zeit der Römischen Verträge war: ein Flickenteppich aus unterschiedlichsten nationalen Interessen.

Das Europäische Parlament verklagte 1983 den Europäischen Rat vor dem Europäischen Gerichtshof wegen dessen Untätigkeit in Sachen Verkehrspolitik. Das Straßburger Parlament bekam prompt Recht. Am 22. Mai 1985 fällte der EUGH das so genannte „Untätigkeitsurteil". Dies hieß nicht weniger, als dass der EG-Verkehrsministerrat seiner Verpflichtung zur Entwicklung einer gemeinsamen Verkehrspolitik nicht nachgekommen war.

Diese Rüge durch den Europäischen Gerichtshof bedeutete den Wendepunkt in der europäischen Verkehrspolitik.[52] Bereits einen Monat nach der Urteilsverkündung beschloss der Rat die zügige Etablierung eines gemeinsamen europäischen Verkehrsmarktes. Um den freien Verkehr von Waren, Personen, Dienstleistungen und Kapital zu ermöglichen, sollten alle materiellen (etwa Grenzkontrollen) und technischen Behinderungen (unterschiedliche Gewichtslimite) abgeschafft werden.

Systematisch wurden alle Regelwerke der Gemeinschaft überprüft. Vorschriften, die für den geplanten gemeinsamen Verkehrsmarkt hinderlich erschienen, wurden abgeschafft. Im 1993 veröffentlichten *Weißbuch* der EG zur Schaffung eines europäischen Binnenmarktes erhielt der Verkehrsbereich erstmals einen zentralen Platz.

Zur Überwindung der Fülle von unterschiedlichen nationalen Rechtsvorschriften, Besonderheiten und Egoismen im Verkehrsbereich bediente sich die EG zweier Instrumente: Mit der „Liberalisierung" sollten Handelshemmnisse überwunden werden, existierende Monopole aufgebrochen, Grenzkontrollen abgebaut und nationale Kontingentierungsvorschriften abgeschafft werden. Durch eine „Harmonisierung" sollten die nationalen Rechts- und Verwaltungsvorschriften vereinheitlicht werden.

Was hier sehr trocken und polit-technisch klingt, war der Versuch – gestützt auf die EWG- und EG-Verträge – die nationalen Märkte zu Gunsten eines großen europäischen Binnenmarktes aufzubrechen. Zahlreiche Richtlinien und Verordnungen auf europäischer Ebene lösten in der Folge die nationalen Verkehrsmarktordnungen ab.[53]

Im Transportgewerbe war es beispielsweise wichtig, die Obergrenzen für das höchstzulässige Gewicht von LKWs anzugleichen. Wenn in einem bestimmten Staat nur LKWs mit maximal 28 Tonnen Gewicht fahren dürfen (wie es etwa noch lange Zeit nach der Einführung des Europäischen Binnenmarktes in dem Nicht-EU-Land Schweiz der Fall war, vgl. S. 171 ff) und in anderen dagegen 40-Tonner, so stellt dies ein Hemmnis für den Handel dar. Entweder müssen Waren an der Grenze umgeladen werden oder die Fahrten müssen von vornherein mit weniger Ladung und damit deutlich unter der bestmöglichen Rentabilität durchgeführt werden.

Ein wichtiger Schritt in der Liberalisierung des europäischen Transportmarktes war demnach die Freigabe der so genannten Kabotage. Kabotage bedeutet den Transport innerhalb eines Landes durch Unternehmer aus einem anderen Land. Bis 1993 durften Transportunternehmer nur Transporte in ihrem eigenen Land durchführen. So konnte etwa ein österreichisches Unternehmen mit eigenen Trucks keine Lieferungen von Marseille nach Paris annehmen, da dies französischen Firmen vorbehalten war.

1993 erließ der Europäische Rat dann, mit jahrzehntelanger Verspätung, die so genannte „Kabotageverordnung“. Nun konnten Transportunternehmer aus allen EU-Ländern innerhalb der anderen Länder der Gemeinschaft tätig werden. Zunächst waren solche Kabotage-Transporte noch zahlenmäßig beschränkt, doch 1998 wurden auch diese Beschränkungen aufgehoben.

Seither ist der europäische Transportmarkt vollständig liberalisiert. Jeder Transportunternehmer aus einem Mitgliedsland der EU hat in jedem EU-Land die gleichen Rechte, Transporte durchzuführen: Ein portugiesischer Fuhrunternehmer darf eine Fracht von Hamburg nach München ebenso befördern wie ein deutscher. Wie viel oder wie wenig Geld er dafür verlangt, ist allein seine Angelegenheit.

Das hat den Konkurrenzdruck in der Branche deutlich verschärft, die Preise kräftig sinken lassen aber auch – mangels durchsetzbarer Sozialvorschriften – zu jenen Missständen geführt, die 2002 im so genannten „Frächterskandal" gipfelten.

Wirklich profitiert haben von der wirtschaftspolitischen Entwicklung nur die wenigen Großen in der Transportbranche. Und die, die vor phantasievollen Rechtsauslegungen nicht zurückschrecken und die Gunst der Stunde auf ihre Weise auszunutzen wussten.

Der liberalisierte Transportmarkt

Der liberalisierte Transportmarkt wird heute von EU-Rechtsvorschriften geregelt. Doch dieses Regelwerk ist einerseits löchrig und andererseits unübersichtlich. In seinen Grauzonen tummeln sich gewiefte Firmenanwälte und gerissene Unternehmer. Die Grenzen zwischen legal und illegal verschwimmen um so mehr, je mehr neue Regelungsversuche eingeführt werden.

Dazu kommt, dass die Vervollkommung des EU-Binnenmarktes in den vergangenen Jahren zu einem Anstieg der EU-internen Transporte geführt hat. Die daraus resultierende Problematik war auf politischer Ebene schon bei der Einführung des Binnenmarktes bekannt: Schon das *Weißbuch Wettbewerb, Wachstum und Beschäftigung* der EU von 1993 merkt an: „Die Netze sind durch den Binnenmarkt überfordert [...] Chancen, neue Märkte zu erschließen, werden deshalb verpasst und weniger Arbeitsplätze geschaffen [...], als uns möglich wäre."[54]

Viele Probleme des liberalisierten Transportmarktes waren vorhersehbar. In den Jahren der beginnenden Deregulierung in Europa konnte man bereits auf Erfahrungen in den USA zurückblicken, die den Verkehrsmarkt schon seit 1978 radikal liberalisiert hatten. Die Transportkosten sanken dort um durchschnittlich 19 Prozent. Eine sehr erfreuliche Entwicklung, sollte man meinen. Doch diese Kostensenkung wurde nicht zuletzt durch eine Verschlechterung der Arbeitsbedingungen und die Senkung der Löhne um durchschnittlich 30 Prozent möglich. Die meisten Fernfahrer in den USA bekommen mittlerweile weniger als die Hälfte des Lohns, den Trucker vor der Liberalisierung verdienten.[55]

Gleichzeitig entstanden im Zuge der Deregulierung in den USA durch Fusionen und Übernahmen riesige international operierende Transportanbieter. Diese Unternehmen wie beispielsweise DHL oder UPS bedienten sich von Anfang an der Kombination von modernster Technologie und kleinen Subunternehmern. Deren Arbeitsbedingungen haben und hatten wenig mit der glanzvollen Erfolgsgeschichte ihrer großen Auftraggeber gemein.

Seit Ende der 70er Jahre drängten diese neuen Transportanbieter auch auf den europäischen Markt. Zum Teil mit umstrittenen Methoden, aber auch „mit freundlicher Unterstützung der Kundschaft", die anfangs hauptsächlich aus Großbanken bestand, schafften es US-Konzerne, in der europäischen Transportbranche Fuß zu fassen.

1981 gründeten sie zusammen mit einigen deutschen Unternehmen den Bundesverband internationaler Kurierdienste e.V. Drei Jahre später war das Ziel erreicht. Erstmals wurde ein wichtiger Teil des deutschen Transportmarktes aufgebrochen: Das deutsche Postmonopol fiel. Internationale Expressbriefe werden seitdem nicht mehr von der Post, sondern von privaten Diensten befördert.[56]

Auch der Trend zum transnational agierenden Mega-Konzern, der auf dem europäischen Transportmarkt in den 90er Jahren nach der Fusion von Willi Betz mit der bulgarischen SOMAT bestaunt wurde, hat seine Vorgeschichte im deregulierten US-amerikanischen Transportmarkt.[57]

Die großen Versäumnisse der EU I: Harmonisierung auf der Kriechspur

Bei der Liberalisierung des Verkehrsmarktes gegen Ende der 90er Jahre zögerte Brüssel nicht lange. Etwas abzuschaffen ist schließlich kein Kunststück, vor allem, wenn man einer starken Lobby entgegenkommt. Doch bei der Harmonisierung der Steuern, Abgaben und Kontrollen geht in Brüssel nichts weiter. Nationale Egoismen werden in den Vordergrund gestellt.

Straßengebühren

Bei den Straßenbenützungsgebühren beispielsweise gibt es in der EU einen Flickenteppich der Regelungen, der von gar keinen Gebühren über die Eurovignette bis zu streckenabhängigen Gebühren reicht, wie sie in Deutschland und Österreich eingeführt wurden und werden.

Bei den Verhandlungen rund um die Einführung der streckenbezogenen Maut in Deutschland feilschten Bundesregierung und Transportverband lange um die Höhe der Entlastungsmöglichkeiten durch Gegenverrechnungszahlungen. Die Zahlungen ans Gewerbe sollten der Harmonisierung der finanziellen Startposition deutscher Firmen mit der Konkurrenz aus den Nachbarländern dienen.

Doch die Vorstellungen, die Politik und Unternehmer jeweils mit „Harmonisierung" verbinden, waren offenbar recht unterschiedlich. Die Verhandlungen endeten wenig harmonisch: Den von der Bundesregierung festgesetzten Betrag von 300 Millionen Euro nannte der BGL im Herbst 2002 „eine Frechheit und ein[en] Wortbruch der Bundesregierung."[58] Aber ausgerechnet diese Zahlungen für die deutschen Transportunternehmer wurden dann zum Streitpunkt zwischen Brüssel und Berlin und trugen zur Verzögerung der Mauteinführung bei.

Steuern

Auch bei den Steuern gibt es große Unterschiede im europäischen Transportmarkt. Jeder Unternehmer zahlt in seinem Herkunftsland Steuern – und die sind sehr unterschiedlich. So spricht die EU-Kommission sogar davon, die Besteuerung bewirke eine „Fragmentierung der Union."[59]

Die Kommission macht das Fehlen eines gemeinsamen Ansatzes in der Besteuerungspolitik auch verantwortlich für mangelhafte Umweltpolitik: Mit gemeinsamen Maßstäben in Sachen Steuern könnten umweltpolitische Ziele sehr viel effizienter verfolgt werden als dies bislang der Fall ist.[60]

Die Unterschiede in der Besteuerung zeigen sehr anschaulich, dass eben auch der liberalisierte Transportmarkt bei weitem nicht für alle Beteiligten die gleichen Chancen bietet. Unternehmer aus den Ländern mit niedrigen Steuern haben Wettbewerbsvorteile gegenüber jenen aus Ländern mit höheren Steuern. Ähnlich sieht es mit den Unterschieden bei der Arbeitgeberbelastung aus. Die betrug beispielsweise im Jahr 2001 in Frankreich mit 51 Prozent der Personalkosten fünf mal so viel wie im Vereinigten Königreich.[61]

Insgesamt gesehen fällt die mangelnde Harmonisierung auch wieder auf die Unternehmen zurück. Die EU-Kommission urteilt in einem Bericht zur Überprüfung der Lissabonner Strategie im März 2003: „Die Berücksichtigung von 15 unterschiedlichen Steuersystemen ist teuer und verunmöglicht es vielen Unternehmern, größtmöglichen Nutzen aus dem Binnenmarkt zu ziehen."[62]

Die mangelnde Harmonisierung hat so zwar einen gemeinsamen Transportmarkt entstehen lassen, in dem jeder Unternehmer überall tätig werden darf. Doch von einer einheitlichen Verkehrspolitik, wie sie schon in den Römischen Verträgen gefordert wurde, ist die EU noch weit entfernt. Jedem Land sind bei nationalen (Steuer-)Angelegenheiten die eigenen Interessen am wichtigsten – und das lässt den „freien" Wettbewerb des liberalisierten Marktes zu einem Wettbewerb werden, in dem einige Unternehmer „freier" sind als andere. Kein Wunder, dass die EU-Kommission feststellt: „Der Verkehr gilt als hoch besteuert, aber er wird vor allem schlecht und ungleichmäßig besteuert."[63]

Kontrollen

Doch nicht nur beim Thema Steuern fehlt dem europäischen Verkehrsmarkt eine einheitliche Ausrichtung. Ähnlich schlecht sieht es bei Kontrollen und bei Strafen etwa für Trunkenheit am Steuer aus. Eine Vereinheitlichung der höchstzulässigen Promillegrenze wird seit eineinhalb Jahrzehnten diskutiert – aber eben nicht mehr als diskutiert. Unter Truckern ist bekannt, dass in verschiedenen Ländern unterschiedlich viel, unterschiedlich intensiv und nach unterschiedlichen Gesichtspunkten kontrolliert wird.

Die Kommission spricht von „erheblichen Unterschieden" bei Kontrollen zwischen den einzelnen Mitgliedstaaten.[64] Und das EU-Parlament spricht von „zu wenig systematischen, zu wenig gründlichen und seltenen Kontrollen" im gewerblichen Straßenverkehr.[65]

Sobald ein Übeltäter nicht im eigenen Land ertappt wird, stehen seine Chancen infolge der fehlenden internationalen Kooperation der Behörden überhaupt recht gut. Erst im Mai 2003 wurden beispielsweise Anstrengungen unternommen, so einfache Dinge wie Strafzettel wegen Falschparkens international zu verfolgen. Bis dahin war es zur Freude von Urlaubern und Bewohnern mancher Grenzregionen nicht möglich, eine Strafgebühr, die beispielsweise in Italien fällig wurde, von einem Österreicher in Österreich einzutreiben.

Mangelnde Zusammenarbeit

Der Europäische Binnenmarkt ist verwirklicht. Zusammenarbeit zwischen den Ländern, die doch schon durch zahllose wirtschaftliche Verflechtungen verbunden sind, ist aber nicht angesagt.

Im Straßenverkehr betrifft das bei weitem nicht nur die Parksünder. Mit Blick auf die Kontrollen, die aufgrund der „Verordnung zur Harmonisierung von Sozialvorschriften im Straßengüterverkehr" durchgeführt werden, stellt die EU-Kommission fest, „dass die Zusammenarbeit immer noch die Ausnahme ist und die meisten Mitgliedstaaten offenbar nur gelegentlich zusammenarbeiten."[66]

Vernichtend der Blick auf die Kontrollen insgesamt: „Die Kontrollvorschriften für den Straßengüterverkehr auf europäischer Ebene [...] sind nicht nur unzureichend, sondern sie werden vor allem auch mangelhaft angewandt."[67] Und: Kontrollverfahren müssten „harmonisiert und verschärft werden, damit die Praktiken, die einen gesunden und lauteren Wettbewerb verhindern, verschwinden."[68]

Im Klartext: Transportunternehmer können darauf vertrauen, dass die krummen Touren, die sie in einem Land drehen, sofern sie überhaupt auffliegen, in anderen Ländern nicht bekannt werden. Sollten sie wider Erwarten dennoch auffliegen, so können die Firmenchefs sich darauf verlassen, dass ihnen nichts nachgewiesen werden kann und im Ausland keine Möglichkeit besteht, gegen sie vorzugehen.

Für ein Gewerbe, das so international angelegt ist wie der Transport, ist diese Situation so etwas wie eine Einladung zu halb- und illegalen Machenschaften.

Unterschiedliche Rechtsauffassungen

Auch von einer Harmonisierung in Bezug auf Rechtsauslegungen ist die Europäische Union noch weit entfernt. Durch unterschiedliche und teilweise widersprüchliche Rechtsvorschriften oder auch durch unterschiedliche Auslegungen ein und derselben Vorschrift ergeben sich immer wieder neue rechtliche Grauzonen und teilweise absurde Fallkonstellationen.

Solche konträren Auslegungen von Rechtsvorschriften kommen nicht nur zwischen verschiedenen Ländern vor, sondern oft genug auch innerhalb eines Landes. Wo bayerische Ermittlungsbehörden etwa einen Verstoß gegen das Ausländerrecht sehen und einen LKW-Fahrer deshalb in Untersuchungshaft statt zurück ins Fahrerhaus schicken, da sieht man in Berlin nicht unbedingt einen ausländerrechtlichen Verstoß.[69]

„Wer kann mit Fug und Recht behaupten, dass ein ausländischer LKW-Fahrer überhaupt wissen könne, ob er für eine bestimmte Fahrt eine Aufenthaltsgenehmigung braucht oder nicht? Die Informationsblätter sind schon für einen Staatsanwalt kaum verständlich“, schimpft Wolfgang Giese, Leiter des Amtsgerichts im bayerischen Traunstein und langjähriger Branchenkenner.[70]

Alex Schindler, Leiter der Rechtsabteilung des BGL, setzt da noch einen drauf: Bei diesem Durcheinander von Vorschriften dürfe man sich über seltsame Auslegungen nicht wundern. Das könne doch niemand nachvollziehen.

Der Branchenvertreter macht auch klar, wohin die von ihm „verworren“ genannte Rechtslage führt – unklare Befehlslage schaffe unklare Gehorsamslage.[71] Diese Aussage aus dem Munde des ranghöchsten Juristen der deutschen Branchenvertretung sollte bei allen Verantwortlichen eigentlich die Alarmglocken schrillen lassen.

Die großen Versäumnisse der EU II: Die Förderung des Verkehrs

Haben Sie sich schon einmal gefragt, wieso etwa irische Butter in Österreich oder Deutschland nicht teurer ist als das heimische Produkt? Subventionen und billiger Transport machen's möglich.

Der subventionierte Etikettenschwindel

Viele LKWs transportieren Waren zur Verarbeitung über Tausende von Kilometern, obwohl die gleiche Verarbeitung auch vor Ort geschehen könnte, nur weil die dazu notwendige menschliche Arbeitskraft anderswo günstiger zu haben ist und Transportkosten zu niedrig sind. Ein berühmtes Beispiel: Die frischen Nordseeschrimps werden per LKW nach Marokko expediert, um dort von Hand, von „billigen“, weiblichen Arbeitskräften geschält zu werden. Danach geht's dann wieder ab in den Kühltransporter, auf den Weg zurück Richtung Norden in deutsche Supermärkte. Der „Umweg“ von 6000 Kilometern kommt den Produzenten aufgrund der niedrigen Löhne in Marokko und der lachhaften Transportkosten billiger als die möglichen Arbeitsplätze vor Ort.[72]

Auch die „Staatsbürgerschaft“ von Tieren und Nahrungsmitteln ist in der EU eine internationale Angelegenheit. Holländische Küken werden zu französischen Hähnen, deutsche Butter wird in neuer Verpackung zu einem Produkt des EU-Beitrittskandidaten Estland und als solches bei der (Wieder)Einfuhr nach Deutschland kräftig subventioniert.

Wer derartigen Etikettenschwindel betreibt, darf sich über massive Subventionszahlungen freuen: Der *Katalyse Nachrichtendienst* berichtet: „Allein für die Grenzüberschreitung bringt ein LKW mit

Butter rund 50.000 Euro ein." Auch bei anderen grenzüberschreitenden Lebensmitteltransporten lohnen sich derartige Schwindeleien: „So kamen beispielsweise südspanische Weine mit jugoslawischen Etikett und brasilianischer Orangensaft als israelischer in den Lebensmittelhandel."[73]

Ob Etikettenschwindel oder „nur" unsinnige Transporte zur Profitmaximierung der Produzenten: Mit jedem derartigen Transport wächst die LKW-Lawine weiter. Selbst einfachste Waren werden heute auf lange Reisen geschickt. Ein so simples Produkt wie beispielsweise Tiefkühl-Pommes Frites kann schon ganz schön viel von der Welt gesehen haben, bevor es in deutschen Friteusen endet: Kartoffeln aus Norddeutschland werden gen Italien zum Waschen und Schälen gebracht. Nach dieser Stippvisite im Süden geht es nach Holland zur Frittenherstellung. Von dort aus werden dann deutsche Supermärkte beliefert.[74]

Derartige Produktions- und Lieferwege werden gern als große Fortschritte und Errungenschaften ausgefeilter Logistik gefeiert – doch die „Kollateralschäden" dieser strategischen Höchstleistungen heißen LKW-Lawine, Umweltzerstörung und Abzocken des Steuerzahlers.

Die subventionierte Transportlawine

Fabio Pedrina, Abgeordneter zum Schweizer Nationalrat, klagt an: „Wir transportieren zu viel, zu weit und zu umweltverschmutzend. Die Ursachen für diese Situation sind einerseits im heutigen Verkehrssystem sowie im aktuellen Wirtschaftssystem zu finden. Zudem werden unsinnige Transporte auch durch politische Rahmenbedingungen erleichtert. Schwierig durchschaubare (Export-)Subventionsvorschriften und sonstige Reglemente setzen falsche Anreize und machen es attraktiv, Produkte über längere Strecken zu transportieren."[75]

Manche Unsinnstransporte dienen bewusst dem Etikettenschwindel. Doch oft geht es nur um die niedrigsten Produktionskosten oder um durchaus legale Subventionen. Heinz Hilbrecht, Direktor der Generaldirektion Landverkehr der Europäischen

Kommission, meinte bei einer Tagung im Sommer 2002, die landwirtschaftlichen Förderungen der EU gehörten revidiert.[76]

Tatsächlich werden viele Lebensmittel- und Tiertransporte durch Subventionen der EU gefördert und damit erst rentabel gemacht. Wer beispielsweise zukünftigen Ochsenmaulsalat im Tiertransporter auf die Reise ins benachbarte Ausland schickt, darf sich über Geld aus Brüssel freuen. EU-Beihilfen werden pro Kilogramm Lebendgewicht bei der Abfahrt gezahlt. Egal ob das Tier am Zielort tot oder lebendig ankommt[77] – zusätzlich zum Verkaufspreis werden für den Export rund 250 Euro pro Tier kassiert. Derzeit werden Jahr für Jahr an die 300.000 lebende Rinder aus der Europäischen Union exportiert. Der EU ist das mehr als 44 Millionen Euro an Steuergeldern wert![78]

Kostengefälle und EU-Subventionen machen es auch lohnender, lebende Tiere zum Schlachten durch Europa zu fahren, als den nächstgelegen Schlachthof anzusteuern. So kommt es, dass in Deutschland Schlachthöfe teilweise unter notorischer Unterbeschäftigung leiden, während etwa im Jahr 2001 auf Europas Straßen 3 Millionen Rinder, 30 Millionen Schweine, 1,5 Millionen Schafe, über 250.000 Pferde und über 500 Millionen diverses Geflügel transportiert wurden. Transporte innerhalb eines Landes sind in diesen Angaben noch nicht einmal enthalten![79]

Die Osterweiterung der EU

Angesichts solcher Zustände fragt man sich, wie es weitergehen soll, wenn die Union 25 und mehr Mitglieder haben wird. Kein Wunder, dass das Kapitel Verkehr sich in den Beitrittsverhandlungen der zukünftigen EU-Mitglieder schwierig gestaltete.

Für alle Länder, die 2004 zur Union neu hinzukommen, wurden schließlich individuelle Übergangsregelungen ausverhandelt. Sie legen Fristen fest, innerhalb derer eine abgestufte Annäherung der neuen an die alten EU-Länder erfolgen soll.[80] Derartige Übergangsregelungen sollen verhindern, dass die so unterschiedlichen Volkswirtschaften der alten und der neuen EU-Mitglieder zu direkt aufeinanderstoßen. Trotz hoher Lohnunterschiede werde diese

Vorgehensweise, so die Argumentation, auch verhindern, dass der westeuropäische Arbeitsmarkt von osteuropäischen Neo-EU-Bürgern überlaufen werde.

Für Polen und Ungarn sind beispielsweise so genannte „3+2-Übergangsregelungen" für den Verkehr getroffen worden: In den ersten drei Jahren nach dem Beitritt dürfen ungarische Unternehmer keine reinen EU-internen Transporte durchführen und umgekehrt EU-Firmen keine Aufträge übernehmen, die nur innerhalb Ungarns oder Polens stattfinden. EU-Länder, die diese Regelung länger als drei Jahre aufrecht erhalten wollen, haben danach noch weitere zwei Jahre lang die Möglichkeit, diese Beschränkungen einzuhalten.

Doch diese Übergangsregelungen haben zahlreiche Hintertürchen. So können alle Länder, die das wollen, mittels bilateraler Verträge mit den neuen EU-Mitgliedern die Übergangsregelungen außer Kraft setzen. Dadurch geraten andere Länder massiv unter Zugzwang und das ohnehin schon mehr als bedenkliche Kontrollchaos im Straßentransport wird durch die unterschiedlichen Regelungen zusätzlich gefördert. Das bedeutet nicht zuletzt, dass die bisher von der Konkurrenz außerhalb der EU praktizierte Preispolitik, die in der EU als Lohndumping gilt, nach der Osterweiterung ein EU-internes Problem wird.

Zynisch stellt der deutsche BGL fest, Sozialdumping avanciere durch den Beitritt zu „einem natürlichen Standortfaktor der Beitrittsländer".[81]

Viele Probleme werden mit der EU-Osterweiterung einfach weiter nach Osten verlagert. Heute bereiten ungarische Grenzgänger, die von österreichischen Fuhrunternehmern als LKW-Fahrer quer durch Europa geschickt werden, den Kontrolleuren in Österreichs Nachbarländern Kopfschmerzen. Der ursprüngliche Sinn des Grenzgängerabkommens wird somit ad absurdum geführt.[82] Und man kann davon ausgehen, dass in Zukunft beispielsweise weißrussische oder ukrainische Grenzgänger auf den LKWs polnischer oder ungarischer Firmen für ähnliche Konfusion bei den europäischen Kontrolleuren sorgen werden.

Auch das Problem der Billigkonkurrenz verlagert sich. Heute schon klagen beispielsweise ungarische Fuhrunternehmer über die Konkurrenz aus weiter östlich und südöstlich gelegenen Ländern. Auf dem ungarischen Markt sind die aus westeuropäischer Sicht „billigen" ungarischen Unternehmer schon wieder zu teuer, denn Albaner machen's billiger.

Angesichts solcher Zustände setzen ungarische Unternehmer ihre Hoffnungen auf den Westen. Die durchschnittlichen Kosten pro LKW-Kilometer betrugen Ende der 90er Jahre in der EU 40 Cent, in Ungarn, Tschechien und Polen hingegen nur 12 Cent.[83]

Den Sprung nach Westen schaffen jedoch keine Kleinunternehmer. In Branchenkreisen wird davon ausgegangen, dass der Großteil der derzeit auf dem ungarischen Transportmarkt tätigen Kleinstunternehmer die kommenden Jahre nicht überleben wird.[84]

Der BGL: „Der Mittelstand in den Erweiterungsländern wird durch internationale Großunternehmen und Konzerne mit hoher Wahrscheinlichkeit ‚an die Wand gedrückt'". Und: „Teilweise werden Unternehmen im Zuge von Integrationsprozessen nur deshalb übernommen, um potenzielle Wettbewerber von vornherein zu neutralisieren."[85]

Von den großen osteuropäischen Transportunternehmen arbeiten bereits viele in einem Joint-Venture mit westlichen Firmen. Die Zukunft ist absehbar: Viele Firmen werden nach der Osterweiterung in den Konkurs schlittern oder aufgekauft werden. Übrig bleiben große Transportkonzerne aus dem Westen, die sich in den Erweiterungsländern einkaufen und dort noch größer werden, während das dort heimische Gewerbe mangels Kapital eingeht und die Unternehmen, die „nur" im Westen stationiert sind, angesichts der expansionsfreudigen Konkurrenz mit noch härteren Wettbewerbsbedingungen zu kämpfen haben.

Voraussichtlich 2007 werden mit Bulgarien und Rumänien zwei weitere Länder der EU beitreten und die Grenze des Binnenmarktes noch weiter nach Osten verlagern. Für viele Menschen dort ist westlicher Lebensstandard ein unerfüllbarer Traum.

Ein großer Teil Rumäniens grenzt an das im Westen kaum bekannte Moldawien, das „Armenhaus Europas". 90 Prozent der Einwohner dieses Landes mussten im Jahr 2001 mit weniger als einem Dollar pro Tag auskommen. Wenn Rumänien mit Moldawien einen ähnlichen Vertrag über Grenzgänger abschließt, wie etwa Österreich derzeit mit Ungarn, könnten Trucker aus Moldawien nach dem EU-Beitritt Rumäniens die Möglichkeit zur Arbeit in der EU bekommen.

Um so mehr stellt sich die Frage, wie viele Menschen aus den zukünftigen EU-Ländern Arbeit auf dem westeuropäischen Arbeitsmarkt suchen werden.

Als Ende der 80er Jahre Spanien und Portugal, zwei Länder mit vergleichsweise niedrigem Lohnniveau und wenig entwickelter Wirtschaftsstruktur, zur damaligen EG kamen, wurden Bedenken laut, „billige" Arbeitskräfte aus dem Süden würden die Arbeitsmärkte der angestammten EG-Länder überschwemmen.

Speziell auf dem Transportsektor verstärkten sich die Befürchtungen, als Anfang der 90er Jahre der Kabotageverkehr freigegeben wurde. Viele deutsche Unternehmen fürchteten die spanische oder portugiesische Konkurrenz ebenso wie viele deutsche Arbeitnehmer die südeuropäischen Kollegen. Deren Gehaltsvorstellungen lagen und liegen bekanntermaßen deutlich unter denen deutscher Trucker.

Doch die Angst vor der EU-internen Konkurrenz stellte sich als überzogen heraus. Die Wanderung nach Norden fand nicht statt. Statt der befürchteten Massen von „Billigarbeitern", die nach Norden drängen würden, engagierten sich eher Großunternehmen aus dem Norden im Süden. Willi Betz setzte beispielsweise verstärkt auf Spanien und Portugal. So konnten große Firmen aus dem „teuren" Nordwesten Europas von den günstigen Bedingungen im Südwesten profitieren – Betz kontrolliert weite Teile des Spanienverkehrs.

Angesichts der bevorstehenden Erweiterung der EU um zehn weitere Länder ist zu fragen, ob die Entwicklung ähnlich verlaufen wird wie im Falle der Süderweiterung. Doch Ähnlichkeiten zwischen den beiden Erweiterungen der Gemeinschaft gibt es nur auf den ersten Blick: In beiden Fällen geht es um Länder, die an den Außengrenzen der Gemeinschaft liegen und die erst in dem Jahrzehnt vor ihrem Beitritt demokratische Strukturen entwickelt haben. Doch haben die neuen Beitrittskandidaten eine ganz andere politische und wirtschaftliche Entwicklung hinter sich als die in den 80ern zur EG hinzugekommenen Länder. Auch die wirtschaftlichen Rahmenbedingungen, unter denen sich ihr Beitritt vollziehen wird, sind mit den damaligen kaum zu vergleichen.

Zum einen hatten die Länder des europäischen Südens bereits eine jahrzehntelange Phase ökonomischer Modernisierung auf privatwirtschaftlicher Basis hinter sich, bevor die Demokratisierung einsetzte. Die Länder des ehemaligen Ostblocks hingegen mussten beides seit 1989 gleichzeitig verkraften. Diese Tatsache bringt ungleich mehr soziale und wirtschaftliche Probleme mit sich, vor allem, wenn man die internationalen Bedingungen mit einbezieht.

Es reicht nicht, einfach darauf zu vertrauen, dass der Markt sich selbst regulieren wird. Die CEMT resümiert: „Die Erfahrungen der vergangenen zehn Jahre haben gezeigt, dass es eindeutig nicht genug ist, die Einführung der Marktwirtschaft zu verkünden: Sie muss auch von entsprechenden Maßnahmen begleitet werden.“[86]

Auch die internationalen Rahmenbedingungen der Osterweiterung sind mit jenen der Süderweiterung nicht zu vergleichen. Der Eintritt der ehemals kommunistischen Länder in die EU fällt in eine Zeit der Liberalisierung und Globalisierung ökonomischer Strukturen. In Westeuropa haben diese Veränderungen bereits zu einer teilweisen Auflösung bisheriger sozialstaatlicher Strukturen geführt – man denke an Sozial- und Pensionsreformen, Zunahme atypischer Beschäftigungsverhältnisse u. Ä. Um mit diesen Problemen umgehen zu können, bedürfte es einer koordinierten, den Entwicklungen der letzten Jahre adäquaten Sozialgesetzgebung. Doch die Sozialgesetzgebung der EU hat, so stellt die CEMT fest, „viele Mängel“.[87]

In Osteuropa müssen solche Sozialstrukturen überhaupt erst geschaffen werden, denn mit dem kommunistischen Wirtschaftssystem wurde dort auch das kommunistische Sozialsystem abgeschafft.

Gleichzeitig sind diese Länder sehr stark von internationalen Geldgebern wie der Weltbank und dem Internationalen Währungsfond abhängig. Um ihre Aussichten auf die so dringend benötigte finanzielle Unterstützung nicht zu verringern, müssen sich die Regierungen an die Vorgaben halten, die ihnen von diesen Geldgebern gemacht werden. Das bedeutet, dass vor allem auch in sozialen Bereichen strikteste Sparsamkeit angesagt ist.

Gleichzeitig müssen die neuen Beitrittskandidaten ähnliche Kriterien erfüllen wie die anderen EU-Länder, um zum Binnenmarkt und zur Währungsunion zugelassen zu werden. Doch sie starten unter sehr viel schwierigeren Bedingungen als Spanien und Portugal. Dennoch ist die finanzielle Unterstützung für die neuen Bewerber um einiges geringer als die für die „alten" wirtschaftlich schwachen Mitglieder der EU, Spanien, Portugal, Griechenland und Irland.[88]

Droht eine weitere Verkehrsexplosion?

Sicher ist heute nur so viel: Die wirtschaftliche Dynamik nach der EU-Erweiterung wird in jedem Fall einen Anstieg der Transportmengen bewirken. Die EU-Kommission sagt es in deutlichen Worten: „Die Erweiterung wird eine echte Explosion des Austausches von Waren und Personen zwischen den Unionsländern zur Folge haben." Dabei bestehe angesichts mangelnder Wettbewerbsfähigkeit der Schiene die Gefahr eines „Quasi-Monopols für den Straßengüterverkehr in einer erweiterten Europäischen Union".[89] Wer für den Mangel an Alternativen und den Mangel an Wettbewerbsfähigkeit der Schiene verantwortlich sein könnte, bleibt unerwähnt.

Auf diese Verkehrsexplosion ist Europa jedoch in keiner Weise vorbereitet: „Das Fehlen leistungsfähiger Verkehrsinfrastrukturnetze, die dieses vorhersehbare Verkehrswachstum auffangen könnten, wird noch weitgehend unterschätzt. Dabei handelt es sich um ein Schlüsselparameter der Strategie zur Wirtschaftsentwicklung der Beitrittsanwärter und ihrer Integration in den Binnenmarkt.“[90]

Das heißt: Die EU erwartet – offenbar achselzuckend – nach der Erweiterung einen so starken Verkehrszuwachs, dass die vorhandenen Infrastrukturen wie Straßen und Schienen bei weitem nicht mehr ausreichen werden. Dieser Mangel wiederum wird einen wirtschaftlichen Aufschwung in den neuen EU-Ländern erschweren.

So ist eine Entwicklung absehbar, die die Zunahme des Verkehrs in allen Ländern mit recht schlechten wirtschaftlichen Aussichten für die Neo-EU-Länder verbinden wird.

Wie sehr der Verkehr zunehmen wird, darüber gibt es unterschiedliche Ansichten. Für Österreich, das an vier der zehn zukünftigen EU-Länder grenzt, hat der Verkehrswissenschaftler Max Herry eine Prognose erstellt.

Herry hat die Zuwächse von 1999 bis 2015 hochgerechnet. Das Ergebnis ist erschreckend. Allein der Verkehr aus der Slowakei

Transportaufkommen im Straßengüterverkehr 2015 und prozentuelle Steigerung zum Jahr 1999

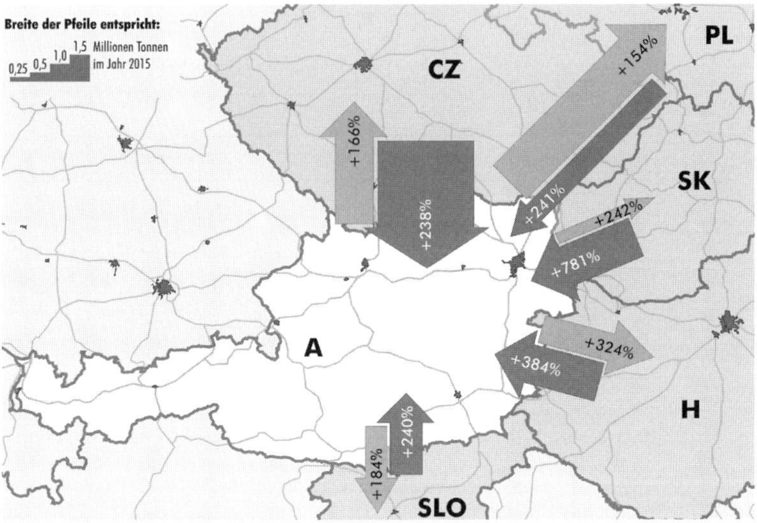

Quelle: Herry Consult GmbH

nach Österreich wird in diesem Zeitraum Herrys Prognosen zufolge um 781 Prozent anwachsen!

Die EU-Kommission geht in ihrem *Weißbuch* zur Verkehrspolitik bis 2010 davon aus, dass der Schwerverkehr insgesamt bis zum Jahr 2010 im Vergleich zum Jahr 1998 um weitere 50 Prozent zunehmen wird, wenn keine tiefgreifenden Maßnahmen zur besseren Ausnutzung der Schiene getroffen werden.[91]

Was eine solche Steigerung für das jetzt schon völlig überlastete Straßennetz bedeuten würde, kann sich jeder Autofahrer vorstellen: Das Chaos wäre dann nicht nur bei den Rechtsvorschriften über den gewerblichen Gütertransport perfekt, sondern auch auf den Straßen selbst.

Droht verstärktes Sozialdumping?

Seit dem Fall des Eisernen Vorhangs können Firmen sich auch sehr viel leichter in Osteuropa niederlassen. Mithilfe von Niederlassungen oder Joint-Ventures im Osten können westliche Transportunternehmer auf diese Weise indirekt „billige" Trucker aus Osteuropa einsetzen: Sie geben Transportaufträge an ihre osteuropäischen Tochterfirmen und deren Fahrer weiter.

Die Motivation großer westeuropäischer Firmen, sich bevorzugt in ganz bestimmten osteuropäischen Ländern niederzulassen, darf allerdings hinterfragt werden. Bei der Verhaftung von Thomas Willi Betz im März 2003 wurde bekannt, dass dem Unternehmen Schmiergeldzahlungen an osteuropäische Behörden im Zusammenhang mit der Erteilung der begehrten CEMT-Genehmigungen vorgeworfen wurden (vgl. S. 107 ff). Aserbaidschan und Georgien zum Beispiel, Länder, in denen große europäische Transportunternehmen gerne tätig sind, liegen im Korruptionsindex gemeinsam auf Platz 124 von weltweit 133 Ländern.[92]

Mit oder ohne Schmiergeld, eines ist sicher: Kapitalstarke westliche Unternehmen profitierten ganz besonders von Marktliberalisierung und der Möglichkeit, „billige" Arbeitskräfte aus dem Osten Europas einsetzen zu können.

Der Einsatz „billiger" Arbeitskräfte aus dem europäischen Osten führte insgesamt zu einem deutlichen Preisverfall. Das Lohnniveau im Osten liegt für LKW-Fahrer bei knapp einem Siebtel des EU-Durchschnitts, also bei einem Verhältnis von 14 zu 100.[93]

Die Arbeitskosten innerhalb der EU variieren hingegen nur zwischen den Faktoren 70 bis 120.[94] Wie aber sollen kleine oder mittlere Unternehmer, deren Geschäfte nicht die nötige Größe und Kapitalstärke haben, um Niederlassungen im ehemaligen Ostblock zu gründen und so von der wirtschaftspolitischen Entwicklung profitieren zu können, diesen Preisverfall abfangen? Ihre Angestellten wollen weiterhin nach westlichen Standards arbeiten und bezahlt werden – doch die Konkurrenz macht das billiger.

Laut einem Bericht des niederländischen Verkehrsinspektorats aus dem Jahr 2000 drückte der – großteils illegale – Einsatz von osteuropäischen Fahrern die Transportpreise in Holland um bis zu 30 Prozent.[95]

Mittleren und kleinen Unternehmen blieben eigentlich nur drei Möglichkeiten: Konkurs, Spezialisierung auf Marktnischen oder die Anbindung an einen Großen als Subunternehmen. Derartige Subunternehmen werden dann von ihren großen „Müttern" oftmals nach Belieben ausgenützt und, bevor sie unrentabel werden, einfach fallengelassen.

Das unerfreuliche Fazit: Unternehmer aus dem reichen Westen Europas zerstören durch Zugriff auf „billige" Arbeitskräfte aus dem Osten schon vor der Osterweiterung den Markt und damit auch zahllose Arbeitsplätze für Westeuropäer. Der BGL sprach bereits im Jahr 2000 von 100.000 Arbeitsplätzen, die durch diese Praktiken verloren gehen werden.[96]

Sind vorbeugende Maßnahmen überhaupt noch möglich?

Bei der Schaffung des europäischen Binnenmarktes hatte die Liberalisierung eindeutig Vorrang vor jeglicher Harmonisierung. Sie ist nicht einfach wieder rückgängig zu machen. Die Beschränkungen des Wirtschaftstreibens lassen sich nicht wieder herstellen – und darum kann es auch nicht gehen. Vielmehr geht es darum, die liberalisierte Marktwirtschaft menschen- und umweltgerecht zu gestalten.

Die Zustände auf dem bereits seit den 80er Jahren liberalisierten US-amerikanischen Transportsektor geben ein warnendes Beispiel für die kommende Entwicklung. Dort spricht man bereits davon, der Transportmarkt sei die „dunkle Seite der New Economy“[97], Trucks werden als „Sweatshops auf Rädern“ bezeichnet.[98] Unter Sweatshops versteht man traditionell einfachste Fabriken, in denen meist Frauen unter miserabelsten Bedingungen Bekleidung oder Sportartikel in Akkordarbeit anfertigen.

Einer solchen Entwicklung entgegenzutreten, wird in einer EU der 25 (und bald 27) Länder schon aufgrund der bürokratischen Selbstblockierung und der so unterschiedlichen Standards und Interessen der Gemeinschaftsmitglieder noch schwieriger sein als bislang. Doch wenn es nicht gelingt, das Wachstum des Verkehrsmarkts in menschen- und umweltverträgliche Bahnen zu lenken, dann wird eintreten, was Heinz Hilbrecht, Direktor der Generaldirektion Landverkehr der Europäischen Kommission, im Sommer 2002 bei einer Expertentagung in Wien prophezeit hat: Verkehr kann zunehmend zu einer Bremse des Wachstums werden.[99]

Opfer seines eigenen Erfolges

Die zu befürchtende unkontrollierte Verkehrslawine und die Dumpinglöhne derer, die diese Lawine am Rollen halten, schaden nicht nur der Umwelt und den Fahrern selbst. Es ist bereits jetzt absehbar, dass die Entwicklung auf dem Verkehrssektor sich selbst lähmt: Der alltägliche Stau lässt die Fahrtdauer zum Roulette werden, die rasant sinkenden Preise bringen immer mehr Unternehmer dazu, mit illegalen Machenschaften ihre Geschäfte aufrecht zu erhalten. Transport ist gewissermaßen „ein Opfer seines eigenen Erfolges,“ urteilt Dirk Van Vreckem von der EU-Direktion Landverkehr.[100]

Die Transportbranche führt heute schon vor Augen, was der „freie Wettbewerb“ in einem liberalisierten Markt bedeuten kann: Die Ersetzung vormals staatlicher durch private Transportmonopole im Namen der Liberalisierung. Die bevorstehende Erweiterung der EU wird den Transportmarkt noch mehr unter Druck setzen: „EU-Trucker verlieren gegenüber osteuropäischen Fahrern“, weiß die CEMT.[101] Und Rüdiger Ostrowski, Geschäftsführer des Verbands Spedition Logistik Nordrhein schilderte der *Süddeutschen Zeitung* seine Visionen für die Osterweiterung folgendermaßen: „Die polnischen Spediteure mit ihren Niedriglöhnen stehen schon jetzt bereit, um den deutschen Markt aufzumischen.“[102] Von Ideen und Plänen, diesen absehbaren Problemen aktiv entgegenzutreten, hat man allerdings noch nichts gehört.

Die CEMT konstatierte 2002: „Die große Herausforderung ist es, den Transportmarkt zu liberalisieren und ihn dabei gleichzeitig grundlegend zu verändern. Die Probleme der Liberalisierung werden verschwinden, sobald Firmen sich einheitlich an Vorschriften halten, qualifizierte Arbeitskräfte beschäftigen [...], deren Arbeitsbedingungen standardisiert sind und sobald Firmen gleiche Kriterien des Marktzuganges vorfinden.“[103]

An der weiteren politischen Ausgestaltung des Transport- und Verkehrssektors wird sich zeigen, in welche Richtung das Europa der 27 Länder marschieren wird. Wenn es das große vereinte Europa nicht schafft, dieser für das wirtschaftliche und soziale Gefüge der Gemeinschaft so wichtigen Aufgabe gerecht zu werden, dann droht, was der Senior einer norddeutschen Spedition schon im Jahr 2002 gekommen sah, als er sich bei einer Fachkonferenz vor Kontrollbeamten und Transporteuren zu Wort meldete – das europäische Chaos.

Politik und Transport: eine brisante Mischung

Als im Januar 2001 nach der Verhaftung des Großspediteurs Karl Kralowetz skandalöse Verhältnisse in der Transportbranche bekannt werden, stellt die Öffentlichkeit die Frage, wer für die Hungerlöhne, die illegale Beschäftigung, die Steuerhinterziehung und das Umgehen zahlloser arbeitsrechtlicher Bestimmungen verantwortlich ist. „Irgendwie sind wir immer im Hintertreffen“, sagt der amtierende Luxemburger Transportminister Henri Grethen, als er auf unlautere Praktiken im Transportgeschäft angesprochen wird. Den nationalen Behörden seien durch europäische Bestimmungen die Hände gebunden.[104]

Doch so einfach wollen die Luxemburger ihre politischen Entscheidungsträger nicht davon kommen lassen. Die Ratskammer des Appellationshofes in Luxemburg erhebt Anklage wegen Korruptionsverdachts gegen Jean Morby, einen ehemaligen hohen Beamten im Transportministerium. Transportminister Grethen, erst seit 1999 im Amt, muss sich im Parlament für die „Affäre Kralowetz“ verantworten. Er verweist auf die seiner Meinung nach Schuldigen an den Zuständen in Luxemburger Speditionen: seine Vorgänger im Amt, im Gegensatz zu ihm allesamt von der LSAP, der luxemburgischen Sozialdemokratischen Partei. Sozialistische Transportminister, so Grethen, hätten massiv zum Enstehen derartiger Verhältnisse beigetragen.

„Ich hätte vielleicht am 9. August 1999, als ich in dieses Amt gekommen bin, wie soll ich sagen, Tabula rasa machen sollen“, sagt Grethen.[105] Womit er indirekt zugibt, dass er eben nicht Tabula rasa gemacht hat. Aber, so meint er, die Chauffeure, die von so manchem großen Spediteur ohne Arbeitserlaubnis und Sozialversicherung und für einen Hungerlohn angestellt worden seien, hätten sich ja nie beschwert.

Tabula rasa hatte dafür anscheinend Jean Morby gemacht. Die Daten seines Computers seien, so weiß Minister Grethen zu berichten, vollständig und unwiederbringlich gelöscht.

Vorgeschichte einer Absurdität

Wie kommt es, dass Luxemburg als Paradies für Geschäftsmänner mit Hang zu dubiosen Praktiken dasteht? Wie wurde Luxemburg zu jenem Paradies für Spediteure, als das es sich im Januar 2002 der europäischen Öffentlichkeit präsentiert?

Die Zustände im luxemburgischen Transportgewerbe des Jahres 2002 haben ihre Wurzeln in der Stahlkrise der 80er Jahre. Angesichts der Krise suchte die damalige Regierung des Großherzogtums nach Unternehmen, die sich in Luxemburg ansiedeln könnten. Gezielt wurden ausländische Speditionen eingeladen, die von den wenigen heimischen Unternehmern nicht benötigten Transportlizenzen zu nutzen und sich im Großherzogtum niederzulassen. Dahinter stand die Hoffnung auf Arbeitsplätze für Luxemburger und zusätzliche Steuereinnahmen für das Land.

Aber es wurden keinerlei Kontrollen vorgesehen, die überprüfen hätten können, ob die neu angesiedelten Unternehmen arbeits- und sozialrechtliche Normen erfüllten. Dafür kamen sie in den Genuss der berühmten Luxemburger Flexibilität in allen bürokratischen Fragen. Die erklärt sich aus der sehr überschaubaren Größe des Ländchens. Im Großherzogtum Luxemburg kennen Entscheidungsträger einander. Amtswege sind leicht abzukürzen. Hinzu kommen niedrige Steuern und niedrige Lohnnebenkosten. Für die Transportbranche ein wahres Schlaraffenland. Wer als Fuhrunternehmer nicht nach Luxemburg ging, war selber schuld.

Doch nach und nach wurden die ersten Konkursfälle bekannt. Und es sprach sich herum, dass in so manchem in Luxemburg gemeldeten Transportunternehmen sehr viel weniger Luxemburger als osteuropäische Fahrer arbeiteten. Die Schwächen dieses Systems der unkontrollierten Unternehmensansiedelung machten sich bemerkbar.

Die oppositionellen luxemburgischen Grünen nennen diese Entwicklung im Januar 2002 eine „verfehlte Standortpolitik". Es sei nur darum gegangen, „Unternehmen anzuziehen, die steuerlich nur kurzfristig Mehreinkommen schaffen, ohne allerdings soziale Arbeitsverhältnisse zu schaffen und Aktivitäten zu entwickeln, die der Entwicklung der Luxemburger Wirtschaft dienen". Die Regierung habe eine „grandiose Apathie" an den Tag gelegt. Seit Jahren habe man von den misslichen Zuständen in der Luxemburger Transportbranche und bei Karl Kralowetz gewusst – ohne dagegen zu intervenieren.[106]

In Luxemburg gingen ab den 80er Jahren gewisse Interessen eine nicht gerade heilige Allianz ein. Zum einen international agierende Transportunternehmer auf der Suche nach Standorten mit möglichst günstigen Bedingungen in Hinblick auf Lohnkosten, Steuern, bürokratischem Aufwand und Verfügbarkeit von Transportgenehmigungen – und teilweise bereit, dafür Wege einzuschlagen, die vom Gesetzgeber so nicht vorgesehen waren. Zum anderen die Luxemburger Regierung, die dringend Unternehmer in das winzige Ländchen holen wollte. Für das Großherzogtum brachte das jedoch bei weitem nicht nur Vorteile.

Die Beschäftigung von luxemburgischen Arbeitskräften in den in Luxemburg angesiedelten Transportunternehmen blieb ein Wunschtraum. Die Luxemburger Sozialversicherung sieht von Tausenden Truckern, die für Luxemburger Unternehmen arbeiten, genau so wenig wie das Finanzamt. Angeblich sind die Fahrer stets von ihrem Arbeitgeber im Heimatland versichert. Und ihr Lohn ist so erbärmlich, dass sie unter jeder Einkommenssteuergrenze bleiben. Auch Disponenten wurden nicht unbedingt im Großherzogtum ansässig – bei der Luxemburger Niederlassung eines österreichischen Spediteurs etwa disponierten zwei Kölner, die täglich hin und her pendelten.[107]

Darüber hinaus gilt Luxemburg in der Transportbranche international mittlerweile als das Land der schwarzen Schafe. Kein sehr angenehmer Ruf für ein Land, das sich als attraktiver, ernstzunehmender Wirtschaftsstandort positionieren will. Luxemburger LKWs wurden auf den Straßen Europas im Laufe der 90er Jahre zum Inbegriff von Gefahr. Viele Fahrer in LKWs mit luxemburgischen Kennzeichen kannten Lenk- und Ruhezeitbestimmungen kaum vom Hörensagen. Kein Wunder, dass sie als Unfallverursacher Nummer eins verschrieen sind.

Eine eklatante Absurdität: die Negativbescheinigung

Stellen Sie sich vor, Sie besitzen einen kleinen Wald in der Nähe eines beliebten Touristenortes. Sie beschließen, den Wald roden zu lassen und eine Feriensiedlung zu errichten. Sie machen sich also daran, die notwendigen Genehmigungen einzuholen. Dummerweise wird Ihr Antrag abgelehnt.

Jetzt stehen Sie da mit Ihrem Wald. Und mit einem behördlichen Schreiben, in dem steht, dass Sie keine Genehmigung dafür haben, auf diesem Waldgelände eine Feriensiedlung errichten zu lassen. Was machen Sie? Nun, vielleicht begraben Sie Ihre Pläne im Wald unter dem nächstbesten Baum. Vielleicht verkaufen Sie auch Ihren Wald und kaufen ein Grundstück, das zur Bebauung freigegeben werden kann. Was auch immer Sie machen – eines werden Sie wahrscheinlich nicht tun: Sie werden wahrscheinlich nicht so handeln wie Karl Kralowetz und einige seiner Kollegen.

Karl Kralowetz und neben ihm viele andere Transporteure haben aus der behördlichen Ablehnung eines Genehmigungsansuchens ganz einfach eine Genehmigung gemacht und sie über Jahre hinweg und überaus erfolgreich verwendet.

Der offizielle Name dieses Phänomens bringt die Sache auf den Punkt: „Negativbescheinigung". Sozusagen eine Bescheinigung, die bescheinigt, dass sie keine Bescheinigung ist. Die Anerkennung der Negativbescheinigung als gültige Bescheinigung hat es sogar bis in eine deutsche Gesetzesnovelle geschafft. Auch in anderen Ländern wurde diese Negativbescheinigung eingesetzt. Die mangelhafte Zusammenarbeit der Kontrollbehörden hat dazu geführt, dass Tausende von LKW-Fahrern über Jahre hinweg unbehelligt ohne Arbeits- und Aufenthaltserlaubnis auf Europas Straßen unterwegs waren. Nicht weil sie das so wollten, sondern weil ihre Chefs sich mit Hilfe phantasievoller Interpretationen von Rechtsvorschriften und einer gehörigen Portion Skrupellosigkeit auf diese Weise ein Heer von „billigen" osteuropäischen Arbeitskräften ohne Papiere geschaffen haben. Und diese Fahrer arbeiteten nicht nur für extrem wenig Geld, sie waren auch von ihrem Arbeitgeber völlig abhängig.

So wie in anderen Ländern müssen Transportunternehmer auch im Spediteursparadies Luxemburg eine ganze Reihe von Genehmigungen beantragen, wenn sie tätig werden wollen. Eine so genannte „Handelsermächtigung" zum Beispiel. Vorgeschrieben sind des weiteren Arbeits- und Aufenthaltsgenehmigungen, wenn jemand Fahrer anstellen will, die nicht aus der EU stammen.

Der Unternehmer muss seine Fahrer auch dem Transportministerium melden. Das ist die Voraussetzung dafür, dass Spediteure Transportgenehmigungen erhalten. Pro gemeldetem Fahrer bekommen sie eine Genehmigung. Eine arbeitsrechtliche Relevanz für die Fahrer hat diese Meldung nicht. Das Transportministerium prüft auch nicht, ob die ihm gemeldeten Fahrer in Luxemburg eine Arbeits- und Aufenthaltserlaubnis besitzen und ob sie zur Sozialversicherung gemeldet sind.

Nach dem Fall des Eisernen Vorhangs 1989 standen den LKW-Fahrern Westeuropas plötzlich Massen an arbeitssuchenden Truckern aus den Ländern des ehemaligen Ostblocks gegenüber. Diese Menschen waren froh um jeden Job. In ihren Heimatländern gab es kaum Arbeit und noch weniger Geld.

Osteuropäische LKW-Fahrer waren (und sind) um vieles günstiger zu bekommen als westeuropäische. Denn sie sind bereit, zu Konditionen zu arbeiten, bei denen westliche Trucker aus gutem Grund abwinken.

In Westeuropa wollte man angesichts dieser Situation die jeweiligen nationalen Arbeitsmärkte vor der Konkurrenz aus dem Osten schützen. Firmen, die solche „Billig-Fahrer" beschäftigten, hatten aber enorme Wettbewerbsvorteile. Angst vor Arbeitsplatzverlust und Wettbewerbsverzerrung infolge der billigen Konkurrenz aus dem Osten machte die Runde. Aufenthalts- und Arbeitsgenehmigungen, Asylrecht und Zuwanderungsgesetzgebung wurden zu heiß diskutierten Themen. In der EG durften ausländische Arbeitskräfte prinzipiell nur dann eingestellt werden, wenn im gesamten EG-Raum kein passender Interessent zu finden war.

Dennoch war die finanzielle Verlockung für manche Spediteure offenbar sehr groß, osteuropäische Fernfahrer fern jedweden Arbeitsrechts und zu wenig mehr als den (miserablen) Lohnkonditionen ihrer Heimatländer anzustellen.

Im August 1990 ließ sich Karl Kralowetz vom luxemburgischen Arbeitsministerium bestätigen, dass sein Unternehmen rechtens mit slowakischen Fahrern arbeite. Er sei auf diese Fahrer angewiesen, er sehe keine andere Möglichkeit. Der damalige Luxemburger Arbeitsminister Jean-Claude Juncker hatte kurz zuvor jedoch die Ausstellung von Arbeitsgenehmigungen für die bei Kralowetz beschäftigten Osteuropäer verweigert. Darauf bat das Transportministerium Juncker, eine kurzfristige Übergangslösung für die Firma von Karl Kralowetz zu finden und den Fahrern die notwendige Erlaubnis auszustellen. So stimmte Juncker im Oktober 1990 einer Übergangslösung für Karl Kralowetz zu.

Später sagte er, er habe dies nur getan, um Kralowetz eine Regelung seiner Geschäftslage zu ermöglichen, ohne dass dieser seine Unternehmen hätte zusperren müssen. Er habe dem Drängen des Transportministeriums nachgegeben, das „durch das Ausstellen der Betriebsgenehmigung vollendete Tatsachen geschaffen hatte, ohne arbeitsrechtliche Belange und Schwierigkeiten zu prüfen."[108]

Im Winter 1993 will Juncker diese Ausnahmebewilligung für Karl Kralowetz nicht mehr weiter mittragen. Am 10. November 1993 schreibt der spätere Luxemburger Regierungschef einen

Brief, der acht Jahre später zum meistzitierten Dokument in der Causa Kralowetz wird. Der Brief ist adressiert an Karl Kralowetz und befasst sich mit der Frage der Arbeitserlaubnisse für die Fahrer der United Cargo Lux. Juncker antwortet damit auf einen Brief von Kralowetz vom 12.Juli 1993.[109]

Auf drei Seiten stellt Juncker in insgesamt sieben Unterpunkten seine Auslegung einer mehr als komplizierten Rechtslage dar. Gleich zu Anfang macht Juncker deutlich, worum es ihm geht: Er wolle, so der Minister, die Firma U.C.L. darauf hinweisen, dass deren Angestellte sehr wohl eine Arbeitsgenehmigung benötigten, um weiterhin für das Unternehmen arbeiten zu können.

Eine Arbeitsbewilligung für diese Fahrer sei, so schreibt Junkker denn auch im November 1993 an Karl Kralowetz, in zumindest drei Punkten unrechtmäßig.

Zum einen schreibe die EG-Verordnung 16/12/68 vor, dass EG-Arbeitnehmer auf dem Arbeitsmarkt der EG-Länder ein prinzipielles Vorrecht vor Nicht-EG-Bürgern bei Einstellungen genießen. Kralowetz hätte vor jeder Einstellung eines Osteuropäers überprüfen müssen, ob kein geeigneter EG-Angehöriger zu finden sei. Dies hatte der Firmenchef jedoch verabsäumt.

Außerdem habe die Kralowetz'sche Firma das Vermittlungsmonopol der Arbeitsmarktverwaltung umgangen. Ähnlich wie in Deutschland nur die Bundesanstalt für Arbeit Angehörige von Staaten außerhalb der EU in ihren Heimatländern für eine Arbeit in Deutschland anwerben darf, gibt es auch in Luxemburg ein behördliches Monopol auf Arbeitsvermittlung.

Vor allem jedoch wegen der Bestimmungen des so genannten „Großherzoglichen Reglements" vom 12. Mai 1972 will Juncker den bei Kralowetz Beschäftigten keine Arbeitsgenehmigungen ausstellen. Dieses Reglement befasst sich mit der Arbeit von Ausländern in Luxemburg. Kein Ausländer darf ohne die notwendige Arbeitsgenehmigung in Luxemburg arbeiten. Ein Unternehmer, der Ausländer beschäftigen will, muss diese dem Arbeitsministerium melden und die Erteilung einer Arbeitsgenehmigung für seine zukünftigen Arbeitnehmer abwarten. Eine der Bedingungen, die erfüllt sein müssen, damit eine solche ausgestellt wird, ist, dass die Arbeit tatsächlich in Luxemburg ausgeführt wird.

Genau darin liegt ein Problem, das für alle arbeitsrechtlichen Fragen in der Transportbranche grundlegend ist: LKW-Fahrer arbeiten nicht (nur) in einem Land. Schon gar nicht, wenn dieses Land so klein ist wie das Großherzogtum Luxemburg. Trucker arbeiten an einem im wahrsten Sinn des Wortes mobilen Arbeitsplatz – welche Arbeits- und Sozialvorschriften sollen also für diese modernen fahrenden Gesellen gelten?

Im Luxemburg der 90er Jahre führt eine eigenwillige Auslegung dieser Frage durch hohe Beamte zu einer bürokratischen Stilblüte, die in ihren praktischen Auswirkungen für Tausende osteuropäischer LKW-Fahrer zur Existenzgrundlage und für Speditionsbosse zur sprudelnden Geldquelle wird.

Jean-Claude Juncker schreibt im November 1993 an Karl Kralowetz, der seine vorzugsweise slowakischen Fahrer durch aller Herren Länder schickt, das Ausstellen von Arbeitsgenehmigungen für eine außerhalb von Luxemburg ausgeübte Tätigkeit falle nicht in den Zuständigkeitsbereich des luxemburgischen Arbeitsministers. Deshalb könne er den in der Anlage des Briefes namentlich genannten Fahrern keine Arbeitsgenehmigung nach luxemburgischen Recht ausstellen. Im Klartext: Das Luxemburger Arbeitsministerium kann keine Arbeitsgenehmigungen für Menschen ausstellen, die nicht in Luxemburg arbeiten.

Im Anhang des Briefes vom November 1993 findet sich dann eine zweiseitige Liste mit den Namen von Brummifahrern, denen Juncker die Arbeitsgenehmigung verweigert.

Als ahne er, wie die Frage der Arbeitsgenehmigung für Nicht-EU-Fahrer in den folgenden Jahren gehandhabt werden wird, betont der Minister, dies bedeute aber nicht, dass keine Arbeitserlaubnis benötigt werde. Kralowetz möge sich an die Länder wenden, die von seinen LKWs angefahren werden oder sein Unternehmen in ein solches Land verlegen, um dort die notwendigen Arbeitserlaubnisse zu beantragen.

Als Karl Kralowetz im Januar 2002 Schlagzeilen macht, ist Jean-Claude Juncker Luxemburgs amtierender Regierungschef. Sein Name fällt immer wieder, wenn es um die Frage geht, wie viel in Luxemburger Regierungskreisen von den Zuständen bei Kralowetz bekannt gewesen sei. Als er sich vor der Presse für sein Verhalten in den 90er Jahren rechtfertigen muss, gibt Juncker an, man habe die Firma von Karl Kralowetz nicht kaputt machen wollen. Dass die Fahrer bei Kralowetz in rechtlich umstrittenen Arbeitsverhältnissen standen, war ihm offenbar seit Jahren bewusst.

Die „Negativbescheinigung" macht Karriere

Um sicher zu gehen, dass seine Ablehnung der Arbeitsgenehmigung für die slowakischen Kralowetz-Fahrer an allen damit befassten Stellen bekannt wird, schickt Juncker seinen Brief nicht nur an das luxemburgische Transportministerium, sondern auch an die Arbeitsinspektionen und -ministerien in insgesamt 22 Ländern. Darunter sind all jene, aus denen potentielle Arbeitskräfte für Kralowetz zu erwarten sind, wie Weißrussland oder Rumänien. Darunter ist aber auch das Ministerium in Bonn und jenes im Heimatland des Karl Kralowetz, das Wiener Bundesministerium für Arbeit und Soziales.

Junckers Aufforderung an Karl Kralowetz, er müsse sich anderweitig um Arbeits- und Aufenthaltsgenehmigungen für seine slowakischen Fahrer kümmern, war in diesen Ministerien also seit 1993 bekannt. Doch nachgehakt hat offenbar niemand.

Im Anhang des Briefes nennt Juncker alle Fahrer, denen er keine Arbeitsgenehmigung ausstellt. Darunter ist auch einer jener Kralowetz-Fahrer, die Jahre später gegen ihren Ex-Chef aussagen werden: V., der 1991 für Kralowetz zu arbeiten begann. Der Anfang 2002 ohne Arbeitserlaubnis, aber mit einem österreichischen Gewerbeschein auf einem Kralowetz-LKW angetroffen wird. Ohne zu wissen, dass er Gewerbetreibender ist. V. wurde offensichtlich schon 1993 von seinem Chef ohne Arbeitserlaubnis mit dem LKW quer durch Europa geschickt. Der Slowake gibt an, er habe insgesamt elf Jahre für Karl Kralowetz gearbeitet.

Dieses Beispiel verdeutlicht, welche direkten Auswirkungen die Weigerung Junckers hatte, den osteuropäischen Kralowetz-Fahrern Arbeitsgenehmigungen zu erteilen: keine.

In den folgenden Jahren tauchen zunehmend nicht der EU angehörende Fahrer auf Luxemburger LKWs auf, die bei Kontrollen zwar keine Arbeits- und Aufenthaltserlaubnis vorweisen können, dafür aber ein amtliches Dokument mit Briefkopf und Stempel des Transportministeriums. Das Papier nennt sich kurz und bündig „Bestätigung“. Unterschrieben ist es: „Für den Transportminister, Jean Morby, Erster Regierungsrat, Direktion für Warentransport“. Der Inhalt des Dokuments trägt ihm die Bezeichnung „Negativbescheinigung“ ein.

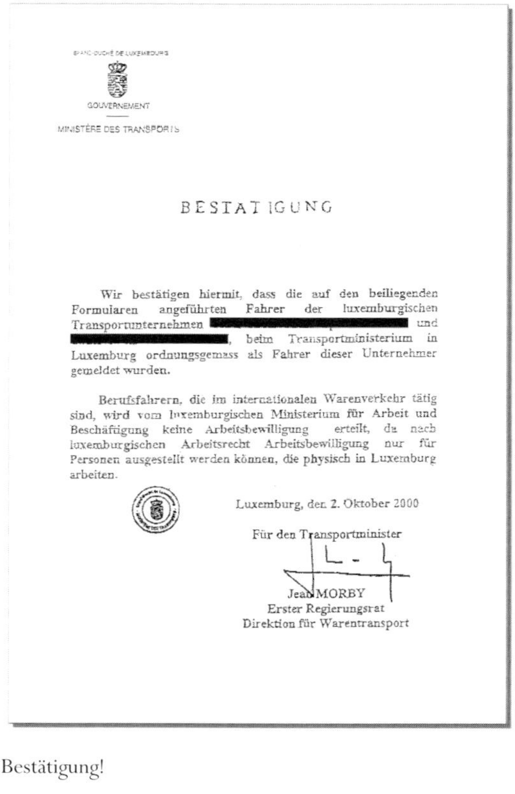

GRAND-DUCHÉ DE LUXEMBOURG

GOUVERNEMENT

MINISTÈRE DES TRANSPORTS

BESTATIGUNG

Wir bestätigen hiermit, dass die auf den beiliegenden Formularen angeführten Fahrer der luxemburgischen Transportunternehmen [redacted] und [redacted], beim Transportministerium in Luxemburg ordnungsgemass als Fahrer dieser Unternehmer gemeldet wurden.

Berufsfahrern, die im internationalen Warenverkehr tätig sind, wird vom luxemburgischen Ministerium für Arbeit und Beschäftigung keine Arbeitsbewilligung erteilt, da nach luxemburgischen Arbeitsrecht Arbeitsbewilligung nur für Personen ausgestellt werden können, die physisch in Luxemburg arbeiten.

Luxemburg, den 2. Oktober 2000

Für den Transportminister

Jean MORBY
Erster Regierungsrat
Direktion für Warentransport

Dies ist keine Bestätigung!

Zunächst wird bestätigt, dass diese und jene Firma diese und jene Fahrer ordnungsgemäß beim Transportministerium gemeldet habe. Eine solche Meldung ist ja, wie erwähnt, in Luxemburg die Voraussetzung dafür, dass Spediteure Transportgenehmigungen erhalten.

Dann kommt ein Satz, der für sich genommen recht harmlos klingt: „Berufsfahrern, die im internationalen Warenverkehr tätig sind, wird vom luxemburgischen Ministerium für Arbeit und Beschäftigung keine Arbeitsbewilligung erteilt, da nach luxemburgischen (sic!) Arbeitsrecht Arbeitsbewilligungen nur für Personen ausgestellt werden können, die physisch in Luxemburg arbeiten."

Natürlich nicht – wie soll das Arbeitsministerium eines Landes jemandem eine Arbeitsbewilligung ausstellen, der in einem ganz anderen Land arbeitet?

Beide Teile dieses Schreibens sind inhaltlich korrekt. Einen sachlichen Zusammenhang zwischen den beiden Abschnitten dieser „Negativbescheinigung" gibt es nicht. Liest man sie jedoch hintereinander, kann sich plötzlich ein ganz neuer Sinn ergeben.

Der betreffende Fahrer ist „ordnungsgemäß" beim luxemburgischen Transportministerium als Fahrer jenes Unternehmens gemeldet, für das er arbeitet. Eine Arbeitsgenehmigung habe er nicht, weil es in Luxemburg eben nicht üblich sei, Fahrern, die im internationalen Verkehr tätig sind, eine solche zu geben. Wenn man will, kann man daraus auch ableiten, dass der Fahrer keine Arbeitsgenehmigung braucht.

Also hat wohl alles seine Richtigkeit und eine Arbeitsgenehmigung scheint nicht notwendig.

Der Hinweis auf die Tatsache, dass LKW-Fahrer, die nicht in Luxemburg arbeiten, von Luxemburg keine Arbeitserlaubnis bekommen, bedeute nicht, dass sie keine Arbeitserlaubnis benötigten, dieser Hinweis, den Jean-Claude Juncker 1993 seinem Brief an Karl Kralowetz ausdrücklich hinzugefügt hatte, fehlt in der von Morby unterzeichneten „Bestätigung". Er fehlt aus gutem Grund. So kann bei Kontrollen der Eindruck entstehen, solange Nicht-EU-Fahrer eines Unternehmens mit Sitz in Luxemburg nicht im

Großherzogtum anzutreffen seien, bräuchten sie keine Arbeitsgenehmigung.

So dachten nicht nur zahllose Kontrollbeamten auf Europas Straßen, denen dieses oder sinnverwandte Schreiben von Fahrern ohne Arbeits- und Aufenthaltserlaubnis unter die Nase gehalten wurden. Woher sollten sie alle Besonderheiten des Arbeitsrechts der einzelnen Länder kennen? Dieses Schreiben bestätigte ja, der kontrollierte Fahrer sei ordnungsgemäß gemeldet. Wenn da etwas nicht in Ordnung wäre, hätte der Fahrer wohl kaum eine solche amtliche Bestätigung dabei.

Dieselbe Ansicht vertraten aber auch jene, die es eigentlich besser wissen sollten. Nach der Verhaftung von Karl Kralowetz wiesen viele Politiker und Spediteure immer wieder darauf hin, dass in Luxemburg Speditionen für Fahrer aus Nicht-EU-Ländern keine Arbeitsgenehmigung bräuchten, wenn und weil diese Fahrer ja nicht im Großherzogtum selbst arbeiteten.

In Deutschland zitiert man darüber hinaus als juristische Grundlage in dieser Angelegenheit die „Durchführungsverordnung zum Ausländergesetz". Da heißt es unter anderem, dass ein ausländischer Arbeitnehmer in einem EWR-Land die dort jeweils erforderliche Aufenthalts- und Arbeitsgenehmigung besitzen müsse.

Die Auslegung des Wortes „erforderlich" wird in diesem Zusammenhang zu einem Beispiel für juristische Spitzfindigkeit: In Luxemburg, so die Argumentation, sei eben keine Aufenthalts- und Arbeitsgenehmigung vorgesehen. Also sei die in Luxemburg „erforderliche" Arbeits- und Aufenthaltsgenehmigung – keine Arbeits- und Aufenthaltsgenehmigung.

Bei Kontrollen dürften nur dann Arbeitsgenehmigungen verlangt werden, wenn im Herkunftsland Arbeitsgenehmigungen erforderlich seien. Und in Luxemburg seien solche eben nicht erforderlich.

Gerne wird in den Diskussionen um die Negativbescheinigung auch auf das so genannte Van-der-Elst-Urteil hingewiesen. In diesem Urteil bestätigte der Europäische Gerichtshof, dass ein Unternehmen in jedem Land der EU alle seine ordnungsgemäß Beschäftigten arbeiten lassen darf. Auch jene, die nicht aus der EU kommen, sofern sie alle notwendigen Papiere haben. In Luxemburg, so wird argumentiert, sei eben für Osteuropäer keine Arbeitserlaubnis notwendig.

Der Brief Jean-Claude Junckers aus dem Jahr 1993 ließ nichts an Deutlichkeit zu wünschen übrig: keine Arbeitsgenehmigung für Kralowetz' Osteuropäer in Luxemburg. Und: Kralowetz müsse sich in anderen Ländern nach solchen Genehmigungen umsehen.

Durch das Weglassen dieses Nachsatzes wurde der Inhalt des Bescheids nicht nur verändert, sondern ins Gegenteil verdreht. Die von Jean Morby unterzeichnete „Bestätigung" kann dann beim Lesen den Anschein entstehen lassen, eine solche Arbeitsgenehmigung sei gar nicht notwendig.

Das Gerücht, in Luxemburg niedergelassene Spediteure könnten osteuropäische Fahrer ohne Arbeits- und Aufenthaltserlaubnis arbeiten lassen, hat unvorhergesehene Folgen.

Zum einen verfallen immer mehr Unternehmer auch in anderen Ländern auf die Idee, sich solche Bestätigungen ausstellen zu lassen. Sie lassen sich amtlich bescheinigen, dass sie grundsätzlich keine Arbeitsbewilligungen für Osteuropäer bekommen, wenn diese nicht in dem Land arbeiten, in dem das Unternehmen beheimatet ist. Diese Bestätigungen werden dann als hochoffizielle Dokumente gehandelt und den Fahren mitgegeben. Wenn die bei einer Kontrolle nach einer Arbeitsgenehmigung gefragt werden, zeigen sie stattdessen diese Bestätigung vor.

Prompt entsteht bei den Kontrollbehörden der Eindruck, es sei tatsächlich rechtens, wenn Osteuropäer ohne Arbeits- und Aufenthaltserlaubnis die LKWs schwedischer, niederländischer, luxemburgischer oder norwegischer Unternehmen quer durch den Kontinent lenken. Solange diese Trucker nicht in das Mutterland des Unternehmens fahren, sei das rechtens, so glauben es zunehmend mehr Juristen und Kontrollbeamte.

Gleichzeitig geraten immer mehr Negativbescheinigungen in Umlauf. Ja, sie werden sogar dafür verwendet, Aufenthaltsgenehmigungen zu erhalten. So ordert beispielsweise ein oberösterreichischer Transportunternehmer – dank einer Niederlassung in Luxemburg mit dortigen Gepflogenheiten vertraut – am 2. Oktober 2002 von Jean Morby eine Negativbestätigung für einen ganz bestimmten Zweck: Bei fünf seiner ungarischen Fahrer sei das so genannte Schengen-Visum abgelaufen, die Aufenthaltserlaubnis für die Staaten, die dem Schengener Abkommen angehören.

Über sein Büro in Budapest habe er gehört, die belgische Botschaft sei bereit, den Fahrern wieder ein Schengen-Visum auszustellen. Allerdings nur, wenn er von einer Luxemburger Behörde eine Bestätigung vorlege, dass die Fahrer in Luxemburg keine Arbeits- und Aufenthaltsgenehmigung brauchen.

Das Problem, dass die Fahrer mit einer Negativbescheinigung das Heimatland des Unternehmens nicht betreten dürfen, lösen manche Firmen auf denkbar einfache Art: Sie gründen Niederlassungen in verschiedenen Ländern und lassen sich bestätigen, dass Fahrer, wenn sie nur außerhalb des jeweiligen Landes unterwegs sind, keine Arbeitserlaubnis in diesem Land brauchen. Je nachdem, in welchem Land der Fahrer kontrolliert wird, zeigt er das jeweils passende Dokument vor.

So hat sich zum Beispiel eine Transportgesellschaft aus Sachsenheim an ein- und demselben Tag sowohl von der deutschen Bundesanstalt für Arbeit als auch vom Arbeitsmarktservice Tirol derartige Bestätigungen ausstellen lassen.

Den Tirolern wurde mitgeteilt, man wolle in Tirol eine Niederlassung gründen. Diese Firma werde auch Osteuropäer beschäftigen. Die würden aber nur außerhalb Österreichs eingesetzt, vor allem in Deutschland. Prompt kam die erwünschte Bestätigung, dass für solche Fahrer keine Arbeitsgenehmigung in Österreich erforderlich sei.

Der Nürnberger Bundesanstalt für Arbeit wiederum erzählte der Unternehmer, er wolle Osteuropäer vom deutschen Sachsenheim aus beschäftigen – aber natürlich würden die nur außerhalb Deutschlands unterwegs sein.

Die österreichische Antwort umfasst eine ganze Seite. Die deutsche nur drei Zeilen. Der Inhalt ist der gleiche: Er braucht hier wie dort für seine Osteuropäer keine Arbeitserlaubnis.

Manchmal werden bei Kontrollen in einem LKW mehrere solcher Bestätigungen aus verschiedenen Ländern gefunden. Das weckt bei den Kontrolleuren nun doch den Verdacht, an der Sache sei etwas faul. Unsicherheit macht sich breit. Gibt es wirklich ein Land in der EU, das seinen Transportunternehmern die arbeitsgenehmigungsfreie Beschäftigung von Osteuropäern gestattet, wenn diese das Land selbst nicht betreten?

Nachfragen hätten schnell ergeben, dass es kein EU-Land gibt, in dem Transportunternehmer Osteuropäer ohne Arbeits- und Aufenthaltsgenehmigung beschäftigen dürfen. Eigentlich hätte doch schon die erste solche vorgewiesene Bescheinigung Nachfragen bei der Botschaft des betreffenden Landes nach sich ziehen müssen.

Die Wirklichkeit sieht anders aus – die Gleichgültigkeit der von Juncker verständigten Ministerien freut die Transportunternehmer. Die Wirklichkeit lässt die Negativbescheinigung in Deutschland sogar zu einem gesetzlich verankerten Dokument werden. Und es dauert Jahre, bis halbwegs Klarheit kommt in die Sache mit der Bescheinigung, die bescheinigt, dass sie keine Bewilligung ist.

Im Sommer 1998 wird der europäische Transportmarkt liberalisiert, die Liberalisierung wird freudig begrüßt. Doch mit ihr kommen ungebetene Gäste. Die Kinder der Liberalisierung heißen Preisdumping und Illegalität.

Der Deutsche Bundestag ortet dringenden Handlungsbedarf in Sachen Transportbranche. Die illegale Beschäftigung von Arbeitnehmern aus Nicht-EU-Staaten hätte stark zugenommen. Regelungen des Aufenthalts-, des Arbeitsgenehmigungs- und des Sozialversicherungsrechts würden immer häufiger umgangen. Die deutschen Volksvertreter konstatieren ruinösen Preisdruck und großen gemeinwirtschaftlichen Schaden durch Wettbewerbsverzerrungen, Ausfälle bei Steuern und Sozialbeiträgen sowie negative Auswirkungen auf den Arbeitsmarkt.[110]

Um gegen diese unerfreuliche Entwicklung vorgehen zu können, wird eine Gesetzesnovelle initiiert. Das deutsche Güterkraftverkehrsgesetz erhält den Paragraphen 7b, der sich ausführlich mit dem ordnungsgemäßen Einsatz von Fahrpersonal befasst. Eigentlich geht es dabei um dasselbe wie im Ausländerrecht. Auch die Formulierung wird ähnlich gewählt. Der Fahrer müsse eine im Heimatland des Unternehmens vorgeschriebene Arbeitsgenehmigung haben, heißt es.

Doch auf ausdrücklichen Wunsch des Innenministeriums wird in den Gesetzestext noch etwas eingefügt.[111] Ausgerechnet in diesem Gesetz, das sich der Bekämpfung illegaler Beschäftigung in der Transportbranche verschrieben hat, bekommt die Negativbescheinigung zum ersten Mal einen juristisch definierten Sinn. So wird der Persilschein für alle Freunde der illegalen Beschäftigung in Deutschland zum gesetzlich anerkannten Dokument.

Anstelle der Arbeitsgenehmigung, so steht es im Gesetz, könne der Fahrer auch eine Bescheinigung vorlegen, dass er im Herkunftsland seines Unternehmers keine Arbeitsgenehmigung brauche. „Negativattest“ nennt der Gesetzgeber das.[112] Gemeint ist damit die altbekannte Negativbescheinigung, die dadurch im deutschen Recht verankert wird.

Später heißt es, es sei zum Zeitpunkt des Gesetzgebungsverfahrens nicht sicher gewesen, ob nicht vielleicht in irgendeinem Land LKW-Fahren für Osteuropäer wirklich arbeitsgenehmigungsfrei sei.[113] Offensichtlich wollte der deutsche Gesetzgeber nicht die Klärung dieses Sachverhalts abwarten.

Stattdessen wurde im September 2001 erst einmal das Gesetz beschlossen. Dann beauftragte das Auswärtige Amt die Botschaften in den anderen EU-Ländern zu recherchieren. Das Ergebnis war wenig verwunderlich. In allen EU-Ländern besteht Genehmigungspflicht. Deutschland hatte also in seinem Gesetz zur Bekämpfung der illegalen Beschäftigung im Güterkraftverkehr die Anerkennung einer der gängigsten Formen illegaler Beschäftigung von LKW-Fahrern für rechtens erklärt!

Nun wurde das Bundesamt für Güterverkehr tätig. Dessen Kontrolleure erhielten Weisung, keine Negativbescheinigungen mehr anzuerkennen. Somit hat letztlich die gesetzliche Anerkennung der Negativbestätigung dazu geführt, dass sie nicht mehr anerkannt wurde – eine einigermaßen abstruse Situation.

Der BGL zählt in seinem Jahresbericht 2001/2002 jene Länder auf, aus denen solche Bescheinigungen regelmäßig vorgelegt wurden. „Diese Praktiken" seien jedoch mittlerweile unterbunden worden. Wie das „Unterbinden" vonstatten ging, darüber schweigt man sich aus.

Es war sicher nicht einfach, den anderen EU-Ländern zu vermitteln, dass Negativbescheinigungen ab sofort in Deutschland gleichzeitig einerseits gesetzlich anerkannt und andererseits nicht mehr gültig waren.

Die betreffende Formulierung im Gesetzestext wurde nicht geändert. Eineinhalb Jahre hat dieses Gesetz der Negativbescheinigung zu einem gesetzlich geregelten Dasein in Deutschland verholfen. Erst mit der Einführung der EU-Fahrerbescheinigung am 19. März 2003 (s. S. 233 f) wurde dieser unrühmliche Teil des Güterkraftverkehrsgesetzes hinfällig.

Die Negativbescheinigung vor Gericht

Schon bevor die Gesetzesnovelle der Negativbescheinigung in Deutschland zu einer seltsamen (Nicht-)Anerkennung verhalf, hielt das Phänomen Behörden und Juristen ausführlich in Atem.

Der Ungar Istvan S.[114] beispielsweise arbeitete für ein in Luxemburg angesiedeltes österreichisches Unternehmen. S. wurde im Dezember 2000 an der bayerischen Grenze die Einreise verweigert, weil er keine Arbeits- und Aufenthaltsgenehmigung vorweisen konnte. Als er am 2. Mai 2001 wieder in eine Kontrolle gerät, hat er ein Visum. Allerdings ist das nicht auf die Firma seines Arbeitgebers ausgestellt. Die Kontrollbehörden beginnen nachzuforschen. Der Inhaber jener Firma, auf die das Visum lautet, teilt mit, S. habe nie dort gearbeitet. Also sehen die Ermittler das Visum als nicht gültig an.

S. wird ausgewiesen. Er klagt gegen die Ausweisung. Sein Anwalt ist nicht einer, den man als Vertreter eines einfachen LKW-Fahrers erwartet. Er gehört einer renommierten Kanzlei mit vielen Dependancen an.

Die Klage in der Verwaltungsstreitsache S./. Freistaat Bayern kommt aus der Kölner Niederlassung. Große Spediteure lassen sich gern dort vertreten.

Der Rechtsanwalt widmet der Frage nach Gültigkeit oder Nicht-Gültigkeit von S.' Visum nicht besonders viel Aufmerksamkeit. Er möchte vielmehr feststellen lassen, dass der Kläger als ordnungsgemäß in Luxemburg beschäftigter und im grenzüberschreitenden Fernverkehr tätiger Lastkraftwagenfahrer keiner Aufenthaltsgenehmigung bedarf.

Das Visum, rechtmäßig oder nicht, sei sowieso überflüssig gewesen, weil S. gar keine Aufenthaltsgenehmigung gebraucht habe. Offensichtlich will der Arbeitgeber von S. mit diesem Aufgebot an Rechtskundigkeit ein Exempel statuieren und die Klage durchbringen, damit seine Osteuropäer in Hinkunft unbehelligt arbeits- und aufenthaltsgenehmigungsfrei durch Europa kurven können.

Der Anwalt trägt vor, dass die Firma einen ordentlichen Arbeitsvertrag mit dem Ausgewiesenen gehabt habe. Außerdem sei S. ordnungsgemäß beim Transportministerium gemeldet worden. Eine Arbeits- und Aufenthaltsgenehmigung habe er nicht gehabt, da ja Luxemburg solchen Fernfahrern keine Genehmigungen ausstelle. Als Beweis wird in der Anlage jene Negativbescheinigung angeführt, die Jean Morby unterzeichnet hat.

Die Klageschrift zitiert auch die Passage aus der „Durchführungsverordnung zum Ausländergesetz", derzufolge entscheidend ist, ob ein ausländischer Brummifahrer die im Land seines Chefs jeweils erforderliche Aufenthalts- und Arbeitsgenehmigung besitzt. „Erforderliche" ist unterstrichen – anscheinend geht der Rechtsanwalt davon aus, dass in Luxemburg eben keine Genehmigung erforderlich sei.

Um ganz sicher zu gehen, wird sogar behauptet, die Meldung eines Fahrers beim luxemburgischen Transportministerium reiche aus, weil nach Luxemburger Recht keine anderen Formen von Genehmigungen vorgesehen seien. S. sei also ohne Arbeits- und Aufenthaltserlaubnis rechtmäßig beschäftigt gewesen.

Was der Anwalt nicht erwähnt: Seine Kanzlei hat sich an das Innenministerium in Berlin gewandt, um dort Auskunft in Sachen deutsche Aufenthalts- und Arbeitserlaubnis für ungarische Trucke aus Luxemburg zu erhalten. Die Antwort kommt prompt: „Bei rechtmäßiger Beschäftigung bei dem luxemburger (sic!) Unternehmen" brauche ein Ungar im luxemburgischen LKW auf deutschen Straßen keine Aufenthalts- und Arbeitsgenehmigung, sofern er höchstens drei Monate innerhalb eines Jahres in Deutschland unterwegs ist.[115]

Was aber ist eine rechtmäßige Beschäftigung in Luxemburg?

Statt in dieser brisanten Frage selbst Erkundigungen einzuholen, bezieht sich das Ministerium Schily lediglich auf das, was aus Köln mitgeteilt wurde. Dennoch dürften den zuständigen Beamten in Berlin Bedenken gekommen sein: „Die von Ihnen dargestellte Rechtslage in Luxemburg, wonach angeblich dort für ungarische Kraftfahrer [...] weder Aufenthalts- noch Arbeitsgenehmigungspflicht besteht, wirft [...] Probleme beim Nachweis der rechtmäßigen Beschäftigung auf", bekommen die Herren und Damen Anwälte zu lesen.[116]

Die Klageerwiderung der bayerischen Behörden weiß es dann genau: Für ein rechtmäßiges Arbeitsverhältnis eines Nicht-EU-Ausländers ist in Luxemburg eine Arbeits- und Aufenthaltserlaubnis zwingend notwendig.

Damit wird klar, dass die grundlegende Behauptung des Rechtsanwalts, S. habe als ordnungsgemäß in Luxemburg beschäftigter und im grenzüberschreitenden Fernverkehr tätiger Lastkraftwagenfahrer keiner Aufenthaltsgenehmigung bedurft, in sich widersinnig ist: Ein ordnungsgemäßes Arbeitsverhältnis bei einer Luxemburger Firma setzt für einen Ungarn eine Arbeitsgenehmigung und eine Aufenthaltsgenehmigung voraus.

Die Antwort des Anwalts aus Köln auf die bayerische Klageerwiderung ist denn auch recht kleinlaut: Die Klage wird zurückgezogen. Die Ausweisung S.' ist damit rechtskräftig.

Dass er S. nicht ohne Arbeitserlaubnis als Fahrer beschäftigen durfte, hätte der Unternehmer allerdings auch wissen können, ohne Anwälte und Staatsbeamte einzuschalten. Seine Luxemburger Firma hatte schon zum Jahreswechsel 1993/94 einen Brief erhalten, der die Lage klipp und klar erklärte. Absender: Jean-Claude Juncker. Der Inhalt: eine Ablehnung des Ansuchens um Arbeitserlaubnis für osteuropäische Fahrer.

Darin wird noch einmal klar und deutlich darauf hingewiesen, dass für die Fahrer nach luxemburgischem Recht keine Arbeitsgenehmigung ausgestellt werden könne.

Dieser Brief vom 29. Dezember 1993 ist fast wörtlich ident mit jenem, den Juncker kurz zuvor an Karl Kralowetz geschickt hatte. Auch der Hinweis, dies bedeute aber nicht, dass keine Arbeitserlaubnis benötigt werde, fehlt nicht. Es war also vollkommen klar, dass man für Fahrer, die nicht aus der EU stammen, Arbeits- und Aufenthaltsgenehmigungen brauchte.

Nicht alle Anwälte glaubten übrigens die Mär von der genehmigungsfreien Beschäftigung in Luxemburg. Ein bayerischer Rechtsanwalt hatte von der Firma U.C.L. United Cargo Lux des Karl Kralowetz einen speziellen Auftrag. Er musste Fahrer, die ohne Arbeits- und Aufenthaltsgenehmigung in Deutschland aufgegriffen worden waren, von den deutschen Behörden loseisen. Im Lauf der Zeit kamen ihm allerdings Zweifel an der Rechtmäßigkeit seines Tuns. Zweifel, die so stark wurden, dass er seinem Mandanten mitteilte, er habe keine Lust, weiterhin gegen besseres Wissen gesetzeswidrig vorzugehen.

Er habe zwar stets vorgetragen, die Fahrer bräuchten keine Aufenthalts- und Arbeitsgenehmigung weil solche in Luxemburg für derartige Tätigkeiten nicht nötig seien. Er sei aber nicht überzeugt, dass das richtig sei.

Bestätigungen der Behörden hatten die Fahrer natürlich auch dabei. Zum Beispiel ein Schreiben von Joseph Faber, Direktionsrat im luxemburgischen Transportministerium, datiert vom Juni 2001. Dieses Schreiben ist nichts anderes als eine Kurzfassung des Briefes von Jean-Claude Juncker an Karl Kralowetz aus dem Jahr 1993. Sogar der Hinweis, es sei für die osteuropäischen Fahrer der U.C.L. sehr wohl eine Arbeitserlaubnis notwendig, fehlt nicht.

Der Rechtsanwalt folgert – nachdem er eineinhalb Jahre lang dieses und ähnliche Schreiben als Argument für die Rechtmäßigkeit der genehmigungsfreien Arbeit von Osteuropäern für Luxemburger Firmen angeführt hat –, dass aus diesem Schreiben gerade das Gegenteil dessen hervorgehe, was er gegenüber der Polizei, den Behörden, Staatsanwaltschaften und Gerichten behauptet habe.

Er empfiehlt Kralowetz, seine Fahrer mit Zweitwohnsitz in Luxemburg anzumelden sowie eine Arbeits- und Aufenthaltserlaubnis zu beantragen, und verbleibt mit freundlichen Grüßen.

Unter den Anlagen seines Briefes findet sich ein Schreiben der luxemburgischen Botschaft in Berlin, das an Deutlichkeit nichts zu wünschen übrig lässt. Die Botschaft teilt mit Datum 13. März 2001 mit, dass Nicht-EU-Kraftfahrer, die für eine luxemburgische Firma und mit Fahrzeugen, die in Luxemburg zugelassen sind, arbeiten, im Besitz einer Arbeits- und Aufenthaltserlaubnis sein müssen.

Pikantes Detail am Rande: Der Schriftwechsel zwischen der Istvan S. vertretenden Kanzlei und dem deutschen Innenministerium in Sachen rechtmäßige Beschäftigung von Ausländern in Luxemburg datiert ebenfalls vom Mai 2001. Auf die Idee, in der Luxemburger Botschaft nachzufragen, ist im Innenministerium offenbar niemand gekommen.

Auch nachdem die Negativbescheinigung als Auswuchs übereifriger unternehmerischer Phantasie entlarvt wurde, geisterte die Behauptung, in Luxemburg dürften Transporteure LKW-Fahrer aus Osteuropa ohne Arbeitserlaubnis beschäftigen, durch anwaltliche Argumentationslinien.

Einer der österreichischen Anwälte von Kralowetz, Harald Ofner, (s. S. 127 ff) führt im Sommer 2002 zur Entschuldigung seines Mandanten an, es sei von Brummifahrern aus Osteuropa ja stets nur die erforderliche Arbeitsgenehmigung vorzulegen. Auch Ofner vertritt also die Ansicht, in Luxemburg sei keine Arbeitsgenehmigung erforderlich. Darüber hinaus beruft er sich darauf, dass der luxemburgische Arbeitsminister 1993 die Ausstellung von Arbeitsgenehmigungen verweigert habe. Von der Aufforderung, sich unbedingt anderen Ortes um Genehmigungen zu bemühen, erwähnt Ofner freilich nichts.

Für ihn stelle sich die Situation in Luxemburg so dar, dass Aufenthalts- und Arbeitsgenehmigungen trotz Erwerbstätigkeit in Luxemburg selbst nicht benötigt würden.

Von Luxemburger Transportunternehmen wurden also Osteuropäer jahrelang ganz selbstverständlich ohne jede Arbeits- und Aufenthaltserlaubnis beschäftigt. Das klingt nach einem Freibrief zur genehmigungsfreien Beschäftigung von Nicht-EU-Bürgern. Ofners Darstellung läuft darauf hinaus, dass in der luxemburgischen – und europäischen – Transportbranche zehn Jahre lang gesetzeswidrige Zustände herrschten.

Internationale Ermittlungen zur Negativbescheinigung

Auch auf der Straße standen Negativbescheinigungen noch lange Zeit hoch im Kurs. Während Ermittlungsbehörden und Rechtsanwälte sich die Köpfe über Auslegungsvarianten einzelner Wörter zerbrachen und Schlüsseldokumente in Firmen und Ministerien verstaubten, wiesen sich auf Europas Straßen immer noch Fahrer ohne Arbeits- und Aufenthaltsberechtigung auf Anweisung ihrer Chefs mittels einer Negativbestätigung als rechtmäßig Angestellte aus.

Deutsche und Luxemburger Ermittlungsbehörden nahmen sich deshalb im Februar 2002 gemeinsam der Angelegenheit „Negativbescheinigung“ an. Sie wollten endgültig Klarheit schaffen, ob Transportunternehmen in Luxemburg tatsächlich Ausländer ohne Arbeits- und Aufenthaltsgenehmigung anstellen dürften. Das

Ergebnis: Osteuropäische Fahrer dürfen von Luxemburger Unternehmen nur mit Arbeits- und Aufenthaltsgenehmigung beschäftigt werden. Ein Ermittler: „Die Voraussetzung für ein ordentliches Arbeitsverhältnis eines drittländischen Arbeitnehmers in Luxemburg ist eine Arbeits- und Aufenthaltserlaubnis". „Drittländisch" heißt so viel wie: nicht aus der EU. Eine Ausnahme für das Transportgewerbe ist nicht vorgesehen.[117]

Das Interesse dieser Ermittlergruppe galt auch der ominösen „Bestätigung" mit der Unterschrift des mittlerweile unter Korruptionsverdacht stehenden und eilends pensionierten Ex-Regierungsrats Jean Morby.

Doch mit dem und dessen Bestätigungen will offensichtlich niemand mehr zu tun haben: Auf die Anfrage der Ermittler gab das Ministerium bekannt, derartige Bestätigungen seien dort unbekannt. Darüber hinaus könne das Ministerium als Behörde eine solche Bestätigung gar nicht ausstellen. Weitere Nachforschungen ergeben, dass die „Bestätigung" in den privaten Akten des nicht mehr im Amt befindlichen Morby abgelegt wurde.

Das Ende der Luxemburger Negativbescheinigung ist so absurd wie ihr Entstehen. Das Luxemburger Transportministerium will keine einzige dieser „Bestätigungen" ausgestellt haben und würde auch kein derartiges Dokument verfassen. Glaubt man diesen ministeriellen Aussagen, könnte man fast meinen, es habe nie eine Negativbestätigung gegeben.

Die Lizenz zum Dumping

Die Versuche, den Transportmarkt durch international gültige Regelungen und Vorschriften zu regeln, wirken derzeit eher hilflos. Genehmigungen werden im großen Stil gefälscht, vor allem die für den internationalen Verkehr notwendigen, laut EU-Parlament „sehr großzügig erteilten"[118] CEMT-Genehmigungen (s. S. 65 ff).

Gleichzeitig fehlen den Behörden Gelder und Personalstellen, um überhaupt effizient kontrollieren zu können, was und wer da auf

Europas Autobahnen so herumfährt. „Raffinierte Fälschungspraktiken erfordern den Einsatz spezieller Geräte“, weiß man im EU-Parlament. Und: „Die Echtheit der Dokumente ist bei gewöhnlichen Straßenkontrollen nicht mit Sicherheit zu überprüfen.“[119]

In ihrem *Weißbuch* zur europäischen Verkehrspolitik hat die EU-Kommission im Jahr 2001 selbst festgestellt, auf EU-Ebene seien „sehr wenige Maßnahmen getroffen [worden], um Mindestvorschriften für die sozialen Bedingungen im Straßengüterverkehr zu gewährleisten.“ Mit dieser Aussage stellt sich die EU ein Armutszeugnis in Sachen Sozialpolitik und Sicherheit im Straßenverkehr aus.

Zwar gibt es die Verordnung (EWG) 3820/85, in der EU-weit gültige Sozialvorschriften für den Straßenverkehr festgelegt sind. Die EU-Mitglieder sind verpflichtet, deren Einhaltung zu kontrollieren und die Daten weiterzugeben.

Doch das Ergebnis ist mager. „Einige Mitgliedstaaten übermittelten die Daten erst nach Androhung eines Verstoßverfahrens“, berichtet die EU-Kommission. Und die gesammelten Daten sind weit davon entfernt, einheitlich und vergleichbar zu sein. Manche sind, so die EU-Kommission, einfach nur „verwirrend“.[120]

Eine junge Wissenschaftlerin, die die Kontrollergebnisse für Österreich aus den Jahren 1997 und 1998 untersucht hat, kam gar zu dem Ergebnis, die Daten seien völlig unbrauchbar. Die Kontrollbehörden seien, so stellt Andrea Weninger fest, nicht einmal in der Lage gewesen, die betreffende EU-Verordnung von einer anderen Verordnung mit ähnlichem Inhalt und ähnlicher Benennung zu unterscheiden. Die Beamten hätten offenkundig zwei Verordnungen miteinander verwechselt.[121]

Jenseits der EU-Grenzen sieht es noch schlimmer aus: Es gibt zwar bereits seit 1970 das AETR – doch was nützen Übereinkommen und Vorschriften, wenn sich niemand daran hält? Diesem Abkommen über die Arbeitsbedingungen der LKW-Fahrer sind fast alle europäischen Staaten beigetreten. Doch in Osteuropa gibt es nicht einmal Verwaltungsvorschriften oder Behörden, die die Einhaltung überprüfen.[122]

Viel Bürokratie, wenig Effizienz

Regelungen, die die EU beschließt, um der alltäglichen Kriminalität auf ihrem liberalisierten Transportmarkt Herr zu werden, sind oft schon überholt, wenn sie in Kraft treten. So sind beispielsweise seit März 2003 Unternehmer verpflichtet, für LKW-Fahrer, die nicht aus der EU stammen, eine so genannte „Fahrerbescheinigung" oder „Fahrer-Lizenz" ausstellen zu lassen. Das Formular wurde von der EU einheitlich vorgeschrieben.

Eine solche Fahrerbescheinigung erhält der Unternehmer nur, wenn er nachweist, dass der betreffende Fahrer in dem Land des Unternehmers nach den dort gültigen Rechtsvorschriften beschäftigt ist. Damit soll das Umgehen des Aufenthalts- und Arbeitsgenehmigungsrechts verhindert werden. Die Fahrerbescheinigung soll der illegalen Beschäftigung von LKW-Fahrern einen Riegel vorschieben. Fahrer-Lizenzen bekommt ein Unternehmer nur für jene Fahrer, die im Land des Firmensitzes alle erforderlichen Genehmigungen besitzen. Ein deutsches Unternehmen z.B. bekommt sie nur für jene Trucker, die in Deutschland arbeiten dürfen.

Diese Regelung ist in der Theorie recht sinnvoll. Doch sie geht an der Realität vorbei. Eine Fahrer-Lizenz brauchen nur jene Trucker die als Angestellte arbeiten. Doch nicht alle, die hinter dem Steuer eines LKWs sitzen, sind Angestellte. Viele Trucker arbeiten heute als so genannte „selbständige Fahrer". Sie kaufen oder mieten einen LKW und bieten Fuhrunternehmern ihre Transportdienste an. Immer mehr Firmen gehen dazu über, Fahrer als Subunternehmer arbeiten zu lassen. Schon heute stellen selbständige Fahrer in manchen Bereichen den Hauptteil der Trucker.[123]

Diese Entwicklung ist nicht zuletzt auf die Marktliberalisierung zurückzuführen. Die im Zuge der Liberalisierung sinkenden Transportpreise lassen, so die CEMT, vielen Unternehmern gar keine andere Wahl, als ihre Fahrer in die Selbständigkeit zu schicken, um mit der Billigkonkurrenz mithalten zu können. Denn selbständige Fahrer sind oft gezwungen, Fahrten auch zu ungünstigen Konditionen anzunehmen, um zu überleben. So tragen sie zum Preisverfall notgedrungen selbst bei.

Die CEMT geht davon aus, dass jede Erhöhung der Kosten für die Unternehmer ebenso wie die Regulierung der Arbeitszeiten für LKW-Fahrer ein weiteres Ansteigen der Zahl selbständiger Fahrer bewirken wird.[124] Damit umgehen die Unternehmer auch die Notwendigkeit, Fahrerbescheinigungen zu beantragen, denn selbständige Fahrer sind ja von der Bescheinigungspflicht ausgenommen.

Die mit großen Hoffnungen eingeführte EU-Fahrerbescheinigung sieht angesichts dieser Realitäten schon wieder hoffnungslos veraltet aus.

Ein Ermittler in Sachen illegale Beschäftigung klagt: „Die Fahrerbescheinigung hilft gegen die illegale Beschäftigung im Transportgewerbe in keiner Weise. In den Verfahren, die ich bislang gegen Transportunternehmen gemacht habe, waren mehrere Tausend Fahrer betroffen. Jeder von denen hatte eine Bescheinigung, dass er auf selbständiger Basis arbeite. Zumindest auf dem Papier sind die alle selbständig. Die haben alle von ihren Firmen Bestätigungen bekommen, dass sie selbständig, Gesellschafter oder Geschäftsführer sind. Keiner von denen hätte eine Fahrerbescheinigung gebraucht.“[125]

Doch damit nicht genug. Auch was eine „ordnungsgemäße“ Beschäftigung ist, steht durchaus nicht so eindeutig fest, wie man glauben könnte. So wurden Trucker, die für österreichische Unternehmen fuhren und bei Kontrollen eine gültige Fahrerbescheinigung vorzeigten, in Deutschland dennoch aus dem Verkehr gezogen und umgehend nach Österreich zurückgeschickt.

Der Grund: Es handelte sich um Fahrer, die aufgrund spezieller Abkommen Österreichs mit seinen östlichen Nachbarländern als so genannte „Grenzgänger“ beschäftigt waren. Nach Ansicht österreichischer Ministerien haben Grenzgänger (und auch Praktikanten) ordnungsgemäße Beschäftigungsverhältnisse. Nach Ansicht deutscher Behörden handelt es sich bei diesen Formen der

Beschäftigung jedoch keineswegs um „normale" Arbeitsverhältnisse.

Die Deutschen stehen mit ihrer Sicht der Dinge nicht allein da. Auch in der Wiener Arbeiterkammer, der Interessenvertretung der Arbeiter und Angestellten, verweist man darauf, dass die Fahrer-Lizenzen für Grenzgänger eine „bewusste Umgehung" der mit den EU-Beitrittsländern ausgehandelten Übergangsfristen bedeuten.[126] Diese Probleme waren vorhersehbar. In den Monaten vor der Einführung der Fahrerbescheinigung hatten sich verschiedene Behörden und Ministerien in Wien ausführlich mit der Fahrerbescheinigung beschäftigt. Bis auf den Cent wurde in, wie es hieß, eingehenden Diskussionen festgelegt, welche Gebühren bei der Beantragung zu bezahlen seien.

Doch in Punkto Kontrolle der Arbeitsverhältnisse der Grenzgänger und Praktikanten hieß es aus dem Wiener Bundesministerium für Wirtschaft und Arbeit lapidar, man könne nur im Einzelfall anhand von Lohnunterlagen beurteilen, ob bei diesen die geltenden Lohn- und Arbeitsbedingungen eingehalten würden.

Die österreichischen Behörden stellen also Praktikanten und Grenzgängern Fahrerbescheinigungen aus, weil sie einfach davon ausgehen, dass diese nach dem geltenden Tarif bezahlt werden. Ein frommer Wunsch – aber die Realität auf dem Arbeitsmarkt sieht anders aus.

Die Lizenz zum Fahren wird unter solchen Umständen zu einer Lizenz zum Dumping.

Politisch motivierte Regelungsversuche des Transportwesens kommen nicht nur zu spät und sind zu unpräzise. Wissentlich oder unwissentlich kamen Politiker auch so manchem Unternehmer zur Hilfe, der mit dem nötigen einschlägigen „Einfallsreichtum" die Auswirkungen vorhandener rechtlicher Regelungen zu seinen Gunsten abzuändern wusste. Auch wenn dann gelegentlich, wie im Falle der Negativbescheinigung, endlich Recherchen angestellt und Finten entlarvt werden – die entstandene Rechtsunsicherheit ist enorm.

Diese Rechtsunsicherheit führt zu weiteren Neuauslegungen bestehender Vorschriften und letztlich auch zu neuen Regelungen, deren Hintergrund kaum jemand kennt und deren Rechtmäßigkeit angezweifelt werden darf.

So meldet der BGL in seinem Jahresbericht 2001/2002, die Praxis der Negativbescheinigungen sei zwar abgestellt worden. Aber es gebe da Probleme mit Fahrern aus den Niederlanden, die angeblich durch ein Bestätigungsschreiben des damaligen deutschen Verkehrsministers Bodewig genehmigungsfrei im Transit durch Deutschland fahren könnten.[127]

Als im Januar 2002 nach der Verhaftung von Karl Kralowetz der Frächterskandal aufgedeckt wird, wissen österreichische Behörden und Politiker längst über die Zustände im Transportgewerbe Bescheid.

Bereits 1993 hatte die österreichische Gewerkschaft Handel, Transport, Verkehr angesichts laufender Gesetzesübertretungen in der Branche dringend effizientere Kontrollen verlangt. Die Gewerkschaft wandte sich an alle beteiligten Ministerien: das Arbeitsministerium, das Wirtschafts- und Verkehrsministerium und das Innenministerium.

Überall versicherte man ihnen, das Ministerium würde verschärfte Kontrollen sehr befürworten – aber leider sei das jeweils andere Ministerium zuständig. Ähnlich gelagert zeigte sich die Kompetenzverteilung zwischen Bund und Ländern: zuständig sei immer der andere.

Angesichts des ministeriellen Ping-Pong-Spiels der Nichtzuständigkeiten schilderte die Gewerkschaft die eklatanten Kontrollmängel dem Bundeskanzler und wurde beim Bundespräsidenten vorstellig. Doch Alfred Hirschbichler, Salzburger Gewerkschaftssekretär und bekannt für sein Engagement gegen illegale Machenschaften in der Transportbranche, resümiert Jahre später, geschehen sei nichts.

Im Gegenteil: Die Probleme in der Transportbranche verschärfen sich mit jedem Jahr. Nicht nur, dass auf Österreichs Straßen immer noch zu wenig kontrolliert wird. Auch die Praktiken der Auslandsösterreicher in Luxemburg werden immer unhaltbarer.

Im Jahr 2000 reißt den Luxemburgern die Geduld. Als Fritz Verzetnitsch, Präsident des Österreichischen und des Europäischen Gewerkschaftsbundes, dem Großherzogtum einen Besuch abstattet, wird er mit Klagen über Firmen seiner Landsleute überschüttet. Der luxemburgische Arbeitsminister Franz Biltgen nimmt sich kein Blatt vor den Mund: Österreichische Unternehmen unterhielten in Luxemburg Postkastenfirmen. Statt, wie in der EU eigentlich vorgeschrieben, nach EU-Fahrern zu suchen, beantragten diese Firmen im großen Stil Arbeitsbewilligungen für Fahrer aus ehemaligen Ostblockländern.

Biltgen nennt namentlich Firmen, die es besonders schlimm treiben. Vor allem aus der Ukraine, aus Rumänien und Weißrussland kämen die Trucker. In Luxemburg würden sie zu niedrigsten Löhnen angemeldet, so dass nie ein versteuerbares Einkommen anfalle. Biltgen spricht von „virtuellen Arbeitsverhältnissen".

Doch damit nicht genug. Diese Fahrer ständen offensichtlich unter enormen Erfolgsdruck. Geschwindigkeitsüberschreitungen und Überschreitungen der Lenkzeiten seien an der Tagesordnung. Mittlerweile würden, so Biltgen, Luxemburger LKW-Fahrer bereits derart häufig von der deutschen Polizei und französischen Gendarmen beanstandet, dass das Großherzogtum sich von den Verkehrsministern der Nachbarstaaten harsche Kritik gefallen lassen müsse. Luxemburger Firmen arbeiteten mit Sozialdumping und menschenunwürdigen Arbeitsbedingungen, so bekämen es die Luxemburger zu hören. Das Großherzogtum werde, so Biltgen, zum Buhmann der EU und zum Verkehrsverursacher Nr. 1 in Europa abgestempelt.

Die Firmen, auf die diese Kritik abzielt, werden allerdings nicht von Luxemburgern geleitet. Biltgen wird deutlich: „Die österreichischen Unternehmen sind die Aggressivsten und Skrupellosesten in der beliebt gewordenen ‚Luxemburger-Sozialdumping-Connection'".[128]

Aggressive Österreicher

Minister Biltgen berichtet, aufgrund der unhaltbaren Zustände in gewissen österreichischen Unternehmen seien Verkehrs- und Transportministerium übereingekommen, bestimmten österreichischen Firmen keine Arbeitsbewilligungen mehr auszustellen.

Doch diese Firmen wussten sich zu wehren: Die österreichische Botschaft in Brüssel intervenierte in Luxemburg. Der Botschafter berief sich auf EU-Recht und forderte die Luxemburger auf, ihre Handlungsweise wieder zu ändern und österreichischen Firmen weiterhin Arbeitsbewilligungen für ihre osteuropäischen Trucker auszustellen.

Biltgen monierte während Verzetnitschs Besuch im Großherzogtum, er verstehe nicht, warum Österreich die Täter schützen wolle. Verzetnitsch wendet sich nach seiner Rückkehr nach Österreich an alle zuständigen Stellen: Außen-, Wirtschafts- und Verkehrsministerium. Und Verzetnitsch schreibt an Christoph Leitl, den Präsidenten der österreichischen Wirtschaftskammer. Detailliert legte er die Klage Biltgens vor und machte deutlich, dass nationaler und internationaler Handlungsbedarf gegeben sei. Vor Ort sei das Problem nicht mehr zu lösen. Verzetnitsch: „Der österreichische Botschafter in Luxemburg kennt das Problem und hält sich zurück."

Zurückgehalten haben sich auch all jene, die von Verzetnitsch informiert wurden. Es wäre ein Leichtes gewesen, den Vorwürfen nachzugehen. In den Ministerien waren die Vorwürfe ebenso bekannt wie in der Wirtschaftskammer. Die inkriminierten Firmen haben allerdings gute Verbindungen zur Wirtschaftskammer: Einer der genannten Unternehmer war damals Funktionär. Ein anderer hat einen Bruder, der Funktionär ist. Als im Januar 2002 Karl Kralowetz verhaftet wird und die Medien wochenlang mit Berichten über den „Frächterskandal" voll sind, will jedoch kein Entscheidungsträger irgendetwas gewusst haben.

Der Traum von den Alternativen: Wasser und Schiene

Tatort Autobahn irgendwo zwischen München und Salzburg. Der Urlaubsverkehr auf der A8 rollt in Richtung Südosten. Ein PKW-Fahrer bremst plötzlich von 150 auf 80 km/h. Wütend betätigt er die Lichthupe: „Soll rechts bleiben, der Scheißlaster!", zischt er. Unmittelbar vor ihm überholt ein 40-Tonner einen anderen. Beide quälen sich eine Steigung hinauf und ziehen eine in wenigen Minuten schier unendlich werdende Schlange von fluchenden PKW-Fahrern hinter sich her.

Was von weniger aufgeregten Autobahnbenutzern ironisch als „Elefantenrennen" bezeichnet wird, lässt bei anderen den Adrenalinspiegel ins Lebensbedrohliche steigen. Und immer wieder werden Sätze wie „Die sollen ihren Dreck mit dem Zug transportieren!" oder „Wozu gibt's die ‚Rollende Landstraße'" laut. Dazu kommt die Angst, von übermüdeten Truckern überrollt zu werden.

Die Freiheit auf der Straße, die das Auto in den 50er und 60er Jahren symbolisierte, gibt es längst nicht mehr. Doch weniger die zahlreichen Verkehrsschilder, Geschwindigkeitsbegrenzungen oder Überholverbote als vielmehr die endlosen Karawanen von mit mäßiger Geschwindigkeit fahrenden Trucks ärgern die PKW-Lenker, die freie Fahrt für freie Bürger beanspruchen. Ob es mit 150, mit 100 oder mit 80 km/h dahin geht – das sind gewaltige Unterschiede, wie viele meinen. Ganz zu schweigen von den Staus oder den zahlreichen Baustellen zur Fahrbahnsanierung, beides mit dem LKW-Verkehr eng verbunden.

Die Brummis gehören verbannt – auf die Schiene mit ihnen, oder zumindest mit ihren Gütern, da scheint sich eine Koalition von PKW-Fahrern, Urlaubsreisenden und Pendlern mit Politikern nahezu aller Couleurs, Verkehrsexperten und Umweltschützern einig. Dem „LKWahnsinn“[129] – so titelte *Der Spiegel* im Sommer 1999 – müsse Einhalt geboten werden.

Immer wieder wird „die Eisenbahn“ als Alternative genannt. Doch kann die Bahn auch leisten, was von ihr erwartet wird? Und vor allem: Werden verkehrspolitisch jene Weichenstellungen getroffen, die für einen fairen Wettbewerb zwischen Straße und Schiene notwendig sind? Bietet die Schiene jene oft beschworene Alternative gegen Lärm, Stau, Unfallgefahr und Straßenbelastung oder bleibt sie als Transportalternative ein Traum unverbesserlicher Eisenbahnfanatiker, Umweltfreaks und frustrierter PKW-Lenker?

Alternative Schiene?

Die Utopie der Eisenbahn als Alternative zum Straßengüterverkehr geht bis in die 50er und 60er Jahre zurück. In eine Zeit, in der die Bahn zunehmend in die Krise geriet und immer mehr Güter auf der Straße befördert wurden. Allerdings war die Idee der Rückverlagerung des Transports auf die Schiene damals noch vielfach als Hilfe für die defizitäre Bahn gedacht.

Später dann, in den 70er Jahren, gewann der „Infarkt auf der Straße“ an politischer Brisanz. Der damalige deutsche Bundesverkehrsminister Georg Leber wollte per Erlass den Schwerverkehr auf die Schiene zwingen und LKWs mit sechsstündigen Fahrverboten pro Tag belegen.[130]

Allein, es blieb bei der politischen Absicht. So wie all die Jahrzehnte seither. Dabei hätte eine Verlagerung des Güterverkehrs von der Straße auf die Schiene nicht nur die Nerven der Auto fahrenden Bevölkerung geschont, sondern sich auch aus vielen anderen Gründen als erstrebenswerte Alternative angeboten.

Die Auswirkungen der Verkehrslawine auf Mensch und Umwelt sind hinlänglich bekannt. Eine Verlagerung von der Straße auf die Schiene könnte Abhilfe schaffen.

So können beispielsweise mit einem Kilogramm Kraftstoff ganze 97 Tonnen Fracht pro Eisenbahnkilometer, aber nur 50 Tonnen Fracht pro LKW-Kilometer transportiert werden.[131] Diese deutlich bessere Energieeffizienz freut Umwelt und Menschen gleichermaßen.

Sicher, Schienentransport kann nicht die viel gerühmte Flexibilität der Straße bieten. Doch darf nicht vergessen werden, dass diese Flexibilität stets die Flexibilität der Fahrer ist. Für relativ kleine Mengen und kurze Strecken hat der LKW eindeutig die Nase vorn. Gerade solche Transporte werden von modernen Wirtschaftsstrukturen mit ihren Just-in-Time-Lieferungen gefordert. Die Schiene erscheint für derartige Lieferungen zu schwerfällig.

Um eine Verlagerung weg von Europas Straßen hin zur Bahn zu erreichen, wäre vor allem logistisches Neuland zu betreten. Die für Just-in-Time eingesetzte Logistik könnte aber durchaus für den kombinierten Verkehr von Schiene und Bahn adaptiert werden. Doch solange sich der LKW als bequemes und günstiges Verkehrsmittel präsentiert, wird wenig in diese Richtung geschehen.

Auf die Frage, warum die Schiene sich nicht durchsetzen konnte, antwortete der damalige Bundesverkehrsminister Franz Müntefering 1999 denn auch lakonisch: „Die Straße hat sich lange Zeit angeboten!“ Und: „Die Frage ist nicht mehr, ob wir den Langstreckenverkehr von der Straße kriegen wollen, sondern nur noch, wie man es hinkriegt.“[132]

Fehlende Kostenwahrheit im Straßengüterverkehr

Eine Studie des Deutschen Instituts für Wirtschaftsforschung stellt fest, die PKW-Fahrer hätten durch KFZ- und Benzinsteuer schon vor der Einführung der Ökosteuer etwa das Doppelte der von ihnen verursachten Kosten für die Infrastruktur berappt. Deutsche LKWs seien zum selben Zeitpunkt gerade einmal für 66 Prozent der Kosten aufgekommen. Allerdings berücksichtigte diese Studie nur einen Bruchteil des Straßennetzes.

Ausländische LKWs zahlten überhaupt nur 14,3 Prozent der von ihnen verursachten Kosten.[133] Belastung durch Lärm und Schäden durch Luftverschmutzung nicht mitgerechnet, versteht sich. Für all diese Kosten kommen nicht jene auf, die sie verursachen, sondern die Allgemeinheit, also die Steuerzahler.

Landauf, landab predigen alle Verkehrsplaner „Kostenwahrheit". „Wir werden die Wende nur schaffen, wenn wir endlich die wirklichen Kosten des Verkehrs offen diskutieren und den Nutzen genauso in Rechnung stellen wie die Lieferung von Leitungswasser oder Strom", wird etwa Verkehrsplaner Winning vom *Spiegel* zitiert.[134]

Das Transportgewerbe wiederum hat schauerliche Untergangsszenarien an die Wand gemalt, sollten die Mautzahlungen auch nur annähernd die Höhe der tatsächlich vom LKW-Verkehr verursachten Schäden erreichen. Wären Mautzahlungen in Höhe der tatsächlich verursachten Kosten fällig, würden wahrscheinlich wirklich viele Transportunternehmer in Konkurs gehen müssen. Daran sind sie nicht persönlich „schuld" – vielmehr ist dies der deutlichste Ausdruck der tiefgreifenden Krise in einem Gewerbe, das die Seifenblase der internationalen liberalisierten Marktwirtschaft einerseits wesentlich mitträgt und andererseits ebenso wesentlich von ihr abhängig ist.

Immer wieder wird die fehlende Kostenwahrheit im Straßengüterverkehr zum Thema. Doch die Politik ziert sich, Maßnahmen zu ergreifen. Mit deutlichen Folgen: 1970 wurden in der EG 21,1 Prozent aller Güter auf der Schiene befördert; 1998 waren es gerade noch 8,4 Prozent – bei gleichzeitig enorm gestiegenem Güteraufkommen.[135]

In Sonntagsreden wird gerne darauf hingewiesen, es müsse für Transportunternehmer wirtschaftlicher werden, Güter auf langen Strecken per Bahn oder Schiff zu transportieren. Ansagen, die dem realen Strukturwandel der Wirtschaft von transportkostenintensiven Gütern der Schwerindustrie hin zu hochwertigen Fertigprodukten, Dienstleistungen und neuen Technologien nicht gerecht werden. Denn dieser Strukturwandel führte, unterstützt durch den zügigen Ausbau der Autobahnen und sinkenden Straßentransportkosten, zu einer Reihe von Entwicklungen, die den Schienengüterverkehr ins Abseits drängten: Entlang der Fernstraßen entstanden neue Handels- und Gewerbezentren. Das Standortkriterium Schienenanschluss verlor für Industrie und Gewerbe an Bedeutung. Für die Shopping Citys an der Peripherie größerer Städte oder auch auf dem Land, wie etwa das österreichische Outlet Parndorf im tiefsten Burgenland, sind eine ausreichende Anzahl von Parkplätzen und entsprechende Zufahrtsverbindungen weitaus wichtiger als ein Schienenanschluss. Und das, obwohl hier Hunderte Tonnen Güter täglich ent- und verladen werden.

Gründe für die Rückständigkeit des Eisenbahnsektors

Im Straßengüterverkehr wurde der grenzüberschreitende Verkehr im Zuge der Etablierung des europäischen Binnenmarktes zur Realität. Allerdings mit hohen sozialen und ökologischen Kosten. Und mit der Folge, dass die Straße weiter an Terrain gewann. Während nämlich die für den Straßengüterverkehr notwendigen Voraussetzungen und Regelungen europaweit festgelegt wurden, scheiterte bislang die Durchsetzung ähnlicher Liberalisierungsschritte im Eisenbahnverkehr. Auf dem Eisenbahnsektor sind die nationalen Märkte noch kaum geöffnet.

„Wer einen konventionellen Güterzug von Köln nach Marseille fahren will, ist auf die Gunst und die Kooperation der französischen Bahn angewiesen. Was auf der Straße selbstverständlich ist, ist bei der Eisenbahn noch unmöglich: deutsche Züge auf französischen Gleisen", fasste der Verkehrsexperte Rolf Bender bei einer Tagung im Herbst 2002 die Situation auf dem Eisenbahnsektor zusammen.[136]

Eine Liberalisierung im Bahnverkehr trat – und auch dann nur in Teilbereichen – erst im Frühjahr 2003 in Kraft. Im Rahmen internationaler Korridore sind seitdem bestimmte europäische Strecken freigegeben. Doch eigentlich hätten gerade die Eisenbahnen Vorreiter im freien Verkehrsmarkt sein können. Denn die ehemaligen Staatsunternehmen hätten es durch internationale Kooperationen und staatliche Unterstützung sehr wohl in der

Hand gehabt, große Teile des Langstreckengüterverkehrs für die Schiene zu gewinnen.

Der Transportmarkt hätte sich über derartige Kooperationen nur freuen können: Denn ab einer Entfernung von etwa 500 Kilometern ist die Bahn billiger als der Straßentransport.[137]

Nationale Eigenheiten behindern den Markt. Während LKWs ungehindert über den ganzen Kontinent rollen, gibt es sogar in den EU-Ländern noch immer unterschiedliche Stromsysteme im Bahnverkehr.

Allein der deswegen notwendige Austausch der Loks nimmt an den Grenzen erhebliche Zeit in Anspruch. Zwar werden derzeit bereits Lokomotiven eingesetzt, die auf unterschiedlichen Netzen fahren können, was die Aufenthaltsdauer an der Grenze auf 15 Minuten verringert. Doch diese gibt es nur auf bestimmten Strecken.[138]

Und auch die Kompatibilität ist nur eine eingeschränkte. Die italienischen Lokomotiven können durch ihre spezifische Bauart im französischen Netz bei 1500 Volt nur mit halber Kraft fahren. Darüber hinaus können auf bestimmten Trassen, wie etwa auf der Semmeringstrecke zwischen Wien und Graz, aufgrund der veralteten Bausubstanz nicht alle Lokomotiven und Waggons verwendet werden.

Besonders die (ehemaligen) Grenzbahnhöfe sind echte Bremsklötze im Eisenbahnverkehr: Die Lokomotiven müssen ausgetauscht werden. Gleichzeitig muss auch die Sicherheit und Fahrtüchtigkeit des ganzen Zugverbandes, der nun eine neue Lokomotive bekommt, überprüft werden. Das Zug- und Begleitpersonal wechselt, die Zugpapiere müssen kontrolliert, die Waggons neu beschriftet werden. Diese langwierigen Sicherheitsvorkehrungen sind unverzichtbar. Sie könnten aber durch die europaweite Harmonisierung der Systeme hinfällig werden.

Von 20.000 Zügen im grenzüberschreitenden kombinierten Verkehr sind nur die Hälfte pünktlich, klagt Werner Kulper vom Internationalen Dachverband der Kombi-Verkehrsgesellschaften.[139] Die Folge: Geisterzüge, die irgendwo herumstehen und auf einen Lokwechsel warten.

Von einer gemeinsamen europäischen Verkehrspolitik, so wie in den Römischen Verträgen vereinbart, war im Schienenverkehr lange Zeit keine Rede. Die Mitgliedsstaaten der Europäischen Gemeinschaft hätten eine Harmonisierung auf administrativer, betrieblicher und technischer Ebene schon vor Jahrzehnten betreiben können. Denn die nationalen Eisenbahnunternehmungen waren Staatsunternehmen.

Doch die Politik blieb säumig. Weder kümmerte sie sich um einen zukunftsweisenden Aufbau leistungsfähiger Infrastrukturen, noch trieb sie ihre nationalen Eisenbahnunternehmen zur Harmonisierung an. Denn dafür hätte man entsprechende Finanzmittel in die Hand nehmen müssen – und davor scheute man sich.

Einzig der Schweiz scheint es gelungen zu sein, die Attraktivität des Schienengüterverkehrs konsequent durchzusetzen. Während in Deutschland heute nur verschwindende 16 Prozent der Warentransporte auf der Schiene abgewickelt werden, sind es in Österreich 37 Prozent und in der Schweiz rund 40 Prozent. Und drei Viertel der Transittransporte durch die Schweiz bewegen sich auf der Schiene.[140] Davon kann das angrenzende Österreich allerdings nur träumen.

Seit Jahrzehnten betonen Studien die finanzielle Bevorzugung der Straßen gegenüber dem Schienenverkehr, die politischen Entscheidungsträger aber stellten sich blind und taub. Jeder weiß, dass die Transportbedürfnisse des 21. Jahrhunderts mit dem Konzept „Straßen bauen und durch“ nicht befriedigt werden können, doch kaum ein Wirtschaftsbereich wird so geschont wie der Straßengüterverkehr.

Der Strukturwandel in der Produktion hat in den letzten Jahrzehnten eindeutig die Straße bevorzugt: Die zunehmende Arbeitsteilung ging einher mit einer Verringerung der Fertigungstiefe im Produktionsbereich sowie der Kostensenkung durch Abbau der Lagerhaltung in Verbindung mit Just-in-time-Logistik.

Billiger, schneller, flexibler hieß die Devise für die Transporteure, die zu großen Logistikzentren mutierten. Die Bahn kam da nicht mit. Nicht, weil die Produktivität ihrer Mitarbeiter zu gering gewesen wäre, sondern weil die Länder es versäumt haben, die erforderlichen logistischen und raumordnerischen Schritte einzuleiten. Und sie waren nicht bereit, ihren Bahngesellschaften jenen Investitionsspielraum und kommerziellen sowie administrativen Freiraum einzuräumen, der notwendig gewesen wäre, um am freien Gütermarkt zu reüssieren.

Noch zu Beginn der 90er Jahre war beispielsweise der Arbeitsablauf im Güterverkehr bei den Österreichischen Bundesbahnen ein Musterbeispiel für Bürokratieexzesse. Der damalige Generaldirektor erzählte: „Derzeit läuft ein Akt vom Verkaufsdirektor zum Abteilungsleiter Güterverkehr, dann geht es zum Präsidenten der Direktion. Der gibt ihn dem Vorstand der Transportabteilung. Dann bekommt ihn der kommerzielle Referent. Dann erst geht der Akt wieder zum Bahnhof.“[141] Stolz verkündete der Bahnchef, dass in Zukunft der Akt „nur noch“ von drei Stellen bearbeitet werden müsse. Und das in einer Zeit, in der die ersten Trucker bereits vom Satelliten quer durch den Kontinent gelotst werden!

Ende der 90er Jahre schien der Zug im wahrsten Sinne des Wortes abgefahren – aufs Abstellgleis. „Die Vorstellung einer nachhaltigen Entlastung der Bundesfernstraßen durch Verkehrsverlagerungen auf die Schiene oder Binnenwasserwege ist mittelfristig unrealistisch“, stellte die von der deutschen Regierung eingesetzte Kommission Verkehrsinfrastrukturfinanzierung in ihrem Schlussbericht vom 5. September 2000 fest.[142]

Spätestens seit diesem Zeitpunkt beherrschen neoliberale Vorgaben auch diesen Bereich der Wirtschafts- und Gesellschaftspolitik. Eingriffe des Staates zu Gunsten des Verkehrsträgers Schiene werden als „ideologisch motivierte Eingriffe des Staates in den Wettbewerb“ abgelehnt. Statt dessen sollen vielmehr bisher ungenutzte Potentiale in den Vordergrund gerückt werden: Verbesserung der Wettbewerbslage „aus eigener Kraft“, wie es heißt. Im Klartext bedeutet das Kindesweglegung: Der Staat verabschiedete sich damit aus der Verantwortung für die jahrzehntelang im administrativ-bürokratischen Korsett gehaltenen Eisenbahnunternehmen.

Ineffiziente Liberalisierung

1991 verabschiedete die EU eine Bahn-Richtlinie über die Trennung zwischen der Rechnungsführung für die Infrastruktur und der Erbringung der Verkehrsleistung: Die Ausgaben für den Bau von Bahnhöfen und die Erhaltung der Schienenwege sollten nicht mehr mit dem Kauf und der Erhaltung von Waggons und Lokomotiven in einen Topf geworfen werden.

Es war ein erster Schritt in Richtung Liberalisierung. Einige Staaten begannen nun, den Betrieb der Eisenbahnlinien und Bau und Verwaltung der Schienennetze getrennten Unternehmungen zu übergeben. Ein Jahr später wurden Vorschriften für die Erlangung einer Betriebsgenehmigung und für die Zuweisung von Schienenwegen verabschiedet.

1996 startete die Europäische Gemeinschaft einen neuen Anlauf zur Lösung der Verkehrsmisere auf dem Schienensektor. Die Privatisierung wurde als Allheilmittel gesehen: „Wir brauchen neue Eisenbahnunternehmen", tönte es aus Brüssel.[143] Denn die alten seien dem „Spiel der Marktkräfte" entzogen, reagierten nicht auf die Veränderungen des Marktes oder auf die Bedürfnisse der Kunden.

„Frischen Wind durch Private" lautete die neue Zauberformel, während all die Jahre zuvor die staatlichen Eisenbahnunternehmen zu schwerfälliger Bürokratie verpflichtet gewesen waren.

Doch die Regierungen einzelner Länder entließen das ungeliebte Kind Eisenbahn nur bedingt in die Selbständigkeit. Weiterhin bestimmten sie Tarife und Investitionen und deckten Verluste ab, ohne klare unternehmens- und verkehrspolitische Zielvorgaben zu machen.

Der Bahnausbau und die Modernisierung von Bahnhöfen und Schienenstrecken waren schon immer ein Spielball regionaler Protektionismen. Doch anstatt europäische Verkehrswegeplanungen zu erstellen und die Harmonisierung der technischen und administrativen Einrichtungen verbindlich vorzuschreiben, wurde von den europäischen Verkehrsministern zuallererst auf die Kräfte des Markts gesetzt: „Liberalisierung vor Harmonisierung" hieß das Programm.

So findet sich im *Weißbuch* der EU zur Eisenbahn von 1996 neben der Forderung nach Integration der nationalen Systeme auch ein Kapitel zum Thema „Marktkräfte". Deutlicher kann wohl nicht dokumentiert werden, wie man sich in Brüssel zukünftige Eisenbahnpolitik vorstellte und offenbar immer noch vorstellt.

Durch die Aufteilung der Unternehmen in selbständige Schienen- und Betriebsgesellschaften sollen unbeschränkte Zugangsrechte geschaffen werden. Mit der vorgeschlagenen Privatisierung und Aufsplitterung der Unternehmungen werden auch bewusst Arbeitsplatzverluste in Kauf genommen.

Nur ein wettbewerbsfähiger Eisenbahnsektor könne Arbeitsplätze sichern, so das Credo der Kommission. Im Rahmen der Umstrukturierung seien deshalb „personalpolitische Maßnahmen mit umfangreichen Umschulungsprogrammen erforderlich."[144] Das bedeutet, dass Eisenbahner nun europaweit um ihren Job fürchten müssen.

Liberalisierungsvorreiter Großbritannien

Vorreiter für die Privatisierung der Eisenbahnen in Europa war Großbritannien. Premierministerin Margret Thatcher, die die neoliberale Wirtschaftspolitik in Europa politikfähig machte, schreckte jedoch noch vor einer Privatisierung der britischen Bahnen zurück. Weniger Skrupel hatte ihr Nachfolger John Major im Jahr 1993. Das landesweite Schienennetz wurde in eigenständige Gesellschaften untergliedert. Fahrweg und Stellwerke wurden einem Privatunternehmen namens Railtrack unterstellt. Eigens gegründete Verkehrsunternehmungen für den Personen- und Güterverkehr erhielten Fahrkonzessionen auf den von der Railtrack bereitgestellten Strecken.

Nachdem Railtrack die Wartung von Fahrweg und Stellwerken auf Vertragsbasis privaten Unternehmungen übertragen hatte, entstand ein heilloses, nur durch einzelne Verträge zusammengehaltenes Durcheinander: „Ein Paradies für Rechtsanwälte und Notare, ein Alptraum für die Bahnkunden!", urteilt der Gewerkschafter James Knapp.[145]

Während die Bahn den Staat durch die Privatisierung im ersten Jahr doppelt soviel kostete wie zu jener Zeit, als die British Rail noch im staatlichen Eigentum war, verlor ein Viertel der Bahnbediensteten ihren Job. Der Güterverkehr wurde von der US-amerikanischen Gesellschaft Wisconsin Central übernommen. Dieser Konzern betreibt auch Schienenverkehrsdienste in Neuseeland, Australien und Kanada.

Eine derartige Entwicklung ist auch – auf längere Sicht – auf dem europäischen Festland zu erwarten: Aus ehemals staatlichen Monopolen werden private. Diese sind nicht mehr der Allgemeinheit verpflichtet, sondern ihren Aktionären. Wie mehrere Beispiele aus dem Bereich des Personenschienenverkehrs in Großbritannien zeigen, werden längerfristige und zukunftsorientierte Investitionen kaum getätigt, die Sicherheit auf der Schiene kommt unter die Räder.

James Knapps Analyse des britischen Experiments lässt an Klarheit nicht zu wünschen übrig: „Die Privatisierung der Bahnen war ein teurer Fehler. Die damalige konservative Regierung wollte die öffentlichen Ausgaben reduzieren. In Wirklichkeit haben sich die Kosten des Bahnbetriebes seit der Privatisierung der Bahnen verdoppelt."[146] Einzig für die Eigentümer und die großzügig dotierten Manager der Schienengesellschaften war die Liberalisierung kein schlechtes Geschäft. Einer, der es aus der Praxis wissen musste, verriet dem Sender BBC 2: „Die Privatisierung hat die Eisenbahn auseinandergerissen, und die Struktur, die dann an deren Stelle kam, war darauf ausgerichtet, wenn wir mal ehrlich sind, maximale finanzielle Erlöse zu erzielen."

Das sagte der einstige Chef des privatisierten Netzbetreibers Railtrack, Gerald Corbett.[147] Railtrack ist übrigens inzwischen in

Konkurs gegangen, die Infrastruktur der britischen Bahn steht wieder unter staatlicher Aufsicht.

Die Zergliederung der Deutschen Bahn

1994 kam es auch in Deutschland zu einer grundlegenden Neustrukturierung des Eisenbahnsektors. Die als Behörde organisierte Bundes- und Reichsbahn wurde in eine Aktiengesellschaft überführt. Eine Privatisierung im eigentlichen Sinne fand (noch) nicht statt, da sich alle Aktien im Besitz des Staates befinden.

In einem weiteren Schritt wurden die Kernbereiche der Bahngesellschaft in fünf eigenständige Aktiengesellschaften ausgegliedert. Die Deutsche Bahn AG agiert als Holdinggesellschaft. Der Güterverkehr wird von der DB Cargo AG durchgeführt.

Inzwischen erbringen nahezu 250 neue Eisenbahnunternehmungen, die nicht zum Konzern der Deutschen Bahn gehören, annähernd vier Prozent der Verkehrsleistung auf der Schiene. Das klingt nicht gerade nach viel, aber der Trend spricht für sich: Fuhren 1999 Züge neuer Anbieter rund 22 Millionen Schienenkilometer, waren es zwei Jahre später schon 37 Millionen Kilometer. Monatlich werden 50.000 Trassenkilometer im Ad-hoc-Verkehr und im Sonderverkehr vergeben, die – wie die deutsche Netzbetreiberin DB Netz AG stolz vermeldet – „zum Teil erst drei Stunden vor der Abfahrt bestellt werden“.[148]

Allerdings führten die Umstrukturierungen seit 1994 zu einem massiven Beschäftigungsabbau, von dem besonders die Bahn auf dem Gebiet der ehemaligen DDR betroffen war. Die Deutsche Bahn ist besonders durch die Kosten für die Erhaltung des Schienennetzes finanziell schwer belastet. Kosten, die in anderen Ländern der Staat trägt.

Darüber hinaus wird die Bahn auch steuerlich benachteiligt. Während der Konkurrent Luftverkehr von der Mineralölsteuer und der grenzüberschreitenden Umsatzsteuer befreit ist, muss die Bahn Abgaben an den Fiskus abliefern. Von einem fairen Wettbewerb zwischen den Verkehrsträgern kann schon aus diesem Grunde keine Rede sein.

Kombi-Verkehr – eine Chance?

Die Probleme bei der Schaffung des Eisenbahnbinnenmarktes waren vorhersehbar. Zu viele Versäumnisse hatten die nationalen Unternehmungen unter Schirmherrschaft ihrer Regierungen auf sich geladen. Etwa im Bereich des kombinierten Verkehrs.

Kombi-Verkehr meint die Kombination der Vorteile des Transports auf Straße und Schiene. Durch normierte Transportbehälter (Container) kann das Ladegut von LKWs auf die Eisenbahn und umgekehrt verladen werden. Auch der Transport von LKW-Anhängern (so genannte Sattelauflieger) oder von ganzen LKW-Zügen (Rollende Landstraße ROLA) gehören zu diesem Bereich.

Technische Probleme im Bereich der Güterwaggons sowie mangelnde Investitionen in Ver- und Entladestellen verhinderten lange Zeit die Durchsetzung dieser Transportform. Die Bahnverwaltungen hatten mit den Kombi-Verkehrsgesellschaften nur wenig Freude. Und diese wiederum murrten über die mangelnde Flexibilität der Bahn.

„Der LKW ist schon am Ziel, wenn wir noch immer verschieben", meinte resignierend zu Beginn der 90er Jahre Helmut Lampel, damals Leiter des Bereichs Kombi-Verkehr bei der ÖBB. Und ein Transportunternehmer sekundiert: „Der Kombi-Verkehr funktioniert nicht, weil einfache Voraussetzungen fehlen."[149]

In der Tat schien der Ausbau von Autobahnen und Schnellstraßen attraktiver als die Einrichtung entsprechender Kombi-Terminals und Investitionen in den Kauf einer ausreichenden Anzahl geeigneter Waggons. Dennoch konnte etwa die österreichische Firma ÖKOMBI seit den 80er Jahren eine stete Aufwärtsentwicklung feststellen: Ihr Sendungsaufkommen stieg von 40.590 Sendungen im Jahr 1983 auf 694.275 Sendungen im Jahr 2002.[150]

Verkehrte Verkehrswelt – Beispiel Österreich

Um Kombi-Verkehr attraktiver zu machen, setzen Politik und Betreiberfirmen auch Maßnahmen, die eine seltsam verkehrte Verkehrswelt erzeugen: Für eine gewisse Anzahl an Fahrten auf der ROLA bekommt der Unternehmer eine Belohnung in Form einer

Genehmigung für einen Straßentransport. So kann er nicht nur auf die Schiene ausweichen, wenn ihm die nötigen Genehmigungen für Straßentransporte fehlen, sondern bekommt durch Schienentransporte auch Genehmigungen für Straßentransporte.

Das so genannte „Belohnungskontingent" an bilateralen Fahrtgenehmigungen schafft zusätzlich Anreize, diese Form des kombinierten Verkehrs zu benutzen. Eine derartige Belohnung erhält ein Unternehmer auch dann, wenn der LKW nur einen kleinen Teil der Fahrt auf der ROLA zurücklegt, egal wie weit die Gesamtstrecke ist.

Nimmt man eine häufig befahrene Relation wie Ankara–Birmingham, dann sieht der vorgeblich ökologische Transportweg folgendermaßen aus: Gesamtstrecke 3600 Kilometer, ganze 260 davon auf der Schiene. Nur das kleine Stück zwischen dem ungarischen Grenzbahnhof Sopron und dem oberösterreichischen Wels wird auf der ROLA zurückgelegt, danach geht die Fahrt ganz konventionell auf der Straße weiter. Österreich freut sich sicherlich über jeden LKW, der nicht auf der Westautobahn fährt – aber ein zukunftsfähiges und ökologisch sinnvolles Konzept bietet eine solche Augenauswischerei eindeutig nicht: Die ROLA wird nur benutzt, um trotz fehlender Genehmigungen Österreich durchqueren zu können. Der dabei auf der Schiene zurückgelegte Anteil ist jedoch im Verhältnis zur Gesamtstrecke verschwindend gering.

Das Belohnungssystem ist auch der Grund, warum zu bestimmten Zeiten ein wahrer Run auf die ROLA herrscht: Wenn gegen Ende der Bewilligungszeiträume den Unternehmern die Genehmigungen ausgehen, schicken sie kurzerhand ihre Trucker auf die ROLA und können sich so die Genehmigungen sparen. Gleiches gilt für die begehrten Ökopunkte für den Österreich-Transit: Fahrten, die teilweise auf der ROLA durchgeführt werden, sind nicht nur von der Ökopunktepflicht befreit, sondern bringen dem Unternehmen sogar noch zusätzliche Belohnungsökopunkte. Auf diese Weise macht sich die Schiene zur Zuträgerin der Straße, statt wirklich eine Alternative anzubieten.

Für die Kombi-Unternehmen mag dieses Belohnungssystem ein Segen sein, weil es ihre Dienstleistungen für Transporteure sehr viel attraktiver werden lässt. Kombinierter Verkehr ist jedoch nur dann wirklich ökologisch sinnvoll, wenn auf einem großen Teil der zurückgelegten Wegstrecke alternative Transportmittel wie Bahn oder Schiff benutzt werden. Der Anteil der Schiene sollte zumindest bei 80 Prozent des Gesamtweges liegen.

Bei LKW-Fahrern ist die ROLA nicht unbedingt beliebt. Auf einige Destinationen herrscht ein derartiger Andrang, dass die „Herren der Straße" tagelang auf einen Platz im Zug warten müssen – im LKW, versteht sich. Am größten österreichischen Umschlagterminal in Wels sind es vor allem türkische Trucker, die im Schnitt bis zu drei Tagen neben den Schienen campieren.

„Ein Bahnhof der besonderen Art", erzählt Andreas Reisinger. „Die Zollamtsplätze sind voll und andere Parkflächen nicht vorhanden. So sind die Fahrer gezwungen, ihre Trucks am Straßenrand abzustellen. Nur selten findet sich eine mobile Toilette, über deren Hygienezustand ich nicht einmal nachdenken möchte. Duschmöglichkeit besteht keine auf dem Gelände. Außerhalb schon gar nicht. Der täglich anfallende Müll kann nur auf der Straße entsorgt werden. Niemand fühlt sich so richtig verantwortlich für diese Menschen."

Beim Entlangfahren an den schier endlosen LKW-Reihen erkennt man die für türkische Fahrer typischen umfunktionierten Werkzeugkästen. Sie sind das Symbol für Fahrer aus Billiglohnländern und speziell der Türkei. Dieser Kasten wird in der Heimat oder während längerer Touren, wo es keine Möglichkeit gibt, dem Lohnniveau entsprechend einzukaufen, bei Billig-Discountern mit Lebensmitteln aufgefüllt.

Der Umschlagbahnhof Wels ist zu einem fixen Anlaufpunkt für türkische Trucker geworden. Fliegende Händler haben sich auf das Fahrervolk aus Südosteuropa spezialisiert und bieten ihnen Waren

Teatime in Wels

aller Arten und zweifelhafter Herkunft an. Mitten in Oberösterreich blüht hier ein kleiner Markt mit eigenen Gesetzen.

Mancher Trucker kommt sogar hierher, obwohl er mit Kombi-Verkehr gar nichts am Hut hat, um den Sonntag hier zu verbringen. Er findet auf diesem Gelände für das Wochenende Anschluss und Gesprächspartner. Nicht selten fährt ein Taxi voll mit Türken in ein Lokal in die Innenstadt. Dort wird dann wie zu Hause zum Zeitvertreib Karten oder Domino gespielt, bis die Fahrt weitergehen kann.

Die Möglichkeit, dank kombinierten Verkehrs Transporte auch ohne Genehmigungen durchführen zu können, wird gerade auf der europäischen Südost-Nordwest-Achse exzessiv genutzt. Unternehmen aus der Türkei führen im großen Stil kombinierte Transporte durch, deren ökologische Sinnhaftigkeit bezweifelt werden darf. Im Hafen von Istanbul und in Wels kann man sich die Geschichte von den fliegenden Truckern erzählen lassen: Die LKWs werden inklusive Zugmaschinen auf das Schiff gestellt. Die Fahrer fliegen von Istanbul in die slowenische Hauptstadt Lubljana. Im Anschluss daran geht's mit dem Bus nach Triest. Dort übernehmen sie wieder das Fahrzeug. Und auf dem Weg zurück in die Türkei funktioniert es dann genau umgekehrt: Das Fahrzeug geht auf die Fähre von Triest nach Istanbul und die Fahrer fliegen nach.

Die österreichische Kombi-Gesellschaft profitiert gleichermaßen von der Lage der Alpenrepublik als Nadelöhr des Ost-West- und des Nord-Süd-Verkehrs und der Möglichkeit, Genehmigungspflicht und Ökopunktestatistik auf der Schiene zu umfahren. Ob ein Fuhrunternehmer aus ökologischen oder aus rein taktischen Gründen einen Teil eines Transportes auf der Schiene durchführen lässt, im Unternehmen klingeln die Kassen.

Doch der Verfall der Straßenbeförderungspreise bei gleichzeitigem Anstieg der Bahntarife führt insgesamt zu einer Schwächung der Marktakzeptanz, klagt Stefan Hofer, Geschäftsführer der österreichischen Kombi-Gesellschaft. Und der anhaltende Preisverfall ist vor allem – wie im Geschäftsbericht der Gesellschaft festgestellt wird – „den anwachsenden LKW-Flotten aus Niedriglohnländern, aber auch der verstärkten Ausflaggung österreichischer LKW-Flotten in Billiglohnländer zuzuschreiben.“[151]

Dazu kommt, dass sich die Bahnverwaltungen mehr um den Personen- als um den Güterverkehr kümmern, weiß Werner Külper, Präsident des Dachverbandes der Kombi-Gesellschaften.[152] Unpünktliche Züge, Lokomotiv- und Lokführermangel, zuwenig Ressourcen und fehlende Investitionen – die Kombi-Gesellschaften stellen den Bahnen kein gutes Zeugnis aus.

Schienenverkehr 2010 - Alptraum oder Wirklichkeit?

Die beginnende Liberalisierung des Schienenverkehrs ähnelt auf fatale Weise jener des Straßenverkehrs: Mangelnde Harmonisierung, kaum Kontrollen, Lokführer, die kein Wort der Sprache des Landes verstehen, durch das sie gerade fahren. Die erweiterte EU mit ihren sehr viel längeren zusammenhängenden Schienenwegen birgt aber auch die große Chance, dem auf langen Entfernungen im Verhältnis zum Straßenverkehr billigeren Schienentransport wieder auf die Sprünge zu helfen. Doch um das Geschäft mit der Schiene anzukurbeln, braucht es vor allem den politischen Willen.

Im 2001 veröffentlichten *Weißbuch für eine Europäische Verkehrspolitik* malen die Brüsseler Bürokraten eine schöne neue Schienenverkehrswelt im Jahr 2010 aus: Alle Eisenbahnunternehmen haben gleichwertigen Zugang zum Schienennetz. Alle Lokführer können in allen europäischen Staaten fahren. Europäische Ausbildungszentren sorgen für eine entsprechende Ausbildung auf hohem Niveau für das gesamte sicherheitsrelevante Personal. Regulierungsbehörden wachen über faire Wettbewerbsbedingungen, technische und soziale Standards. Die Pünktlichkeit der Züge wird garantiert. Bei Verspätungen werden Benutzer und Kunden entschädigt.

Die Realität sieht anders aus: Die Länder der EU sind nach wie vor säumig. „Der grenzüberschreitende Güterverkehr auf dem Schienennetz in Europa kommt nicht in Fahrt“, klagt die *Financial Times Deutschland*.[153]

Im März 2003 hätte rund ein Drittel des gesamten europäischen Eisenbahnnetzes für den internationalen Wettbewerb geöffnet werden müssen. Doch nur Dänemark hielt sich an diese von der EU im so genannten „Ersten Eisenbahnpaket“ vereinbarte Vorgangsweise.

„Die Schiene siecht dahin und stirbt“, meint die EU-Verkehrskommissarin de Palacio.[154] Die mageren 8 Prozent Anteil, die die Bahn am gesamten Gütertransport der EU hat, geben ihr Recht.[155] Doch „der Wettbewerb allein wird’s nicht richten“, meint auch der schweizerische SBB-Chef Weibel.[156]

Die Liberalisierung des Straßengüterverkehrs führte zu Preisdumping. Es steht zu befürchten, dass die Entwicklung des Eisenbahnsektors nach der Liberalisierung eine ähnliche sein wird – nur mit noch schlimmeren Folgen. Zugführer und Zugbegleiter, die kaum der Sprache des Landes mächtig sind, das sie durchqueren, stellen ein hohes Sicherheitsrisiko dar. Ausgebildetes Bahnpersonal wird nur noch rudimentär im Einsatz sein. Private Betreibergesellschaften können und werden die Qualität der Streckenwartung dem Shareholder value opfern. Die bislang hohen Sicherheitsstandards der Bahnen bleiben dabei auf der Strecke, denn Wartungsarbeiten kosten Geld und Zeit. Wettbewerbs- und Kostendruck durch die Marktliberalisierung werden Sicherheitsvorkehrungen zum Luxus machen und eine flächendeckende Versorgung gefährden.

Warum ein so wichtiger Teil der Infrastruktur Europas nicht gemeinsam langfristig sichergestellt werden kann und soll, ist eine Frage, die das *Weißbuch* nicht einmal stellt. Dabei wären der Ausbau und die Harmonisierung des Netzes eine technische und wirtschaftliche Herausforderung, die nicht nur der Umwelt, sondern auch in Form von Arbeitsplätzen den Menschen zugute käme.

Das auf europäischer Ebene ausgehandelte so genannte „Erste Eisenbahnpaket" brachte die ersten großen Schritte in Richtung Liberalisierung des europäischen Schienennetzes. Seit März 2003 sind bestimmte Strecken innerhalb des europäischen Schienennetzes für den internationalen Wettbewerb freigegeben, seitdem darf ein- und derselbe Lokführer mehrere Länder durchfahren, was vorher kaum der Fall war. Allerdings muss er für diese Fahrt mehrmals den Arbeitsplatz wechseln – aufgrund der unterschiedlichen Stromsysteme der durchfahrenen Länder. Die wenigen für den Betrieb auf verschiedenen Stromsystemen ausgerüsteten Loks, die es bis heute gibt, sind der ganze Stolz ihrer jeweiligen Besitzer. Doch Durchschnittslokomotiven können nur auf einem der fünf europäischen Stromsysteme fahren.

Angesichts der schwierigen Ausgangslage ist die Harmonisierung der Technik und der arbeitsrechtlichen Bestimmungen der Bahnen erst einmal aufs Abstellgleis verschoben worden. Die Verhandler des Eisenbahnpakets sahen sich nicht nur mit inkompatiblen Stromsystemen konfrontiert, sondern auch mit zwei verschiedenen Spurbreiten, 16 unterschiedlichen Signal- und Sicherheitssystemen und einer unüberschaubaren Fülle nationaler Vorschriften. Internationale Standards für Wagenmaterial oder Infrastrukturausstattung im konventionellen Verkehr sind nicht vor 2006 zu erwarten.[157] Die Umrüstung des Kernschienennetzes in Westeuropa auf eine einheitliche Leit- und Sicherheitstechnik wird noch um einiges länger brauchen. Nach Schätzungen von Siemens wird sie rund 6 Milliarden Euro kosten und voraussichtlich bis 2030 dauern.[158]

Dass der Schienenverkehr auf bestimmten transnationalen Strecken Europas freigegeben ist, bedeutet somit erstmals freie Fahrt über Grenzen hinweg. Aber technische oder auch nur soziale Bestimmungen wurden dafür nicht festgelegt. Gregor Lahounik, Eisenbahnexperte der österreichischen Arbeiterkammer, kommt zu einem bitteren Schluss: Zwischenfälle mit möglichen katastrophalen Folgen, sind, so Lahounik, bereits heute absehbar.

Gütertransport auf dem Wasser

Eine der ältesten Transportformen überhaupt ist der Transport zu Wasser. Jahrhundertelang orientierten sich Handelsrouten am Verlauf von Flüssen und bevor im 19. Jahrhundert die Eisenbahn ihren Siegeszug antrat, wurde der schnell steigende Transportbedarf des Industriezeitalters auf künstlich angelegten Kanalsystemen abgewickelt.

Heute noch werden Tonnen von Rohstoffen, Industriegütern und landwirtschaftlichen Produkten verschifft. Auch der Ausbau von Wasserwegen gehört zu dem von der EU forcierten Ausbau der Transeuropäischen Verkehrwege. Ökologisch gesehen ist der Schiffstransport aufgrund seiner sehr viel besseren Energieeffizienz eine wichtige Alternative oder zumindest Ergänzung zum Landverkehr.

Doch auch diese Branche hat ihre dunklen Seiten: Sowohl die Binnen- als auch die Seeschifffahrt leiden unter ähnlichen rechtlichen, sozialen und wirtschaftlichen Problemen wie der Straßenverkehr. In Fachkreisen spricht man von schlecht bezahlten und noch schlechter ausgebildeten Mannschaften, die sich aufgrund ihrer unterschiedlichen Herkunftsländer nicht einmal untereinander problemlos verständigen können. Kaum ein Schiff, das auf deutschen oder österreichischen Gewässern unterwegs ist, hat eine deutschsprachige Besatzung. Traditionsreiche Schifffahrtsunternehmen wie etwa die Donau-Dampfschiffahrtsgesellschaft sind zusammengebrochen. Eine deren Nachfolgeorganisationen sah sich nach der Verhaftung von Karl Kralowetz mit dem Vorwurf konfrontiert, ein Kralowetz zu Wasser zu sein und ihre Mannschaften mit „sittenwidrigen Sklavenverträgen"[159] arbeiten zu lassen.

Die Schattenflaggenschifffahrt:
Ein Beispiel für Lohn- und Preisverfall.

Viele der Probleme, die mit der Liberalisierung und Internationalisierung des europäischen Güterverkehrs einhergehen, sind in der Seeschifffahrt ein alter Hut. Seeschifffahrt ist und war immer international und kann in vielerlei Hinsicht als eine Vorreiterin der Globalisierung der Wirtschaft gelten. Nicht zufällig kommen aus dieser Branche so manche in der heutigen Transportwelt (und nicht nur dort) üblichen Begriffe, etwa Offshore, Kabotage oder Ausflaggen.

In den Goldenen Zwanzigern starteten einige international tätige Großunternehmen aus den USA eine Initiative, die richtungsweisend wurde.[160] Um ihre Transportkosten zu reduzieren, ließen sie in ärmeren Ländern wie Honduras, Panama und Costa Rica so genannte Internationale Offene Register einrichten.

Die Eintragung in einem Offenen Register war und ist bis heute praktisch ohne Beschränkungen oder gesetzliche Regulierungen möglich. In Hinblick zum Beispiel auf Sicherheitsstandards oder auf die arbeitsrechtliche Stellung der Mannschaft gab es bis dahin in den USA strikte Reglementierungen, die die Reeder einzuhalten hatten. Um diese Regelungen zu umgehen, wurden die als Schattenflaggen oder „Flags of Convenience" (FOC) bezeichneten

Offenen Register geschaffen. Den Regierungen der betreffenden Ländern brachte das eine schnelle Einnahmequelle, den Reedern große Wettbewerbsvorteile.

Die Bemannung der Schiffe kann auf dem globalen Arbeitsmarkt zusammengestellt werden. Die Länder, unter deren Flagge solche Schiffe fahren, haben meist keine Regelungen in Bezug auf die Nationalität der Besatzung auf „ihren" Schiffen. Je nachdem, wo gerade die Arbeitskraft eines Seemannes am billigsten ist, werden so Besatzungen rein nach Kostenfaktoren zusammengestellt.

Darüber hinaus sind die Länder, die derartige Schattenflaggen anbieten, typische Steuerparadiese, bekannt für ihre Briefkastenfirmenfreundlichkeit. So können Unternehmen, die ihre Schiffsflotten unter solchen Flags of Convenience fahren lassen, weltweit die kostengünstigsten Produktionsfaktoren kombinieren.

Der Siegeszug der Schattenflaggenschifffahrt begann nach dem Zweiten Weltkrieg. In den Jahren 1939–1945 lag der Anteil der Schattenflaggen an der Welthandelsflotte bei mageren 1,2 Prozent. Bereits 1950 lag er bei 4,9 Prozent. Vor allem aus den USA verlagerten viele Reedereien ihre Flotten in die Länder mit den bequemen Flaggen.

Die Flotte Panamas bestand ab den 40er Jahren ausschließlich aus ausgeflaggten Schiffen der damaligen Hochlohnländer, 1949 etwa aus 306 US-amerikanischen, 90 britischen, 20 griechischen und 16 norwegischen Schiffen.

Je mehr Reedereien diesem Beispiel folgten, desto mehr Länder entschlossen sich, ihre Nationalflagge zu verkaufen. 1993 zählte man zu den FOC-Anbietern neben Panama und Honduras unter anderen Liberia, Antigua, die Bahamas und die Bermudas, Burma, die Kanarischen Inseln, die Cayman- und die Cook-Inseln, Gibraltar, den Libanon, Malta, Mauritius, die Niederländischen Antillen, Sri Lanka, Tuvalu, Vanuatu und Zypern.

Doch auch in den klassischen europäischen Schifffahrtsländern selbst wurden Möglichkeiten gesucht und gefunden, nationalstaatliche Regelungen zu umschiffen: In den 80er Jahren wurden hier Zweit- oder Offshore-Register gegründet, eine Mischform aus Schattenflagge und Nationalregister. Sie verschaffen Reedern Steuererleichterungen und die Möglichkeit, nationales Tarif- und Arbeitsrecht zu umschiffen. Sie erlauben die Beschäftigung von Matrosen anderer Länder zu den Lohnkonditionen ihrer Heimat.

In den Jahren nach dem Zweiten Weltkrieg, als die Schifffahrt unter Schattenflaggen ihren ersten großen Boom erlebte, ging es vor allem um die Konkurrenz zwischen billigen europäischen und teureren amerikanischen Besatzungen. Im Jahr 1953 lagen beispielsweise die monatlichen Lohnkosten eines Schiffes, das in den USA 30.000 Dollar kostete, in Skandinavien bei 10.000 Dollar.

In Großbritannien mussten die Reeder für die Besatzung eines vergleichbaren Schiffes sogar nur um die 6000 Dollar zahlen. Und das, obwohl auf US-Schiffen nur 48 Seeleute arbeiteten, während auf englischen 80 Mann ihren Dienst versahen. Im Verhältnis zu den Vereinigten Staaten waren die europäischen Schifffahrtsnationen damals Billiglohnländer. Aktuelle Schätzungen des Gewerkschaftsverbandes International Transport Worker's Federation (ITF) gehen von bis zu 50 Prozent Ersparnis aus, wenn Reeder ihre Schiffe in einem der heutigen Billiglohnländer registrieren.[161]

Diese Unterschiede in den Kosten erinnern stark an die Lohndifferenzen zwischen west- und osteuropäischen Truckern. Dabei zeigt das Beispiel der Seeschifffahrt, dass sich die Grenzen zwischen billigen und teuren Ländern im Lauf der Zeit verschieben. In den 50er und 60er Jahren erlebte Europa das Wirtschaftswunder. Der Aufschwung brachte nicht nur wachsenden Wohlstand, sondern auch Arbeitskräftemangel und einen Anstieg des Lohnniveaus. Die Unterschiede in den Lohnkosten europäischer und US-amerikanischer Schiffsbesatzungen schwanden zusehends.

Genau im richtigen Augenblick traten dann die nächsten Billiglohnländer auf den Plan. In den 70er Jahren begannen asiatische Länder über Heueragenturen weltweit „billige" Matrosen anzubieten. Mit großem Erfolg. Viele der unter Schattenflaggen fahrenden Schiffe haben seitdem eine asiatische Crew. 1991 zählte der internationale Reederverband eine halbe Million Seeleute auf

FOC-Schiffen. Die größte nationale Gruppe kam von den Philippinen – 38 Prozent. 16 Prozent kamen aus Indonesien und weitere 31 Prozent stammten aus Indien, Korea, Taiwan, China und Burma.

Die Einführung der Schattenflaggen hat in klassischen Seefahrernationen wie zum Beispiel Großbritannien zu einem langfristigen und dramatischen Arbeitsplatzabbau geführt. Insbesondere einfache Seeleute aus diesen Ländern haben gegen die Konkurrenz aus Asien keine Chance mehr.

Eine einfache Kosten/Nutzen-Rechnung zeigt ein klares Bild: Auf Seiten der teuren Industrieländer haben die Arbeitnehmer genau so verloren wie die Staatskassen. Gewonnen haben nur die Reeder, die ausgeflaggt haben und durch den so gewonnenen Wettbewerbsvorteil enorm expandieren konnten.

Auf Seiten der „billigeren" Entwicklungsländer haben viele Arbeitskräfte die Möglichkeit eines Arbeitsplatzes bekommen. Allerdings eines Arbeitsplatzes ohne arbeits- und sozialrechtliche Mindeststandards, der durch das Auftauchen noch billigerer Arbeitskräfte schnell wieder verloren gehen kann.

Das Ausflaggen hat die Reeder praktisch von allen arbeits- und sozialrechtlichen Einschränkungen befreit. Auf FOC-Schiffen entstanden daher schon vor Jahrzehnten Probleme, die heute im europäischen Transportgewerbe vielen Steuerberatern und Staatsanwälten Arbeit geben: Der Tarif welchen Landes hat Geltung, wenn Reeder, Flagge des Schiffes und Besatzung verschiedene Nationalitäten aufweisen? Die Expansion der FOC-Schifffahrt war und ist den Gewerkschaften der Industrienationen ein Dorn im Auge – aber welche Gewerkschaft war überhaupt zuständig für diese Schiffe?

Schon in den Nachkriegsjahren gab es Versuche einer transnationalen Zusammenarbeit von Gewerkschaften über die ITF, die als weltweiter Dachverband nationaler Einzelgewerkschaften die besten Voraussetzungen dafür bot.

Dem Wunsch nach Zusammenarbeit standen jedoch die unterschiedlichen Interessen der einzelnen Nationen entgegen: Die Verbände der USA und Skandinaviens beanspruchten auf ausgeflaggten Schiffen Repräsentations-, Tarif- und Beschäftigungsrechte für die Eigentümerländer der jeweiligen Tonnage. Die englische Gewerkschaft, Vertreterin des damaligen Billiglohnsektors, forderte jedoch die selben Rechte für die Gewerkschaften der Herkunftsländer der Besatzung. Auf diese Weise wollte man britische Seeleute, die auf FOC-Schiffen arbeiteten, in den Einflussbereich der englischen Gewerkschaft bringen.

Ein Verbot des Ausflaggens lag nicht im Interesse der Briten, man war froh um die Beschäftigungsmöglichkeiten, die sich den „billigen" britischen Seeleuten auf den vor allem von US-Amerikanern unter britischer Flagge betriebenen Schiffen boten. Innerhalb der ITF hatte die englische Gewerkschaft traditionell eine starke Position. So verhinderte dieser Interessenskonflikt ein gemeinsames internationales Vorgehen gegen die FOC-Schifffahrt.

Zur Organisation von FOC-Mannschaften wurde schließlich ein innerhalb der internationalen Gewerkschaftsorganisationen einzigartiges multinationales Mitgliedersegment in der ITF geschaffen: die Sondersektion für Seeleute. Die ITF wurde jedoch von den FOC-Reedern bei Tarifverhandlungen nicht anerkannt und sie hatte keinerlei Sanktionsmöglichkeiten. So wurden die Tarifverträge oftmals gebrochen, kaum dass das Schiff den Hafen, in dem die Tarife Gültigkeit besaßen, verlassen hatte.

Ein international koordiniertes politisches Vorgehen in Sachen Schattenflaggen wurde erst unter geänderten wirtschaftlichen Rahmenbedingungen und unter Vorherrschaft der Verbände aus Hochlohn-Ländern möglich.

Im Zuge der Angleichung der amerikanischen und englischen Lohnniveaus schwanden in den 60er Jahren die Interessensgegensätze zwischen Großbritannien und den Vereinigten Staaten. Schließlich sahen sich die einstigen Gegner gemeinsam einem neuen Dritten gegenüber: jenem Heer an „billigen" Arbeitskräften aus asiatischen Ländern, die jenen der traditionellen, aber „teuren" Schifffahrtsnationen erfolgreich Konkurrenz machten.

Die Herkunftsländer der neuen Billiglohn-Matrosen hatten kaum gewerkschaftliche Verbände; in der ITF waren sie nicht vertreten. So erfolgte die Neuregelung der internationalen gewerkschaftlichen Schattenflaggenpolitik ohne Beteiligung von Verbänden asiatischer Länder. Diese wurden erst nach innerorganisatorischen Konflikten über die FOC-Politik aufgenommen, die die ITF Anfang der 80er Jahre beinahe gesprengt hätten.

Seit 1980 werden ITF-Lohnstandards aus einem Mittelwert der Standards der Nationen der Eigentümerstaaten der FOC-Tonnage ermittelt. Sie liegen deutlich über den nationalen asiatischen Lohnniveaus. Dadurch sollen sie dem weiteren Ausflaggen vorbeugen und die teure Arbeitskraft der Industrienationen international wettbewerbsfähig halten.

Blickt man an dieser Stelle auf die Geschichte des Ausflaggens in der Seeschifffahrt zurück, dann ergeben sich für eine mögliche internationale Regelung des europäischen Transportmarktes düstere Perspektiven.

Jahrzehntelang haben in der Seeschifffahrt Interessensgegensätze verschiedener Länder die Bemühungen um ein gemeinsames Vorgehen behindert. Angesichts der letztlich erst unter angeglichenen wirtschaftlichen Rahmenbedingungen zustande gekommenen Kooperation der einstigen Gegner USA und Europa könnte man sagen, der Markt habe die Politik reguliert statt umgekehrt.

Und Ähnliches zeichnet sich auf dem Transportmarkt der EU ab.

4. Die Macht der Konsumenten

Konsum mit und ohne Transportlawine

Zwischen dem Stau auf der Autobahn und unserem Konsumverhalten gibt es einen direkten Zusammenhang. Konsumartikel legen oft Tausende Kilometer zurück, bevor sie im Regal oder auf dem Tresen landen. Bekleidung, Möbel, Spielzeug, Lebensmittel – viele alltäglichen Waren sind heute wahre Weltreisende. Produktionsprozesse werden auf weit entfernte Länder aufgeteilt, die halb fertigen Teile hin und her gefahren.

Diese Entwicklung hat zu einem starken Anstieg der Transportmengen und -wege geführt. Das bedeutet, dass jede Kaufentscheidung eine Entscheidung für etwas mehr oder etwas weniger Verkehr sein kann.

Natürlich können wir keinen Gesamtüberblick über all die Transportwege bieten, die im heutigen Wirtschaftstreiben Normalität sind. Wir haben uns daher bewusst auf einige wenige Beispiele und Unternehmen beschränkt, die stellvertretend für das System der globalisierten Arbeitsteilung und deren Auswüchse stehen sollen. Im Anschluss haben wir etwas ausführlichere Informationen zu Transportwegen von Lebensmitteln zusammengestellt, da der Kauf von Nahrungsmitteln die mit Abstand häufigste Kaufentscheidung bedeutet und es gerade hier sehr leicht möglich ist, etwas weniger Kilometer im Einkaufswagen zu sammeln.

Mit Aktionen wie dem „Roten Teufelsstein" der Schweizer Alpeninitiative oder dem Vorgehen des Transitforums in Tirol haben wir aber auch Beispiele zivilen Aufbegehrens gegen Transportwahnsinn und Zerstörung der europäischen Lebenswelt dokumentiert, Beispiele von Menschen, die die Transportlawine nicht tatenlos durch den Kontinent weiterrollen lassen wollen.

Im Dienste der Globalisierung: Damenunterwäsche auf Achse

Ob Spielzeug, Kleidung, oder elektrische Geräte: Die meisten Waren werden in Europa und Nordamerika verkauft, aber in Asien, Lateinamerika oder Afrika erzeugt. Dass dabei in vielen Zulieferbetrieben oft katastrophale Zustände in Sachen Arbeitsschutz, Sozialrecht und Menschenwürde herrschen, ist mittlerweile relativ gut bekannt.

Dass diese über den ganzen Globus zerstreuten Produktionskette auch eine enorme Transportlawine ins Rollen gebracht hat, wird aber noch zu wenig beachtet. Auch wenn unverderbliche Waren oft lange Strecken auf dem Wasser zurücklegen und damit relativ umweltfreundlich transportiert werden, geht die Reise – zumindest in Europa – mit hoher Wahrscheinlichkeit per LKW weiter. Der Anteil der Bahn an Gütertransporten liegt in den USA mit ca. 40 Prozent verhältnismäßig hoch, doch in der EU sind es gerade einmal 8 Prozent (vgl. S. 256).

Welch riesiger Energieaufwand in einem T-Shirt aus Bangladesh oder Mauritius steckt, wenn es endlich im Regal eines mitteleuropäischen Kaufhauses liegt, kann man sich vorstellen. Auch der Griff zu bekannter europäischer Markenware bewahrt nicht davor, mit der Kleidung unfreiwillig Tausende Kilometer mitzukaufen. So lassen weltweit so gut wie alle bekannten Markenfirmen ebenso wie die günstigeren „no names" in Billiglohnländern produzieren – und auch eine Fertigung in Europa kann auf der Suche nach dem größtmöglichen Profit abenteuerliche Umwege nehmen: So hat das Umweltinstitut Heidelberg[1] im Jahr 2000 aufgedeckt, dass die bekannte Schweizer Wäschefirma Calida fertig zugeschnittene Damenslips per LKW nach Portugal verfrachten ließ, damit dort Portugiesinnen in 20 Sekunden die vier Nähte pro Stück nähten. Schweizerinnen könnten das auch – aber sie würden mehr Lohn dafür verlangen.

Die insgesamt 4000 Kilometer Umweg machten sich für Calida bezahlt: Jede LKW-Fahrt kostete in etwa 5500 Euro. Aber sie brachte dem Unternehmen eine Ersparnis von 24.000 Euro Lohnkosten. Eine Ersparnis auf Kosten der Umwelt und auf Kosten der Bewohner der durchfahrenen Länder.

„Made in Germany" - nur noch ein Werbegag?

Auch ein Gütezeichen wie „Made in Germany" bedeutet nicht viel. Diese Bezeichnung sagt nur, dass 50 Prozent der Wertschöpfung in Deutschland stattfinden müssen. Die Rohstoffe können dabei sogar zu 100 Prozent aus dem Ausland stammen.[2] Dass sich jedoch mit dem ernstgemeinten und bewusst eingesetzten Label „Made in Germany" auch heute erfolgreich Werbung machen lässt, zeigt Deutschlands größter T-Shirt- und Tennisbekleidungs-Hersteller TRIGEMA. Das Unternehmen wirbt offensiv damit, ausschließlich in Deutschland und mit in der EU hergestellten Garnen zu produzieren. Zu Recht stellt die firmeneigene Website fest, dass eine derartige Produktion „inzwischen eine Seltenheit in der deutschen Textilindustrie" ist. Eine Seltenheit, die zeigt, dass es auch anders geht, dass regionale Fertigung auch in Zeiten globalisierter Marktwirtschaft erfolgreich sein und den Konsumenten Alternativen zur Transportlawine anbieten kann.

Der Trend zur Produktion im Ausland lässt die Zahl der Arbeitslosen in den angestammten Produktionsorten ebenso steigen wie die Gewinne der Unternehmen und den Transportaufwand. Dabei betrifft die Verlagerung der Produktion aus den klassischen Industrienationen in billige Standorte nicht nur die für dieses Vorgehen bekannten Branchen, wie Textil- oder Elektronikindustrie. Im August 2003 titelte das deutsche Magazin *Produktion* vollmundig: „Mehr Schub für Ost-Treck der deutschen Industrie", und meinte mit Blick auf die 2004 anstehende Osterweiterung der EU: „Der 1. Mai 2004 wird nicht der Startschuss für den großen Treck der deutschen Unternehmen nach Osten – viele sind ohnehin schon dort." Im Jahr 2001 hätte „nur" ein Viertel der deutschen Maschinenbauer Produktionsteile ins Ausland verlagert, doch 2005 werde bereits die Hälfte der deutschen Maschinen- und Anlagenbauer im Ausland produzieren lassen.[3]

Der schwedische Möbelgigant Ikea macht den höchsten Umsatz in Deutschland, Großbritannien und den USA – doch die größten Lieferantenländer heißen China, Schweden und Polen.[4] Das Sortiment ist weltweit dasselbe, eingekauft wird bei fast 2000 Lieferanten aus 55 Ländern. Allerdings hat sich der blau-gelbe Riese im Jahr 2001 mit der Gründung einer eigenen europäischen Bahngesellschaft als in Transportfragen umweltbewusstes Unternehmen profiliert. Ob dieses Umweltbewusstsein auch beim gerade begonnenen Eroberungsfeldzug auf dem asiatischen Möbelmarkt anhält, wird sich zeigen.

Die Produktion des neuen Airbus A380 hingegen bietet eine transporttechnische Monstrosität ganz besonderer Art. In Wirtschaftskreisen spricht man von einer „logistischen Herausforderung", der *Spiegel* hingegen nannte es „Supervogel im Schneckentempo": Die Herstellung des Überfliegers mit Platz für 555 Fluggäste ist auf Standorte in vier verschiedenen Ländern aufgeteilt. Der Zusammenbau erfolgt ab Herbst 2003 in Toulouse. Die Rumpfteile werden in Deutschland und Frankreich gebaut, die Tragflächen kommen aus Großbritannien und das Leitwerk aus Spanien. Ein italienischer Zulieferbetrieb aus der Nähe von Neapel schickt Komponenten für den Rumpf auf die insgesamt 5000 Kilometer lange Reise.[5]

Sieben Großbaugruppen kommen für jedes Flugzeug auf dem Seeweg nach Bordeaux und werden von dort auf Lastkähnen über die Garonne nach Langon gebracht. Hier, inmitten des bekanntesten Weinbaugebiets Frankreichs, werden die bis zu 20 Tonnen schweren Bauteile auf Supertrucks umgeladen: Auf einer eigens ausgebauten Straße geht es dann in die neue Fertigungshalle bei Toulouse. 36,6 Millionen Euro hat allein eine der beteiligten Firmen für den Ausbau der knapp 250 Kilometer Straße zwischen Langon und Toulouse erhalten[6] – die Schätzungen für den Ausbau der französischen Transportroute insgesamt lagen bei ca. 150 Millionen Euro.[7] Die einst beschaulichen Straßen wurden für die 50 Meter langen Spezialtransporter breit gewalzt, begradigt und verlängert. Die holen ihre teure Fracht stets nächtens ab, um sie mit 10 bis 20 Stundenkilometern über die Dörfer nach Toulouse zu bringen. Für andere Fahrzeuge sollen die Straßen während dieser Zeit gesperrt werden.

Sind die Flieger dann soweit zusammengebaut, dass sie sich aus eigenem Antrieb bewegen können, steht die nächste Reise an: Jeder Airbus A380 wird nach Hamburg fliegen, wo für die Landebahn kurzerhand ein Naturschutzgebiet weichen musste. Unlackiert und ohne allzu viel Innenleben kommen die teuren Vögel in Hamburg an – um dort lackiert und mit einer Hightech-Innenausstattung versehen zu werden. Der Aufwand ist ebenso monströs wie die Folgen für Umwelt und Anwohner im dicht besiedelten Wohngebiet.

Dass im nahe Hamburg gelegenen, schwach besiedelten Mecklenburg-Vorpommern händeringend um Arbeitsplätze gebeten wird, stieß bei der Planung dieser Produktionsaufteilung offenbar auf wenig Interesse. Die Kleinstaaterei hatte wieder einmal gesiegt. Bei Airbus ist man überzeugt, mit der Aufteilung der Produktion die „insgesamt kostengünstigste Lösung gefunden zu haben."[8] Doch die Kollateralschäden dieser Produktionskette müssen erst noch errechnet werden. Dass Airbus offensiv damit wirbt, mit dem A380 das umweltfreundlichste Flugzeug überhaupt zu schaffen, zeigt, wie wenig der Zusammenhang von Ökologie und Transportwegen bislang im Bewusstsein der Industrie und der Politik verankert ist.

Transportwege spielen in der neoliberalen Wirtschaftswelt keine Rolle – das veranschaulicht auch das Beispiel der LKWs, die im Dezember 2002 ein ganz besonderes Transportgut vom St. Gotthard zur Weltcupsprungschanze im deutschen Titisee brachten: Schnee. Denn Titisee liegt nur 900 Meter über dem Meeresspiegel. In Zeiten fortschreitender Klimaerwärmung ist das zu wenig, um dort im Dezember gesicherte Schneeverhältnisse vorzufinden.

Also wurde das kostbare Weiß kurzerhand auf LKWs verladen und vom St. Gotthard durch das Urner Reusstal nach Titisee gekarrt. So war in Titisee das Problem des Schneemangels gelöst – doch die schweizerisch-deutsche Nachbarschaftshilfe stieß nicht überall auf Gegenliebe: „Der Transport durch Lastwagen über eine Distanz von 230 km ist deshalb besonders absurd, weil durch das damit erzeugte Kohlendioxid die Klimaerwärmung noch mehr angeheizt wird", urteilt die Schweizer Alpeninitiative. Die Klimaerwärmung jedoch ist der Auslöser dieser unsinnigen Schneetransporte: Sie bewirkt, dass in mittleren und tieferen Lagen immer weniger Schnee fällt und Titisee ein Problem hat, mangels entsprechendem Weiß seinem Ruf als Weltcuport gerecht zu werden.[9]

Die Alpeninitiative

Die Schweizer Alpeninitiative ist eine jener Gruppen, die die Zerstörung ihrer Umwelt durch den ständig wachsenden Verkehr nicht hinnehmen wollen. Der Verein zählt rund 50.000 Mitglieder und Sympathisanten. Entstanden ist die Gruppe aus einem Zusammenschluss von 42 Personen, die Ende der 80er Jahre ein Initiativkomitee gründeten und eine – erfolgreiche – Volksinitiative zur Transitproblematik lancierten: Entgegen den Empfehlungen von Bundesrat, Nationalrat und Ständerat sprach sich am 20. Februar 1994 die Mehrheit der Schweizer und ihrer Kantone dafür aus, den so genannten „Alpenschutzartikel" in die eidgenössische Bundesverfassung aufzunehmen.

Seitdem ist der Vorrang der Schiene gegenüber der Straße als politischer Auftrag im Grundgesetz der Schweiz festgeschrieben. Der alpenquerende Verkehr ist, so will es der Alpenschutzartikel, innerhalb von zehn Jahren, also bis 2004, auf die Schiene zu verlagern. Nicht zuletzt die in der Schweiz um einiges höhere Maut und der Ausbau der „Neuen Eisenbahntransversalen", die das steigende Transportaufkommen auf die Schiene lenken sollen, sind vor diesem Hintergrund entstanden.

Aus deutscher oder österreichischer Perspektive sind das nahezu paradiesische Voraussetzungen für politische Einflussnahme auf die Transportproblematik. Doch die Verlagerung des alpenquerenden Verkehrs auf die Schiene ist trotz des klaren politischen Auftrags auch in der Schweiz nicht einfach durchzusetzen. Die Alpeninitiative wird nicht müde, darauf hinzuweisen, dass die Umsetzung der Verkehrsverlagerung auf die Schiene weit hinter den zeitlichen Vorgaben zurückliegt.

Der „Rote Teufelsstein"

Um neben dem politischen Weg auch auf die einzuwirken, die die Transportlawine in Gang setzen, hat die Alpeninitiative eine Negativ-Auszeichnung für Unternehmen geschaffen, deren Produkte durch unsinnige Transportwege unnötig viel Verkehr erzeugen.

Im Oktober 2002 wurde der „Rote Teufelsstein" erstmals verliehen, seitdem wird er jedes Jahr Anfang Oktober vergeben. Erste Empfänger dieser sicher nicht sehr begehrten Auszeichnung: die Aargauer Zentralmolkerei und ein Subunternehmer der Schweizer Supermarktkette Migros, Estavayer Lait SA.[10]

Die beiden Unternehmen stellen Schlagsahne in Spraydosen her. Besser gesagt, sie lassen sie herstellen. Alle zwei Wochen fährt ein Tanklastwagen der Zentralmolkerei 15 Tonnen Sahne über die Alpen nach Italien, um sie dort in Spraydosen abfüllen zu lassen. Auf die befüllten Sprayflaschen warten schon LKWs (natürlich keine Tanklastwagen, wodurch zusätzlich Leerfahrten anfallen), um sie wieder zurück in die Schweiz zu transportieren.

Beim Migros-Subunternehmen Estavayer Lait SA das gleiche Spiel, nur in eine andere Richtung: zwölf Tonnen Sahne schickt man hier Woche für Woche aus der Schweiz nach Belgien und retour.[11]

Die Spraydosen sind geschmückt mit Enzian und glücklichen Kühen – doch das vorgeblich Schweizer Produkt wurde im Ausland hergestellt und hat Schweizer Enzian und Kühen auf seinem Transportweg vor allem Schadstoffe beschert.

Beide Schweizer Firmen sind laut Eigendarstellung dem Umweltschutz verpflichtet. Doch in beiden Fällen hat die Sahne rund 1500 Kilometer im LKW hinter sich, bevor sie wieder – nach dem Transport in sehr großen und aufwendigen Verpackungen – in Schweizer Supermarktregalen landet.

Den beiden Firmen war diese Form der „Ehrung" im Jahr 2002 nicht einmal eine Reaktion wert. Allerdings berichtete im Sommer 2003 die Zeitschrift *Cargo* der Schweizer Bahngesellschaft SBB, dass Estavayer Lait SA über eine Verlagerung von Transporten von der Straße auf die Schiene nachdenke. Das Bewusstsein, dass es den Konsumenten nicht egal ist, wie viele Kilometer ein Produkt hinter sich hat, ist offenbar noch eine sehr neue Erfahrung, die erst langsam einen Platz in den Köpfen des Managements betroffener Firmen findet.

Um so wichtiger ist es deshalb, dass es nicht bei dieser einen „Ehrung" blieb. Die regelmäßige Vergabe des „Roten Teufelssteins" zeigt, dass zunehmend mehr Menschen unsinnige Transportwege der von ihnen konsumierten Güter nicht mehr kommentarlos hinnehmen wollen.

Transitforum Tirol

Kaum eine Gruppierung ist für ihren Widerstand gegen den wachsenden Straßenverkehr so bekannt wie das Tiroler Transitforum. Ob in Brüssel, in den Nachbarländern oder in Wien – der wortgewaltige Obmann des Transitforums, Fritz Gurgiser, hat dafür gesorgt, dass die Anliegen der vom Transitverkehr besonders schwer getroffenen Tiroler Gehör fanden. Gurgiser hat als Kind den Ausbau der alten Brennerstraße zur Brennerautobahn miterlebt; seit über 15 Jahren kämpft er für eine Eindämmung der LKW-Flut durch die Alpen. Immer wieder holt man ihn gerne für Diskussionen zum Thema Straßenverkehr, denn Gurgiser gilt als Garant für heftige Auseinandersetzungen. Die EU-Kommission wurde von ihm schon einmal als „dubiose Vereinigung von Vertragsbrechern" bezeichnet,[12] einzelnen Politikern unverblümt die Meinung gesagt. Dem Klubobmann der österreichischen Regierungspartei ÖVP, Andreas Khol, warf das Transitforum beispielsweise Missachtung der Verfassung sowie „grob bürger- und demokratiefeindliches Verhalten" vor.[13]

Derartige Verbalattacken, stets mit ruhiger Stimme vorgetragen oder „Mit freundlichen Grüßen“ unterzeichnet, haben das Transitforum auch über die Grenzen Tirols hinaus bekannt gemacht. Besondere Aufmerksamkeit erregen die Tiroler aber vor allem mit der Wahl ihrer Veranstaltungs- und Kundgebungsorte. Im Oktober 2002 wurde eine Bürgerversammlung der Gemeinde Vomp inklusive Kinderprogramm, Einmarsch der Schützen und der örtlichen Musik direkt am Schauplatz der Streitigkeiten durchgeführt: auf der fein säuberlich und hochoffiziell gesperrten Inntalautobahn. Im September 2003 traf man sich mit der befreundeten Initiative Verkehr 2000 unter strahlender Herbstsonne zur „Bürgerversammlung“ der Gemeinde Kundl auf der Bundesstraße 171.

Hinter diesen publikumsträchtigen Aktionen steht die jahrelange intensive Auseinandersetzung mit der Verkehrs- und Umweltpolitik vor Ort ebenso wie in Brüssel, Berlin oder Rom. Das Transitforum redet auf allen Ebenen mit – die Zahl der öffentlich gemachten Briefe, die in den vergangenen Jahren von Innsbruck nach Brüssel und Wien gesendet wurden, ist mittlerweile kaum noch zu überblicken.

Doch nicht nur Politiker und Lobbies aller Herkunft und Couleur werden genau beobachtet – auch Machenschaften der Transportunternehmer sind Gurgiser und Co. sehr gut bekannt. Immer wieder berichtet das Transitforum in seinen Presseaussendungen detailliert von illegalen Geschäften, gefälschten Genehmigungen, subventioniertem Etikettenschwindel, überladenen LKWs und gehetzten Truckern. So hat das Transitforum wesentlich dazu beigetragen, dass die Verkehrsproblematik in ihrer ganzen Bandbreite der Öffentlichkeit bekannt wurde. Damit hat sich die Bürgerinitiative politisches Gewicht verschafft: Wer Verkehrsmaßnahmen trifft, muss damit rechnen, dass das Transitforum seine Handlungen kommentiert, gegebenenfalls auch sehr deutlich kritisiert. Und in der Bevölkerung ist der Rückhalt für die streitbare Truppe denkbar hoch.

Ein ewiges Erntedankfest: Lebensmittel auf Achse

Exotischen Früchten sieht man ihre Herkunft an: Jeder weiß, dass mit dem Kauf einer Papaya ihr Transport nach Europa „erkauft" wird. Dass ein Produkt aus weit entfernten Erdteilen kommt, heißt auch nicht unbedingt, dass es falsch ist, dieses Produkt zu kaufen. Kaffee, Kakao oder Bananen etwa sind für Länder der so genannten Dritten Welt wichtige Exportprodukte, die man in Europa nun einmal nicht anbauen kann. Dass derartige Produkte in Europa eingeführt werden, ist durchaus sinnvoll. Und für die Produzenten in den Herkunftsländern ist der Export überlebensnotwendig. Wie der Anbau betrieben wird, ob er die örtliche Bevölkerung belastet oder ihr Vorteile einbringt und wie die Produkte transportiert werden, ist jedoch eine andere Frage.

Nicht nur Exoten legen Tausende von Kilometern zurück, bis sie bei uns im Regal landen. Heute wird in jedem Kleinstadtsupermarkt Obst, das auch in Europa gedeiht, aus weit entfernten, ganzjährig verfügbaren Anbaugebieten feilgeboten: Äpfel aus Südamerika und Kiwis aus Neuseeland neben Weintrauben aus Südafrika sind eine Selbstverständlichkeit geworden.

Je weiter der Transportweg, desto höher sind die externen Kosten. Die aber werden in den Produktpreisen nicht mitgerechnet. Im Gegenteil, die Kombination von niedrigen Lohn- und Produktionskosten im Erzeugerland und billigem Transport macht es möglich, brasilianische Orangen zu Schleuderpreisen und Spargel aus Südafrika billiger als heimischen anzubieten. 90 Prozent des Orangensafts, der in Deutschland und Österreich konsumiert wird, kommt aus Brasilien. Und das, obwohl die Europäische Union Probleme hat, ihre eigenen, vor allem aus Spanien stammenden Orangenüberschüsse zu verkaufen. Der Grund ist denkbar simpel: Der brasilianische Orangensaft ist billiger. Kein Wunder, denn von dem, was der mitteleuropäische Konsument für den Saft zahlt, bekommen die brasilianischen Pflücker gerade mal ein Hundertstel.[14] Und der Transport ist billig.

Parmaschinken ist ein original italienisches Produkt. Oder doch nicht? Man nehme eine LKW-Ladung norddeutscher Ferkel. Diese schicke man nach Italien. Dort mäste man sie mit Milchpulver aus Hamburg. Dieses Pulver lasse man vorher in Österreich aufbereiten und von einer italienischen Molkerei fertig anrühren. Beizeiten schlachte man die mittlerweile zu „echten Italienern" gewordenen Schweine.

Man pfeffere und salze das Fleisch, lasse es an der Luft trockne – und verkaufe es als original italienische Spezialität.[15] So zum Beispiel nach Japan, wo 2002 der Verkauf von Parmaschinken eine Zuwachsrate von 15 Prozent verzeichnete, oder nach China, einem der Hoffnungsmärkte der Parmaschinken-Produzenten in Zeiten sinkender Kauffreude in den traditionellen Absatzgebieten wie Deutschland.[16] Und der Transport ist billig.

„Dass über Tausende von Kilometern transportierte Waren billiger sein können als heimische Erzeugnisse, zählt zu den vielen Eigenwilligkeiten unseres Wirtschaftslebens," urteilen drei junge Österreicher, die für verschiedene Lebensmittel so genannte Ökobilanzen erstellt haben.[17] Henriette Gupfinger, Gabriele Mraz und Klaus Werner messen mit derartigen Ökobilanzen die Umweltauswirkungen von Lebensmitteln. So werden auch die Umweltkosten quantifizierbar, die der Transport von Lebensmitteln verursacht. Die sind nicht billig.

Volkswirtschaftlicher Schaden durch den Transport von Lebensmitteln

Der volkswirtschaftliche Schaden durch den Transport von Lebensmitteln in Deutschland liegt nach Schätzungen von Martin Demmeler vom Wissenschaftszentrum Weihenstephan der TU München jährlich bei rund 4,5 Milliarden Euro.[18] In dieser Zahl schlagen sich vor allem jene Lebensmittel nieder, die aus weit entfernten Gegenden importiert werden, obwohl regionale Versorgung möglich wäre: Ein chilenischer Apfel beispielsweise benötigt für die lange Reise aus seinem Heimatland bis in den deutschen Supermarkt 520mal mehr Energie als ein Apfel aus einem regionalen deutschen Anbaugebiet.[19]

Derartige Energieverschwendung gibt es im globalen Supermarkt vorderhand als supergünstiges Schnäppchen: Ein Kilo gekühlte Ware aus Athen per LKW nach Österreich zu karren kostet beispielsweise nur knapp sieben Cent.[20]

Dennoch zahlen letztlich die Verbraucher die durch den Verkehr entstehenden Kosten, wenn auch nicht als Teil des Warenpreises im Supermarkt. Die Regierungen holen sich das Geld, das sie der Erhalt der Straßen und die Beseitigung der verkehrsbedingten Schäden kostet, von den Steuerzahlern. Abgesehen davon, dass Klimaerwärmung und Umweltbelastungen Kosten verursachen, deren wirkliche Ausmaße bislang lediglich zu schätzen sind (vgl. S. 155 ff).

Der Verkehr, der durch Transport von Nahrungsmitteln verursacht wird, hat sich in den letzten 20 Jahren nahezu verdoppelt. Die Menge der verbrauchten Nahrungsmittel jedoch hat sich im selben Zeitraum nicht erhöht.[21] Ein einziger Nahrungsmitteltransport mit einem 40-Tonner von Hamburg nach München kostet den Steuerzahler etwa 350 Euro. Demmeler: „Dieser Straßentransport verursacht rund das Vierfache an externen Kosten – und damit Subventionen durch den Steuerzahler – wie der entsprechende Transport mit der Bahn.“[22] Angesichts dieser Zahlen kann man sich leicht ausrechnen, warum keines der Sparpakete europäischer Regierungen funktioniert.

Die Gründe für die starke Zunahme der Lebensmitteltransporte liegen auf der Hand: Geringe Transportkosten und zunehmender Verarbeitungsgrad der Nahrungsmittel, wodurch mehr Zwischenschritte anfallen. Diese wiederum erfolgen an verschiedenen Orten. Mit der Entwicklung zur internationalen Arbeitsteilung im großen Stil liegt die Lebensmittelbranche voll im Trend. „Güter und Dienstleistungen werden heute meist dort hergestellt, wo sie am billigsten sind. Der Einkauf von Rohstoffen, die einzelnen Produktionsschritte und der Verkauf der Produkte wird ohne Rücksicht auf Entfernungen über die ganze Welt verteilt,“ urteilt der Verkehrsclub Österreich in einer Studie über den Zusammenhang von modernen Wirtschaftsstrukturen und Verkehrssituation.[23] Und der Transport- und Vermarktungsexperte Demmeler diagnostiziert: „Auf der Suche nach dem billigsten Schlachthof, der preiswertesten Mühle, dem besten Absatzmarkt, etc. werden bei Nahrungsmittel- und Tiertransporten immer größere Strecken quer durch Europa und rund um den Globus zurückgelegt."[24]

Im Lebensmittelhandel wird das Transportaufkommen durch die Zentralisierung der Branche erhöht. In den vergangenen 30 Jahren ist die Hälfte der verarbeitenden Betriebe verschwunden.[25] Der Trend geht zu zentral angesiedelten Großproduktionsstätten und Großlagern. Folge: lange Transportwege für die Rohstoffe vom Erzeuger bis zum Verbraucher. Teilweise werden auch „einheimische" Produkte quer durch den Kontinent geschickt.

Supermärkte unterhalten nur noch sehr eingeschränkte Lager und bestellen täglich im Zentrallager und bei Lieferanten: Just-in-Time-Lieferungen haben auch in diesem Wirtschaftszweig die Lagerhaltung abgelöst – und damit ganz nebenbei regionale Arbeitsplätze vernichtet.

Verschwiegene Nachteile der billigen Transporte

Auch die Globalisierung der Ernährung ist, wie die Globalisierung der Wirtschaft überhaupt, erst möglich durch billige Transporte. Doch angesichts drohender Marktzerrüttung durch Dumpingpreise und enormer Folgekosten für die Umwelt wird die Billigkeit dieser Transporte Verbrauchern und Umwelt noch teuer zu stehen kommen. Neben Umweltschäden und anderen externen Kosten drohen auch direkte Schäden für die Konsumenten.

Der deutsche *Katalyse Nachrichtendienst* berichtet: „Ein Kilogramm Weintrauben aus Südafrika ‚vernichtet' auf der 10.000 Kilometer langen Reise sogar 4,3 Liter Kerosin und entlässt 11 Kilogramm Kohlendioxid und 74 Gramm Stickoxide in die Atmosphäre. Müssten die Flugfrachtgesellschaften Mineralölsteuer zahlen und für die entstandenen Umweltschäden aufkommen, würde das Kilogramm Spargel aus Südafrika nicht 6, sondern 10 Euro kosten."[26]

Dazu kommt, dass Obst und Gemüse leicht verderblich und wahrlich nicht dafür gemacht ist, auf lange Reisen geschickt zu werden. Der Transportweg z.B. marokkanischer Erdbeeren via Tanger nach Österreich nimmt, die Zeit für Export- und Importverzollung einmal ausgenommen, mindestens vier Tage in Anspruch – wenn die Lenkzeiten eingehalten werden.

Tomaten werden gentechnisch verändert, um die langen Transportwege überstehen zu können.[27] Erdbeeren können lange Transporte nur mit kräftiger Unterstützung aus dem Chemiebaukasten überdauern. So wie mittlerweile jeden Frühling, warnte die Umweltschutzorganisation Greenpeace deshalb im März 2003 vor Giftcocktails in Früherdbeeren. Das damals in marokkanischen Erdbeeren gefundene Pestizid Bifenthrin steht im Verdacht, Krebs auszulösen und das Hormonsystem zu schädigen.[28]

Gerhard Löhr vom Aachener Lebensmitteluntersuchungsamt: „Man findet oft fünf, sechs unterschiedliche Pestizide oder andere Rückstände in einer Probe" und „Schimmelverhütungsmittel sind nötig, weil Erdbeeren eigentlich sehr empfindliche Früchte sind, die für die langen Transportwege besonders geschützt werden müssen. Schließlich wären sie sonst schon verschimmelt, wenn sie beim Verbraucher ankommen."[29] Der bekommt deshalb mit den Früchten gleich einen Chemiecocktail mitgeliefert, denn gegen die Spritzmittel in den Früchten kann man sich nicht schützen. Außer man verzichtet einfach darauf, im Winter Erdbeeren zu kaufen und versorgt sich stattdessen mit weniger empfindlichen oder einheimischen Früchten. Das hilft.

Wie viele Kilometer essen Sie zum Frühstück?

Machen Sie den Test: Wie viele Kilometer lagern in Ihrem Kühlschrank und in ihren Küchenregalen?

Der Österreichische Autofahrerclub ÖAMTC hat ein durchschnittliches Frühstück in Hinblick auf die Kilometer unter die Lupe genommen, die die Nahrungsmittel bereits hinter sich hatten. Das Ergebnis ist eindrucksvoll: Milch, Joghurt und Butter kommen auf 250 Kilometer, Marmelade auf etwa 450 (wenn sie nicht selbstgemacht ist), Cornflakes haben bereits 7000 Kilometer hinter sich und Exoten wie Kakao und Tee mehr als 13.000.[30]

Wer sich zum Frühstück noch eine natürliche Vitaminspritze in Form neuseeländischer Kiwis gönnt, der legt gleich noch einmal 20.000 Kilometer drauf. Der Import eines einzigen Kilo Kiwis aus Neuseeland per Flugzeug verbraucht 136 Kilowattstunden. Das entspricht 38 Tagen Fernsehen non stop. Oder 680 Kilos Kiwis aus Italien (1000 Kilometer). Oder 6800 Kilos heimischen Obsts.[31]

Doch auch andere vertraute Nahrungsmittel in Kühlschrank und Vorratskammer sind weitgereiste Zeitgenossen. Hier einige Beispiele:

- Obst
  Erdbeeren, die aus Israel ins rund 3100 Kilometer entfernte Deutschland geflogen werden, verbrauchen 1,3 Liter Kerosin je Kilogramm.
  Bei Weintrauben aus Südafrika verbrennen die Flugzeugdüsen für jedes Kilogramm 4,3 Liter Kerosin und stoßen dabei 11 Kilogramm Kohlendioxid und 74 Gramm Stickoxide aus.[32]

- Orangensaft
  Der Großteil des bei uns verbrauchten Orangensafts stammt wie gesagt aus Brasilien. Das bedeutet im Durchschnitt 12.000 Kilo meter Transportweg. Auf diese Weise verbraucht der Transport von Orangensaft jedes Jahr rund 40 Millionen Liter Kraftstoff. Und produziert 100.000 Tonnen Kohlendioxid-Emissionen.[33]

- Fruchtjoghurt[34]
  Für ein in Stuttgart abgepacktes 150-Gramm-Erdbeerjoghurt wurden polnische Erdbeeren im rund 800 Kilometer entfernten Aachen verarbeitet. Dann wurden sie auf den 446 Kilometer weiten Weg nach Stuttgart geschickt.
  Währenddessen wartete im bayerischen Kulmbach Papier aus Uetersen in Schleswig Holstein auf seine Verarbeitung zu Etiketten (634 Kilometer). Damit die Etiketten ihren zukünftigen

Zweck erfüllen konnten, legte dann noch Leim aus belgischen und holländischen EG-Beständen 220 Kilometer nach Kulmbach zurück. Dann ging's ab mit den fertigen Etiketten ins 314 Kilometer entfernte Stuttgart.

Der Aluminiumdeckel brachte es im Laufe seiner Herstellung auf 864 Kilometer, die Joghurtkulturen sogar auf 917. Dann wurde noch Quarzsand aus Frechen in Nordrhein-Westfalen in Neuburg (Bayern) zu Glas. Letztlich traten zwei weitere Akteure auf den Plan: Milch (36 Kilometer Anfahrtsweg) und Zucker (107 Kilometer Anfahrtsweg).

Die stolze Bilanz eines deutschen Erdbeerjoghurts: insgesamt 9115 Kilometer. Wohlgemerkt, das sind nur die für die Produktion zurückgelegten Wege.

Der *Katalyse Nachrichtendienst* folgert: „Betriebswirtschaftlich rechnet sich dieses Prozedere für die beteiligten Unternehmen, ökologisch aber ist es eine Katastrophe." Wenn man den direkt bei der Produktion anfallenden Energiebedarf beiseite lässt, verursacht der durchschnittliche tägliche Joghurtgenuss pro Person jährlich die Emission von 500 Kilogramm Stickoxiden, 35 Kilogramm Ruß und 32,5 Kilogramm Schwefeldioxid.[35]

Wenn Molkereien wieder wie früher dezentral statt zentral für riesige Gebiete produzieren würden, wären Einsparungen bei den Transporten durchaus möglich. Doch aufgrund der niedrigen Straßentransportkosten lohnt sich die regionale Herstellung von Erdbeerjoghurt nicht.

Regional Konsumieren

Gerade beim Kauf von Lebensmitteln ist es recht einfach, zu einer Reduzierung der Verkehrslawine beizutragen. In erster Linie bedeutet das: regionale Produkte bevorzugen und den Verbrauch von Produkten mit erkennbar hohem Transportaufwand einschränken. Wir wollen niemandem den Kauf von Papayas oder Mangos verbieten. Und es geht uns auch nicht darum, die Essgewohnheiten des 19. Jahrhunderts zu propagieren oder Ihnen zu empfehlen, sich nur von selbst angebautem Getreide zu ernähren. Doch wer regionale Produkte gleichen oder ähnlichen mit erkennbar hohem Transportaufwand vorzieht, kann etwas dazu beitragen, die Verkehrslawine weniger schnell wachsen zu lassen, ohne sich einschränken zu müssen.

Vorsicht jedoch vor allzu schnellem Vertrauen in „heimische" Produkte. Das Kleingedruckte kann Hinweise geben, wo ein Produkt wirklich verarbeitet wurde. Auch wenn diese Angaben oft nicht sehr aufschlussreich sind, stellen sie doch einen Anhaltspunkt dar: Der Wein „aus verschiedenen Anbauregionen der EU" hat sicher schon mehr von der Welt gesehen als die Produkte einheimischer Winzer.

Gerade schwammige Ausdrücke, die sich auf keine genau definierte Region beziehen, obwohl das Produkt typisch für bestimmte Regionen ist, sind ein Hinweis auf erhöhten Transportaufwand und eine Hilfe, um beim täglichen Einkauf Unsinnstransporte nicht zu unterstützen.

Vorsicht ist auch bei Bio-Produkten geboten, manche legen nämlich ebenfalls weite Wege zurück. Die Bio-Verordnung der EU (und auch die der Schweiz) ist zwar klar definiert und gibt feststehende Kriterien vor, die es zu erfüllen gilt, wenn ein Produkt als „bio" durchgehen soll. Doch die Verordnungen legen sich nicht auf regionale Zutaten fest. Importe sind erlaubt – auch wenn damit lange Transportwege verbunden sind. Wenn man beim Einkaufen der Umwelt etwas Gutes tun will, sollte man deshalb auch bei Bio-Waren darauf achten, dass sie regional produziert wurden.

Das Beispiel der „Von-Hier-Produkte" der Firma Feneberg im Allgäu

Der Anteil an Importgemüse und -obst nimmt beständig zu. Bei einigen heimischen Gemüse- und Obstsorten nimmt der Inlandabsatz hingegen ständig ab.[36] Nicht überall ist die Versorgung mit regionalen Produkten möglich. Doch sie stellt in einem gewissen Rahmen eine Möglichkeit dar, die Verkehrslawine durch den alltäglichen Konsum nicht auch noch zu fördern.

„Von-Hier“ ist eine deutsche Dachmarke, die Produkte aus verschiedenen regionalen Anbaugebieten führt. In einer Studie von Martin Demmeler wurde ein fiktiver Verbraucher ganzjährig überwiegend mit regionalen Produkten aus dem Sortiment der Firma Feneberg im Allgäu „versorgt“.

Die Ökobilanz eines solchen Konsumverhaltens hat Demmeler dann mit der Ökobilanz eines durchschnittlichen Verbrauchers verglichen. In der Studie wurde für die regionalen Produkte ein durchschnittlicher Weg von 44 Kilometern zwischen Erzeuger und Verbraucher angenommen.

Das Ergebnis kann sich sehen lassen: „Der Verbraucher, der beim Einkauf auf die regionalen ‚Von Hier‘-Lebensmittel zurückgreift, hat eine Ökobilanz, die um nahezu das Dreifache besser ist als die eines durchschnittlichen deutschen Verbrauchers.“[37]

Natürlich kann nicht überall alles erzeugt werden. Demmeler empfiehlt die Ergänzung des regionalen Sortiments mit Lebensmitteln aus benachbarten Partnerschaftsregionen. Im Allgäu könnte es zum Beispiel eine Kooperation mit Südtirol sein, die den Deutschen Weintrauben, Pfirsiche und Feigen aus der Nachbarschaft bescheren würde.[38]

Miniaturisierung gegen den Transportwahn

Nicht nur Regionalisierung, auch Miniaturisierung kann zur Verminderung des Transportaufwands beitragen. Miniaturisierung bezieht sich auf die Produkte selbst, aber auch auf die Verpackungsformen. Viele Unternehmen haben in den letzten Jahren an der Reduzierung von Verpackungen gearbeitet. Vor allem Reinigungsmittel sind heute häufig als Konzentrate mit stark verringertem Volumen im Angebot: Konzentrierte Waschkraft bedeutet weniger Verkehr. Durch Miniaturisierung von Produkten kann so bei gleichzeitiger Reduktion von Transportkapazitäten „mehr mit weniger“ erreicht werden.

Das lohnt sich auch für die Produzenten, weiß Herbert Kotzab, Professor an der Copenhagen Business School: Miniaturisierung bringt nicht nur die Reduktion von Verpackungsmaterial und

Transportaufwand, sondern geht auch einher mit einer Verbesserung der Rentabilität des Produktionsprozesses.

Wer beim Kauf eines Produktes also auf die Größe und Ergiebigkeit achtet, lässt die Verkehrslawine etwas weniger schnell anwachsen. Die durch Miniaturisierung erzielten Einsparungen sind beachtlich: Der Verbrauch an Verpackungsmaterial ist beispielsweise seit der Einführung von Kompaktwaschmitteln in Deutschland von 1997 bis 2002 um 40 Prozent gesunken.[39]

Doch Achtung, klein heißt nicht unbedingt miniaturisiert und umweltfreundlich. Nur wenn das Produkt in der kleineren Version ebenso viel Inhalt hergibt wie jenes in der großen (wie etwa ein Waschmittelkonzentrat), lohnt der Griff zur miniaturisierten Version. Minipackungen, wie etwa einzeln abgepackte Kaffeesahne, verursachen hingegen zusätzlichen Verpackungs- und Transportaufwand.

Wir haben versucht, anhand einiger weniger Beispiele den alltäglichen Wahnsinn auf Europas Straßen darzustellen. Es ist an uns Konsumenten, Zeichen zu setzen. Es ist an uns zu fragen, auf welchen Wegen und zu welchen Bedingungen Produkte transportiert werden. So wie die Arbeitsbedingungen, unter denen produziert wird, weltweit zum Thema wurden, so wollten wir mit diesem Buch die Transportbedingungen zum Thema machen.

12 Punkte gegen die Verkehrslawine

1. Abschaffung der CEMT-Genehmigungen

Die ursprünglichen Intentionen der CEMT bei der Schaffung dieser Form von Transportgenehmigung sind nicht mehr zeitgemäß und führen zu starken Verzerrungen innerhalb des begehrten Transportmarktes der EU. CEMT-Genehmigungen werden nur dazu genutzt, um westeuropäische Frachtpreise mit osteuropäischen Lohnkosten zu unterwandern.

Dieser Form des legalen Lohndumpings muss durch die Abschaffung der CEMT-Genehmigung entgegengewirkt werden.

2. Vernünftiger Einsatz des kombinierten Verkehrs und Beendigung des Öko-Schmähs der ROLA auf der Ost-West-Achse

Kombinierter Verkehr ist nicht gleich kombinierter Verkehr. Wenn Teile der Rollenden Landstraße nur den Sinn haben, osteuropäische Transportkapazitäten genehmigungsfrei in den EU-Raum einfahren zu lassen und somit Genehmigungskontingente zu unterwandern, müssen sie abgeschafft werden.

Es ist durchaus notwendig, den kombinierten Verkehr, auch die ROLA, auf sensiblen und langen Strecken zu fördern. Dies bedarf einer Neukonzeption der angebotenen Strecken. Die Kombistrecken müssen die sensiblen Zonen zur Gänze durchfahren.

Die Alpen enden bekanntlich nicht am Brenner. Kurze Strecken gehören aufgelassen und die Frequenzen auf längeren Strecken gesteigert.

3. Lückenlose Einführung des Road-Pricings für das hochwertige Straßennetz in ganz Europa für LKW über 3,5 Tonnen mittels einheitlichem technischen Standard, etwa GPS-System

Diese Forderung betrifft nicht nur österreichische oder deutsche Autobahnen, sie sollte für ganz Europa gelten. Es gibt zu viele Möglichkeiten, auf gut ausgebaute, nicht kostenpflichtige Straßen auszuweichen. Der Güterverkehr muss endlich einen gerechten Beitrag zu seinen ökonomischen und ökologischen Kosten leisten.

Ein auf Satellitennavigation gestütztes Mautsystem könnte auch der Aufklärung von Fällen von Wirtschaftskriminalität im Transportwesen dienen. Ein einheitliches Abbuchungssystem über GPS würde den Ermittlungsbehörden das Nachvollziehen von Transportwegen um ein Vielfaches erleichtern.

Der Vorwurf der Frächterlobby, man mache dadurch den Fahrer zum gläsernen Menschen, ist vollkommen unhaltbar. Die Fahrer sind bereits über moderne Satellitennavigationssysteme und Mobiltelefone für die Disposition immer erreich- und überprüfbar.

4. EU-weite Einführung eines einheitlichen Straftatbestandes „Sozialbetrug"

Unternehmer, die Sozialversicherungsträgern gesetzliche Beiträge vorenthalten, dürfen nicht mit lächerlichen Verwaltungsstrafen davonkommen. Systematischer Betrug an der Gesellschaft muss mit Freiheitsstrafe geahndet werden. Vorbild für jene Länder, in denen dieser Tatbestand noch nicht Einzug in das Strafgesetzbuch fand, sollte die Bundesrepublik Deutschland sein.

Das Vermögen, welches durch Betrug an der Solidargemeinschaft erwirtschaftet wurde, muss abgeschöpft werden und den

Geschädigten – den Fahrern und deren Familien – mittelbar und unmittelbar zugute kommen. Zu diesem Zweck ist ein Fonds einzurichten, der Projekte im Bereich des Umwelt- und Arbeitnehmerschutzes, der Rehabilitation und Prävention für Berufskraftfahrer finanziert. Als Beispiel wären Fahrsicherheitstrainings, psychologische Nachsorge für Berufskraftfahrer nach schweren Unfällen (etwa wie Notruf-Team44 in Österreich, Traumabegleitung in Holland) oder Initiativen für in der Rente verarmte LKW- und Buslenker zu nennen.

5. Stärkere Berücksichtigung der Machtverhältnisse zwischen Unternehmer und Fahrer bei der Sanktionierung von Gesetzesübertretungen

Befohlene Lenkzeitüberschreitungen, Überladung, mangelhafter technischer Zustand des Fahrzeuges, Fälschung von Frachtpapieren, Missachtung der Ökopunkteregelung usw. werden immer dem Fahrer angelastet, obwohl diese Gesetzesübertretungen nicht in dessen Interesse liegen. Kein LKW-Lenker zieht einen Vorteil daraus, ohne Ökopunkte die österreichischen Alpen zu queren. Kein Berufsfahrer ist interessiert daran, mit einem mangelhaften oder überladenen Fahrzeug seine Arbeit zu verrichten.

Die Unternehmen sind die Nutznießer der Normbrüche und müssen zur Verantwortung gezogen werden. Bei Übertretungen, die ausschließlich den Unternehmern dienen, ist das Verhältnis von 80:20 bei der Sanktionierung anzuwenden. 80 Prozent des Strafausmaßes sind vom Auftraggeber (meist der Frächter) und 20 Prozent vom Fahrer (als Sanktion gegen den Handlanger) zu begleichen.

6. Einführung eines einheitlichen europäischen Ausbildungssystems für LKW- und Bus-Lenker

Der formale berufliche Status von LKW- und Bus-Lenkern unterscheidet sich gravierend von den realen Anforderungen an das Wissen und praktische Können der Fahrer. Die Zeiten des Hilfsarbeiters mit Führerschein sind in Anbetracht der technischen Anforderungen von Seiten des Fahrzeuges und der Ladung vorbei. Der berufliche Status hingegen ist unverändert. Es ist an der Zeit, ein einheitliches Ausbildungssystem und dessen Absolvierung als Grundvoraussetzung für die Ausübung des Fahrerberufes auf europäischen Straßen einzuführen – egal, aus welchem Land der Fahrer stammt. Ohne Ausbildung keine Berufsausübung![43]

7. Strafrechtliche Sanktionierung illegaler Entlohnungsformen

Kilometergeld, Tourengeld oder Umsatzbeteiligung sind laut EU-Verordnung nur erlaubt, wenn sie die Sicherheit nicht gefährden. Die Devise „Mehr Kilometer ist gleich mehr Lohn" ist gefährlich. Verwaltungsrechtliche Sanktionen greifen zu kurz. Nur die Androhung von Freiheitsstrafen für Unternehmer, die solche Lohnsysteme anwenden, kann diese Devise außer Kraft setzen. Kilometergeld ist gleich Verkehrssicherheitsrisiko!

8. Schaffung eines internationalen Kontrollorganes für den Güter- und Überlandbusverkehr und einheitlicher Kontrollstandards in der EU

Die Kontrolle des Straßenverkehrs ist nicht nur in Österreich und Deutschland, sondern in ganz Europa ineffizient und wird der umfangreichen Problematik nicht gerecht. Kriminalität im Transportwesen hat ein Ausmaß erreicht, welches mit den herkömmlichen Mitteln nicht mehr in den Griff zu bekommen ist. Deren Bekämpfung erfordert systematisches Herangehen und bedarf eines speziellen Kontroll- und Ermittlungsorgans mit umfassenden Befugnissen, welches direkt der Staatsanwaltschaft unterstellt ist.

Sollen sich die Frächter vielleicht selbst kontrollieren? Es geht nicht um die Schaffung neuer Planposten, die die Staatskasse belasten. Es geht um die Schaffung von Dienststellen, die ein Vielfaches der entstehenden Kosten selbst erwirtschaften, indem kriminelle Handlungen beendet und die hinterzogenen Steuern und Abgaben dem Staat zugeführt werden. Bekämpfung des Steuer- und Sozialbetrugs rechnet sich immer. Jeder Prüfer erwirtschaftet ein Vielfaches seiner Kosten.

Kontrollen müssen aber auch bestimmte qualitative Kriterien erfüllen, um ein umfassendes Bild des Sachverhalts (Fahrer, Kraftfahrzeug und Unternehmen) liefern zu können. Nicht nur auf der Straße, auch in den Firmen muss kontrolliert werden. Und das nach einheitlichen europäischen Standards.

9. Anpassung der gewerkschaftlichen Struktur an die Erfordernisse der Zeit

Transport und Logistik waren nie auf nationale Grenzen beschränkt. Gewerkschaftliche Horizonte sind es aber nach wie vor. Das mittelfristige Ziel muss eine europäische Transportgewerkschaft sein, die den Entwicklungen der Globalisierung gerecht wird. Zusammenlegung aller Arbeitnehmer der unterschiedlichsten Transportmodi innerhalb einer Gewerkschaft vorerst auf nationaler Basis und in Folge in ganz Europa ist der erste Schritt. Transportarbeiter zu Wasser, zu Lande und in der Luft gehören in einer Gewerkschaft gebündelt.

Nur eine schlagkräftige Arbeitnehmervertretung auf europäischer Basis findet auch Zulauf an Mitgliedern. Die Überwindung der Kleinkrämerei ist die Grundvoraussetzung, um der Transportlobby in Brüssel wirksam entgegenzutreten. Der Zusammenschluss in globalen Föderationen (vgl. ITF) ist wichtig, hat aber nicht die nötige Schlagkraft und geht selten über Kampagnenarbeit hinaus.

10. Verpflichtende Verlagerung von Massengütern auf die Schiene

Dass bestimmte Waren (z.B. Frischmilch) sehr schnell und zeitgenau transportiert werden müssen, ist keine Frage. Dieser Anforderung wird derzeit nur die Straße gerecht. Für unverderbliche Massengüter fordern wir jedoch die verpflichtende Verlagerung auf die Schiene. Wir fordern einen EU-weit einheitlichen Katalog, in dem Güter festgelegt werden, deren Transport auf langen Strecken nur auf der Schiene erfolgen darf (unverderbliche Güter wie Bauschutt, Steine, Holz, bestimmte Abfallstoffe etc.).

11. Kennzeichnungspflicht für den Transportaufwand jedes Produktes

Wird fordern eine generelle Kennzeichnungspflicht für den Transportaufwand. Ein weiterer Schritt wäre die Deklarierung besonders umweltfreundlich transportierter Waren. Damit können Produkte mit geringen Transportwegen und Maßnahmen zur Senkung des Transportaufwandes auf breiter Basis gefördert werden. Wo sinnvoll – regional statt global.

12. Schneller Abbau transportfördernder Subventionen und Bestimmungen

Bis jetzt sind in der EU nicht einmal die lautstärksten Verfechter des freien Marktes bereit, auch nur auf einen Cent der ihnen zugute kommenden Subventionen, Steuererleichterungen oder ähnliche Begünstigungen zu verzichten. Die Abschaffung von Export- und Importförderungen würde den „freien Markt“ wirklich frei machen, Steuergelder sparen und die Transportlawine einbremsen.

Aufruf an die Leser und Leserinnen!

Seit 2001 ist in Deutschland die Verantwortung der Auftraggeber von Transporten für die ordnungsgemäße Einhaltung der Sozial- und Sicherheitsvorschriften im Straßengüterverkehr gesetzlich festgeschrieben.

Diese Regelung sollte mehr wert sein als das Papier, auf dem sie steht. Unser Aufruf an die Leser und Leserinnen: Schreiben Sie den Unternehmen, deren Produkte Sie kaufen, schicken Sie E-Mails oder rufen Sie an.

Sehr geehrte Damen und Herren,

Ich kaufe immer wieder gerne Produkte aus Ihrem Hause. Da in den letzten Jahren zunehmend Fälle bekannt geworden sind, in denen Produkte unter außerordentlich großem Transportaufwand erzeugt werden (siehe z.B. die von der Schweizer Alpeninitiative geschaffene Negativauszeichung Roter Teufelsstein) und es auch immer wieder zu Meldungen über gravierende Missstände im Transportwesen kommt, bitte ich Sie, mir die folgenden Fragen zu beantworten:

- Können Sie mir mitteilen, welche Transportwege bei der Fertigung bzw. bei der Auslieferung Ihrer Produkte zurückgelegt werden?

- Welche Rolle spielen für Ihre Firma ökologische Erwägungen bei der Wahl der Transportmittel, wie hat sich der Transportaufwand in den letzten Jahren entwickelt?

- Wie stehen Sie zu einer Kenntlichmachung des Transportaufwands Ihrer Produkte?

- Achten Sie als Auftraggeber von Straßentransporten auf die ordnungsgemäße Einhaltung der Sozial- und Sicherheitsvorschriften durch die von Ihnen beauftragten Unternehmen?

Da mir bei meinen Kaufentscheidungen ökologische und soziale Kriterien sehr wichtig sind, bitte ich um baldige und detaillierte Antwort.

Mit freundlichen Grüßen

* * *

Machen Sie Ihre Entscheidungen bei Wahlen – vor allem bei EU-Wahlen – auch von den Programmen der politischen Parteien zur europäischen Verkehrspolitik abhängig:

Sehr geehrte Frau Abgeordnete,
Sehr geehrter Herr Abgeordneter,

Ich sehe in der europäischen Verkehrspolitik eine der großen Aufgaben der Europäischen Union. Durch zahlreiche Medienberichte bin ich jedoch auf schwerwiegende Missstände im europäischen Transportwesen aufmerksam gemacht worden: eklatante Versäumnisse in der Mautfrage (Uneinheitlichkeit, verspätete Einführung in Deutschland etc.); z.T. unmenschliche Arbeitsbedingungen für LKW-Fahrer; Umweltschäden durch zunehmenden LKW-Verkehr; fehlende Kostenwahrheit auf der Straße; mangelhafte Vereinheitlichung der Bahnsysteme; dazu immer wieder spektakuläre Betrugsfälle im Transportgewerbe.

Bitte teilen Sie mir mit, welche Maßnahmen Sie persönlich im Europäischen Parlament gegen diese Missstände ergreifen werden. Werden Sie mittels Anfragen an die Verkehrskommissarin oder durch Maßnahmen Ihrer Partei darauf drängen, dass

- die Verlagerung von Gütertransporten auf die Schiene eine realistische Perspektive erhält?

- koordinierte und vereinheitlichte Kontrollen des Gütertransports in internationaler Zusammenarbeit durchgeführt werden?

- ein EU-weit einheitliches Bemautungssystem eingeführt wird?

- EU-Subventionen keinen Anreiz für zusätzliche Transporte mehr bieten?

- der Ausbau des transeuropäischen Verkehrsnetzes auch in den Erweiterungsländern unter ökologisch und sozial verträglichen Bedingungen vonstatten geht?

- die Auswirkungen des Verkehrs auf Bevölkerung und Umwelt bei verkehrspolitischen Maßnahmen immer mitbedacht werden?

Ich bitte Sie, mir möglichst schnell und detailliert zu antworten, da Ihre Stellungnahme grundlegend zu meiner Wahlentscheidung beitragen wird.

Mit freundlichen Grüßen

5. Anhang

Anmerkungen

Vorwort

1 BILD am SONNTAG, 3. Februar 2003, S. 9.
2 Salzburger Nachrichten, 28. Januar 2002.
3 Der Spiegel Nr. 34/1999.
4 Vgl.BGL, Jahresbericht 2001/2002, S. 15.

1. Realität und Mythos des Transportwesens

1 Überarbeiteter Ausschnitt der Aufzeichnungen, die Andreas Reisinger 1999/2000 für seine Diplomarbeit anfertigte.
2 Nach dem Arbeitszeitruhegesetz dürfte ein Trucker in Österreich Sonntags sogar erst um 24.00 Uhr losfahren – doch die Straßenverkehrsordnung beinhaltet nur ein Fahrverbot bis 22.00 Uhr.
3 Sandgruber, S. 91.
4 Ritschl, S. 12.
5 Vgl. Saurer S. 102.
6 Zitiert nach Sombart, S. 292.
7 Vgl. Der große Ploetz, 33. neu bearbeitete Auflage, 1998, S. 691.
8 Sombart, S. 278.
9 Ebd., S. 286.
10 Vgl. Greil, S. 31.
11 Bericht an den Gewerkschaftstag 1954.
12 Vgl. VCOE, Globalisierung darf Umwelt und Soziales nicht überrollen! http://www.socialisttruckdirvers.org.uk (Abgerufen im Mai 2003).
13 Vgl. Belzer.
14 Vgl. Socialist Truck Drivers, Model Resolution to Trade Union Branches.
15 Externe Kosten können nach der geltenden EG-Wegekostenrichtlinie nicht in die Berechnung von Straßenmauten einbezogen werden.
16 BGL, Jahresbericht 2001/2002, S. 28.
17 Peter Klar, Der Schritt nach Genf, in: Neues Volksblatt, 21.02.1990.
18 So geschehen im Salzburger Land angesichts des Engagements von Alfred Hirschbichler, Sekretär der Salzburger Gewerkschaftsabteilung Handel, Transport, Verkehr.

19 BGL, Jahresbericht 2001/2002, S. 32.
20 BGL, Pressemeldung EuGH stoppt Tiroler Amoklauf gegen den Transit-Verkehr vom 31.07.03.
21 Vgl. BAG, S. 9.
22 Vgl. BAG, S. 25.
23 Vgl. BAG, S. 32.
24 Vgl. Ruziczka, S. 1.
25 Vgl. Robatsch, S. 11.
26 Vgl. Robatsch, S. 46.
27 Fahrer 5/1999, S. 7.
28 Vgl. Robatsch, S. 54.
29 Vgl. Bayerisches Staatsministerium für Arbeit und Sozialordnung, Ergebnisbericht über die Aktionen im Jahre 1978 zur Überprüfung der Einhaltung der Sozialvorschriften im Straßenverkehr, 1979.
30 Reinhold, Tscherne, AK jagt die LKW-Bosse: Hohe Strafen, in: Kleine Zeitung, 24.10.1990.
31 Ebd.
32 ORF On vom 30.06.02.
33 LKW-Fahrer saß 126 Stunden am Steuer, in: Spiegel online, 24.09.1999.
34 Kokain gegen den Schlaf und dann Vollgas geben!, in: news, 06/02, S. 41.
35 Ebd.
36 Vgl. Lopianecki.
37 Vgl. Hofer, S. 192f.
38 Vgl. Euskirchen.
39 Nach Pressekonferenz der Bundeskammer für Arbeiter und Angestellte Wien vom 12. Februar 2003.
40 Österreichischer Gewerkschaftsbund, S. 69.
41 Einen Anspruch auf Nachzahlung dieser Summe haben die Arbeitnehmer nicht.
42 Streckenbezogene Entlohnungsformen sind Eu-weit verboten, aber dennoch nicht unüblich, da die entsprechende Regelung eine Ausnahme vorsieht, wenn die Sicherheit des Straßenverkehr durch die Entlohnungsform nicht gefährdet sei. Eine solche Gefährdung objektiv festzustellen ist jedoch so gut wie unmöglich – die Bezahlung nach Fahrleistung ist in jedem Fall ein Anreiz, möglichst viel zu fahren.
43 Reisinger, Diplomarbeit, S. 89.
44 Aktenzeichen B 7 AL 72/01 R, Urteil vom 6.2.03.
45 Vgl. Stuttgarter Zeitung, 28.03.2003, S. 12.
46 Vgl. CEMT/CM (2001)8, S. 4.
47 Vgl. CEMT/CM(2001)10, S. 29.
48 Vgl. ebd., S. 15.
49 Nach Redaktionsschluss wurde im September 2003 die EU-Richtlinie über eine obligatorische Berufskraftfahrerausbildung veröffentlicht – ein Schritt in die richtige Richtung.
50 Urteil vom 23. Oktober 2002.
51 Erlass BMWA 28. April 2000 und Erlass BMWA 04. Dezember 2001.
52 Mitteilung bei einer Expertentagung in Mörbisch im Oktober 2002.

53 Nach: Pressekonferenz Bundeskammer für Arbeiter und Angestellte, Wien, 12. Februar 2003.
54 Nachfrage beim AMS Linz am 09.07.2003.

2. Fünf Firmenporträts der etwas anderen Art

1 Zur Firmengeschichte vgl. http://www.willibetz.de (abgefragt August 2003).
2 Ebd.
3 Vgl. Mischke, S. 96.
4 S. http://www.willibetz.de/.
5 Vgl. http://www.willibetz.it/storia/totstoria.html (abgefragt Juli 2003).
6 Zu SOMAT vgl.: Privatisation and Regulation of Road Freight Transport. ECMT Seminar, Paris 5 September 1996. 1st Part, Privatisation and Deregulation of Road Freight Transport: Lessons learnt, Mistakes made. Case Study: Bulgaria (Mrs Antoaneta Ivanova).
7 Laut Firmenbuchauszug vom März 2002.
8 S. http://www.willibetz.de/.
9 Der Umsatz des Jahres 2002 liegt bei ca. 800 MillionenEuro.
10 Vgl: Keiner will „Bogdan" gewesen sein, in: Reutlinger Generalanzeiger, 08.12.2001.
11 Vortrag bei der 3. Internationalen Fachtagung Güterkraftverkehrsüberwachung, 28.–30.05.2002 im Bildungsinstitut Wennigsen der Polizei Niedersachsen.
12 Die Zeit, 03.02.2000, S. 23.
13 SALDO, 05.03.2001.
14 ver.di Bayern Fachbereich 10, Lohn- und Sozialdumping – Krebsgeschwür in der Transportbranche.
15 S. http://clode.chez.tiscali.fr/betz.htm (abgefragt Septmber 2003).
16 L'Humanité, 08.11.1999.
17 S. http://clode.chez.tiscali.fr/betz.htm (abgefragt September 2003).
18 Vgl. CNT, S. 26.
19 ARTE, 08.12.2001.
20 Die Zeit, 03.02.2000, S. 23.
21 Vgl. CEMT/CM(2002)/13, S. 3ff.
22 Vgl. BGL, Mineralölsteuererhöhung für Dieselkraftstoff – das kurze Gedächtnis von Abgeordneten und Regierungsmitgliedern, Pressemeldung vom 21.07.2003.
23 Vgl. Spiegel, 31.03.2003, S. 159.
24 Stuttgarter Zeitung, 27.03.03, S. 13.
25 Vgl. Frankfurter Allgemeine Zeitung, 27.03.03, S. 17; Frankfurter Rundschau, 27.03.03, S.19; Handelsblatt, 27.03.03, S.14; Spiegel, 31.03.2003, S. 159; Stuttgarter Zeitung, 27.03.03, S. 13; Süddeutsche Zeitung, 27.03.03, S. 10; Die Welt, 7.4.2003, S. 14.
26 Stuttgarter Zeitung, 27.03.03, S. 13.
27 Spiegel, 31.03.2003, S. 159.
28 Vgl. Spiegel, 31.03.2003, S. 159; der Preis einer CEMT-Genehmigung lag laut einer

Erhebung der CEMT aus dem Jahr 2001 in Georgien bei 227 Euro, der Preis in Aserbaidschan war laut dieser Studie nicht zu erfahren, vgl. CEMT/CM(2001)10, S. 16.

29 BILD am SONNTAG, 3. Februar 2003, S. 8f.

30 S. http://www.kralowetz.at.

31 Wolfgang Atzenhofer, Frächteraffäre: Zweite Verhaftung, in: Kurier, 25.01.2002.

32 Ein grausamer Vernichtungsfeldzug der Behörden. Interview mit dem Bruder des verhafteten Frächters Karl Kralowetz, in: news, Nr. 6/02, S. 40.

33 Vgl. Salzburger Nachrichten, 07.02.2003; Oberösterreichische Nachrichten, 7.2.2002.

34 Zum Lohn der ehemaligen Fahrer von Karl Kralowetz vgl.: Der Standard, 29.01.2002; Niederösterreichische Nachrichten, 05/2002; Salzburger Nachrichten, 24. und 29.01.2002; Trierischer Volksfreund, 29.01.2002; „Aktion gegen Kralowetz“ auf http://www.verkehr.co.at, 23.01.2002; Jetzt kommt der Trucker-Tisch, Meldung vom 1. Februar 2002 auf http://www.land.lu/html/ (abgefragt September 2003). Die fehlende Sozialversicherung der Fahrer durch die UCL wird in einem Brief des luxemburgischen Transportministeriums vom 22.01.2002 als unannehmbare Sachlage bezeichnet. Auf http://www.kralowetz.at fand sich im Frühjahr 2002 eine zwischenzeitlich entfernte Liste von in Niederösterreich zur Kranken- und Unfallversicherung angemeldeten Arbeitnehmern der luxemburgischen Firma UCL.

35 Vgl. Mit 50.000 PS ins Kriminal, in: Format, 06/2002, S. 62.

36 Vgl. ebd.

37 Ebd.

38 LKW-Skandal: Insider packen aus, in: news Nr. 6/02, S. 41.

39 Vgl. ebd., S. 40.

40 Vgl. Kralowetz: Rätsel um die Firma Condorlux, in: Wirtschaftsblatt, 02.02.2002.

41 Ebd.

42 Vgl. BILD am SONNTAG, 3. Februar 2003, S. 9; Ralf Klingensieck, Kralowetz-.Skandal zieht Kreise, in: Neues Deutschland, 27.02.2002.

43 Schwere Vorwürfe gegen weitere Frächter, in: Wirtschafstblatt, 24.01.2002.

44 Ermittler-Mitteilung auf einer Expertentagung zum Straßengüterkraftverkehr in Mörbisch im Oktober 2002.

45 Vgl. Interview mit Rainer Kralowetz: „Ein Vernichtungsfeldzug!“, in: Niederösterreichische Nachrichten, 05/2002.

46 Vgl: Karl Kralowetz in Luxemburg verurteilt, in: Wirtschafstblatt, 08.02.2002.

47 Urteil des Tribunal d'arrondissement Luxemburg vom 18.04.2002.

48 Zum Folgenden vgl. Ernst Schmiederer und Karl Zellhofer, Wenn Blaue intervenieren, in: Format, 45/2002, 31.10.2002.

49 Emil Bobi, Das 'falsche Geständnis', in: profil, 25/03 vom 16.06.2003, S. 44.

50 Vgl. Kralowetz: Steuerschulden, in: Salzburger Nachrichten, 14.06.2003, S. 4.

51 Vortrag bei der 3. Internationalen Fachtagung Güterkraftverkehrsüberwachung, 28.–30.05.2002 im Bildungsinstitut Wennigsen der Polizei Niedersachsen.

52 Ebd.

53 Ebd.

54 Mitteilung deutscher Ermittlungsbeamten.

55 Anklageschrift vom 15.07.2002.

56 Mitteilung auf einer Expertentagung in Mörbisch im Oktober 2002.
57 Urteilsverkündung am 14.10.2002.
58 Ebd.
59 Zeugen stehen den Autoren zur Verfügung.
60 S. http://www.lkw-augustin.at (Abgefragt im Juni 2003).
61 Name geändert.
62 Zeugen stehen den Autoren zur Verfügung.
63 Zeugen stehen den Autoren zur Verfügung.
64 Zeugen stehen den Autoren zur Verfügung.
65 Klaus Perner, Gutachten. Die Rechtsstellung still beteiligter Mitgesellschafter der Karl Augustin Transport GmbH vom 13.05.2002.
66 Vgl. Gemeinsame Aussendung der Firmen Augustin, Arbeiterkammer und ÖGB-HTV, Presseaussendung der Arbeiterkammer Salzburg vom 02.10.2003.
67 Vgl. Trucker, Nr. 3/2003, S. 3 und S. 30f.
82 Vgl. Jan Bergrath, Wir haben verstanden, in: Fernfahrer, Nr. 4/2003, S. 14-16.

3. Verpasste Chancen - Glorreiche Zukunft?

1 Umweltbundesamt Presse-Information 04/2003, Mehr Verkehrslärm – höherer Blutdruck, Berlin 2003.
2 Weltweit sterben nach Angaben der Weltbank etwa 800.000 Menschen jährlich durch Verkehrsunfälle, vgl. World Bank, Albania Road Safety Report, Februar 2003.
3 UPI-Bericht 43 „Externe Gesundheitskosten des Verkehrs in der Bundesrepublik Deutschland“: 3. Auflage Januar 2001.
4 Vgl. Wirtschaft & Umwelt. Zeitschrift für Umweltpolitik 3/2001, Schwerpunkt LKW-Transit in Österreich, S. 9.
5 Vgl. Umweltbundesamt, Dieselfahrzeuge, Meldung vom 22.07.2003.
6 Vgl. UPI-Bericht 44 „Krebsrisiko durch Benzol und Dieselrußpartikel an Straßen“.
7 Vgl. Herry, Verkehr in Zahlen, S. 159.
8 Vgl. Ungebremst ins Chaos, in: Spiegel 34/1999, S. 63ff.
9 Vgl. ebd.
10 Vgl. ebd.
11 Vgl. INRAS/IWW, External Costs of Transport. Im Auftrag der UIC. Zürich und Karlsruhe 2000, zitiert nach Pällmann-Bericht, Anlage 2, S. 12f. Anmerkung 8.
12 Vgl. Michael P. Walsh/CEMT, Vehicle Emission Trends. Prag 2000, S. 10.
13 Vgl. Kommission, SEC(2001)502, S. 30.
14 Jack Short, ECMT Statement on Transport and the Environment. Wien 1997.
15 Vgl. Ministerial Conference on Transport, A New Challenge for Environmentally Friendly Transport. The Ministerial Declaration on Transport and Environment – A Concerted Action for the Future of the Earth.
16 Der steuerliche Vorteil der Euro-II-Stufe gegenüber der Euro-I-Stufe beträgt bis zu 358 Euro im Jahr; vgl. Bundesumweltministerium, Hintergrundpapier LKW-Hersteller sorgen für dicke Luft, Berlin 2003.
17 Vgl. Umweltbundesamt, Sachstandspapier Erhöhte NOx-Emissionen von Euro 2-LKW, Berlin 2003, S. 1.

18 Bundesumweltministerium, Hintergrundpapier LKW-Hersteller sorgen für dicke Luft, Berlin 2003.
19 Vgl. Transitforum, Befund Generelles Nachtfahrverbot, aktualisiert Juli 2002, S. 4.
20 Vgl. ebd.
21 Nach Herry, Verkehr in Zahlen, S. 145. Zahlen gerundet, Angaben für „Güterverkehr" und „Schwerverkehr" addiert.
22 Vgl. Alpeninitiative, Auswirkungen des Alpentransitverkehrs.
23 Transitforum, Befund „Generelles Nachtfahrverbot", aktualisiert Juli 2002, S. 7.
24 Vgl. ebd., S. 5.
25 Stellungnahme des Transitforum: Verordnung des Landeshauptmannes von Tirol vom ..., mit der auf einem Teilbereich der A 12 Inntalautobahn verkehrsbeschränkende Maßnahmen erlassen werden, ohne Paginierung. Beilage zu: Pressemitteilung vom 26. Juli 2002.
26 Vgl. Alpeninitiative, Auswirkungen des Alpentransitverkehrs.
27 Stellungnahme des Transitforum: Verordnung des Landeshauptmannes von Tirol vom ..., mit der auf einem Teilbereich der A 12 Inntalautobahn verkehrsbeschränkende Maßnahmen erlassen werden, ohne Paginierung. Beilage zu: Pressemitteilung vom 26. Juli 2002.
28 Transitforum, Befund „Generelles Nachtfahrverbot", aktualisiert Juli 2002, S. 7.
29 Vgl. Heiner Geißler, Rettung durch eine moralische Rundumerneuerung, in: Berge, 1/2002.
30 Vgl. Maibach.
31 Vgl. UVEK, Landverkehrabkommen.
32 Medienmitteilung Eidgenössische Zollverwaltung (EZV), LSVA: Bessere Kontrollen gegen Abgabe-Schwindel, 2003.
33 Vgl. Hummer, S. 13.
34 Vgl. Maibach.
35 Vgl. ebd.
36 Vgl. Hummer, S. 10.
39 Vgl. ebd., S. 35.
38 Statement im Rahmen der Konferenz EU-Erweiterung und Alpentransit der Bundeskammer für Arbeiter und Angestellte Wien am 26. Juni 2002.
39 Transitforum, Brief an den Ratsvorsitzenden Björn Rosengren vom 30. März 2001, ohne Paginierung S. 4.
40 Statement im Rahmen der Konferenz EU-Erweiterung und Alpentransit der Bundeskammer für Arbeiter und Angestellte Wien am 26. Juni 2002.
43 Vgl. Transitforum, Brief an den Ratsvorsitzenden Björn Rosengren vom 30. März 2001, ohne Paginierung S. 2.
42 Vgl. Transitforum, Presseaussendung Kriminal-Tango auf der Autobahn – Teil 2, Innsbruck 2001; dies., Pressemitteilung In 48 Stunden 8500 LKW-Transitkilometer quer durch Europa – kein Problem – Gesetzesbrecher machen es möglich! Innsbruck 2001.
43 Vgl. CEMT/CM(2001)21, S. 4.
44 Vgl. ebd., S. 11.
45 Vgl. ebd., S. 13.

46 Informationen zum TEN 4 im Kresna-Tal auf: http://www.kresna.org.
47 Vgl. http://www.bankwatch.org/issues/transport/kresna/downloads/erastament.PDF (abgefragt September 2003).
48 Vgl. Sylvia Schreiber, Stühlerücken für die Neuen, in: Spiegel online 16. April 2003.
49 Vgl. ebd.
50 Europäischer Rat (Lissabon): Schlussfolgerungen des Vorsitzes.
51 Vgl. Collmer, S. 9.
52 Vgl. Plehwe, S. 230f.
53 Collmer, S. 12ff.
54 Zitiert nach: Weißbuch, S. 12.
55 Vgl. http://www.oup-usa.org/isbn/0195128869.html (abgefragt August 2003). Von 20 Prozent weniger Lohn spricht Plehwe, S. 232f.
56 Vgl. Plehwe, S. 235.
57 Bereits in den achtziger Jahren kaufte beispielsweise der amerikanische Eisenbahngigant CSX neben der größten Binnenschifffahrtsreederei der USA, American Barge Lines, ein großes Straßenverkehrsunternehmen und die Großreederei Sea-Land – die Martkonzentration war also nach den US-amerikanischen Erfahrungen eine auch für Europa zu erwartenden Entwicklung.
58 BGL, Jahresbericht 2001/2002, S. 9.
59 KOM(2003) 5 endgültig/2, S. 14.
60 Vgl. ebd., S. 15.
61 Vgl. Europäisches Parlament/Generaldirektion Wissenschaft, S. 1.
62 KOM(2003) 5 endgültig/2, S. 14f.
63 Weißbuch, S. 81.
64 Vgl. KOM(2001) 767 endgültig, S. 4.
65 Vgl. Europäisches Parlament/Generaldirektion Wissenschaft, S. 2.
66 KOM(2001) 767 endgültig, S. 4.
67 Weißbuch, S. 27.
68 Ebd., S. 14.
69 So berichtet der BGL in seinem Jahresbericht 2001/2002, S. 70, beispielsweise, LKW-Fahrer in der Ausbildung dürften, je nach Bundesland unterschiedlich, unbegleitet Fahrten absolvieren – oder auch nicht.
70 Vortrag bei der 3. Internationalen Fachtagung Güterkraftverkehrsüberwachung, 28.–30.05.2002 im Bildungsinstitut Wennigsen der Polizei Niedersachsen.
71 Vortrag bei der 3. Internationalen Fachtagung Güterkraftverkehrsüberwachung, 28.–30.05.2002 im Bildungsinstitut Wennigsen der Polizei Niedersachsen.
72 Vgl. Corinna Milborn, ‚Ich fahre Schrimps'. Die globale Transportlawine, in: VCÖ-Magazin 4/2002, S. 6.
73 Vgl. Katalyse Nachrichtendienst, Lebensmittel auf Reisen.
74 Vgl. ebd.
75 Vgl. Pedrina.
76 Statement im Rahmen der Konferenz EU-Erweiterung und Alpentransit der Österreichischen Kammer für Arbeiter und Angestellte, 26. Juni 2002, Wien.
77 Vgl. Katalyse, Lebensmittel auf Reisen – Tiere auf der letzten Reise.
78 Vgl. Tiertransporte – Quälerei ohne Grenzen.

79 Vgl. ebd.
80 Detailliertere Informationen zu den mit Polen, Tschechien und Ungarn ausgehandelten Übergangsfristen im Transportsektor in: BGL, Jahresbericht 2001/2002, S. 103f.
81 Ebd., S. 37.
82 Eine Beschäftigung von Grenzgängern außerhalb des Landes, für das sie angeworben wurden (derzeit z.B. Österreich) ist nur in wenigen, zeitlich begrenzten, Ausnahmen erlaubt, Kontrollbeamte berichten aber immer wieder von exzessivem Ausnutzen dieser Regelung.
83 Vgl. Herry, Transportpreise und Transportkosten,. S. 68.
84 Vgl. BGL, Jahresbericht 2001/2002, S. 103.
85 Ebd., S. 37.
86 CEMT/CM(2001)1/FINAL, S. 6.
87 Vgl. CEMT/CM(2002)12, S. 10.
88 Vgl. Holman, S. 417.
89 Weißbuch, S. 23f.
90 Ebd., S. 104.
91 Vgl. ebd., S. 10.
92 Vgl.http://www.transparency.org/pressreleases_archive/2003/2003.10.07.cpi.en.html (abgefragt Oktober 2003). Damit liegen diese Länder noch schlechter als z. B. der Irak oder Lybien.
93 Vgl: EU-Kommission beugt sich Bedenken Berlins und Wiens, in: Handelsblatt, 02.11.2001, S. 3.
94 Vgl. CEMT/CM(2002)13, S. 3.
95 Vgl. Europäisches Parlament/Generaldirektion Wissenschaft, S. 2.
96 Vgl. ebd., S. 4.
97 Vgl. http://www.oup-usa.org/isbn0195128869.html (abgefragt August 2003).
98 Vgl. Belzer.
99 Vgl. Hilbrecht, S. 2.
100 Vgl. Van Vreckem, S. 2.
101 CEMT/CM(2002)13, S. 4.
102 Anette Sydow, Grenzenloser Güterverkehr kostet Jobs, in: Süddeutsche Zeitung, 28.01.2003, S. 48.
103 CEMT/CM(2002)13, S. 13.
104 Vgl. „Irgendwie sind wir immer im Hintertreffen" in: Luxemburger Wort, 13.02.2002.
105 Jetzt kommt der Trucker-Tisch, Meldung vom 1. Februar 2002 auf http://www.land.lu/html/ (abgefragt September 2003).
106 Kralowetz Dossier, 22.02.2002 auf http://www.greng.lu/ (abgefragt September 2003).
107 Zeugen stehen den Autoren zur Verfügung.
108 Vgl. „Irgendwie sind wir immer im Hintertreffen" in: Luxemburger Wort, 13.02.2002.
109 Kralowetz: Bereits 1990 Zores in Luxemburg, in: Wirtschaftsblatt, 21.02.2002, S. 4; Frächter: 1993 Brief an Schüssel-Ressort, in: Kurier, 25.02.2002, S. 9.
110 Vgl. Bundestag Drucksache 14/5934.
111 Vgl. BGL, Jahresbericht 2001/2002, S. 50.
112 Vgl. Bundestag Drucksache 14/5934, S. 6.

113 Vgl. BGL, Jahresbericht 2001/2002, S. 50.
114 Name geändert.
115 Bundesministerium des Inneren, Geschäftszeichen A 2 – 125 111-12/2, Brief vom 23. Mai 2001; zum Download auf http://www.kralowetz.at.
116 Ebd.
117 Mitteilung bei einer Expertentagung in Mörbisch im Oktober 2002.
118 Vgl. Europäisches Parlament/Generaldirektion Wissenschaft, S. 6.
119 Ebd., S. 7.
120 Vgl. KOM(2001) 767 endgültig, S. 3f.
121 Vgl. Weninger, S. VII.
122 Vgl. Herry, Transportpreise und Transportkosten S. 106f.
123 Vgl. CEMT/CM(2000)11, S. 3.
124 Vgl. CEMT/CM(2001)8, S. 7.
125 Vortrag bei der 3. Internationalen Fachtagung Güterkraftverkehrsüberwachung, 28.–30.05.2002 im Bildungsinstitut Wennigsen der Polizei Niedersachsen.
126 Vgl. Bundeskammer für Arbeiter und Angestellte Wien, Aussendung PAK 86/2003.
127 Vgl. BGL, Jahresbericht 2001/2002, S. 50.
128 Der Brief wurde von der Luxemburger Gewerkschaft OBGL am 08.02.2002 veröffentlicht.
129 Der Spiegel Nr. 34/1999.
139 Vgl. ebd., S. 64.
131 Vgl. Weißbuch, S. 49.
132 Der Spiegel 34/1999.
133 Vgl. ebd., S. 64.
134 Ebd., S. 85.
135 Vgl. Weißbuch, S. 29.
136 Vgl. Bender.
137 Vgl. Hilbrecht.
138 Weißbuch, S. 31.
139 Vgl. Vorwort in: UIRR Report 2000, S. 3.
140 Vgl. Der Spiegel 38/2000, S. 84.
141 Lindenbaum, S. 125.
142 Pällmann-Bericht, S. 16.
143 Vgl. COM(96)421 final Weißbuch. Eine Strategie zur Revitalisierung der Eisenbahnen in der Gemeinschaft.
144 Ebd., S. 5.
145 Knapp, S. 108.
146 Ebd., S. 111.
147 Zitiert nach: Und das soll uns ein Vorbild sein? Chaos auf britischen Schienen: Privatisierung ist tödlich, auf http://www.bahnvonunten.de/chaos.htm (abgefragt September 2003).
148 Timm Krägenow: Bahn umgarnt 250 Wettbewerber auf der Schiene, in: Financial Times Deutschland, 13.02. 2002, S. 12.
149 Lindenbaum, S. 125.
150 Vgl. ÖKOMBI, Geschäftsbericht 2002.

151 ÖKOMBI, Geschäftsbericht 2001, S. 19.
152 Vgl. UIRR, UIRR Report 2000, S. 3.
153 Jörn Paterak, EU fordert mehr Konkurrenz auf dem Gleis, in: Financial Times Deutschland, 17.03.2003, S. 6.
154 Vgl. ebd.
155 Der Anteil der Schiene am Güterverkehr ist von Land zu Land unterschiedlich und schwankt zwischen ca. 2 und bis zu ca. 35 Prozent. Der EU-Durchschnitt liegt bei 8 Prozent.
156 Benedikt Weibel, Wir müssen im Süden Erfolg haben. Interview in: Handelszeitung, 19.03.2003, S. 36.
157 Lahounik, S. 26.
158 Benedikt Weibel, Wir müssen im Süden Erfolg haben, in: Handelszeitung, 19.03.2003, S. 36.
160 H. Reichmann und K. Zellhofer, Sklaven der Donau, in: Format Nr. 11/02, 11.03.2002.
161 Das Folgende nach Koch-Baumgarten.
161 Vgl. Dirks.

4. Die Macht der Konsumenten

1 Vgl. UPI, Dieselpreise und Straßengüterverkehr.
2 Vgl. Gupfinger, Mraz, Werner, S. 33.
3 Vgl. Produktion. Die Zeitung für die deutsche Industrie, http://www.produktion.de/produktion/higlhights/aktuelleAusgabe.php (abgefragt August 2003).
4 Diese Informationen erhält man auf der Website des Unternehmens http://www.ikea.at (abgefragt August 2003).
5 Vgl. Pressemeldung von Airbus, 10. September 2003 auf http://www.airbus.com.
6 Vgl. Eurovia, Rapport d'Activté 2002 auf http://www.eurovia.com/.
7 Vgl. Renate Nimitz-Köster, Platz für Ihre Majestät!, in: Spiegel 19/2001, S. 22-231.
8 Airbus bekräftigt Zeitplan für A380, in: Produktion. Die Zeitung für die deutsche Industrie, Online-Artikel vom 12.08.2003.
9 Pressemitteilung der Alpeninitiative, Gotthardschnee für Titisee: Unsinnstransport erster Güte.
10 Medienmitteilung der Alpeninitiative, Unsinnstransporte vermeiden – Verkehrsprobleme lösen.
11 Vgl. ebd.
12 Presseaussendung des Transitforums vom 11. September 2003.
13 Brief des Transitforums an den ÖVP-Klub im Parlament, 16. Juni 2002.
14 Vgl. Gupfinger, Mraz, Werner, S. 100.
15 Vgl. Katalyse Nachrichtendienst, Lebensmittel auf Reisen – Lebensmitteltransporte für den „Etikettenschwindel" (abgefragt Juni 2002). Geschnittener Parma-Schinken darf jedoch nur als solcher verkauft werden, wenn er in Italien geschnitten und abgepackt wurde.

Bibliografie

Publikationen

Michael Belzer, Sweatshops on Wheels, 2001

Deutsches Institut für Wirtschaftsforschung (Hg.)/Günther John, Strukturdaten und Entwicklungstendenzen im Güterverkehr der Bundesrepublik 1950–1975, 1962

R. Greil, Der öffentliche Kartverkehr in Deutschland, 1933, S. 13f., hier zitiert nach: Peter Kirchberg, Technik und Verkehrswirksamkeit der Lastkraftwagen in Deutschland bis zum Ende der 30er Jahre, in: Harry Niemann und Armin Herrmann (Hg.), 100 Jahre LKW. Geschichte und Zukunft des Nutzfahrzeuges, 1997, S. 16-40

Henriette Gupfinger, Gabriele Mraz und Klaus Werner, Prost Mahlzeit! Essen und Trinken mit gutem Gewissen, 2000

Max Herry, Transportpreise und Transportkosten der verschiedenen Verkehrsträger im Güterverkehr, 2001. (Verkehr und Infrastruktur Nr. 14)

Konrad Hofer, Ausgeliefert. Zum Berufsalltag von LKW- und Busfahrern, 1994

Otto Holman, Die Neue Europäische Peripherie. Ost- und Süderweiterung der Europäischen Union im Vergleich, in: PROKLA, Zeitschrift für kritische Sozialwissenschaft, 128, 31. Jg. 2002, Nr. 3, S. 399-420

Waldemar Hummer, Faktische, politische und rechtliche Handlungsspielräume in der österreichischen (Straßen-)Verkehrspolitik, in: Zeitschrift für öffentliches Recht, 56/2001

James Knapp, Radikale Privatisierung der Britischen Bahnen als Beispiel für Europa?, in: Gregor Lahounik und Wolfgang Lauber (Hg), Wohin fährt die Bahn?, 2000, S. 108. (Verkehr und Infrastruktur Nr. 11)

Helmut Koch und Hans Lindenbaum (Hg.), Überrolltes Österreich. Zukunft unter dem Transitverkehr, 1991

Sigrid Koch-Baumgarten, Vom Mythos internationaler Solidarität: Die multinationale gewerkschaftliche Regulierung der Schattenflaggenschifffahrt. In: PROKLA. Zeitschrift für kritische Sozialwissenschaft, 107, 27. Jg. 1997, Nr. 2, S. 263-290

Gregor Lahounik und Wolfgang Lauber (Hg.), Wohin fährt die Bahn?, 2000, S. 108. (Verkehr und Infrastruktur Nr. 11)

Gregor Lahounik, Eisenbahnliberalisierung: Sicherheit am Abstellgleis?, 2003 (Verkehr und Infrastruktur, 15)

Hans Lindenbaum, Gordischer Knoten Kombi-Verkehr, in: Helmut Koch und Hans Lindenbaum (Hg.), Überrolltes Österreich. Zukunft unter dem Transitverkehr, 1991

Peter Lopianecki, Drogen im Straßenverkehr – Antworten der Polizei, in: die neue polizei, 02/2002

Dieter Plehwe, Eurologistik, Europäische Verkehrspolitik und die Entwicklung eines transnationalen (Güter-)Transportsystems, in: PROKLA. Zeitschrift für kritische Sozialwissenschaft, 107, 27. Jg. 1997, Nr. 2, S. 217-243

Maria-Elisabeth Pösel: EG-Beitritt. Ende der eigenstaatlichen Verkehrspolitik, in: Helmut Koch und Hans Lindenbaum (Hg.), Überrolltes Österreich. Zukunft unter dem Transitverkehr, Wien 1991

Andreas Reisinger, "Unterm Rad." Arbeitsbedingungen im internationalen Straßengüterverkehr untersucht anhand einer teilnehmenden Beobachtung, Diplomarbeit, Linz 2000

Hans Ritschl: Die Deckung der Straßenkosten und der Wettbewerb der Verkehrsmittel,1956

Klaus Robatsch und Kuratorium für Verkehrssicherheit im Auftrag der AK Wien (Hg.), LKW-Unfallgeschehen auf Autobahnen, 2000. (Verkehr und Infrastruktur 9)

Richard Ruziczka, Vorwort, in: Klaus Robatsch und Kuratorium für Verkehrssicherheit im Auftrag der AK Wien (Hg.), LKW-Unfallgeschehen auf Autobahnen, 2000. (Verkehr und Infrastruktur 9)

Roman Sandgruber, Ökonomie und Politik. Österreichische Wirtschaftsgeschichte vom Mittelalter bis zur Gegenwart, Wien, 1995

Werner Sombart, Der moderne Kapitalismus (3 Bde.): Das Wirtschaftsleben im Zeitalter des Hochkapitalismus (1. Halb-Bd.), 1927

Andrea Weninger, Sozialvorschriften im österreichischen Straßengüterverkehr, Diplomarbeit, Wien 2000. (Forschungsarbeiten aus dem Verkehrswesen Bd. 105)

Tagungsunterlagen

Peter Euskirchen, Manipulationen an EG-Kontrollgeräten und die polizeilichen Reaktionen, Vortrag im Rahmen des Seminars Grenzenlose Mobilität oder Mobilität ohne Grenzen vom 11. bis 13. November 2002 in der Polizeiführungsakademie Nordrhein-Westfalen

Herbert Kotzab, Verkehrsvolumen – Schicksal oder Gestaltungsaufgabe. Miniaturisierung der Produkte und ausgereiftes Logistikmanagement reduzieren das Transportvolumen. Vortrag am 29. August 2002 im Rahmen der Alpbacher Wirtschaftsgespräche 2002 im Europäischen Forum Alpbach

Österreichischer Gewerkschaftsbund, Gewerkschaft Handel, Transport, Verkehr (Hg.), Bericht an den 15. Gewerkschaftstag, 15. ordentlicher Gewerkschaftstag vom 25. bis 27. September 2002

Heinz Hilbrecht, Die Zukunft der europäischen Verkehrspolitik im Bereich Landverkehr; Vortrag im Rahmen der Konferenz EU-Erweiterung und Alpentransit der Österreichischen Kammer für Arbeiter und Angestellte am 26. Juni 2002

Marcus Maibach (INFRAS), Schweizerische Verkehrspolitik als Alternative? Vortrag im Rahmen der Konferenz EU-Erweiterung und Alpentransit der Bundeskammer für Arbeiter und Angestellte, Wien am 26. Juni 2002

Christoph Thaler und Wolfgang Giehse, Organisierte Ermittlungen gegen wirtschaftskriminelle Strukturen bei internationalen Transportunternehmen; Vortrag im Rahmen der 3. Internationalen Fachtagung Güterkraftverkehrsüberwachung 28-30. Mai 2002, Wennigsen bei Hannover

Dirk Van Vreckem, Revising the EU Transport Policy; Vortrag am 28. August 2002 im Rahmen der Alpbacher Wirtschaftsgespräche 2002 im Europäischen Forum Alpbach

Dokumente zum Download

(Adressen, soweit nicht angegeben: siehe Linkliste)

Alpeninitiative, Auswirkungen des Alpentransitverkehrs auf die Luftbelastung in den Alpentälern.

Rolf Bender, EU-Maßnahmenpakete: Wegweiser zum Durchbruch im internationalen Schienengüterverkehr? Vortrag anlässlich des gemeinsamen Workshops von DVWG und IVE am 17./18. Oktober 2002 in Hannover http://www.ive.uni-hannover.de/veranstaltungen/rueckblick/vst_01/_referate.html#referat_6

Bundesamt für Güterverkehr (BAG), Marktbeobachtung Güterverkehr, Bericht Herbst 2002

Bundesverband Güterkraftverkehr, Logistik und Entsorgung (BGL) e.V., Jahresbericht 2001/2002

Christine Collmer, Rechtsfragen der Verkehrsinfrastruktur in Deutschland und Europa. http://wwwa.jura.uni-tuebingen.de/~ronellen/archiv/seminare/ss2000/gueterverkehr.pdf

Martin Demmeler, Ökobilanz eines Verbrauchers regionaler Bio-Lebensmittel am Beispiel der "von Hier"-Produkte der Firma Feneberg. Kurzfassung. http://www.bioring-allgaeu.de/files/oekobilanz.pdf

Jan Dirks, Positives Regieren jenseits des Nationalstaats – Zwei Fälle im Maritimen Sektor http://www-user.uni-bremen.de/~jdirks/positivesregieren.htm

Europäisches Parlament/Generaldirektion Wissenschaft, Abteilung Landwirtschaft, Regionalpolitik, Verkehr, Entwicklung, Die Auswirkungen des Sozialdumpings auf das Straßengütergewerbe durch Unternehmen aus Drittländern

Europäischer Rat (Lissabon), Schlussfolgerungen des Vorsitzes. http://ue.eu.int/newsroom

Max Herry, Verkehr in Zahlen, Wien 2002 http://www.bmvit.gv.at/sixcms_upload/media/144/viz02_vorwort_kap1.pdf

Kommission der Europäischen Gemeinschaften, Weißbuch. Die europäische Verkehrspolitik bis 2010: Weichenstellungen für die Zukunft. KOM(2001)370, Brüssel 2001

Kommission der Europäischen Gemeinschaften, Arbeitspapier der Kommissionsdienststellen: Einbeziehung der Umweltbelange und der nachhaltigen Entwicklung in die Energie- und in die Verkehrspolitik: Bewertungsbericht 2001 und Anwendung der Strategien, SEC(2001)502, Brüssel 2001

Kommission Verkehrsinfrastrukturfinanzierung, Schlussbericht ("Pällmann-Bericht") http://www.bmvbw.de/Archiv-.404.1957/Bericht-der-Paellmann-Kommission-Verkehrsinfrast...htm

Fabio Pedrina, Was sind unsinnige Transporte? http://www.alpeninitiative.ch/d/oc1.html

Tiertransporte – Quälerei ohne Grenzen. Tiere als Opfer des "freien Warenverkehrs". http://tierrechte.de

UVEK, Eidgenössisches Departement für Umwelt, Verkehr, Energie und Kommunikation, Landverkehrsabkommen

Linkliste

ADAC http://www.adac.de/Default.asp?TL=2

Alpeninitiative http://www.alpeninitiative.ch

Arbeiterkammer Österreich http://www.arbeiterkammer.at/

ARBÖ http://www.arboe.or.at/

Autohof Geiselwind http://www.autohof-strohofer.de/explorernetscape/start.html

BAG http://www.bag.bund.de/

BGL http://www.bgl-ev.de/

Bundesumweltministerium Berlin http://www.bmu.de/de/800/js/base/

CEMT http://www1.oecd.org/cem/index.htm

Europäische Gemeinschaft http://europa.eu.int/index_de.htm

Europäische Kommission http://europa.eu.int/comm/index_de.htm

Europäischer Rat http://ue.eu.int/de/summ.htm

Europäisches Parlament http://www.europarl.eu.int/home/default_de.htm

Europäische Transportinitiative http://www.ite-euro.com/

Gewerkschaft Handel, Transit, Verkehr http://www.htv.or.at/content/index2.php

Katalyse Nachrichtendienst http://www.umweltjournal.de

Firmenseite der Kralowetz GmbH http://www.kralowetz.at/

Informationen zum Kresna-Tal http://www.kresna.org

Firmenseite der LKW Augustin GmbH http://www.lkw-augustin.at

ÖAMTC http://www.oeamtc.at/

Transitforum http://www.transitforum.at

Umweltbundesamt Berlin http://www.umweltbundesamt.de

Umwelt- und Prognoseinstitut Heidelberg http://www.upi-institut.de

UVEK http://www.uvek.admin.ch/verkehr/lva/index.html?lang=de

Willi Betz Internationale Spedition http://www.willibetz.de/de/index.asp

Wirtschaftskammer Österreich http://portal.wko.at/

ver.di http://www.verdi.de/

Verkehrsclub Deutschland http://www.vcd.org/

Verkehrsklub Österreich http://www.vcoe.at/

Verkehrsklub Schweiz http://www.vcs-ate.ch/

Weltbank http://www.worldbank.org

Schweizer Zoll http://www.zoll.admin.ch/d/

Stand September 2003

Abbildungsnachweis

S. 37	Deutsche Bahn AG
S. 48	© Deuticke Verlag
S. 87	© Claudia Rempe
S. 160	© Max Herry/TRAFICO, Externe Kosten im Güterverkehr in Österreich – Globalrechnung; im Auftrag des BMVIT und der ÖBB GB Güterverkehr, Wien 2000
S. 167	© Transitforum Austria-Tirol, Tatort Brenner, Band 3, Transitforum Austria-Tirol 2002
S. 174	© VCÖ (VCÖ-Studie „Mobilität 2020", Wien 2003)
S. 204	© Herry Consult GmbH in: Max Herry, Auswirkungen der EU-Erweiterung auf die österreichische Verkehrswirtschaft, im Auftrag der Wirtschaftskammer Österreich – Bundessparte Verkehr-Transport, Wien 2002
S. 254	© Andreas Reisinger

www.deuticke.at

Satz, Gestaltung: silvia°wahrstaetter
Umschlaggestaltung: Studio Hollinger
Druck: Ueberreuter Buchfabrik, Korneuburg
Printed in Austria
ISBN 3-216-30646-1